Die Maler und die Katzen

ELISABETH FOUCART-WALTER
PIERRE ROSENBERG

DIE MALER UND DIE KATZEN

Katzen in der Malerei des Abendlandes vom 15. bis 20. Jahrhundert

KLETT-COTTA

Aus dem Französischen von Werner Meyer und Brigitte Weitbrecht

CIP-Titelaufnahme der Deutschen Bibliothek
Foucart-Walter, Elisabeth:
Die Maler und die Katzen: Katzen in d. Malerei d.
Abendlandes vom 15. zum 20. Jh. / Elisabeth Foucart-Walter;
Pierre Rosenberg. [Aus d. Franz. von Werner Meyer und Brigitte
Weitbrecht]. - Stuttgart: Klett-Cotta, 1988.
ISBN 3-608-76259-0
NE: Rosenberg, Pierre:

Die französische Originalausgabe erschien 1987 bei Éditions Adam Biro, Paris

Anschrift des Verlages: Klett-Cotta, Rotebühlstraße 77, 7000 Stuttgart 1
Gesetzt in Garamont Amsterdam von Steffen Hahn, Kornwestheim
Gedruckt und gebunden bei Heraclio Fournier, Vitoria, Spanien

GELEITWORT

Warum ist dieses Buch erschienen? Weil wir Katzen und Bilder lieben – warum sollten wir sie also nicht zusammenbringen? Der Plan erschien uns einfach, seine Verwirklichung stellte uns häufig vor Probleme.
Uns ging es nicht darum, eine Geschichte der Katzen zu schreiben; das haben andere getan. Auch wollten wir nicht die Dichter und Schriftsteller übertreffen, die ihre anmutigen, geheimnisvollen kleinen Gefährten so treffend beschrieben haben; der 1949 erschienenen, bewundernswerten Anthologie von Lady Aberconway mit dem Titel *A Dictionary of Cat Lovers* ist nichts oder kaum etwas hinzuzufügen. Vielmehr wollten wir die schönsten Katzen in der Geschichte der Malerei aussuchen, und dabei hielten wir uns an einige Regeln:
– Wir beschränkten uns auf die abendländische Malerei und haben deshalb keine ägyptischen, chinesischen oder japanischen Katzenbilder aufgenommen, auch wenn sie, wie uns wohl bewußt ist, mit die bedeutendsten Darstellungen von Katzen zeigen. Zeichnungen und Stiche sind in die Einführungstexte eingestreut.
– Zeitgenössische Künstler haben wir ausgeklammert (um den „Krallen" der Nichtauserwählten zu entgehen!), wobei Balthus die Ausnahme sein soll, welche die Regel bestätigt. Wir haben uns für besonders lebendige Katzendarstellungen entschieden; unseres Wissens stellten die Maler übrigens nie eine tote Katze dar.
– Für die Farbtafeln haben wir von jedem Maler ein Bild mit einer Katze ausgewählt, allerdings nicht immer dasjenige, das man vielleicht erwarten würde. (Wir sind uns darüber im klaren, daß es provozierend wirken kann, wenn wir von Chardin nicht die Katze in seinem Gemälde *Der Rochen,* sondern diejenige in seinem Bild *Die Wäscherin* zeigen.)
Seiner Konzeption nach ist unser Buch weder ein Lexikon der Katzenrassen noch eine Geschichte der Hauskatze oder ein Nachschlagewerk über die Katze in der Kunst. Es enthält in chronologischer Reihenfolge einige der schönsten Katzendarstellungen, die in fünf Jahrhunderten entstanden sind. Dabei hoffen wir, daß der Leser sich fragt, warum diese Katzen in den jeweiligen Gemälden auftreten (wie auch wir es häufig getan haben). Dem eigentlichen Bildteil haben wir deshalb einige ikonographische Überlegungen vorangestellt.
Jede Auswahl ist willkürlich, und manchmal beruht sie auf Unkenntnis. Auf einige berühmte Katzendarstellungen haben wir bewußt verzichtet, andererseits gibt es sicherlich sehr schöne, weniger bekannte Bilder, von denen auch wir nichts wissen. Wir würden uns freuen, wenn wir auf sie aufmerksam gemacht würden.
Viele Maler waren Katzenfreunde. Oft gingen sie in ihrer Achtung vor dem scheuen Modell freilich so weit, daß sie es in das Dunkel einer Kaminecke oder eines Alkovens verbannten.
Unsere Wanderung durch die Malerei läßt uns alle möglichen Katzen entdecken: erstaunliche, erstaunte, hüpfende, schlafende, drohende, schnurrende Katzen. Die Maler sind nicht weniger verschieden. So hoffen wir, daß dieses Buch, das uns so viel Freude gemacht hat, nicht nur denen gefällt, die Katzen einfach gern haben, sondern auch all denen, die bisher die Katzen nicht einmal gemalt – wie das hier der Fall ist – mochten oder leiden konnten.

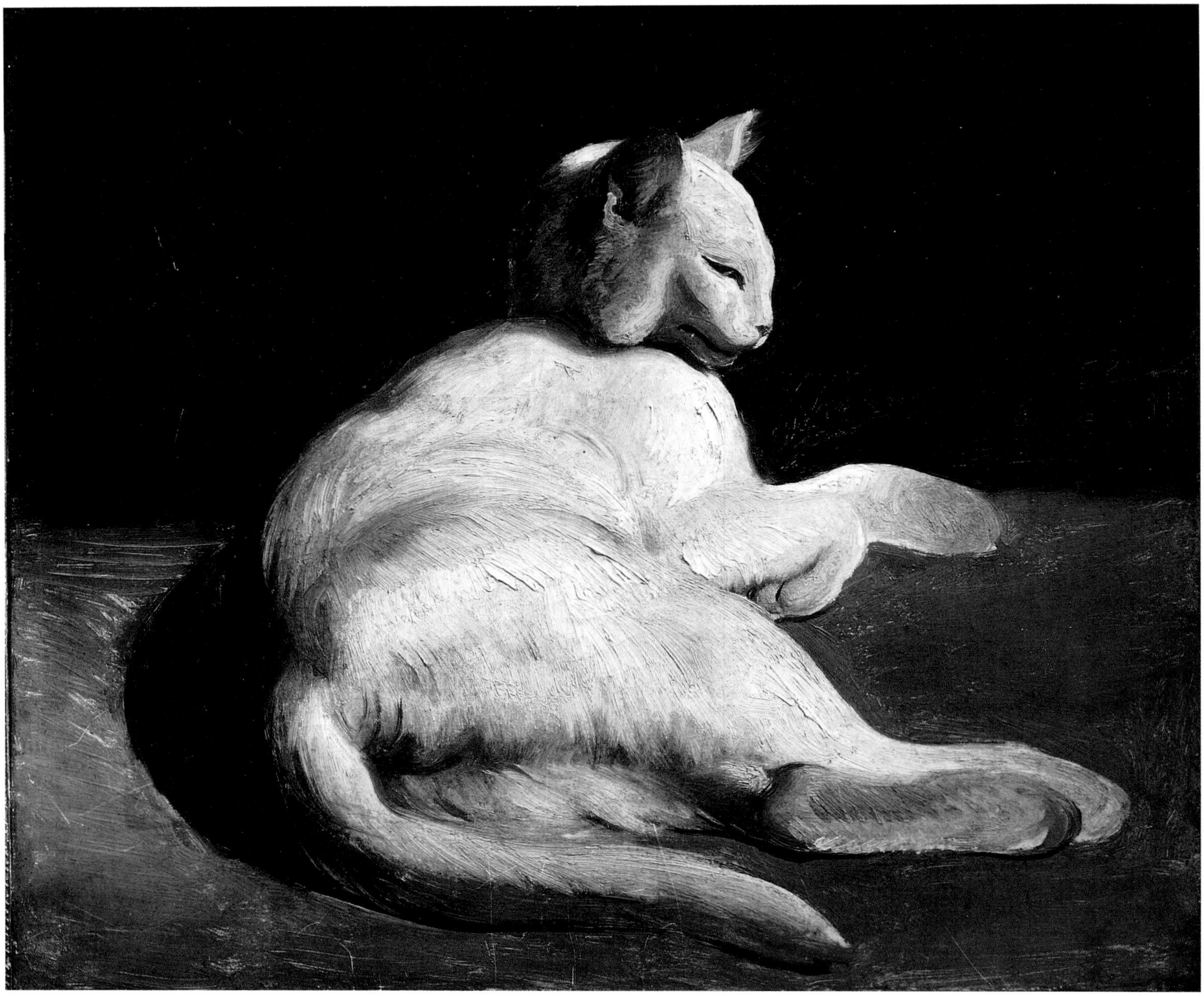

Théodore Géricault (?), Le Chat blanc (Die weiße Katze), *Kopenhagen, Ny-Carlsberg-Glyptothek*

VERSUCH EINER IKONOGRAPHIE DER KATZEN

Die Katze, der Teufel und der liebe Gott: Katzen in der religiösen Malerei

Katzen fehlen in der religiösen Malerei keineswegs, und die im vorliegenden Buch reproduzierten Gemälde sind nur eine sehr kleine Auswahl aus den vielen Bildern der letzten Jahrhunderte, in denen Katzen vorkommen. Sogar in religiösen Szenen kommen Katzen vor. Natürlich fragt man sich nach den Gründen. Zunächst ist zu klären, ob im Bibeltext Katzen erwähnt sind oder ob die Maler der Phantasie freien Lauf gelassen und sich lediglich auf die meist mündliche Überlieferung gestützt haben, die erst durch ihre Kunst Bestandteil der Ikonographie wurde.[1]

Katzen in der Bibel

Zunächst ist zu bemerken, daß in den kanonischen Schriften des Alten Testaments Katzen nicht erwähnt werden, dagegen im Buch Baruch (6, 19–22), einem Apokryph, das den Katzenhistorikern gut bekannt ist und von ihnen einigermaßen willkürlich herangezogen wird, ohne daß die Stelle in ihrem Zusammenhang zitiert würde. In einem Brief an die Israeliten, die nach Babylon in die Gefangenschaft geführt werden sollten, zeichnet Jeremia ein düsteres Bild vom Götzendienst der Babylonier und schreibt über ihre Götterbilder: „Es geht ihnen wie einem Balken im Tempel: Ihr Inneres wird, wie man sagt, zerfressen. Sie aber bemerken nicht die Würmer, die aus der Erde kommen und sie selbst samt ihren Gewändern aufzehren. Auf ihrem Körper und auf ihrem Kopf lassen sich Fledermäuse, Schwalben und andere Vögel nieder, ebenso auch Katzen. Daran erkennt ihr, daß sie keine Götter sind. Fürchtet sie also nicht!“ Auch wenn dieser Text in späterer Zeit offenbar nicht bildlich dargestellt wurde, ist es doch nützlich, ihn zu zitieren; denn er verdeutlicht, welche Rolle der Prophet den Katzen zuweist: Sie begleiten die heidnischen Götzen. Diese feindselige, negative Auffassung hat in der christlichen Kunst deutliche Spuren hinterlassen.

Trotzdem wurden Katzen in biblische Szenen – und nicht die unbedeutendsten – aufgenommen, zum Beispiel bei *Adam und Eva* im Paradies vor dem Sündenfall. Die dicke Katze, die zu Füßen des ersten Menschenpaars friedlich schlummert und mit Albrecht Dürers Kupferstich von 1504 (S. 8) höchst berühmt wurde, ist sozusagen „kanonisch“ geworden, und zwar vor allem bei den Künstlern nordischer Länder: so natürlich bei Cornelis van Haarlem (s. S. 84), aber auch – um nur zwei Künstler beispielhaft zu nennen – für Frans Pourbus d. Ä. (1545–1581), in dessen Gemälde in der Residenzgalerie Salzburg (datiert 1570 und Frans Floris erstaunlich nahe) die Katze nicht schläft, und für Hendrick Goltzius (1558–1617), in dessen von Jan Saenredam 1597 gestochener Komposition die Katze in tiefem Schlaf liegt. Auf all diesen Bildern ist die Katze keineswegs das einzige Tier. Die Maler bevölkern das Paradies mit Lebewesen aller Art, um aufgrund der Schrift daran zu erinnern, daß Adam von Gott beauftragt wurde, alle Tiere zu benennen (1. Mose 2, 19, 20). Wie es im Garten Eden nicht anders sein kann, ist die Katze vollkommen friedfertig. Sie streitet sich nicht mit dem Hund und läßt wenige Zentimeter vor ihren Schnurrhaaren eine kleine Maus vorbeilaufen, was auf Dürers Bild besonders deutlich zu sehen ist; erst mit dem Sündenfall des Menschen geht diese schöne Harmonie unter den Tieren für immer in die Brüche. Eine neue Tendenz überlagert die rein erzählende Schilderung dieser idyllischen Welt: Wie Erwin Panofsky in seiner berühmten

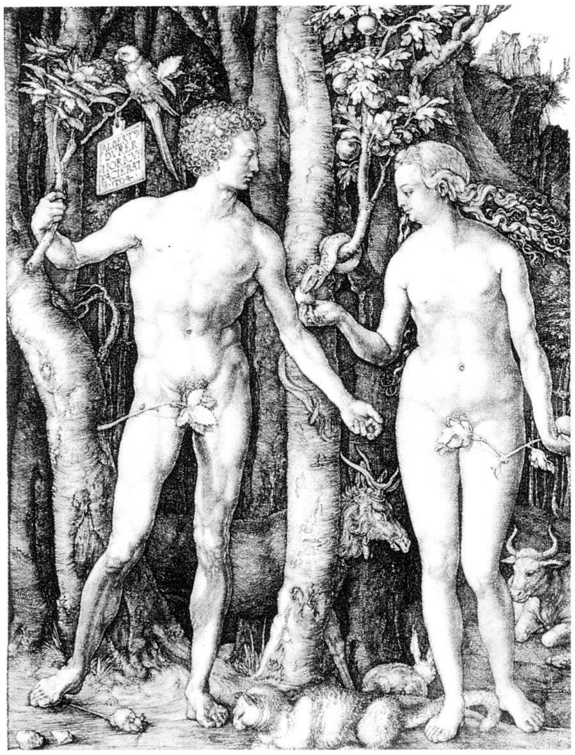

Albrecht Dürer, Adam und Eva, *Kupferstich, 1504*
Berlin, Kupferstichkabinet Stiftung Museen Preußischer Kulturbesitz

Analyse von Dürers Kunstwerk ausgeführt hat, personifiziert – oder vielmehr „animalisiert" – die Katze eines der vier Temperamente des Menschen, nämlich den Choleriker (der Ochse repräsentiert nach dieser Deutung den Phlegmatiker, der Hase den Sanguiniker, der Elch den Melancholiker).[2] Eine fast profane, traditionelle Symbolik, entstanden aufgrund ziemlich spitzfindiger scholastischer Spekulationen, ergänzt somit das biblische Bildmotiv: Vor dem Sündenfall waren die vier Temperamente des von Gott geschaffenen Menschen vollkommen ausgewogen; durch den Sündenfall wurde dieses Gleichgewicht gestört.
Die ebenfalls im 1. Buch Mose erwähnte Geschichte von der Sintflut und der Arche Noah regte die Künstler natürlich auch dazu an, Katzen darzustellen. Die Katzenpaare (s. Castiglione, S. 90) sind nicht anders behandelt als die anderen Tiere, die in Noahs Arche gerettet wurden.
Weniger bedeutungsgeladen oder rein anekdotisch sind die Katzen, die hier und dort ohne einsichtigen Grund in unterschiedlichen Szenen des Alten Testaments auftauchen. So die sich mit einem Hund balgende Katze, die Benozzo Gozzoli (1420-1497) in *Isaaks Opferung* zeigt, einer der Fresken des Camposantos von Pisa, die 1468-1484 entstanden und im Zweiten Weltkrieg stark beschädigt wurden. Oder die unter dem Tisch sitzende, sich leckende Katze im Bild des flämischen Meisters der Josephsgeschichte (Ende 15.-Anfang 16. Jahrhundert), in dem Joseph die Träume des Hofbäckers und Mundschenks des Pharaos deutet (New York, Metropolitan Museum). In dem Bild *Esau verkauft Jakob sein Erstgeburtsrecht* von Michel Corneille (s. S. 110) sitzt eine Katze brav am Kamin. Auch Luca Giordano (1634-1705) hat diese Szene gemalt und, wie Corneille, eine Katze – allerdings in Begleitung eines Hundes – eingefügt (Valladolid, Provinzmuseum).
Man könnte viele weitere Beispiele nennen, in denen sich eine Katze still und heimlich zu biblischen Gestalten gesellt und dazu ihre bevorzugte Stellung als Haustier ausnutzt. Auch in vielen Bildern mit Geschichten aus dem Neuen Testament haben die Künstler die beiden Aspekte der Katze geschickt eingesetzt: Sie ist einerseits ein mit vielschichtiger Symbolik behaftetes Tier und andererseits der kleine, unauffällige Gefährte des Menschen, als der sie sich leicht in sakrale Szenen einfügen läßt.

Katzen in den Evangelien

Gewisse Tiere werden in den Evangelien ausdrücklich genannt. So haben die Vögel des Himmels oder die Lämmer Eingang gefunden in schöne, poetische Gleichnisse Jesu, und der arme Lazarus, dessen Schwären von Hunden geleckt wurden, ist zum Inbegriff menschlichen Elends geworden. Von den Katzen ist im Neuen Testament allerdings ebensowenig die Rede wie im Alten Testament.
Trotzdem hat der erzählende Charakter der Evangelien die Künstler zu einigen „realistischen" Textabweichungen verlockt. Katzen treten deshalb in mehreren Szenen der Geschichte Christi auf, besonders in Schilderungen seiner Kindheit, ja sogar der Verkündigung, aber auch in Episoden seines öffentlichen Auftretens wie in der Hochzeit zu Kana oder dem Mahl bei Simon, dem letzten Abendmahl und dem Mahl in Emmaus nach der Auferstehung. So sind im vorliegenden Werk nicht weniger als 15 Bilder mit Katzendarstellungen enthalten, die von Begebenheiten aus den Evangelien berichten. In diesem Zusammenhang ist die Behauptung mehrerer Katzenhistoriker – wobei sich einer auf den anderen berief – anzuführen, es gebe eine „christliche Legende", der zufolge eine Katze im Stall von Bethlehem im Augenblick von Christi Geburt Junge warf.[3] Davon ausgehend, kann man sich durchaus vorstellen, daß dieselbe Katze bei der Verkündigung anwesend war; man begegnet ihr sogar schon bei der heiligen Anna, der Mutter Marias, während ihre Nachkommenschaft Christus bis zum Vorabend der Passion und nach seiner Auferstehung begleitet. Der Abkunft von David würde somit im Tierreich eine Art Katzen-Geschlechterfolge entsprechen.
Diese ziemlich verstiegenen Spekulationen entstammen vermutlich dem Werk

eines gewissen Reverend G. J. Ouseley mit dem Titel *The Gospel of the Holy Twelve,* das 1923 in London veröffentlicht wurde. Dieses „neue" und recht phantasievolle Evangelium soll den Inhalt einer christlichen Schrift wiedergeben, die der Zerstörung entgangen und in einem buddhistischen Kloster in Tibet aufbewahrt sein soll.[4] Abgesehen von der Episode von der Katze und ihren Jungen in der Krippe soll Christus diesem Text zufolge mindestens noch zweimal mit einer Katze zu tun gehabt haben. Einmal soll er eine Katze gerettet haben, die in einem Dorf von einer „Bande von Tagedieben übelster Sorte" gequält wurde. Etwas später soll er einer hungrigen und durstigen jungen Katze Futter und Wasser gegeben haben, um damit zu zeigen, daß der Ewige allen Geschöpfen, den Menschen wie den Tieren, denselben Lebensodem eingehaucht hat.[5] Diese rührenden Schilderungen sind freilich nur unter Katzenfanatikern bekannt und haben keine weitere Bedeutung. Die zahllosen lebhaften oder schlummernden Katzen aller Farben und Arten leisten Maria, Christus oder Judas freilich nicht aus einer Laune des Künstlers heraus Gesellschaft oder um einer biblischen Szene einen Hauch realistischer Intimität zu verleihen. Den besten Beweis für die nicht unbedeutende Anwesenheit einer Katze bieten unserer Ansicht nach die Bilder von Philippe de Champaigne (*Die Emmausjünger beim Mahl,* s. S. 108) und Charles Le Brun (*Das schlafende Jesuskind,* s. S. 112), auf denen im Vordergrund der Komposition Katzen abgebildet sind. Champaigne zögerte übrigens nicht, in seinem großen Gemälde *Das Gastmahl im Hause des Simon,* das er für das Kloster Val-de-Grâce in Paris schuf (Nantes, Musée des Beaux-Arts, Leihgabe des Louvre), eine Tigerkatze darzustellen. Erinnert sei auch an seinen Vortrag von 1668 an der Académie royale über das berühmte Gemälde *Elieser und Rebekka* (heute im Louvre) von Nicolas Poussin (1594-1665) und an die anschließende lebhafte Diskussion über die Kamele, die im Bibeltext erwähnt sind, aber von dem Künstler nicht dargestellt wurden.[6] Aus Gründen der historischen Wahrheit bedauerte Champaigne das Fehlen dieser Tiere, doch Le Brun erwiderte, es stehe jedem Maler frei, „bizarre Gegenstände" wegzulassen, die den Blick des Betrachters vom Hauptgegenstand ablenken könnten. Später äußerte Le Brun, Ochse und Esel, die in den kanonischen Evangelien nicht vorkommen, seien „reine Hirngespinste" und in einem Gemälde der Geburt Christi völlig unnötig. Von Katzen war zwar nicht die Rede, doch da Le Brun einen so festen Standpunkt bezogen hatte und zu seinem Gemälde *Die Heilige Familie* gut sichtbar eine Katze plazierte, kann man daraus schließen, daß er das Tier weder für unpassend noch für überflüssig hielt – ganz im Gegenteil. Wenn Philippe de Champaigne seinerseits zu seinen *Emmausjüngern* unübersehbar eine Katze gesellt, so zweifellos mit klar umrissener Absicht, denn dieser „peintre de Port-Royal" war sehr auf die gelehrte christliche Ikonographie bedacht.

Die Verkündigung ist unbestreitbar das Motiv, welches die Maler am liebsten mit einer Katze ausstatteten.[7] Schon sehr früh und in allen Ländern malten die Künstler mit Vorliebe ein kleines Kätzchen, meist als einfachen Zuschauer in der Nähe der Jungfrau Maria, so der Antwerpener Maler Jan de Beer (um 1490-1542)[8] oder später die Neapolitaner Francesco de Mura (1696-1782) in Santa Maria dell'Ainto und Gaspare Traversi (1732-1769) in der Kirche der Kartause von San Martino. Manchmal scheint die Katze den Betrachter anzusprechen – so wie diejenige, die uns starr in dem Gemälde *Die Verkündigung* anblickt, das dem Maler Gian Francesco Bembo, der in der ersten Hälfte des 16. Jahrhunderts in Cremona tätig war, zugeschrieben wird (Pfarrkirche von Isolo Dovarese). In anderen Bildern kümmert sich die Katze überhaupt nicht um die sakrale Begebenheit, sondern interessiert sich nur für ein Vögelchen, das gerade noch davonfliegen kann – dies sieht man in einem Gemälde in der Bernhardinerkirche zu Breslau, das um 1486/87 von einem dortigen Maler geschaffen wurde. Gelegentlich spielt die Katze mit dem Handarbeitskörbchen, das Maria weggestellt hat, als der Engel erschien; so schildert es Pomponio Amalteo (1505-1588) um 1535 in einem Gemälde in der Kirche Santa Maria dei Battusti in San Vito al Tagliamento. Dann wieder schläft die Katze tief und fest (s. Barocci, S. 66) oder rast im Zickzack mit dem wütenden Blick eines kleinen schwarzen Teufels quer durchs Bild (s. Lotto, S. 58). Die Anwesenheit all dieser Katzen geht offenkundig auf eine sehr alte, tief verwurzelte Auffassung zurück, die man auch in der profanen Ikonographie mehr oder weniger ausgeprägt vorfindet

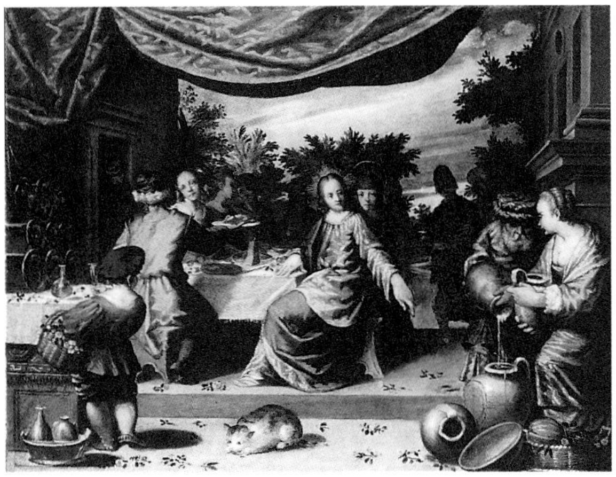

Giuseppe Mazzuoli, Die Hochzeit von Kana, *Privatsammlung*

und nach der die Katzen auf der Seite der Kräfte des Bösen stehen. Der Ursprung dieser Symbolik ist zweifellos im Volksglauben zu suchen, der hier den biblischen Bericht überlagert. Daraus erklärt sich, daß die Künstler keine genauen Bezüge zur Heiligen Schrift brauchten, um Katzen in die Figurenliste der biblischen Geschichte aufzunehmen.

Einen anschaulichen Beweis für diese negative Rolle erbringt ein Motiv, das man bei den Darstellungen der Heiligen Familie verhältnismäßig häufig antrifft: Die Katze betrachtet oder belauert einen kleinen Distelfinken, der entweder dem Jesuskind (Malerschule von Cosmè Tura, s. S. 45) oder dem Knaben Johannes, dem späteren Täufer, zugeordnet wird (zum Beispiel in dem sehr berühmten Bild von Barocci, das er um 1574/75 malte; London, National Gallery). Die Symbolik ist klar und etwas vereinfachend: Wie sein Name im Deutschen (s. Pencz, S. 70), aber auch im Italienischen, Niederländischen und Französischen andeutet, liebt der Distelfink Disteln; deshalb wird er traditionsgemäß als Hinweis auf die Dornenkrone und damit auf die Passion Christi gedeutet.[9] Die Katze, die den Distelfinken bedroht, stellt eine Gefahr für die Menschheit dar, denn nichts darf die Passion, durch die Christus die Menschen erlösen wird, verhindern. Die Katze – oder das Böse – steht somit im Gegensatz zum Heil. Auf diese bildhafte, etwas naive und ziemlich umständliche Weise wird in den rührenden Szenen aus der Kindheit Christi den Katzen ihre Rolle zugewiesen.

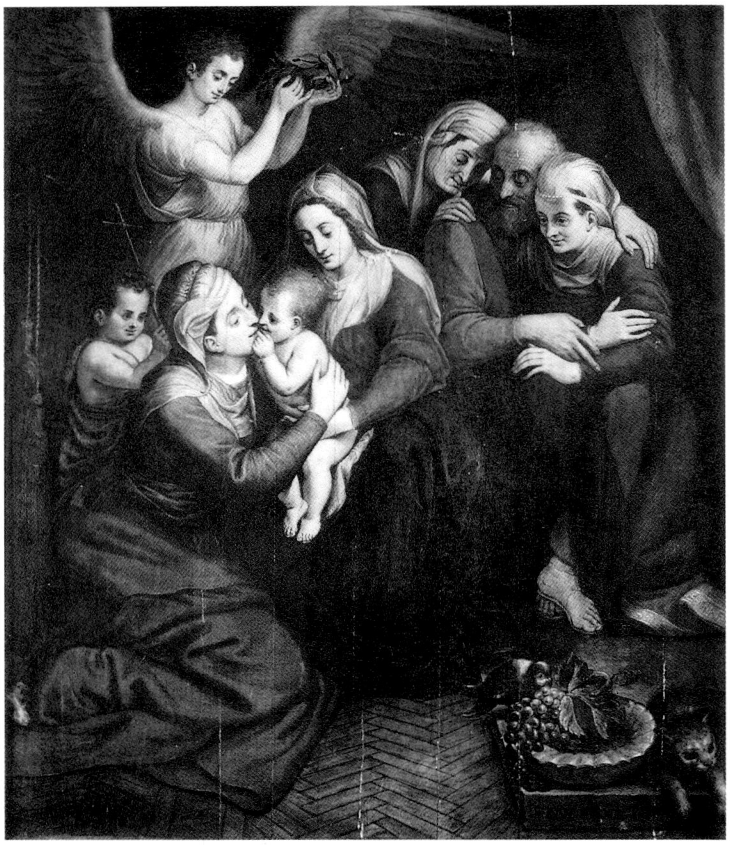

Frans Floris, Die Heilige Familie, *Paris, Louvre*

Die Darstellungen der Heiligen Familie mit Katze, aber ohne Distelfink, sind ebenso zahlreich, besonders in der italienischen Schule, wo der Bildtitel *Madonna mit Katze* nicht überrascht. Er wird ebenso für eine Skizze von Leonardo da Vinci (1452–1519), aufbewahrt im Britischen Museum, London, verwendet wie für ein Bild der Heiligen Familie von Giulio Romano (s. S. 62). Die Katze ist ganz unterschiedlich dargestellt: Sie kann den Betrachter unverschämt anstarren (Giulio Romano) oder schlafen (s. Vermeyen, S. 80, Murillo, S. 96, Le Brun, S. 112, Rembrandt, S. 100); von Frans Floris (zwischen 1516 und 1520–1570) und seiner Schule stammt die Darstellung einer *Heiligen Familie* (S. 10), in der die Katze friedlich in der Ecke liegt (Musée du Louvre). Eine Katze kann auch durch merkwürdiges Verhalten auffallen: In dem Gemälde *Die Heilige Familie* von Jacob Jordaens (um 1615; Brüssel, Musées royaux des Beaux-Arts) krallt sich eine Katze an einem geflochtenen Käfig fest und verschüttet damit das Wasser in den Vogelnäpfchen – ein sehr gut beobachtetes Augenblicksdetail. Im Vordergrund seines im Escorial befindlichen Bildes läßt der spanische Maler Juan Fernández de Navarrete (um 1526-1579) sogar eine Katze zusammen mit einem Hund begehrlich nach demselben Knochen schielen.

Die Geburt Christi ist das Thema des für Katzenliebhaber wahrscheinlich rührendsten Bildes (S. 11), das wiederum von Barocci stammt (s. auch S. 66). Zu Füßen der Jungfrau Maria, die das Jesuskind wiegt, ist eine Katze dargestellt, die ihre Jungen säugt (das Originalgemälde in den Uffizien in Florenz ist gegen Ende des 18. Jahrhunderts fast ganz verbrannt; die Komposition ist uns heute nur durch Stiche oder Kopien überliefert[10]). Auf diese Katze stützen sich wahrscheinlich die oben ausgeführten extravaganten Spekulationen. Bei Barocci kommt zweifellos zum ikonographischen Vorwurf eine Leidenschaft für Katzentiere hinzu. Die zärtlichen Gefühle, die aus dem Bild sprechen (die Katze pflegt und liebt ihre Jungen wie die Jungfrau ihr Kind), mildern hier die Bedeutung des Bösen, die sonst der Katze beigemessen wird.

Wenn Katzen in Bildern vom öffentlichen Leben Jesu gezeigt werden, so ist ihr Rahmen stets ein Mahl oder ein Fest. Als nicht unmittelbar beteiligte, aber doch bemerkenswerte und deutlich zu erblickende Akteure mischen sie sich unter die Gäste. Manchmal sind sie fast so imposant wie die Gefäße, in denen Wasser zu Wein verwandelt wird, zum Beispiel im Bild auf Seite 10: *Die Hochzeit von Kana* (Privatsammlung) von Giuseppe Mazzuoli (1536-1589), oder sie verkrallen sich wütend in einen jener Krüge, die bei Paolo Veronese zum „Renaissance"-Prachtobjekt werden, als wollten sie sich respektlos über die große Kunst mokieren (s. S. 68). In seinem Bild *Gastmahl im Haus des Levi* (Venedig, Galleria dell'Accademia) malt derselbe Veronese eine unter dem Tisch spielende Katze.

Bei seinem Gemälde vom letzten Abendmahl hatte Tintoretto (1518-1594) keine Bedenken, eine auf ihren Hinterpfoten aufgerichtete Katze im großen Geschirrkorb schnüffeln zu lassen (um 1592-1594; Venedig, San Giorgio Maggiore). Noch bedeutsamer ist die neben Judas sitzende Katze in dem Bild *Das Abendmahl* von Domenico Ghirlandaio (s. S. 46) und in einem Gemälde mit demselben Titel, das Bernardino Luini (zwischen 1480 und 1490-1532) geschaffen hat und das sich im Refektorium von Santa Maria degli Angeli in Lugano befindet. Der Verräter trägt deutlich sichtbar den Beutel, zu seinen Füßen liegt eine Katze. Hier ist das arme Tier wiederum der unerläßliche Gefährte, wenn nicht Komplize des Bösen.

Ein weiteres interessantes Motiv ist der erbitterte Streit zwischen Katze und Hund[11], wobei es immer wieder um Knochen geht. Die Szene findet sich häufig in Gemälden des letzten Abendmahls, zum Beispiel in dem von Cosimo Rosselli (s. S. 50) oder dem Bild von Simone de Magistris (um 1534-nach 1600), in dem die beiden Tiere um Judas' Hocker, dem strategischen Tummelplatz, herum einander nachzujagen scheinen, an dem ein großes Blatt Papier mit dem Namen des Malers und dem Datum 1598 (Kirche San Ginesio) angeheftet ist. Auch in anderen neutestamentarischen Szenen ist dieselbe Auseinandersetzung zwischen Hund und Katze bildhaft dargestellt, zum Beispiel bei der zu Christi Füßen knienden Magdalena eines spanischen Malers, des sogenannten „Meisters von Alcira", von 1523 (Valencia, Diözesanmuseum) oder auf dem Fresko *Der Tanz der Salome* von Giovanni Battista Naldini (1537-1591) in der Kirche Santa Trinità dei Monti in Rom, in dem die Katze fast unter den Füßen der grausamen Tänzerin liegt (S. 11).

Es ist klar, daß es hier nicht nur um die Konfrontation zweier Tierarten geht, die traditionsgemäß als Feinde gelten; man muß darin vielmehr vor allem eine symbolische Anspielung auf dem Kampf zwischen Gut und Böse sehen, wobei dem Hund die ehrenvolle Rolle des Symbols der Treue zu seinem Herrn zufällt; er ist ein gutes Vorbild für den Christen, der dem Wort Gottes gehorchen soll.

Das letzte Mahl in den Evangelien, das Katzen anlockt, ist das der Emmausjünger, in dessen Verlauf der auferstandene Christus sich zu erkennen gibt. Katzen finden sich in den Emmausdarstellungen von Jacopo da Pontormo (s. S. 60), Jacopo Bassano (s. S. 64), Philippe de Champaigne (s. S. 108), Paolo Veronese (Musée du Louvre)

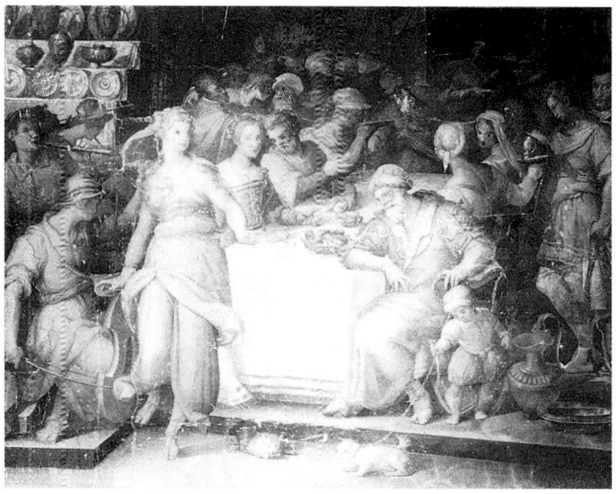

Giovanni Battista Naldini, Der Tanz der Salome, *Rom, Santa Trinità dei Monti*

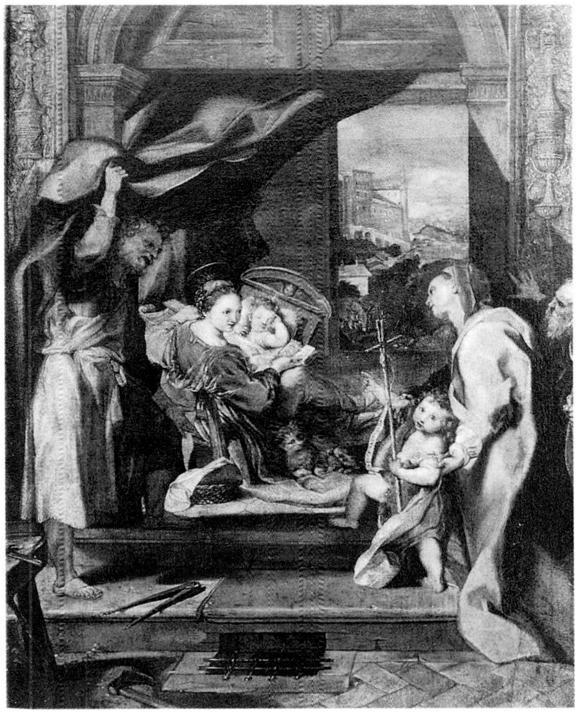

Die Heilige Familie, *Kopie nach Barocci, früher im Metropolitan Museum of Art, New York*

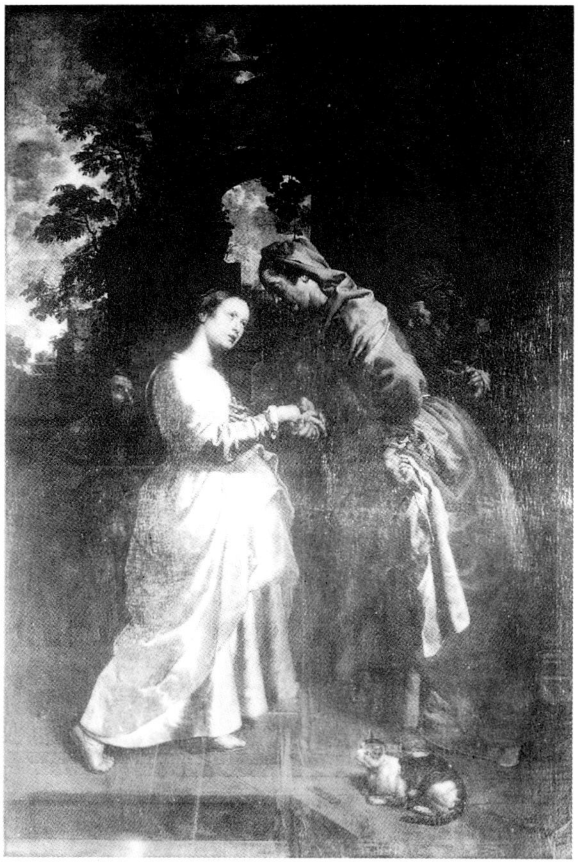

Theodor van Loon, Die Heimsuchung, *Brabant (Belgien), Kirche von Montaigu*

und Jacob Jordaens (Dublin, National Gallery), wobei diese Aufzählung keineswegs vollständig ist. Welche Rolle fällt aber nun der Katze zu, da Christus seine Passion durchlitten hat und auferstanden ist? Eine interessante Deutung gibt Bernard Dorival im Zusammenhang mit dem Gemälde *Die Emmausjünger beim Mahl* von Champaigne (s. S. 108).[12] Der Maler besaß in seiner Bibliothek ein damals recht bekanntes Werk, die *hieroglyphischen Kommentare* von Valeriano (in lateinischer Sprache 1556 in Basel veröffentlicht, viele Male übersetzt und neu herausgegeben). Mehrere religiöse Werke von Champaigne erbringen den unanfechtbaren Beweis dafür, daß er von diesem Lexikon der symbolischen Bedeutungen, die oft dunkel und verwickelt sind, beeinflußt wurde. Dies trifft auch hier zu: Da die Katze nach Valeriano die Hieroglyphe für den Mond und somit für den Anfang und das Ende der Dinge *(ortus et obitus rerum)* ist, bedeutet ihrer Anwesenheit in einer solchen Szene, daß der auferstandene Christus nicht mehr stirbt und daß sein Opfer kein Ende hat. Hier ist die Katze einmal symbolischer Vermittler von Vertrauen. Wie steht es aber mit Gemälden des Emmausmahles, in denen Katzen dargestellt sind und die vor der Veröffentlichung des Buches von Valeriano geschaffen wurden (zum Beispiel von Pontormo und Bassano, s. S. 60 und 64)? Freilich erfanden die Verfasser von solchen ikonographischen Werken nichts Neues, sondern sie begnügten sich damit, jene Vorstellungen aufzunehmen, die bei Künstlern und ihren Auftraggebern im Schwange waren.[13]
Auch das Marienleben gab Anlaß, Katzen abzubilden. So tritt sie bei der Verkündigung an die heilige Anna auf (der typologischen Vorwegnahme der Verkündigung an die Jungfrau Maria), etwa im Werk eines so frühen Künstlers wie Ugolino di Prete Ilario (in Orvieto bekannt von 1357 bis 1380), des Malers des Freskos im Chor des Doms von Orvieto. Ein weiterer Italiener, Arcangelo di Cola da Camerino (bekannt von 1416 bis 1429), fügte etwas später ein Kätzchen, fast so häßlich wie eine Ratte, in sein Gemälde *Die Heimsuchung* (Philadelphia, Museum of Art) ein, und 300 Jahre nach Ugolino di Prete Ilario tat der Niederländer Theodor van Loon (1585-1660) dasselbe mit einer allerdings sehr gut getroffenen Katze in der *Heimsuchung,* einem der sieben Bilder zum Marienleben, die er zwischen 1623 und 1628 für die Kirche von Montaigu (Brabant) malte (S. 12). Katzen treten auch in Darstellungen von Mariens Geburt auf, vor allem bei Italienern, zum Beispiel bei Scarsellino (um 1551-1620; Modena, Galleria Estense) und Luca Giordano (Wien, Kunsthistorisches Museum), aber auch bei dem Spanier Fernando de Los Llanos (Gemälde von 1507 in der Kathedrale von Valencia).

Katzen und Heilige

Marcel Uzé bedauerte in einem den Katzen gewidmeten und 1951 erschienenen Werk als deren Fürsprecher zutiefst, daß kein Heiliger eine Katze als Attribut besitzt, während zum Beispiel der Hund den heiligen Rochus begleitet, der Hirsch den heiligen Hubert, das Schwein den heiligen Antonius. Gegen diese flammende Ungerechtigkeit begehrt er auf und wendet sich an Papst Gregor I., der seit Menschengedenken im Vatikan der Katzen größter Freund war, mit der flehentlichen Bitte: „Heiliger Gregor, erbarme dich der Kätzchen, die keine Erbsünde begangen haben und keine Vögel fraßen im Paradies auf Erden, wo die Tiere in Frieden lebten.“[14] Von den „Acta Sanctorum“ der Bollandisten bis zu dem strengen, gelehrten Monsignore Duchesne und seinen Studien zur Frühgeschichte der Kirche am Anfang des 20. Jahrhunderts kam es jedoch, was die Heiligen betrifft, zu einem „Revisionismus“, ohne daß der gute Marcel Uzé erhört wurde.
Wenn es heißt, die Katze stehe mit keinem Heiligen in Verbindung, sollte man sich allerdings trösten; denn es ist unrichtig. Der Heilige, dem sie zugeordnet wird, ist freilich wenig bekannt: Es ist ein gewisser Cado oder Cadoc aus Wales, der im 6. Jahrhundert in der Bretagne lebte.[15] Wie man sich erzählt, überlistete er dort den Teufel mit Hilfe einer Katze. Satan hatte versprochen, in einer einzigen Nacht eine Brücke zwischen der Insel Batz und dem Festland zu bauen unter der Bedingung,

daß das erste Lebewesen, das sie betreten würde, ihm gehören sollte. Der heilige Cado schickte also eine Katze vor. Wiederum wurde das arme Tier dem Teufel zugesellt und, wenn auch zu einem guten Zweck, nämlich um eine Seele zu retten, geopfert. Louis Réau zufolge wurde der heilige Cado in der Bretagne bei Augenleiden zu Hilfe gerufen (die Katze wird in der Sprache der profanen Allegorie mit dem Augenlicht verbunden; dies könnte der Grund für die Verehrung im Volk sein) sowie bei Geschwüren (wahrscheinlich der grausamen Tatzenhiebe wegen, die sie versetzen können).
Ein populärer Holzschnitt (1863 in Rennes erschienen) illustriert folgende Legende (S. 13): Die riesenhaften Gestalten des Heiligen und des Teufels stehen auf der Brücke und halten zwischen sich ein (sehr schlecht getroffenes) armes Kätzchen. Bemerkt sei, daß Maurice Denis, Bretone dem Herzen nach und ein großer Katzenfreund (s. S. 201), mehrere Exemplare dieses Blatts besaß. Als Anhänger der Nabis mit ihrer Vorliebe für dekorative, modernistische Flächigkeit schätzte er natürlich die Frische naiver altertümlicher Darstellungen.[16]
Gelegentlich wurde die Katze auch mit dem heiligen Ivo in Verbindung gebracht, ebenfalls einem Bretonen (geboren auf Schloß Kermartin bei Tréguier) und sicher berühmter als Cado. Seine Beziehung zu Katzen ist allerdings nicht so offenkundig und scheint im Bereich der hagiographischen Kommentare geblieben zu sein: Ivo ist der Schutzheilige der Rechtsgelehrten, und die Katze soll Sinnbild für die bei jedem Prozeß entstehenden „Kratzwunden" sein.[17]
Die heilige Gertrud, Äbtissin von Nivelles, hat ebenfalls etwas mit Katzen zu tun, wenn auch indirekt über Ratten und Mäuse, die übliche Beute von Katzen. Gertrud wurde gegen Ungeziefer um Hilfe angerufen, und bei ihrem Vertilgungsfeldzug brauchte sie natürlich Katzen als Helfer. Auch wenn Katzen krank waren, wandte man sich an sie, wie Monsignore Barbier de Montault im letzten Jahrhundert in einem sehr gelehrten Werk über die christliche Ikonographie ausführt.[18] Allerdings sind in Darstellungen der Heiligen nur Mäuse und Ratten, jedoch keine Katzen zu sehen. In einem Flügel des Altars der Familie Lokhorst, den Jan van Scorel (1495–1562) um 1526 malte (Utrecht, Zentralmuseum), schwenkt Gertrud ein Pergament, das mehrere Mäuse zeigt und das die Inschrift trägt: *„Super Latrones Vicit"* (sie besiegt die Räuber). Eine ihr dabei helfende Katze ist nicht gezeigt. Den Kampf der heiligen Gertrud kann man mit einer eher legendären als hagiographischen irischen Überlieferung in Beziehung setzen, der zufolge die Maus von Luzifer und die Katze vom heiligen Michael geschaffen wurde; in beiden Fällen ist die Katze außergewöhnlicherweise mit einem Heiligen gegen das Böse oder den Bösen verbunden.[19]
Bei berühmten Heiligen findet man noch viele weitere Katzen, doch mehr zufällig. Die beim heiligen Hieronymus kauernde Katze von Antonello da Messina (s. S. 48) erinnert an die klug blickenden Löwen, die traditionellen Begleiter des Kirchenvaters (man denke an Dürers Kupferstich). Im Vordergrund des Freskos *Der heilige Benedikt gibt den Mönchen zu essen* (1505–1508) von Sodoma (1477–1549) im Kreuzgang von Monte Oliveto Maggiore streitet eine Katze mit einem Hund um Futter. Sie hat mit der Ikonographie des Heiligen ebensowenig zu tun wie die Katze, die im Vordergrund der *Geburt des heiligen Johannes des Täufers* (Turin, Museo Civico) zusammen mit einem Hund zu fressen beginnt (die Kritiker sind sich im allgemeinen einig, daß diese Illuminierung Jan van Eyck, um 1390–1441, zuzuschreiben ist). Dem Gegenstand nicht weniger fremd ist das Tier, das in der Ecke der *Geburt des heiligen Wenzeslaus* (Prag, Nationalgalerie) schläft. Dies ist ein Gemälde, das der Prager Künstler Karel Škréta (1610–1674) um 1641 schuf.
Für den Spanier Vicente Carducho (1578–1638) diente das im schmucklosen Arbeitskabinett des Kartäusers Dionys (15. Jahrhundert) mit einer Schildkröte spielende Kätzchen (La Coruña, Escola de Bellas Artes) wahrscheinlich nur dazu, die Schildkröte hervorzuheben, denn es ist ebenso flink, wie diese langsam ist. Eine der traditionellen Bedeutungen der Schildkröte ist die Gemessenheit des Weisen.
In einer 1782 in London veröffentlichten englischen Karikatur leisten zwei dicke Katzen einer besonders widerborstigen, plumpen heiligen Cäcilie Gesellschaft, wohl, um sie zu verhöhnen.[20] Darf man daraus schließen, daß Katzen in der Bildersprache der Künstler im sakralen Kontext nicht gut angeschrieben sind?

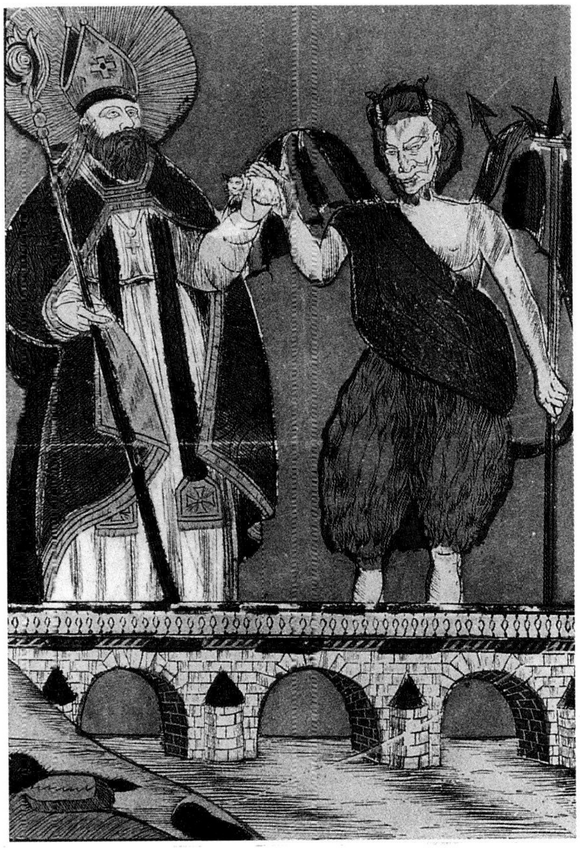

Der heilige Cado, *Holzschnitt, 1863 in Rennes veröffentlicht, Paris, Musée National des Arts et Traditions Populaires*

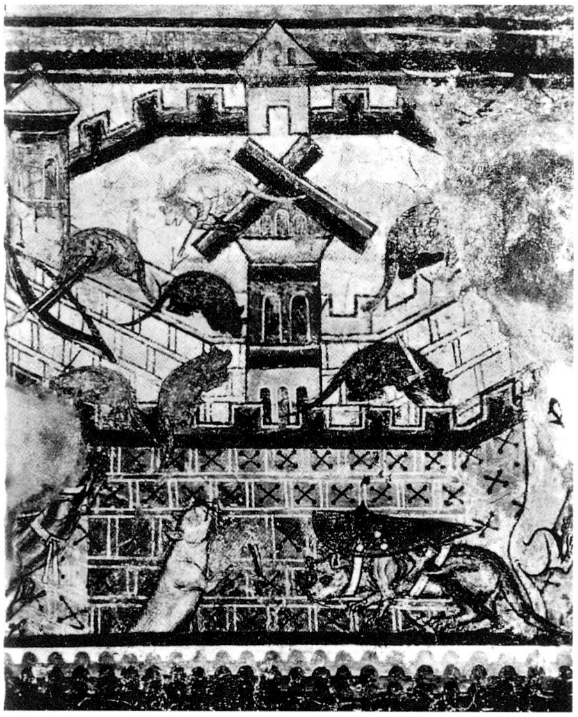

Wandgemälde, Johanneskapelle, Pürgg, Österreich

Streithafte Katzen und heilige Kriege

Zu seltsamen christlichen Darstellungen führte die angeblich streitsüchtige Veranlagung der Katzen – man sieht sie immer wieder in verbissenem Kampf mit Hunden.

Unter den Wandmalereien aus der Mitte des 12. Jahrhunderts in der Johanneskapelle von Pürgg in Österreich befindet sich eine der ältesten Darstellungen dieser Art.[21] Nach der *Verkündigung,* der *Geburt Christi* und der *Verkündigung an die Hirten* folgt eine sehr merkwürdige Szene (S. 14): Martialisch aussehende Katzen, eine davon trägt einen länglichen Schild auf dem Rücken, stürmen eine Art Festung mit Türmen und Zinnen, die von Mäusen verteidigt wird (eine Maus ist mit einer gewaltigen Armbrust bewaffnet). Auf die Art dieses Kampfes und die jeweilige Bedeutung der beiden dargestellten Kräfte ist kein Hinweis gegeben. Sollte die Festung auf das schöne biblische Bild „mein Gott, mein Fels, bei dem ich mich berge, [...] meine Feste, meine Zuflucht" (2 Samuel 22, 3) anspielen? Dann versinnbildlichen die stürmenden Katzen wiederum Ungläubige, zum Mißfallen der heiligen Gertrud und des heiligen Michael (wenigstens in irischen Landen).

Erst in den wirren, jedoch an starken, lebendigen, ironischen Bildern so reichen Jahren der Reformation und der Gegenreformation taucht eine Katze auf, die für eine christliche Sache kämpft. Der elsässische Priester, Humanist und Dichter Thomas Murner aus Oberehnheim (Obernai) bei Straßburg (1475–1537) wandte sich energisch gegen Luther. Dafür wurde er von diesem mit einer bösartigen, grotesken, irrsinnigen Katze verglichen und als „Murnarr" bezeichnet, wobei der allgemein übliche Name „Murr" für einen Kater zu diesem Wortspiel führte.[22]

Murner rächte sich für die Beleidigung mit einem Holzschnitt (S. 14) für die Titelseite seines 1522 in Straßburg veröffentlichten allegorisch-satirischen Gedichts „Von dem großen Lutherischen Narren, wie ihn Dr. Murner beschworen hat". Murner ist darauf zu sehen als Mönch mit Katzenkopf, wie er einen zu Boden gestürzten Narren (Luther, noch als Augustinermönch gekleidet[23]) mit Füßen tritt. Mit Hilfe eines Bandes holt er aus dessen Mund kleine Narrenfiguren hervor, die in die Lüfte entschweben.

Wieder stehen Katzen aufgrund eines – diesmal weniger profanen – Wortspiels in einer merkwürdigen allegorischen Komposition vom Anfang des 17. Jahrhunderts mit dem Titel *Der Friede ermahnt die Kirchen zur Eintracht*[24] (Utrecht, Rijksmuseum Het Catharijneconvent) zur Seite der Katholiken. Dieses holländische Gemälde, das auf einen anonymen Stich des 16. Jahrhunderts zurückgeht, ruft zur Toleranz auf in jener Zeit heftiger religiöser Kämpfe zwischen Katholiken und Protestanten in den Niederlanden (S. 15). Drei Männern, an einem gedeckten Tisch sitzend, nähert sich die Friedensgöttin. Die jeweiligen Inschriften enthalten die Wortspiele und erläutern die erstaunlichen Attribute der Tischgenossen. Calvin links hat vor sich eine Platte mit einem Kalb, niederländisch *„calf",* wohl eine Anspielung auf den Namen des Reformators; daher steht *„calf fijn ist"* (das Kalb ist fein) für *„Calvinist".* Rechts spielt Luther die Laute, niederländisch *„luyt";* daher klingt *„luyt teeraen"* (zart die Laute spielen) wie *„Lutheraan".* In der Mitte thront ein Papst mit einem Napf voller Brei, niederländisch *„pap",* was an das niederländische Wort *„paap"* für *„Papist"* erinnert. Die beiden dicken Katzen mit den runden, freundlichen Augen vertreten die Katholiken (*„Catte lecken",* das heißt: „die Katzen lecken" für *„Katholiken"*).

Wie auch aus der Sprache der profanen Emblematik hervorgeht, sind es manchmal lediglich oberflächliche Wortspiele, die hinterher völlig unvorhergesehene Ikonographien bestimmen. So suchte man gelegentlich tiefschürfende Spekulationen dort, wo es sich nur um geistreiche Anspielungen und kleine rhetorische Pirouetten handelte.

Das letzte Wort über das eschatologische Schicksal der Katzen sei Ferdinando Galiani (1728–1787), einem italienischen Abt im Geist des 18. Jahrhunderts, also ziemlich weit entfernt von theologischen Streitigkeiten, vorbehalten; Galiani war außerdem Literat, Nationalökonom und Philosoph; er schloß sich bei seinem Aufenthalt in Paris den damaligen literarischen Salons an und wurde mit Diderot gut bekannt. In einem Brief teilte er Madame d'Épinay seinen Plan mit, ein Werk zu

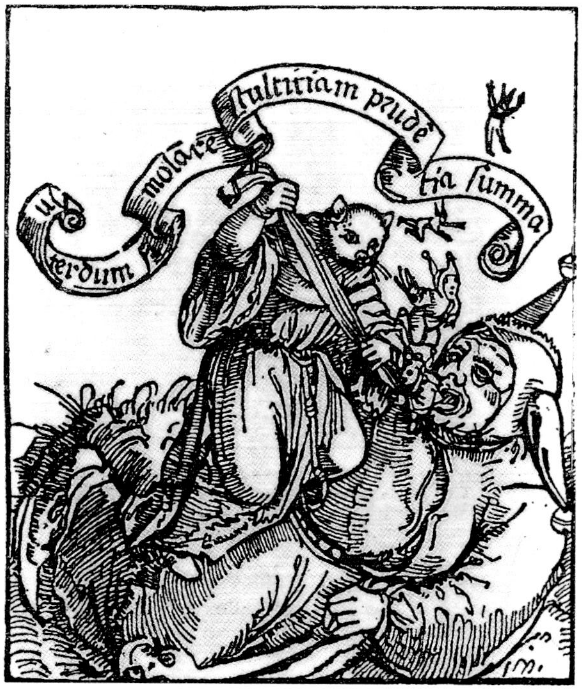

Von dem großen Lutherischen Narren, Holzschnitt, Murner als Kater quält Luther, Straßburg, 1522

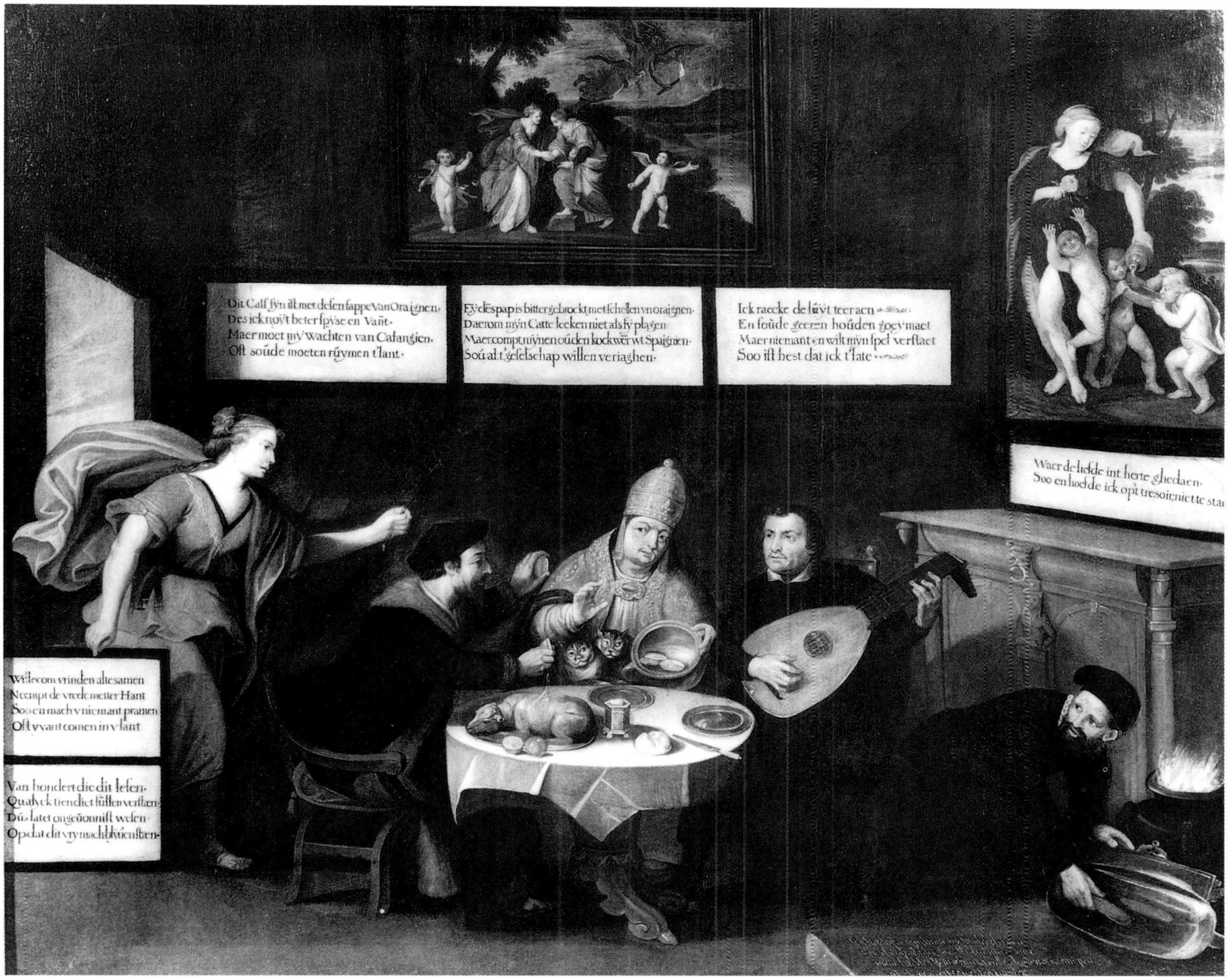

Der Friede ermahnt die Kirchen zur Eintracht, *anonymes Gemälde vom Anfang des 17. Jahrhunderts, Utrecht, Rijksmuseum Het Catharijneconvent*

schreiben mit dem Titel *„Instructions morales et politiques d'une Chatte à ses petits,* Traduit du Chat en Français, par M. D'Egrattigny, interprète de la langue Chatte, à la Bibliothèque du Roi (*„Moralische und politische Unterweisungen einer Katzenmutter für ihre Jungen,* übersetzt aus dem Kätzischen ins Französische von Herrn von Kratzpfote, Dolmetscher der Katzensprache an der Königlichen Bibliothek").[25] Galianis Katze sollte die Heldin der Geschichte sein, die „zuerst ihre Jungen Ehrfurcht vor den Menschen-Göttern lehrt. Danach erläutert sie ihnen die Theologie und die beiden Prinzipien vom guten Menschen-Gott und bösen Hund-Teufel; sie bleut ihnen ihre moralischen Verpflichtungen, den Kampf gegen Ratten und Spatzen, ein. Schließlich erzählt sie ihnen vom zukünftigen Leben im himmlischen Ratapolis, von einer Stadt, deren Mauern aus Parmesankäse bestehen (hier verrät sich die italienische Herkunft des geistreichen Briefschreibers), die Fußböden aus Lunge, die Säulen aus Aalen usw. und die bevölkert ist von kastrierten Katzen, vom Menschen-Gott in diesen Zustand erhoben, prädestiniert, in dieser und jener Welt glückselig zu sein. Beweis dafür ist, wie fett sie sind; deshalb sind sie auch vom Mäusefang dispensiert. Zu guter Letzt empfiehlt sie ihnen gänzliche Ergebenheit gegenüber dem Menschen-Gott für den Fall, daß er sie in den Stand der Vollkommenheit beruft.

Die Katze, das Gute und das Böse: Katzen in der profanen Malerei

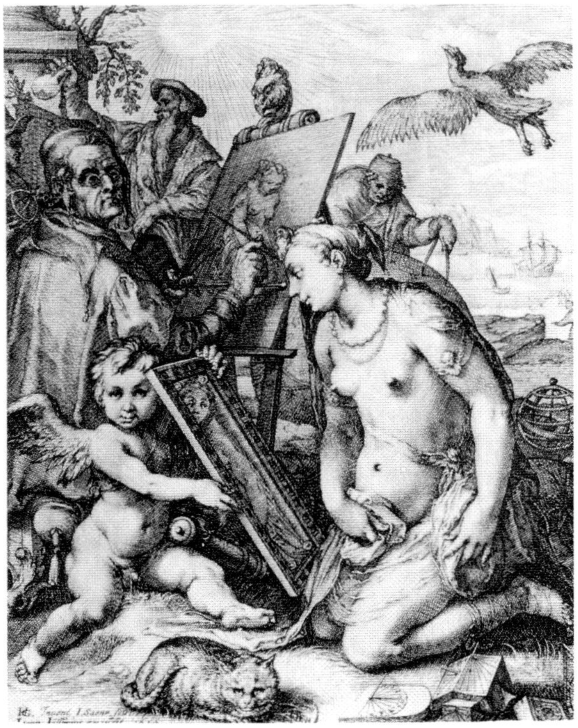

Allegorie des Gesichtssinns, *gestochen von Jan Saenredam nach Hendrick Goltzius*

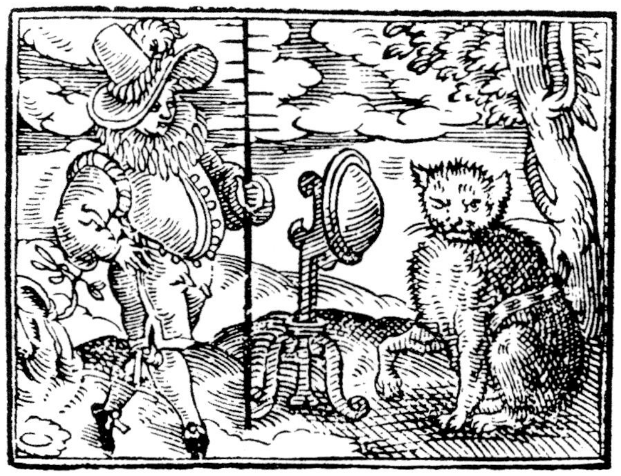

Die Exzesse der Mode, *anonymer Stich, 1602*

Im traditionellen Repertoire der Emblematik und in der Sprache der Allegorie, die so viele Beziehungen zueinander haben, sind Bilder oft bedeutend einfacher zu verstehen als Ideen, die in weitschweifigen rhetorischen Abhandlungen vorkommen.
Die körperlichen Besonderheiten der Katzen (scharfer Blick, plötzliche Tatzenschläge, Geschmeidigkeit) und ihre „Charakterzüge" (Unabhängigkeit, Haß auf Hunde, unmäßige Vorliebe für Mäuse und Vögel) sind zu populär, als daß diese Tiere nicht in ikonographischen Werken an bevorzugter Stelle stünden.
Als Symbol ist die Katze Träger verschiedener, ja widersprüchlicher Bedeutungen: Sie steht bald auf der Seite des Guten, bald auf der Seite des Bösen, sie ist oft aktiv, manchmal nur Zuschauer, aber nie harmlos und selten unschuldig.

Katzen und Allegorien

Am besten passen die Eigenschaften der Katzen zweifellos zur allegorischen Darstellung des Gesichtssinns, denn Katzen sind für ihre durchdringenden Blicke bekannt und sehen sogar bei Nacht, ebenso wie ihr entfernter Verwandter, der Luchs. Die niederländischen Graveure wählten oft die Katze für solche Motive – so auch Hendrik I (d. Ä.) Hondius (1573–1650) und vor allem Jan Saenredam (der Vater des Kirchenmalers) in seinem berühmten Stich von 1616 nach Hendrick Goltzius (1558–1617). Hier liegt eine Katze mit offenen Augen neben Sonnenuhren im Vordergrund des Bildes (S. 16). Dahinter betrachtet sich eine Venus in dem Spiegel, den ihr ein geflügelter Amor verhält. Währenddessen schwingt sich ein Adler in die Lüfte. Weil er angeblich direkt in die Sonne blicken kann, wird er ebenfalls mit dem Gesichtssinn in Beziehung gesetzt. Der Sinn der Allegorie wird mit weiteren Gestalten im Bild, darunter dem Maler vor seiner Staffelei, mehrdeutig, dann kommt eine zweite Auslegung hinzu: der Gedanke an die Vergänglichkeit weiblicher Schönheit und irdischer Liebe. Ein anderes Blatt, *Der Gesichtssinn,* ebenfalls nach Goltzius, aber 1578 von Philipp Galle (1537–1612) gestochen, zeigt eine Katze zu Füßen einer stehenden, einen Spiegel in der Hand haltenden Frau mit einem Adler zur Seite.[26]
In der Serie *Die fünf Sinne* von Barent Fabritius (s. S. 122) genügt eine kokette Katze, die sich im Spiegel betrachtet, für sich allein als Symbol des Gesichtssinns. Eine Katze kann auch – mehr oder weniger zufrieden – in den Armen einer jungen Frau liegen, wenn man das beunruhigende Bildnis von Bacchiacca (s. S. 57) als Allegorie des Sehvermögens deutet (auf einem anderen, in Berlin-Dahlem befindlichen Bild dieses Meisters sieht man einen Luchs in ähnlicher Situation; es könnte sich also auch dort durchaus um eine Allegorie des Gesichtssinns handeln).
Aufgrund einer geläufigen Verschiebung in der Rhetorik der Allegorie diente die Verbindung von Katze und Spiegel auch für die Darstellung der Hoffart *(„Superbia"),* so zum Beispiel bei den *Sieben Todsünden* (Madrid, Prado) von Hieronymus Bosch (um 1450–1516), wo ein Tigerkätzchen von der Türschwelle aus eine Frau betrachtet, die vor einem von einem wolfsköpfigen Teufel gehaltenen Spiegel ihre Haube zurechtrückt.
Als aufmerksame Beobachterin der Frau bei der Toilette kann die Katze auch ihre Beraterin, ja ihre Komplizin werden; so zeigt Pieter Wtewael auf seinem Gemälde *Vanitas* (s. S. 86) eine sehr merkwürdige Katze vor einem Zierspiegel, in dem eine junge Frau in Gesellschaft eines eleganten Gefährten das traurige Abbild ihres Gesichts betrachtet. Die Katze ist – sicher nicht zum letztenmal – mehr oder weniger unmittelbar in das allgemeine Thema der Vergänglichkeit einbezogen.
In einer deutschen Emblemsammlung vom Anfang des 17. Jahrhunderts ist wiederum ein Stich mit einer Katze zu finden, die sich vor einem Spiegel selbstgefällig betrachtet. Ein Mann, zwar nach der letzten Mode, jedoch in Wirklichkeit vollkommen lächerlich gekleidet, stolziert bewunderungheischend vorbei (S. 16). Im Kom-

mentar dazu ist die Rede vom Nachäffen der äußeren Erscheinung, von den Torheiten der Mode und den Gefahren, die eine unmäßige Vorliebe für Neuheiten birgt, aber nicht von einer Allegorie des Gesichtssinns.[27]

Da Katzen einen ausgeprägten Unabhängigkeitsdrang haben, konnte es sich Cesare Ripa (um 1560–1620 oder 1625) nicht versagen, die Katze – wenn auch etwas mühsam – in die Idee (oder vielmehr in das Bild) der Freiheit einzufügen, wobei er auf eine ältere Überlieferung zurückgriff.[28] Er schrieb: „Freiheit. Ihre Gestalt ist diejenige einer weißgekleideten Frau mit einem Zepter in der rechten Hand, einer Mütze in der linken und einer Katze als Begleiterin. Man stellt dieses Tier zu ihren Füßen, da es kein anderes gibt, das die Freiheit ebenso liebt, das in keiner Weise erdulden kann, eingesperrt zu sein. Deshalb zeigten früher einige Völker, insbesondere die Burgunder, die Katze als Devise auf ihren Kriegsbannern."[29]

Dieselbe Vorstellung veranschaulicht ein deutscher Stich vom Ende des 16. Jahrhunderts: Eine Katze ist im Begriff, durch eine Tür zu springen. Die zugehörige Legende besagt, die Deutschen seien einst dafür berühmt gewesen, den Tod dem Verlust der Freiheit vorzuziehen.[30]

Muß man deshalb die Katze bei den *Spinnerinnen* von Velázquez (s. S. 94) als Symbol für die Freiheit der Völker unter der liberalen Herrschaft der spanischen Monarchie deuten, wie es vor nicht zu langer Zeit geschehen ist? Wir lassen J. M. de Azcárate die Verantwortung für diese sicherlich einfallsreiche, aber doch sehr hypothetische Auslegung.[31]

Allerdings ist nicht zu leugnen, daß die Katze der monarchischen Ikonographie zugehört. Den Beweis dafür liefert das ovale Basrelief *Die Freiheit,* 1784, von Nicolas Beauvalet (1750–1818) für das Schlafgemach des Königs (Ludwig XVI.) im Schloß von Compiègne. Die interessante, traditionelle Bezeichnung muß man in den Rahmen einer größeren Freiheit stellen, die der König tatsächlich verfocht und die unter dem Schutz seiner Macht gedieh und erhalten blieb. Sorgfältig ausgeführt ist auf dem Medaillon (S. 17) eine antikisch gekleidete Frau mit edlem griechischem Profil. Sie hält eine Keule (der Keule des Herkules ähnlich), mit der sie soeben das zu ihren Füßen gefallene Joch zerbrochen hat. Auf einem Felsen, der ihr als Sockel dient, sitzt eine der Frau zugewandte Katze, ebenfalls im (griechischen!) Profil.[32]

Die bloße Existenz einer solchen königlich-liberalen Katze genügt, um die neuere Analyse von Margaret Armbrust Seibert[33] zu widerlegen, die – nach Théophile Gautier und Champfleury – in der Katze ein typisch republikanisches Symbol sieht, das aus der Französischen Revolution hervorging und über die Jahrhunderte hinweg mit der Ikonographie des tugendsamen republikanischen Rom verknüpft ist. Tatsache ist aber, daß die Ikonographie der Revolution auch im Fall der Katze lediglich Attribute neu einsetzte und sich aneignete, die einst von der so sehr geschmähten Monarchie verwendet wurden.

Wie dem auch sei – weniger als 15 Jahre später, nachdem sie in Compiègne zum Hüter des königlichen Schlummers auserkoren worden war, bot die Katze ihre Dienste der neuen französischen Verfassung an, die „durch Weisheit auf die unverrückbaren Fundamente der Menschenrechte und der Bürgerpflichten gegründet wurde". Dies bezeugt ein Stich von Pierre-Paul Prud'hon (1758–1823), der im Salon von 1798 ausgestellt wurde (S. 17): Eine dicke, große Katze sitzt zu Füßen der auf dem Joch und den zerbrochenen Ketten stehenden Freiheit. Diese hält einen Stab mit einer phrygischen Mütze. Minerva, Justitia (mit dem an den Löwen angeschirrten Hahn und Lamm) und die Natur, der sich die Katze zuwendet (von Kindern gefolgt), befinden sich in ihrer Gesellschaft.

Wer an Katzen denkt, hat die Vorstellung von geschmeidigen Bewegungen. Paris Nogari (um 1526–1579) wählte die Katze als Attribut für die sofortige Bereitschaft in einem Fresko im einstigen Raum der Schweizergarde im Vatikan.[34]

Cesare Ripa führte weitere Beispiele von „Katzen-Allegorien" an. Der Gegensatz *(„Contrasto")* wird als ein mit einem Schwert bewaffneter Mann in Rüstung dargestellt, zwischen einer Katze und einem Hund, die aufeinander losgehen wollen, da diese beiden Tiere von Natur aus als gegensätzlich gelten. Es wäre deshalb denkbar, daß das rätselhafte Bildnis eines jungen Mannes mit Katze und Hund in friedlicher Eintracht als Allegorie der Harmonie zwischen den gegensätzlichen Kräften der menschlichen Natur gemeint sein könnte (s. S. 56; italienische Schule des 16. Jahr-

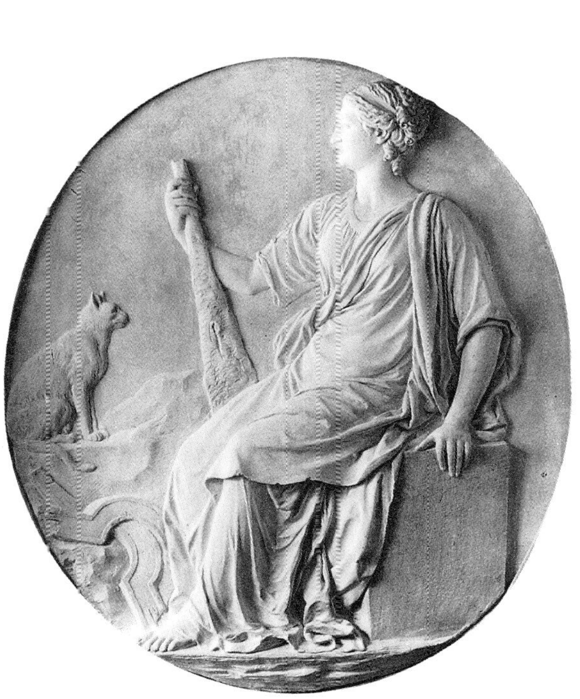

Nicolas Beauvalet, Die Freiheit, *Basrelief, 1784, Compiègne, Musée National de Palais*

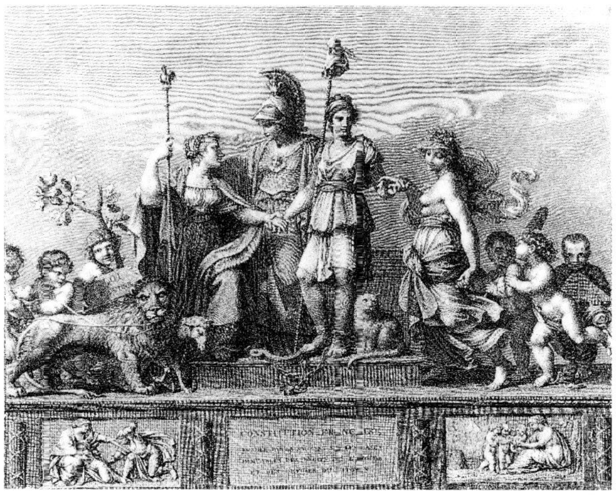

Pierre-Paul Prud'hon, Die französische Verfassung, *Stich, ausgestellt im Salon von 1798 in Paris*

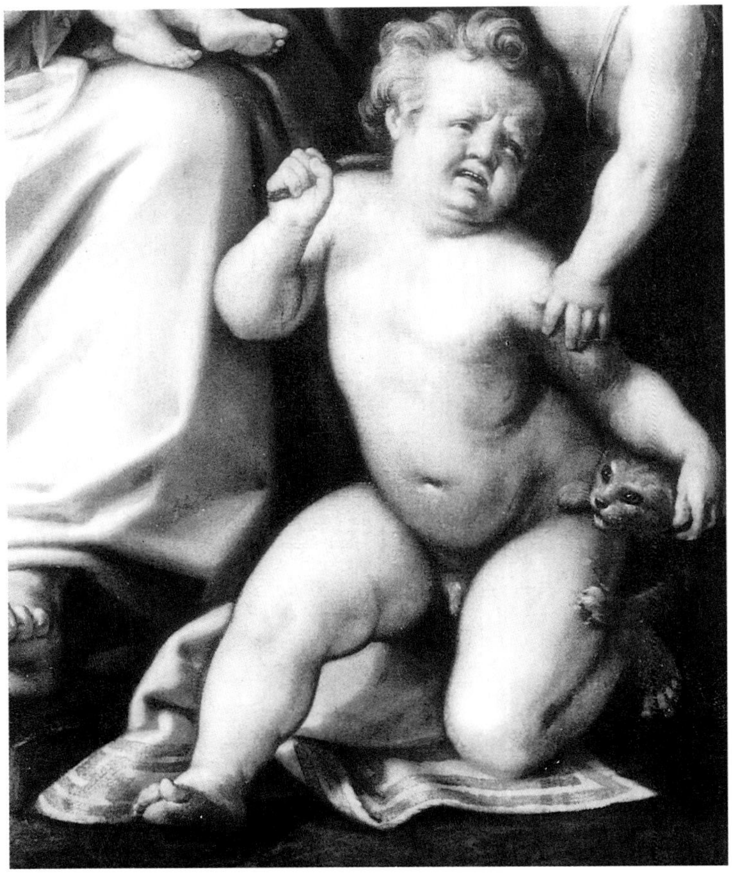

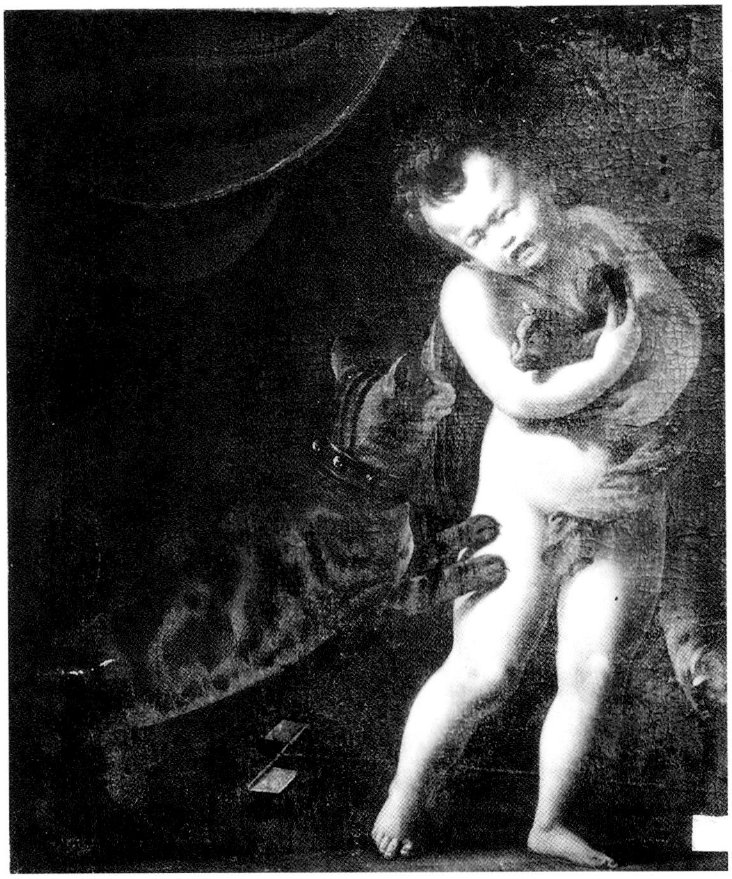

Links: Cornelis Cornelisz van Haarlem, Die Mildtätigkeit *(Detail), Valenciennes, Musée des Beaux-Arts*

Rechts: Eine Katze krallt ein Kind, um ihre Jungen zu verteidigen, *anonymes Gemälde aus dem 16. Jahrhundert, Semur-en-Auxois, Museum*

hunderts). Auch die Gestalt der Feindschaft *(„Inimicitia")* wird, wohl aus denselben etwas simplen Gründen wie beim *Contrasto,* in Begleitung von Katze und Hund dargestellt, zu denen sich ein Aal gesellt, der in dem Ruf steht, Einzelgänger zu sein.[35]
Die Überredung *(„Persuasione")* als letzte Allegorie ist noch komplizierter. An einer Leine hält sie ein Fabeltier mit drei Köpfen, einem Hunde-, einem Katzen- und einem Affenkopf.[36] Nach Ripa soll bei allem, was sie tut, die Katze mit ihrer Aufmerksamkeit den Hörer auch zur Aufmerksamkeit auffordern, während der Hund, der aus Eigennutz zu schmeicheln und sich anzuschmiegen versteht, Wohlwollen gewinnen soll; der Affe soll dazu anregen, den Gegenstand der Überredung zu erfassen, denn man nimmt an, daß er die Gedanken der Menschen am besten begreift. Es ist nicht erstaunlich, daß diese letzte Allegorie, die so verwickelt und ästhetisch wenig harmonisch ist, bei den Künstlern keinen großen Erfolg hatte.
In anderen Fällen ist die Katze nicht eigentlich Attribut einer Allegorie, sondern dient dazu, deren Sinn hervorzuheben. Die Katze, die sich im Vordergrund des Gemäldes *Die Unmäßigkeit* von Jan Steen (1626–1679) über einen riesigen Schinken mit Knochen auf einer Platte hermacht, unterstreicht damit Ausschweifungen aller Art, denen sich die verschiedenen Gäste auf der Szene hingeben. Nicht weit entfernt von der Katze sieht man Symbole der Eitelkeit (Uhr, zerbrochene Flasche), die an die Kurzlebigkeit der Vergnügungen dieser Welt erinnern (Privatsammlung).
Ebenso bedeutungsvoll ist die Katze, die Jan Miense Molenaer (um 1610–1668) in einem seltsamen Bild malte (S. 19): Vor einem Tisch, auf dem die üblichen Elemente einer Darstellung einer Vanitas (Schädel, Gläser, Spielkarten, Musikinstrumente) durcheinander aufgehäuft sind, steht auf der einen Seite ein pfeiferauchender Zwerg, der sich auf einem Faß abstützt; auf der anderen Seite liegt ein Kätzchen, bereit zum Aufsprung. Versinnbildlicht es nicht mit der Schnelligkeit seiner Bewegungen das unerbittliche Entfliehen der Zeit?[37] Derselbe Molenaer malte auf einem anderen Bild zwei Kinder (s. S. 102), die mit einer Katze spielen; auch diese Katze ist nicht harmlos, denn die Moral der Geschichte ist klar: Jeden Augenblick können die Spiele der Kinder von einem Tatzenhieb unterbrochen werden – genauso flüchtig sind die irdischen Freuden.

Etwa 150 Jahre später finden sich in einer Komposition von Prud'hon mit dem Titel *Der Tatzenhieb der Katze* (Zeichnung im Musée Fabre, Montpellier) wiederum zwei Kinder mit einer Katze. Mit spöttischer Miene tritt dort ein Cupido Köcher und Pfeil mit Füßen und hält ein Kätzchen im Arm, das gerade ein Mädchen gekratzt hat, das jetzt vor Schmerz weint. Gegenstück dieser Szene ist: *Amor liebkost, ehe er verletzt.* Die beiden gleichen Kinder sind beim Spiel mit einem Hündchen gezeigt. Während der Hund als treu und ungefährlich gilt, teilt die Katze grausame Tatzenhiebe aus: Mit den Freuden der Liebe sind große Qualen verbunden. Prud'hons Anlehnung an die traditionelle Ikonographie ist offenkundig; dennoch ist sein Rückgriff auf das leicht verständliche, sprechende Bild der Katzenpfote aufschlußreich.
Ein weiterer „allegorischer" Tatzenhieb, der schon zu Lebzeiten des Künstlers berühmt wurde, findet sich im Bild *Die Mildtätigkeit* von Cornelis van Haarlem[38] (Valenciennes, Musée des Beaux-Arts). Van Mander, der Vasari der nördlichen Künstlerschulen, kommt in seinem 1604 veröffentlichten *Buch der Maler* darauf zu sprechen: „Die Mildtätigkeit in Gestalt einer sitzenden Frau mit mehreren Kindern, von denen eines eine Katze hält, die zu miauen scheint und dabei ihre Krallen in den Schenkel des Kindes schlägt. Der Ausdruck des Schmerzes des Kindes ist außergewöhnlich gut wiedergegeben" (S. 18). Diese Katze mit übernatürlich verlängertem Schwanz in manieristischer Art bedeutet mehr als ein „zusätzliches" Motiv der niederländischen Anhänger eines gewissen rein anekdotischen Realismus. Weist sie hier nicht einfach auf die Grenzen der Mildtätigkeit hin? In diese Welt optimistischer Harmonie und Wohltätigkeit, in der man sich letzten Endes darauf verläßt, daß der Mensch gut ist, tritt eine negative, pessimistische Note instinktiver Bosheit und Angriffslust, die nicht weniger natürlich ist als die Tugend.
Zu Füßen eines der Kinder, welche die Gestalt der Mildtätigkeit umgeben, hat Frans Floris eine gutmütige, dicke Katze gemalt (Leningrad, Eremitage), die durchaus friedfertig und ungefährlich scheint. Dies soll ein Beweis dafür sein, daß die Verbindung einer Katze mit der Gestalt der Mildtätigkeit von fast zeitgenössischen Künstlern, die sogar derselben Schule angehörten, unterschiedlich gedeutet wurde. Beunruhigend ist dagegen die riesige Katze, die in einem rätselhaften Bild im Museum von Semur-en-Auxois einen Putto anspringt, der vor Schmerz das Gesicht verzieht (S. 18).
Was ist wohl der Gegenstand dieser anonymen Komposition (steht überhaupt fest, daß sie ein Fragment ist?), von der man weder weiß, aus welcher Schule (Italien?), noch, aus welcher Zeit (16. Jahrhundert?) sie stammt? Vielleicht handelt es sich um eine Allegorie der Mutterliebe, denn die Katze krallt das Kind nur, weil es ihr die Jungen weggenommen hat. Katzen, die ihre Jungen gegen Hunde verteidigen, werden in der Volkskunst als Sinnbild für die Liebe der Eltern zu ihren Kindern gepriesen. Ist das Bild von Semur-en-Auxois eine Übertragung dieses Motivs in die Sprache der Hochkunst-Allegorie?

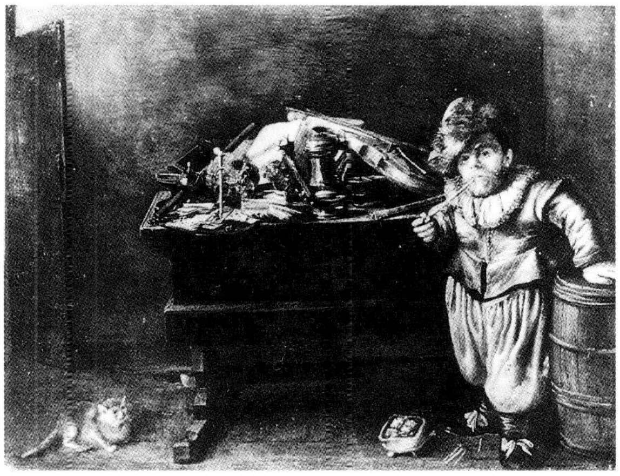

Jan Miense Molenaer, Vergänglichkeit, mit Zwerg und Katze, *Privatsammlung*

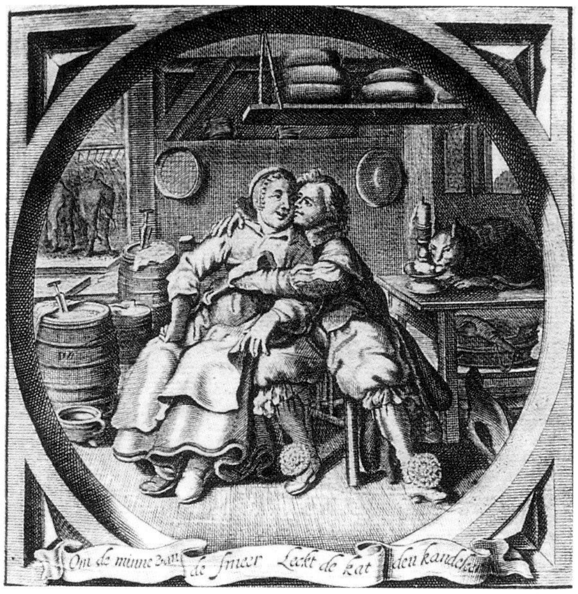

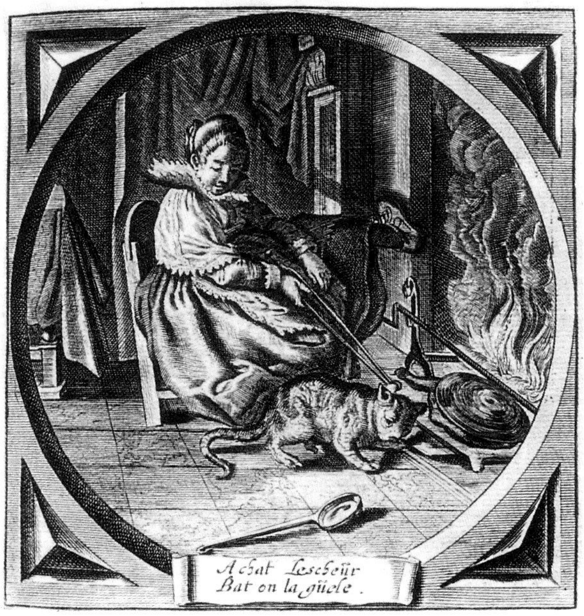

Illustrationen aus der Sprichwörtersammlung von Jacob Cats, Ausgabe von 1712, Amsterdam

Katzen, Sprichwörter, Embleme und Volksweisheiten

Als Haustier *par excellence* hat die Katze die bildhafte Sprache der sogenannten Volksweisheit unaufhörlich bereichert. Die besten Beispiele für den moralisierenden Gebrauch der Katzen als Symbol finden sich sicherlich in der spottlustigen Welt der Niederlande und Deutschlands, der Malerei und mehr noch der graphischen Kunst, die sich bekanntlich besonders gut für die Verbreitung von Ideen eignet.[39]
„Der Katze die Schelle umhängen" ist – wörtlich verstanden – ein gewagtes Unternehmen (die Katze wird es sich kaum gefallen lassen), das zugleich unsinnig ist (mit einem derart lärmenden Ding um den Hals wird die Katze keine Mäuse mehr jagen können, und diese werden keine Zeit verlieren, die Kornspeicher zu überfallen). In dem berühmten, 1494 in Basel erschienenen *Narrenschiff* von Sebastian Brandt, dessen zahlreiche spätere Ausgaben illustriert wurden[40], macht sich ein echter Narr im Narrenkleid an diese undankbare Aufgabe. Noch närrischer ist der Mann, der bei Pieter Bruegel d. Ä. (um 1525/1530–1569) der Katze die Schelle umzubinden versucht. Er hat eine Rüstung angelegt, um sich vor ihren Tatzenhieben zu schützen. Hier tritt ein weiterer Gedanke hinzu: Waffen verleihen dem Feigling Mut (s. S. 72).
Ein Holzschnitt von 1558 mit holländischer Legende zeigt einen Narren mit einer Katze auf der Schulter, die ihm das Gesicht leckt, während sie ihn gleichzeitig mit den Hinterpfoten kratzt.[41] Die Moral dieser Darstellung lautet: Wer einem ins Gesicht hinein schmeichelt, kann einen rücklings angreifen.
„Eine alte Katze spielt nicht mehr", lautet ein anderes Sprichwort. Es ist Gegenstand einer Zeichnung von Jacob Jordaens (1593–1678), wo sich mehrere um einen Tisch versammelte Personen vergeblich bemühen, eine Katze zum Spiel zu verlocken (Paris, Louvre, Abteilung Zeichnungen). Wie ein alter Weiser läßt sich ein unabhängiges, vernünftiges Tier wie die Katze weder beeinflussen noch befehligen.
Eine umfangreiche Sammlung von Sprichwörtern, die von dem Niederländer Jacob Cats (welch passender Name!) zusammengestellt und 1632 in Den Haag erstmals herausgegeben wurde, war zu ihrer Zeit ungeheuer berühmt und eine Fundgrube für Generationen von Künstlern. Sprichwörter aller Herren Länder in den Originalsprachen, geordnet nach geschickten Wortspielen oder Gedankenverbindungen, sind enthalten.[42] In vielen Stichen zur Illustrierung der wichtigsten Sprichwörter, deren Vorlagen der Maler Adriaen Pietersz van de Venne (1589–1662) zeichnete, kommen Katzen vor. Jedesmal ist der Zusammenhang zwischen der Katze und der Moral der Geschichte umständlich erläutert.
Der Stich auf Seite 20 zeigt einen Mann, der sich um eine beleibte, wenig anmutige Dame bemüht. Eine auf dem Tisch dahinter stehende Kerze, die von einer Katze abgeleckt wird, soll darauf hinweisen, wessen ein habgieriger Liebhaber fähig ist. Da die Frau wohl die einzige Erbin eines reichen Bauern ist, täuscht der junge Mitgiftjäger vor, er finde sie schön, genau wie die Katze sich zwingt, die Kerze zu lecken, die sie doch in Wirklichkeit verabscheut.[43] Die Parallelen, die Cats zieht, sind zuweilen erstaunlich zusammenhanglos.
„Der Naschkatze schlägt man aufs Mäulchen"[44], lautet eine aus Frankreich stammende Redensart. Mit der Feuerzange schlägt eine Frau nach einer Katze, die dem Topf am Feuer zu nahe gekommen ist (S. 20). Die Moral dieser Geschichte lautet: Wer zu neugierig und indiskret ist, bekommt verdiente, selbstverschuldete Schläge.
Wenn man eine schöne Katze hat, ist es besser, nichts mit einem Kürschner zu tun zu haben.[45] Ein Mann (ein Kürschner) nähert sich verstohlen einer ruhenden Katze, um sie zu fangen, während im Hintergrund ein Ehepaar auftaucht (S. 21). Wie die Katze nur wegen ihres schönen Fells gejagt wird, könnte ein heiratsfähiges Mädchen nur wegen ihres Aussehens begehrt werden.
Einem italienischen Sprichwort zufolge ist es unklug, einen Kater den Spieß, an dem ein Braten zubereitet wird, ablecken zu lassen; denn sobald man wegschaut, frißt er ihn auf.[46] Im Falle der entsprechenden Illustration würde dies geschehen, sobald die beiden Personen den Raum verlassen hätten. Die junge Frau jedoch ist gewitzigt und läßt den Kater nicht allein; ebenso ist es besser, ein junges Mädchen von einer Anstandsdame begleiten zu lassen.
In einem französischen Stich aus dem 17. Jahrhundert mit dem Titel *Sie läßt die Katze an den Käse gehen* läßt sich ein Mädchen von einem jungen Mann den Hof machen.[47]

Unterdessen springt die Katze auf den Tisch und nascht vom Käse, wobei sie merkwürdigerweise eine Ratte mitknabbern läßt. „Wie die Katze, so die Ratte“; zudem hat sich die Katze die nächste Mahlzeit gesichert. Ebenso wird ein berechnendes Mädchen dem Bewerber schmeicheln, der ihr am meisten zu bieten hat.

Wie Cats erzählt, war eine Katze so frech geworden, daß die Hausfrau ihren Mann bittet, sie zu beseitigen.[48] Dies zeigt das Medaillon von van de Venne (S. 21): In einem wie ein Schlachtfeld aussehenden Zimmer wird ein mit einem Schwert bewaffneter Mann von einer Katze angegriffen; diese ist im Gefühl der Bedrohung einem Löwen gleich geworden, so daß der Krieger sie nicht erschlagen kann. Genauso müssen manche Vorhaben aufgegeben werden, obwohl sie notwendig wären, denn der Mensch kann nicht immer tun, was er will.

Das Motiv der von Menschen bedrohten Katze, die unter Verteidigungszwang außergewöhnlichen Mut zeigt, dient in einer deutschen Sammlung vom Anfang des 17. Jahrhunderts zur Verdeutlichung einer anderen Idee, nämlich der Kraft der Verzweiflung. Eine unglückselige Katze wird von mehreren mit Stöcken bewaffneten Männern umkreist und muß der Gefahr trotzen, um sich zu retten.[49]

Das Thema vom Streit zwischen Katzen und Ratten (oder Mäusen) hat offenbar die Entstehung von Sprichwörtern und Fabeln am meisten angeregt. Häufig fällt der Katze in diesem erbarmungslosen Kampf die Rolle des Bösewichts zu. La Fontaine beispielsweise hat sie als heuchlerisches, heimtückisches Tier charakterisiert. „Eine Katze, die sich wie ein Mönch benimmt, mit dichtem Fell, dick und fett“, ein „Frömmler“, ein „Scheinheiliger“ (in der Fabel *Die Katze und der Fuchs*) – mit solchen Ausdrücken kennzeichnet er sie ebenso vereinfachend wie ungenau, und in diesem schiefen Licht erscheint sie jahrzehntelang den französischen Volksschulkindern.[50]

Oft wird die Katze als Bild benutzt, um eine Volksweisheit auszudrücken, so in dem Sprichwort „Die Katze läßt das Mausen nicht“. Ein deutscher Stich vom Ende des 16. Jahrhunderts (S. 22) zeigt eine Katze auf einem Tisch, die gerade eine Maus fangen will; die gewichtigen Zuschauer sind gespannt, als wohnten sie einem wissenschaftlichen Experiment bei.[51] Selbst wenn sie es wollte, könnte die Katze ihrem natürlichen Drang zur Mäusejagd nicht lange widerstehen; der Kommentar zu dem Blatt hebt hervor, daß die einem jeden eigenen, grundlegenden Neigungen nicht unterdrückt werden können. Wie zu erwarten, enthält das Werk von Cats eine ähnliche Darstellung: Affen lausen ihre Jungen, während Katzen Mäuse jagen, und ein Mann, der die Szene beobachtet, scheint sie seinem jungen Begleiter zu erläutern; wie Katzen und Affen versessen darauf sind, Mäuse und Läuse zu fangen und verliebte Männer unablässig Frauen nachstellen, so wird sich auch die wahre Natur der Frauen zwangsläufig irgendwann einmal zeigen.[52] La Fontaines Fabel „Die Katze, die sich in eine Frau verwandelt“ (2. Buch, 40. Fabel) beschreibt übrigens dasselbe Thema: So stark ist die Natur, daß die Frau beim bloßen Anblick einer Maus ihrem Katzeninstinkt verfällt.

Als unermüdliche Mäusejäger dienen Katzen zur Illustration vieler weiterer Redensarten, auch an unerwarteter Stelle. Cats verdeutlicht ein Sprichwort durch das Bild (S. 22) eines Mannes, der in Begleitung von Katzen einherstolziert und über der Schulter eine Pike trägt, an der Ratten baumeln.[53] Die Devise lautet: „Wer mit Katzen jagt, fängt nur Ratten“, und die Moral besagt: Wer mit Katzen statt mit Hunden zur Jagd geht, erbeutet nichts als das, was Katzen erlegen können, nämlich Ratten und Mäuse. So sollte man seine Diener gemäß ihren Fähigkeiten beschäftigen und ihnen keine Aufgaben übertragen, die sie nicht ausführen können.

Mäuse zu jagen, damit sie sich nicht über das Getreide hermachen, ist eine gute Tat. Doch wie ein Stich aus Antwerpen um die Mitte des 16. Jahrhunderts zeigt[54], kommt es vor, daß die Katze ihre Pflicht versäumt und selbst zum Diebstahl verlockt wird: Die Katze links im Bild schielt nach dem Tisch, während eine andere rechts mit ihrer Beute davonläuft. Die Richtstätte im Hintergrund weist auf die künftige Bestrafung hin. Der Kommentar zu dem Blatt führt aus: Wie die diebische Katze sich durch ihr Schnurren verrät, wird der unvorsichtige Übeltäter entlarvt und zum Tod am Galgen verurteilt. Auch wenn die Tat eine Zeitlang unentdeckt bleibt, wird die Strafe später um so härter sein.

Katzen waren als wichtigste Ratten- und Mäusevertilger sehr begehrt, und so entstand sogar ein Handel mit mäusefangenden Katzen. Ein deutscher Stich aus dem

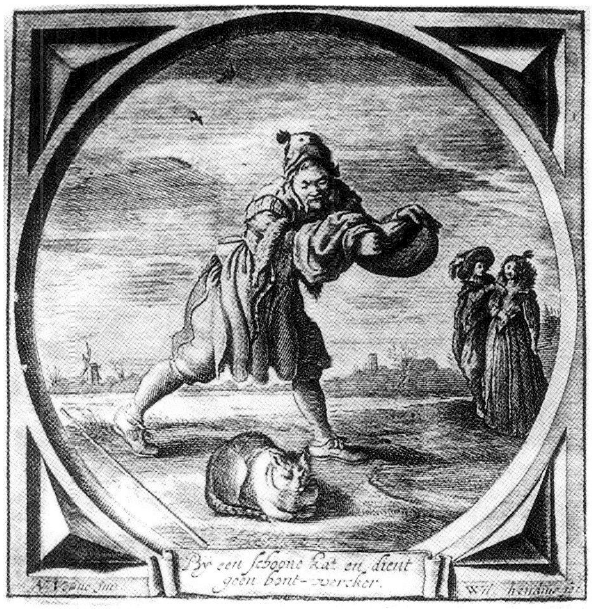

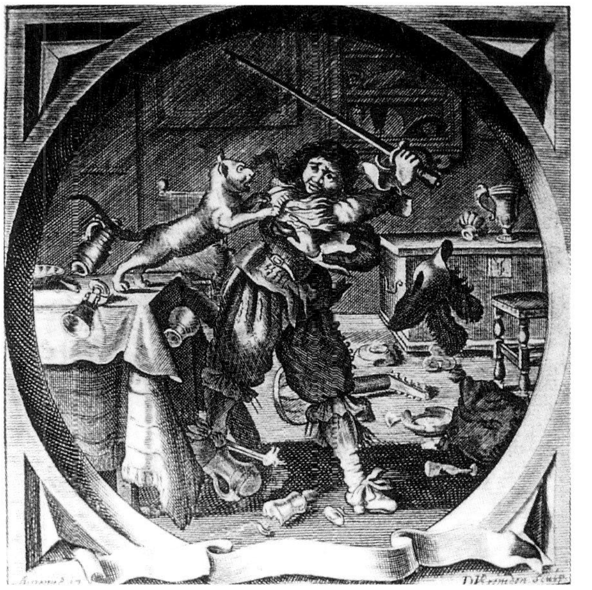

Illustrationen aus der Sprichwörtersammlung von Jacob Cats, Ausgabe von 1712, Amsterdam

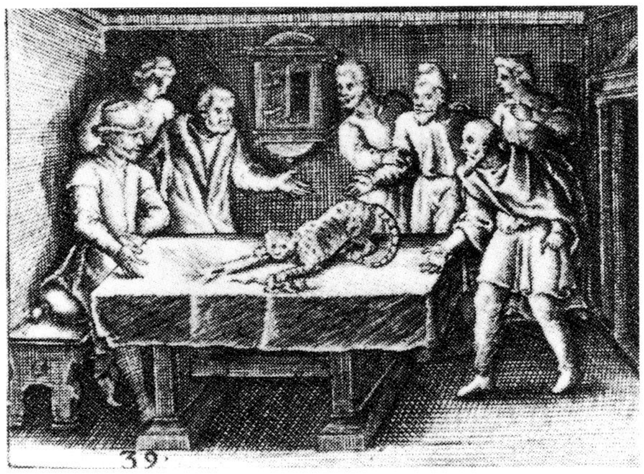

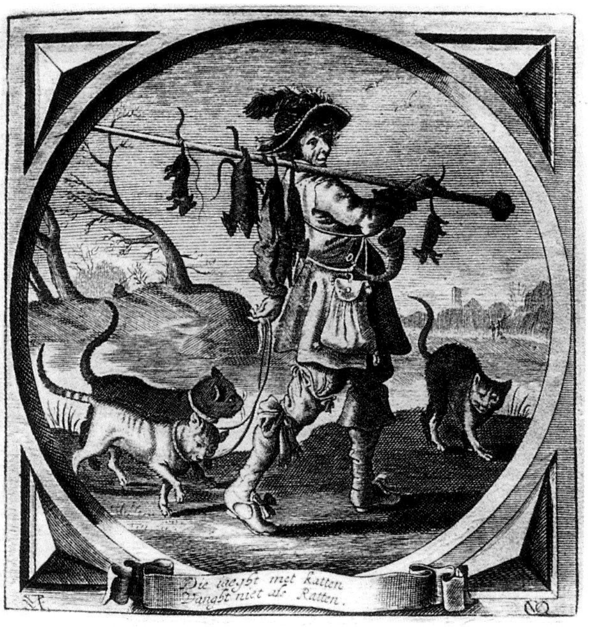

Deutscher Stich zu dem Sprichwort „Die Katze läßt das Mausen nicht", 1596

Illustration aus der Sprichwörtersammlung von Jacob Cats, Ausgabe von 1712, Amsterdam

17. Jahrhundert von Gerhard Altzenbach (bedeutend feiner ausgearbeitet als der zuvor erwähnte) mit dem Motto *Die Katze im Sack* zeigt einen Schwindler, der Katzen im Sack verkauft.[55] Die Moral lautet: Man kann hereinfallen, wenn man eine Katze kauft, ohne sie vorher ansehen zu können – man weiß nicht, was für ein Tier im Sack ist! Daher: Niemals etwas ungeprüft erwerben, und Vorsicht bei der Wahl eines Lebensgefährten, denn jedermann kann eine irreführende Maske aufsetzen. Das Bild einer zur Mäusejagd aufbrechenden Katze mit einem Krieger im Vordergrund, das sich auf einem deutschen Emblem vom Anfang des 17. Jahrhunderts findet, soll den Soldaten vor der Verlockung des Plünderns warnen.[56] Die Katze, die mehr Mäuse tötet, als sie fressen kann, versinnbildlicht den unvorsichtigen Plünderer, der in seiner Beutegier nicht merkt, daß der Feind zurückkehrt und ihn überrascht.

Katze und Mausefalle erlangten im 17. Jahrhundert als Thema eine Beliebtheit, die weit über den beschränkten Bereich der Sprichwörter hinausging. Für die niederländischen Künstler war die Mausefalle ein malerisches und zugleich symbolträchtiges, für jedermann leicht verständliches Motiv. Mit oder ohne Katze in der Nähe ist die Mausefalle ein Sinnbild der Liebe, die in Fesseln schlägt. Wer etwas zu erhaschen glaubt, wird selbst gefangen – so ergeht es der unglücklichen Maus, die sich vom Speck in die Falle locken läßt. Bei Cats[57] liegt der Sinn der Darstellung auf der Hand: Der Liebhaber wird wie die Maus gefangen, und ebenfalls bei Cats[58] verkörpert die Maus, die den Speck holen will, ohne sich fangen zu lassen, den unehrlichen Liebhaber, der ein Mädchen nur verführen will, ohne es zu heiraten.

In einem holländischen Stich vom Anfang des 17. Jahrhunderts lauert eine Katze einer Maus auf, die in einer halboffenen Mausefalle kauert, während ein kleiner Cupido die beiden Tiere beobachtet.[59] Ein Kommentar, an ein Sonett von Petrarca anknüpfend, erläutert die Szene zur Genüge: Wenn die Maus in der Falle bleibt, ist sie weiterhin in Gefahr, wenn sie aber herausschlüpft, läuft sie geradewegs in den Tod, denn die Katze wartet nur darauf, sich auf sie zu stürzen. Außerhalb der Fesseln der Liebe gibt es also keine Hoffnung auf Rettung.

Dasselbe Thema behandelte Abraham Mignon (1640–1679) mehrmals. Neben einer gerade noch stehenden oder bereits umkippenden Vase (Symbol der Vergänglichkeit?) miaut wild eine Katze neben einer umgestürzten Mausefalle, in die sich eine verängstigte Maus geflüchtet hat (Leningrad, Eremitage, und Lyon, Musée des Beaux-Arts). Drückt die Wut der Katze nicht ihre Enttäuschung und im weiteren Sinne die Vergeblichkeit ihrer Bemühungen aus?

Philips Angel (1616–1683) malte im selben Geist eine Katze, die eine Maus belauert (Rennes, Musée des Beaux-Arts). Die Maus balanciert auf einem Stengel, der aus einer liegenden Vase herausragt; ohne Zweifel ist damit eine Art Mausefalle angedeutet. Wenn die Maus durch die Öffnung in die Vase hineinläuft, fällt der Stengel um, und der Rückweg ist ihr versperrt. Die Maus befindet sich zwar außerhalb der Falle, aber die Gefahr ist nicht weniger drohend.

Hundert Jahre später zeigt ein Gemälde (S. 23), das gelegentlich Bachelier zugeschrieben wird, eine prächtige Angorakatze mit gesträubtem Fell, die nach einer Maus in einer Falle schielt (London, Kunsthandel). Drei niedliche Kätzchen in einem runden Henkelkorb daneben scheinen sich mehr für die Milchschüssel zu interessieren. Man möchte sagen, als Gegensatz dazu verkörpern sie die Unschuld der Kindheit. Da wir aber im 18. Jahrhundert sind, überwiegt das erzählend dekorative Element gegenüber der symbolischen Bedeutung. Zudem handelt es sich um ein Trompe-d'œil, das durch seinen kahlen Hintergrund mit dem aufgehängten Schüssel den Eindruck einer Abstellkammer hervorruft. Wäre das Zeitalter der Aufklärung nicht etwas oberflächlich gewesen, wenigstens was die Malerei betrifft, so wäre man versucht, diesen so sehr präsenten Schlüssel (zur Tür in die Freiheit?) als zusätzlichen Hinweis auf die grundlegende Frage der Unfreiheit der Liebe zu deuten.

Gelegentlich dienen Kinder als Bindeglieder, ja Vermittler zwischen Katze und Maus. Adriaen van der Werff (1659–1722) malte 1676 zwei Kinder, eines mit einer Katze, das andere mit einer raffinierten Mausefalle, in der eine Maus gefangen ist (London, Kunsthandel).[60] Derselbe Künstler stellte auch einen Jungen dar, der eine tote Maus aus einer Mausefalle, die nicht nur fängt, sondern auch tötet, heraus-

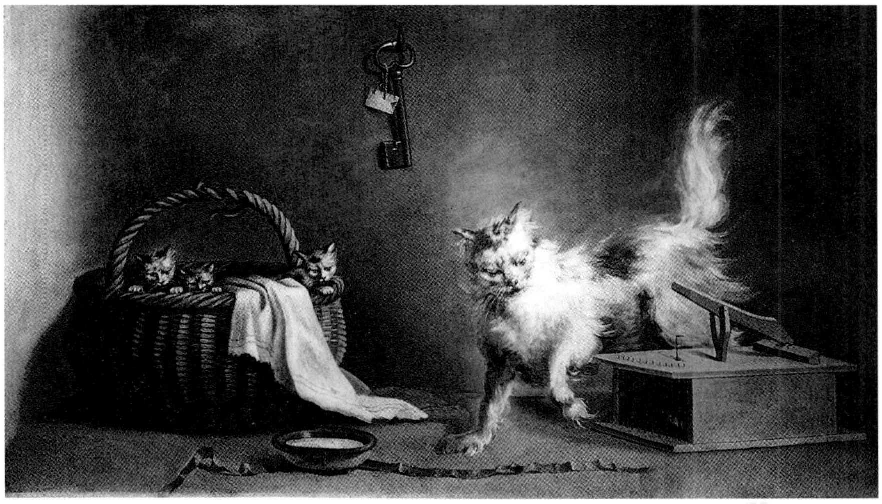

Katze, Kätzchen und Mausefalle, *Gemälde von Jean-Jacques Bachelier (?), London, Kunsthandel*

nimmt und sie einer Katze hinhält (London, National Gallery).[61] Hier hat die mörderische Falle dem Liebhaber nicht mehr die sonst offenstehende Wahl zwischen Gefangenschaft und Tod gelassen.

Von Gerrit Dou (1613–1675) bis Pieter van Slingeland (1640–1691) und Willem van Mieris (1662–1747) war das Thema der toten Maus, die einer Katze gezeigt wird, bei den Holländern beliebt, besonders bei den sogenannten „Feinmalern" *(„fijnschilders")* der Jahre 1605–1700.[62] Später wurde das Motiv, von seinem symbolischen Inhalt losgelöst, zum Gegenstand von Genrebildern wie dem reizenden Gemälde *Frau mit Mausefalle* von Martin Drolling (s. S. 166).

In leicht einsehbarer Parallelität zeigen andere Werke statt Maus und Mausefalle Vogel und Vogelkäfig, wobei die ikonographische Bedeutung – im Hinblick auf die Anwesenheit der Katze – gleichbleibt. Eglon Hendrik van der Neer schuf mehrere Gemälde dieser Art (s. S. 123).[63]

Einmal scheint eine Venusstatue über zwei Kinder zu wachen, die mit Vogel, Käfig und Katze spielen (Braunschweig, Herzog-Anton-Ulrich-Museum).[64] Die Szene erinnert an das alte emblematische Motiv des Cupido in dem beschriebenen holländischen Stich vom Anfang des 17. Jahrhunderts.

Außer Maus und Vogel treten auch andere Tiere als Gegenspieler der Katze auf, beispielsweise der Löwe in einem deutschen Stich vom Anfang des 17. Jahrhunderts[65], der auf die Gefährlichkeit hinweist, es mit einem Stärkeren aufzunehmen. Die Katze, die den Löwen am Schwanz zieht, ist so unvorsichtig wie das niedere Volk, das einen Fürsten ärgert und herausfordert.

Nicht nur in der religiösen Malerei und in der profanen Allegorie ist der Hund der traditionelle Feind der Katze, sondern auch in der Volksikonographie.

Die grundsätzliche Unvereinbarkeit der beiden Tiercharaktere ist in einem deutschen Stich in einer Emblemsammlung vom Anfang des 17. Jahrhunderts Ausgangspunkt für die Darstellung der angeborenen Elternliebe[66]: Zwei Katzen schützen mit ausgestreckten Krallen ihre Jungen vor einem Hund und schlagen ihn in die Flucht. Derart lobenswerte Gründe fehlen der Katze, die in einem Gemälde von Paulus Potter (1625–1654) einen Hund angreift. Es entstand 1652 und trägt heute den sehr vielsagenden, wenn auch nicht ursprünglichen Titel *Wie Hund und Katz* (Sammlung Bentinck-Thyssen).[67]

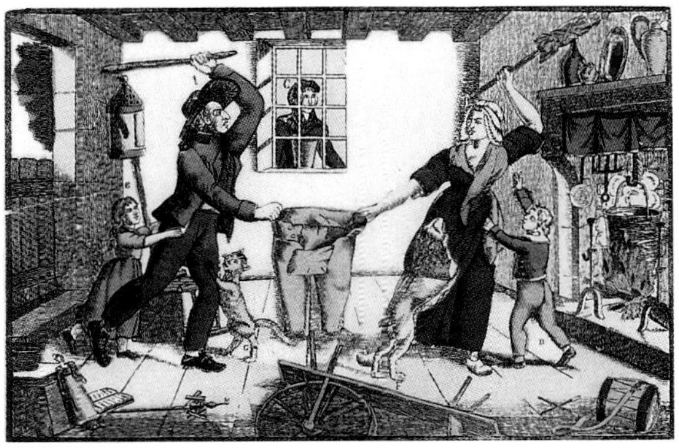

Der große Ehezwist, Bilderbogen von Épinal, Paris, Musée des Arts et Traditions Populaires

Auch der Ehezwist als beliebtes Thema wird natürlich bei den Bilderbogen von Épinal behandelt (S. 23). Wiederum sind Hund und Katze Gegner und ergreifen jeweils für einen der Streitenden Partei. Der Hund steht auf seiten der Frau, die Katze auf seiten des Mannes[68]; der Begleittext weist jedem seine Rolle zu: „Der Hund kläfft und beißt, um bellend die Ordnung wiederherzustellen. Die Katze kratzt und zerreißt die Kleider, sie sorgt dafür, daß der Schneider Gewinn daraus zieht." Wieder ist die Katze die Böse, die Unordnung Stiftende, während der Hund anscheinend für Ordnung sorgt.

Nicht nur dem Hund, sondern auch dem Affen wird die Katze gegenübergestellt – meist fällt der Vergleich zu ihren Ungunsten aus, gilt doch der Affe als das schlaueste

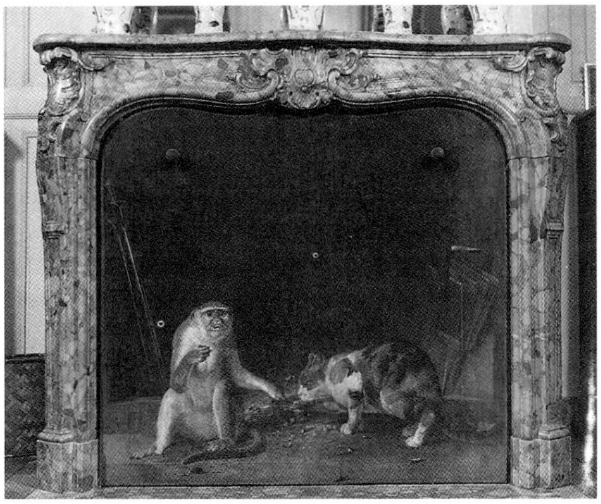

Bertrand und Raton, *Kamin in illusionistischer Manier, französisches Gemälde aus dem 18. Jahrhundert, Paris, Privatsammlung*

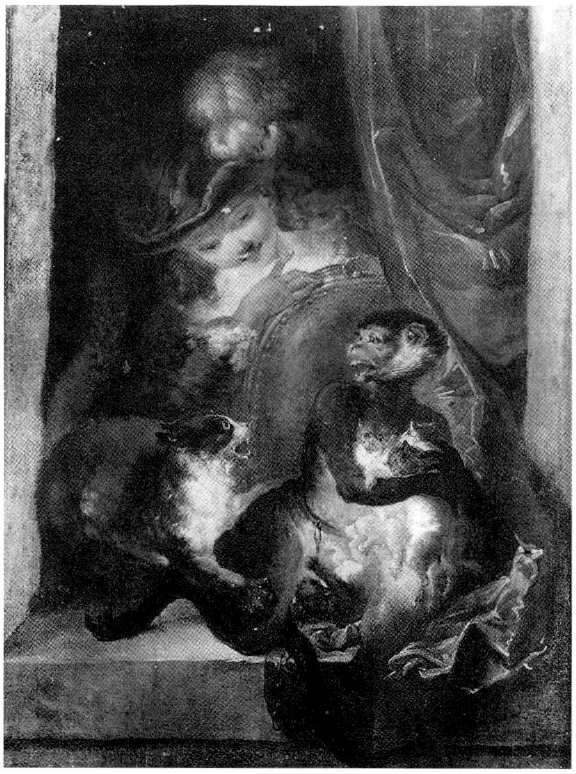

Affe und Katze, *anonymes Gemälde aus dem 18. Jahrhundert, Paris, nationale Mobiliarsammlung, Leihgabe des Louvre*

aller Tiere. Man denke an die Fabel *Der Affe und die Katze* von La Fontaine (9. Buch, 176. Fabel), die auf Äsop und Phädrus zurückgeht (s. Abraham Hondius, S. 119, Decamps, S. 174, und Landseer, S. 175). Die Geschichte ist einfach: Einem Affen (Bertrand) gelingt es, eine Katze (Raton) davon zu überzeugen, daß niemand auf der ganzen Welt so viel Geschicklichkeit besitze wie sie, Kastanien aus dem Feuer zu holen. Geschmeichelt folgt die Katze der Aufforderung und verbrennt sich mehr oder minder die Pfoten, je nach der darstellerischen Grausamkeit der Maler, während der Affe in aller Ruhe die Kastanien verzehrt. Nach La Fontaine ist die Moral dieser Fabel, daß manche Fürsten, die den Schmeicheleien eines Monarchen glauben, bereit sind, alles zu tun, was er von ihnen verlangt – zum alleinigen Nutzen dieses Königs.

Ein reichlich naives, aber köstliches französisches Bild (S. 24) aus dem 18. Jahrhundert (Privatsammlung)[69] zeigt den Affen und die Katze vor einem illusionistischen Kamin (an den Seiten erkennt man Blasebalg und Feuerzange). Der Künstler machte sich zunutze, daß die Szene notwendigerweise an einer Feuerstätte spielt (bei Decamps ein Kamin, bei Landseer ein Herd), um einen vorgetäuschten Kamin darzustellen, wie sie im 18. Jahrhundert so beliebt waren. Ein berühmtes Beispiel dafür ist das Bild *Hund am Napf* von 1751 von François Desportes, das heute einen Kamin im Jagdmuseum in Senlis schmückt.

Manchmal artet die Beziehung zwischen Katzen und Affen in besonders heftige Auseinandersetzungen aus. Ein Gemälde aus dem 18. Jahrhundert (S. 24), dessen Schöpfer unbekannt ist (handelt es sich um einen Franzosen?), zeigt eine Katze in wildem Angriff auf einen Affen, der ihr ihre Jungen weggenommen hat; belustigt beobachtet ein Kind mit einem großen Federhut den Streit (Louvre).[70]

Wir sind mitten im 18. Jahrhundert; die Vorliebe für das Malerische überwiegt unzweifelhaft gegenüber der Symbolik. Trotzdem würde man gern in diesem Werk eine letzte, exotische Darstellung (Affe statt Hund) des alten Themas der Kindesliebe der Katzen zu ihren Jungen sehen, das zu Beginn des vorhergehenden Jahrhunderts als Gegenstand der Malerei auftauchte.

Katzen, Späße und Teufeleien

Das Thema einer absurden Welt, in der alle Werte in ihr Gegenteil verkehrt sind, in der die Schwachen über die Starken siegen, die Tiere die Rolle der Menschen und die Menschen die Rolle der Tiere übernehmen, die Jäger zu Gejagten und die Fressenden zu Gefressenen werden, kurz: die verkehrte Welt, hat schon immer die Phantasie angeregt. Selbstverständlich nahm die Katze in großem Umfang an dieser Umkehrung der Kräfte teil, die den Bildschöpfungen Schwung verleiht, und der natürliche Rahmen dafür war der unaufhörliche Kampf zwischen Katzen, Ratten und Mäusen.[71] Obwohl die Rolle der Katzen im alten Ägypten hier nicht behandelt wird, können wir uns doch eine Nebenbemerkung nicht versagen. Die Katzen wurden dort zwar kultisch verehrt, doch gab es einen Künstler am Ufer des Nil, der eine Mäusedame, die sich von einer Katze frisieren läßt, und einen Katerhirten, der Entchen hütet, darstellte.[72]

Mehrere Stiche in deutschen Emblemsammlungen aus der zweiten Hälfte des 16. und vom Anfang des 17. Jahrhunderts befassen sich mit dem unerschöpflichen Thema der gefangenen Katze, die von den Mäusen verhöhnt wird. Auf einer dieser Illustrationen (S. 25) sind zwei Katzen in Käfigen eingesperrt, während die Mäuse darum herum einen entfesselten Tanz aufführen.[73] Der Begleittext erläutert, daß die Mäuse, an sich ein sehr furchtsames Völkchen, sich die Gefangenschaft der Katzen zunutze machen; ebenso kann die Unverschämtheit des Pöbels ins Unermeßliche anwachsen, wenn er der Straffreiheit sicher ist. Ein anderes Emblem warnt die Mäuse (und gleichzeitig die Menschen) davor, daß die Katze plötzlich ihre Fesseln sprengen und schreckliche Rache nehmen könnte.[74]

David Teniers d.J. (1610–1690) schildert in einem Bild (S. 25), wie die Mäuse sich über eine machtlos gewordene Katze lustig machen (Privatsammlung).[75] Zwar sitzt hier die Katze nicht in einem Käfig, doch ist ihre Lage deshalb nicht besser, denn eine Bäuerin hält sie auf dem Schoß, um sie zu lausen, während die Mäuse herbeilaufen, um sich am Anblick ihres großen, zur Reglosigkeit verdammten Feindes zu weiden. Aber Vorsicht, gleich ist die Katze gelaust und geflöht und springt mit einem Satz in den Hof!

Ein italienischer Künstler des 17. Jahrhunderts stellte eine Katze in einem Käfig sitzend dar (Privatsammlung), die von einigen Ratten gereizt wird (S. 26). Sie kommen nahe an den Käfig heran, eine von ihnen schwenkt ein Fähnchen, andere läuten Glöckchen, als wollten sie die Menge zu diesem Schauspiel herbeirufen. Die zuschauenden Männer im Komödiantengewand tragen allerdings ein drohendes Lächeln zu Schau. Die Ratten sollten sich vorsehen, denn einer von ihnen könnte unversehens Gefallen daran finden, die Katze freizulassen …

„A bon chat bon rat" („Wie die Katze, so die Ratte") lautet der Titel eines um 1640 in Paris veröffentlichten Stichs, in dem eine erstaunliche Szene dargestellt ist[76]: Eine Katze säugt junge Ratten, und neben ihr füttert eine Ratte kleine Kätzchen mit dem Löffel. Die Moral dieses vorübergehenden Rollentausches lautet, daß die Katze ihre künftige Beute mästet und die Ratte sich kommende Katzengenerationen günstig stimmen will – allerdings wird diese Bemühung umsonst sein, denn die Katzen bleiben, wie sie sind, und werden niemals die Rattenjagd aufgeben.

Jahrhundertelang, bis zu den berühmten Bilderbogen von Épinal, die um 1860 ihren Höhepunkt erreichten, wurde das bevorzugte Thema der verkehrten Welt in den Bildern der Volkskunst mit nicht nachlassendem Vergnügen dargestellt.

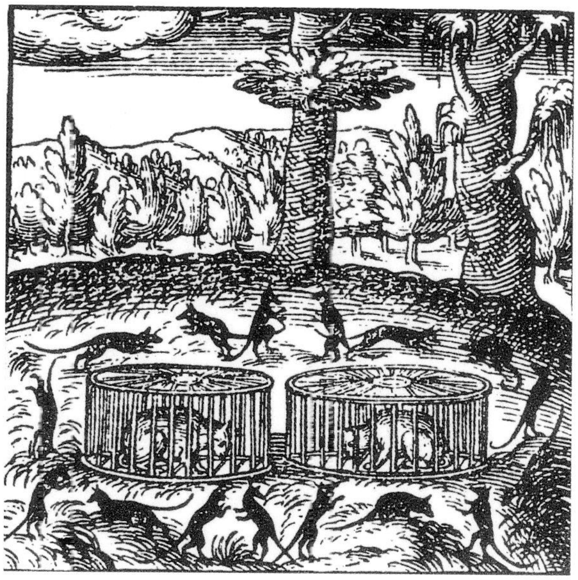

Die Katzen sind gefangen, die Mäuse tanzen, *deutscher Stich, 1565*

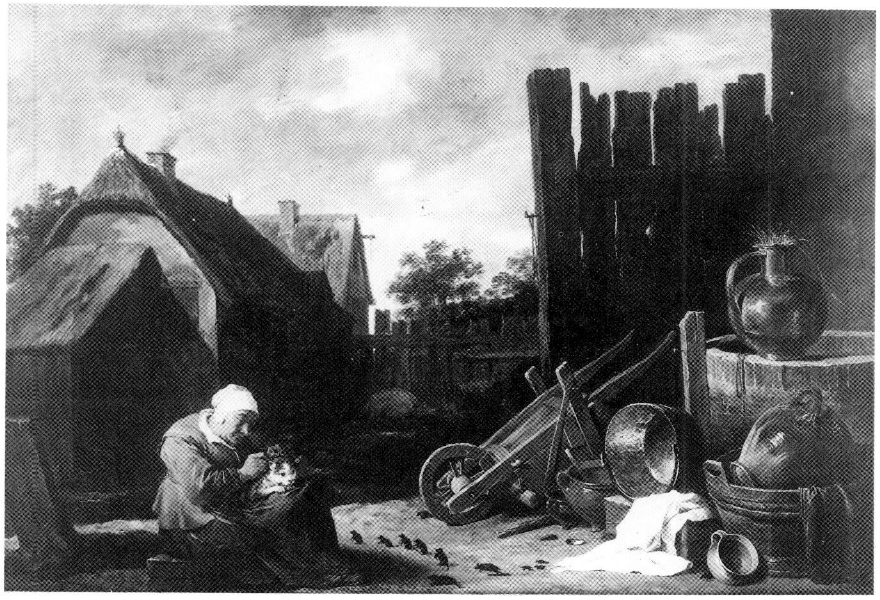

David Teniers d. J., Eine Bäuerin laust ihre Katze, *Privatsammlung*

Da pickt die Henne den Fuchs in den Rücken, das Pferd reitet auf dem Knecht, der Bär läßt den Bärenführer tanzen, der Hase oder das Schwein brät den Koch am Spieß, und daneben wird die Katze im Käfig von Ratten oder Mäusen verhöhnt und sogar gefressen. Wohlgefällig betrachtet sich in einem Bild eine am Frisiertisch ihrer Herrin sitzende Katze im Spiegel, während diese auf allen vieren den Mäusen nachjagt; in anderen Bildern kriecht eine Frau in einer Küche unter dem hoheitsvollen Blick der Katzenköchin auf dem Boden, um eine Maus zu fangen, oder die Katze reicht ihr eine tote Maus.[77]

In einem Gemälde der italienischen Schule des 17. Jahrhunderts (S. 26) führen mehrere Katzen den Laden eines Lebensmittelhändlers – eine von ihnen wiegt auf einer Waage Speck aus – und bedienen gerade einen Mann mit Kind.[78] Dahinter sieht man einen Dieb mit Hut; er könnte geradewegs einem Bild von Caravaggio (1573–1610) entstiegen sein. Er scheint einen Beutel stehlen oder eine Katze entführen zu wollen. Auch wenn das Sujet noch nicht geklärt ist – ist es eine Anspielung auf

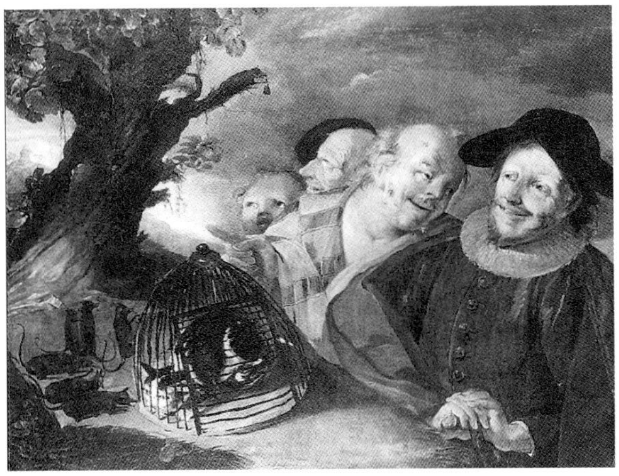

Gefangene Katze und tanzende Mäuse, *anonymes Gemälde aus dem 17. Jahrhundert, Kunsthandel*

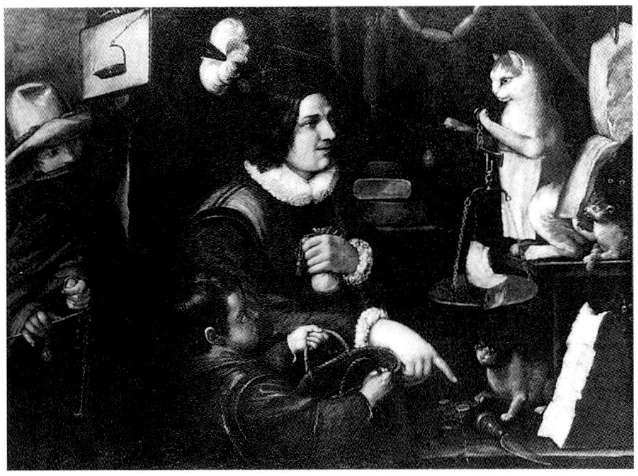

Katzen führen einen Laden, *italienisches Gemälde aus dem 17. Jahrhundert*

eine Szene der *commedia dell'arte*? –, paßt es gut in die burleske Welt, in der die Tiere denselben Beschäftigungen nachgehen wie die Menschen.
Derselbe Gedanke steht auch hinter den zahlreichen Katzenbildern, wo Tiere von Kindern wie lebende Puppen behandelt werden. Die Katze muß lesen und tanzen lernen (s. Steen, S. 120), sie wird mit dem Löffel gefüttert wie zum Beispiel in dem Bild von Jacopo Amigoni (1682–1752), wo eine Katze mit seltsam leuchtendem Blick, aber sichtlich unwillig das alles erduldet (Aurillac, Musée des Beaux-Arts). Ebenso malte der Engländer Wright of Derby ein Kätzchen, dem die Kinder Puppenkleider anziehen (s. S. 164).
Gelegentlich sind es Erwachsene, die mit Katzen umgehen, als seien es ihre eigenen Kinder, so beispielsweise in dem sogenannten Lichtmeß-Bild, das dem Maler Niccolò Frangipani (1555–1600) zugeschrieben wird und auf dem leicht beschwipste Leute eine in Windeln gewickelte Katze mit Brei füttern (Nantes, Musée des Beaux-Arts).[79] Die Darstellung spiegelt angeblich einen alten Volksbrauch wider, dem zufolge man zu Lichtmeß eine Katze fütterte als Parodie des heiligen Joseph, der dem Jesuskind Brei zu essen gab.
Der große Watteau (1684–1721) behandelte auf einem untergegangenen Gemälde, das jedoch durch einen Stich bekannt ist, das benachbarte Thema der kranken Katze: Ein Arzt fühlt einer Katze den Puls, während eine junge Frau versucht, das Tier ruhig zu halten. Die Szene lehnt sich vielleicht an die italienische Komödie an. Wie dem auch sei, in der Inschrift auf diesem Stich von 1731 prangert Jean-Michel Liotard (1702–1796) die übertriebene Katzenliebe mancher Frauen an, die dagegen einen Liebhaber „mit Freuden im Sterben liegen sehen" würden. Über den Arzt heißt es: „Wenn er seine ungewisse Kunst nur auf Katzen anwendete, wäre es für das Menschengeschlecht ein Glück."
Wiederum sind es Ärzte und Quacksalber, die sich bei der kranken Katze von Faustino Bocchi (s. S. 148) zu schaffen machen, doch hier verlassen wir den Bereich des Theaters oder der menschlichen Komödie und treten in eine vom Maler geschaffene phantastische und groteske Welt, in der die Menschen größtenteils Zwerge und die Tiere Riesen sind. Aus diesem Gegensatz und der Absurdität der Szene entsteht ein Eindruck von Mißbehagen, den Bocchi benutzt, um auf dem Umweg über die Tiere die Menschen besser verspotten zu können.[80]
Ebenso ironisch und burlesk sind die gemalten „Affentheater": Affen in Erwachsenenkleidern geben sich verschiedenen Beschäftigungen hin, nicht selten erstaunt die Begleitung von ebenfalls elegant gekleideten Katzen. Sehr merkwürdig ist das Thema „Affen im Wachlokal", das David Teniers d.J. malerisch bearbeitet hat (S. 27). Das Bild errang ungeheuren Erfolg und wurde oft kopiert.[81] Affen in Uniform spielen Karten, plaudern oder rauchen in einem dunklen Lokal. Einige gleichen stolzen Musketieren, andere tragen statt Helmen seltsame Gefäße als Kopfbedeckungen. Die Tür geht auf, ein Kater im geschnürten Rock tritt ein, geführt von zwei bewaffneten Wachen, die ihn soeben verhaftet haben. Das Vergehen des Katers ist nicht bekannt; nach dem Verfasser eines Katalogs des 18. Jahrhunderts, in dem ein ähnliches Bild beschrieben wurde, handelt es sich um einen Spion. Für Gottfried Mind (1768–1814), den Schweizer Maler und Katzenfanatiker, der einen Stich nach Teniers' Bild schuf, war der Gefangene eine wenig tugendsame, mit Rock und Bluse bekleidete Katze.[82] In einem anderen Bild, das entfernt an Teniers' Gemälde anklingt, werden zwei Katzen vor ein mit Affen besetztes Militärgericht geführt (Paris, Louvre).[83] Die Affen als kleine Spottbilder von Menschen hatten also in eher satirischen als moralisierenden Szenen die Aufgabe, Ordnung in der Stadt zu schaffen, in der die Katze wieder einmal als Unruhestifter und Störenfried galt.
Friedlicher ist die berühmte Darstellung des „Affen als Barbier", die ebenfalls auf Teniers d.J. zurückgeht. In einem von Affen geführten, mit Fläschchen aller Art vollgestopften Frisiersalon läßt sich eine Katze mit der Brennschere die Schnurrhaare kräuseln. Zur besseren Übersicht hat der Affe eine Brille aufgesetzt. Geduldig läßt die Katze die Prozedur über sich ergehen. Sobald die „Dauerwelle" fertig ist[84], kann sie sich in dem Spiegel, den sie auf den Knien hält, bewundern. Wie schon vermerkt, ist der Spiegel ein Gegenstand, der in gewichtigeren Szenen mit der Katze in Verbindung gebracht wird.
Reiner Phantasievorstellung entspringen die besonders bei den niederländischen

Malern sehr beliebten Tierkonzerte. Sie gehen auf die phantastische Tierwelt des Mittelalters zurück. Ein Beweis dafür ist wieder ein Bild von David Teniers d.J. (s. S. 115). Das flämische und niederländische Wort *„Kattenmusik"* entspricht in Gebrauch und Bedeutung unserem Ausdruck *„Katzenmusik"*. Die Katzen sind also vorzugsweise in Spottbildern auf mißtönende musikalische Darbietungen zu finden, an denen – Gipfel der Ironie! – gelegentlich sogar Affen beteiligt sind.[85] Auch in Frankreich war das „Katzenkonzert" sehr beliebt und wurde in zahlreichen Stichen spaßig dargestellt. Ein Dirigent von Katzen, die teilweise Noten mit dem Titel „Mi Mi Miau" vor sich haben, preist seine Talente an: „Ihr, die ihr nicht wißt, was Musik ist, kommt und lauscht dem prachtvollen Konzert und den bezaubernden Weisen, die ich den Katern beibringe. So wie meine schöne Stimme diese Tiere gefügig macht, werde ich nicht verfehlen, euch alle zu unterweisen und euch die schwierigen Noten zu erklären."[86] Ein anderer satirischer Stich nimmt zweifellos die schlechten Musiker aufs Korn, die, wie jedermann weiß, recht zahlreich sind, ihre Mängel selbst jedoch meist nicht kennen. Geschildert ist eine Musikakademie, der

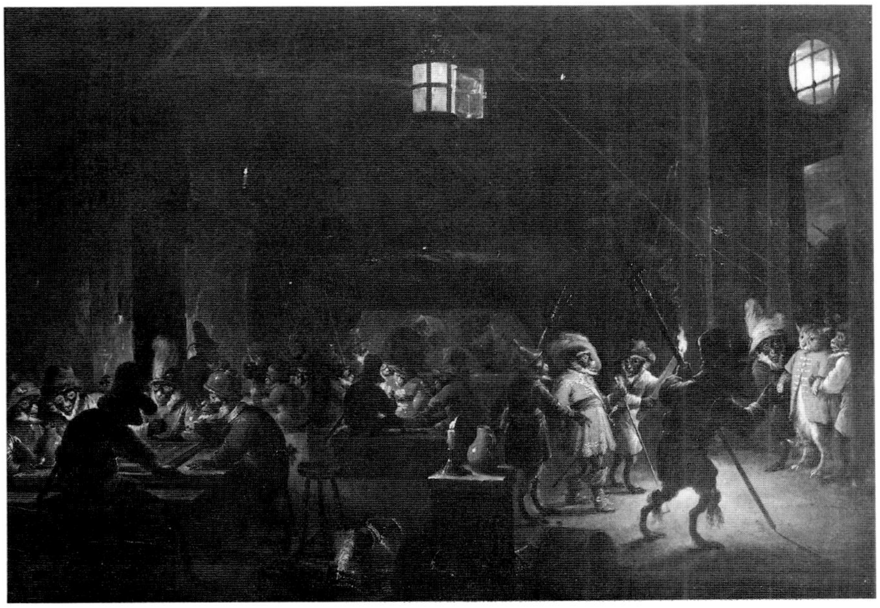

David Teniers d.J., Affen im Wachlokal, *Den Haag, Dienst Verspreide Rijkscollecties*

Begleittext lautet: „Um euch von Kopfschmerzen zu heilen oder um euch Bewegung zu verschaffen, laßt die menschliche Musik hinter euch und kommt zur Katzenoper. Zu den Klängen des Katzenkonzerts würde der alte Orpheus, der die Leute zur Musik tanzen ließ, heute selbst tanzen, wenn er daherkäme."[87]
So merkwürdig dies auch erscheinen mag, das Motiv der um Musiknoten versammelten Katzen hängt ebenfalls mit der so oft anzutreffenden Rivalität zwischen Katzen und Mäusen zusammen. Es gibt Stiche – darunter einen von Dunker, nach dem Jan Bruegel d. Ä. (1568–1625) ein Gemälde schuf –, die eine Katzenversammlung vor einem sehr seltsamen Notenheft schildern[88]: Statt Noten sind schwarze und weiße Mäuse gezeichnet, deren Schwänze die Fähnchen der Achtel- und Sechzehntelnoten bilden. Wenn die Katzen den Takt schlagen, treffen sie die zwischen den Notenlinien gefangenen, unglücklichen Mäuse; dies erklärt wahrscheinlich den Schwung und Eifer der Musikanten. In seinem berühmten Buch *Les Chats* berichtet Champfleury, er habe in seiner Jugend einen amüsanten Feuerschirm dieser Art gesehen, den er in guter Erinnerung behalten habe.
Im 18. Jahrhundert waren Tierkonzerte in Frankreich sehr beliebt, übrigens mehr aus dekorativen als aus ikonographischen Gründen; die Mode der Holztäfelungen mit Affenszenen war auf ihrem Höhepunkt[89] (Watteau, Gillot [1673–1722], Audran [1640–1703], Bérain [1637–1711], Peyrotte [1699–1769]). Es gab Katzentänze (Stich nach Jean-Baptiste Oudry, 1686–1755) und Katzen, die Hackbrett oder Gitarre spiel-

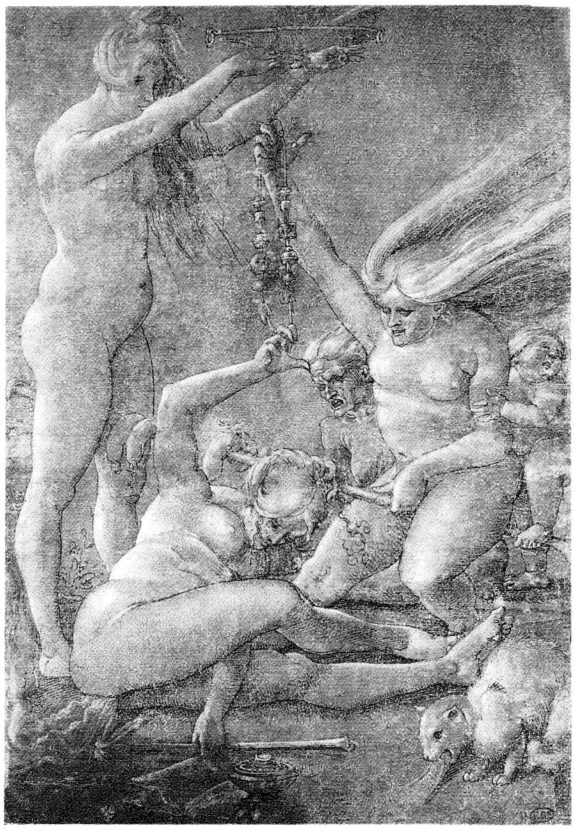

Hans Baldung gen. Grien, Hexensabbat, *Paris, Louvre, Kupferstichkabinett*

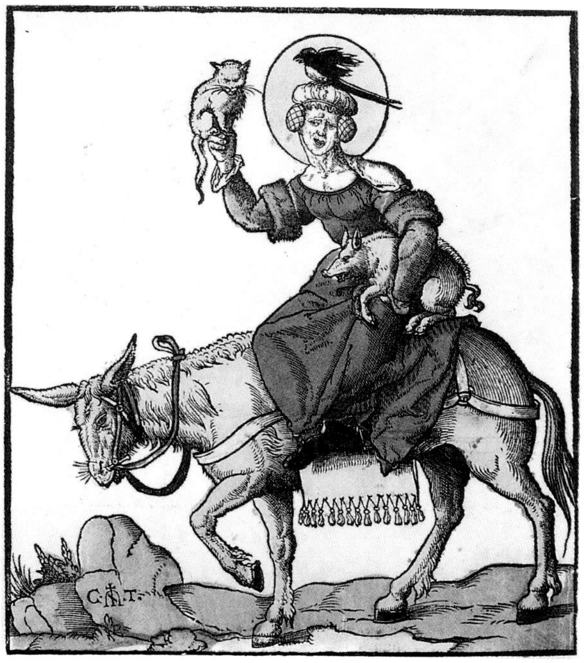

Cornelis Anthonisz, Die heilige Aelwaere, *Holzschnitt, um 1550, Amsterdam, Rijksmuseum, Rijksprentenkabinet*

ten (Komposition von Christophe Huet, ?-1759, im Musée des Arts décoratifs in Paris).

Schließlich seien noch die dem schlimmsten Aberglauben im Volk entstammenden Hexenszenen erwähnt, in denen Katzen zu ihrem Unglück fest verankert sind; sie wurden so oft verfolgt und in manchen Orten ausgerottet, weil die Katze, insbesondere die schwarze, als ständiger Begleiter der Hexen galt. Merkwürdigerweise ist der traditionelle Bilderschatz in dieser Hinsicht ziemlich enttäuschend.[90] Wollte man die Motive der älteren Malerei nach der Häufigkeit der darin auftretenden Katzen ordnen, so kämen die Verkündigung, das Abendmahl und die Darstellung der Emmausjünger weit vor den Hexensabbatszenen. In diesen kommen nicht immer Katzen vor, und wenn, nehmen sie zusammen mit seltsamen Böcken, Nachtgetier wie Käuzchen, Eulen und Fledermäusen sowie allen möglichen Reptilien teil an den teuflischen Orgien.

Trotzdem kennen wir einige berühmte „Hexenkatzen", zum Beispiel die von Hans Baldung Grien (1484/85-1545)[91] auf seinem Blatt *Hexensabbat* (Paris, Louvre, Kupferstichkabinett) (S. 28) oder von J. de Gheyn (1565-1629), Gillot (1673-1722) und natürlich Goya, dessen „Caprichos" mehrere furchteinflößende Katzen zeigen. Alessandro Magnasco (1667-1749) malte mehrmals Hexen, umgeben von kleinen, aus dem Dunkel auftauchenden Gestalten, die nichts anderes sind als Katzen[92]; allerdings neigte Magnasco (1667-1749) dazu, Katzen ziemlich wahllos zu schildern, auch zu Füßen von Mönchen und Nonnen. Erst im 19. Jahrhundert entstanden die bezeichnendsten Bilder der Hexe oder Kartenlegerin mit ihrer Katze. Erwähnt sei ein fast unbekanntes, frappierendes Bild von Clémentine Dondey (um 1813-?), *Die Kartenlegerin* (S. 29), in dem man eine schwarze, angsterregende Katze mit teuflischem, stechendem Blick über die Schulter ihrer düsteren Herrin schauen sieht (Dijon, Musée des Beaux-Arts). Bemerkt sei, daß in manchen Tarockspielen auf der „Verratkarte" eine Katze mit drohend ausgestreckten Krallen abgebildet ist. Das Bild *Die Hexe und die Katze* (s. S. 191) von Paul Ranson ist eine typisierte Darstellung des Hexenthemas, die nur durch den dekorativen, vereinfachenden Nabis-Stil des Künstlers aus der Banalität herausgehoben wird.

Eine interessante „Hexengestalt" mit Katze ist die „heilige" Aelwaere, eine Art dämonische Anti-Heilige, Schutzherrin aller Übel, die der Holländer Cornelis Anthonisz (um 1499 bis kurz nach 1556) auf einem Holzschnitt (S. 28) darstellte (1550).[93] Streitsüchtig und mit verzogenem Gesicht reitet Aelwaere auf einem Esel (das eigensinnige Tier dient oft als Reittier des Narren), unter dem Arm hält sie ein Schwein als Symbol der Gefräßigkeit und Faulheit, und wie ein Banner schwingt sie eine Katze, die hier wiederum feindliche Mächte verkörpert. Die Elster auf Aelwaeres Kopf ist Sinnbild für das böswillige Geschwätz der Megäre. Die furchteinflößende Reiterin, Mutter aller Laster, gleicht einer in ihr Gegenteil verkehrten Jungfrau Maria; auf dem Esel reitend, erinnert sie an die Flucht Marias mit dem Jesuskind nach Ägypten, während die Elster in dem vorgeblichen Heiligenschein eine Verspottung des Heiligen Geistes darstellt, der sich zu Pfingsten in Gestalt einer Taube auf Maria und die Apostel niederließ. Das satirische Bild ist eine Anprangerung der Verderbtheit der Frau und ihrer Lust, das Heilige in den Schmutz zu ziehen. Es fügt sich bruchlos in die Tradition der Verkehrung der Welten ein, die es ermöglicht, unter dem Deckmantel des Irrationalen die schlimmsten Teufeleien zu begehen und – zur Zeit der Reformation und des Bildersturms in den Niederlanden – die christliche Ikonographie des Mittelalters zu verhöhnen, die allerdings veraltet und von Aberglauben durchdrungen war.

Gewappnete Katzen und Scharmützel

Nicht nur zur Darstellung religiöser Kämpfe wurden Katzen wegen ihrer kriegerischen Eigenschaften herangezogen, sondern auch zu rein militärischen Taten.
Die erste Erwähnung geht in die altpersische Zeit zurück; wo die unglücklichen Katzen gegen ihren Willen in eine Schlacht verwickelt wurden. Es war die Belagerung von Pelusium in Ägypten durch den altpersischen König Kambyses II. im Jahr 525 v. Chr. (S. 29). Der Maler Paul Lenoir (?–1881) hielt die historische Begebenheit in einem verblüffenden, „orientalistischen" Bild fest, das im Salon von 1873 in Paris ausgestellt wurde. „Um den verbissenen Widerstand der Ägypter zu brechen, mußte der persische König zu einer List greifen. Er ließ alle Katzen in der Gegend fangen, brach zu einem letzten Sturmangriff auf und schleuderte dem Feind die heiligen Tiere entgegen. Die entsetzten Verteidiger von Pelusium zogen es vor, ihre Stadt zu übergeben, als möglicherweise bei deren Verteidigung ihre Götter zu töten oder zu verwunden (525 v. Chr.)."[94] Dem griechischen Geschichtsschreiber Polyen zufolge setzte der grausame, berechnende Kambyses auf die religiöse Überzeugung seiner Feinde, um Pelusium einzunehmen.
Es gibt noch viele weitere Kampfbilder, in denen Katzen als Anspielung auf die Kriegführenden dieser oder jener Epoche indirekt an der Weltgeschichte beteiligt sind. Ein italienischer Holzschnitt aus dem 17. Jahrhundert stellt eine Katzenfestung dar, *Forteza de Gatte,* die von Hunden belagert wird. Im Hintergrund erkennt man ein Truppenlager von Mäusen, die, um die Katzen zu überwinden, den Hunden zu Hilfe kommen.[95]
Ratten und Mäuse sind auch hier wieder die Erzfeinde der Katzen. Die Kämpfer stammen aus allen Ländern, aus Deutschland, Holland (die Katzenfestung heißt „Katten-toorn") oder England[96]; im letzteren Fall handelt es sich um eine Art Seeschlacht, wobei man sich nicht wundern darf, daß englische Katzen, Mäuse und Ratten selbstverständlich gute Seeleute sind. Aus einem Schiff, der „Royal Rat", huschen Myriaden von Mäusen und greifen die Küstenfestung „Cats' Castle" an. Es gibt auch französische Kämpfe. Ein im Jahre 1610 in Lyon veröffentlichter und weit verbreiteter Stich zeigt „Maistre Mitou, Prince des Chatz", wie er in seiner Festung von einem Heer von Ratten eingeschlossen ist.[97] Der Titel des Bildes, „Die große und wunderbare Schlacht zwischen den Katzen und den Ratten, das heißt zwischen den großen und den kleinen Dieben", macht deutlich, daß es sich um die Auseinandersetzung zwischen zwei wenig angesehenen Völkerschaften handelt. Ein anderer französischer Stich aus dem 17. Jahrhundert schildert Ratten und Mäuse verbündet,

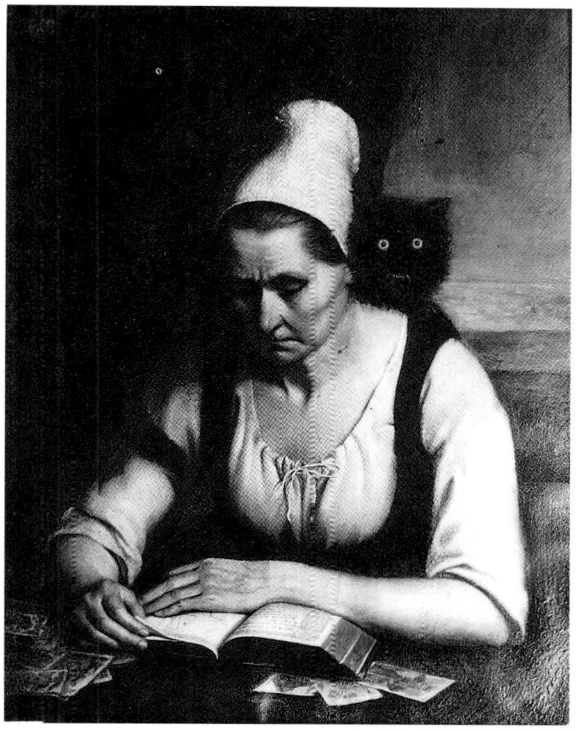

Clémentine Donaey, Die Kartenlegerin, *Dijon, Musée des Beaux-Arts*

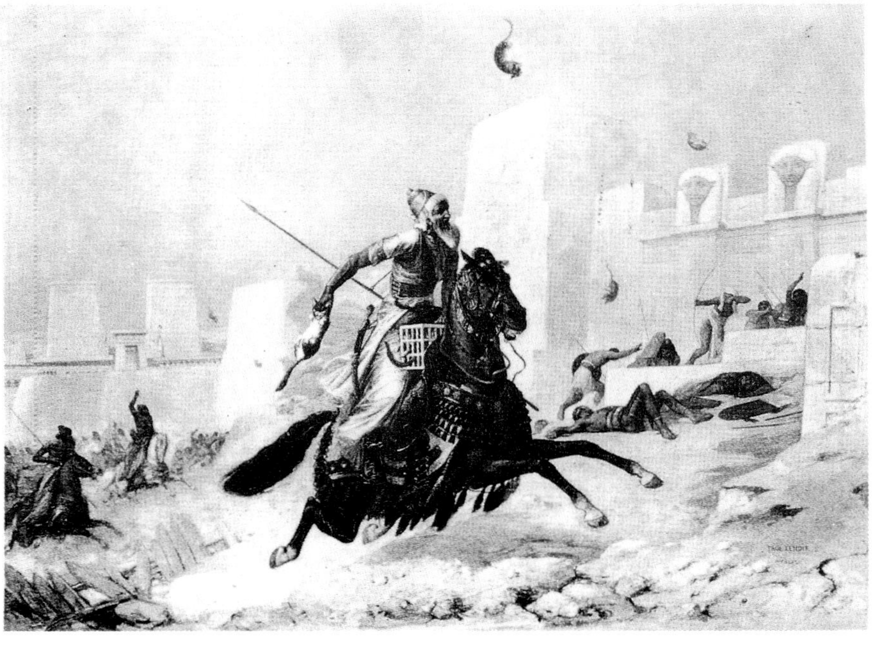

Paul Lenoir, König Kambyses II. bei der Belagerung von Pelusium, *1872, derzeitiger Standort unbekannt*

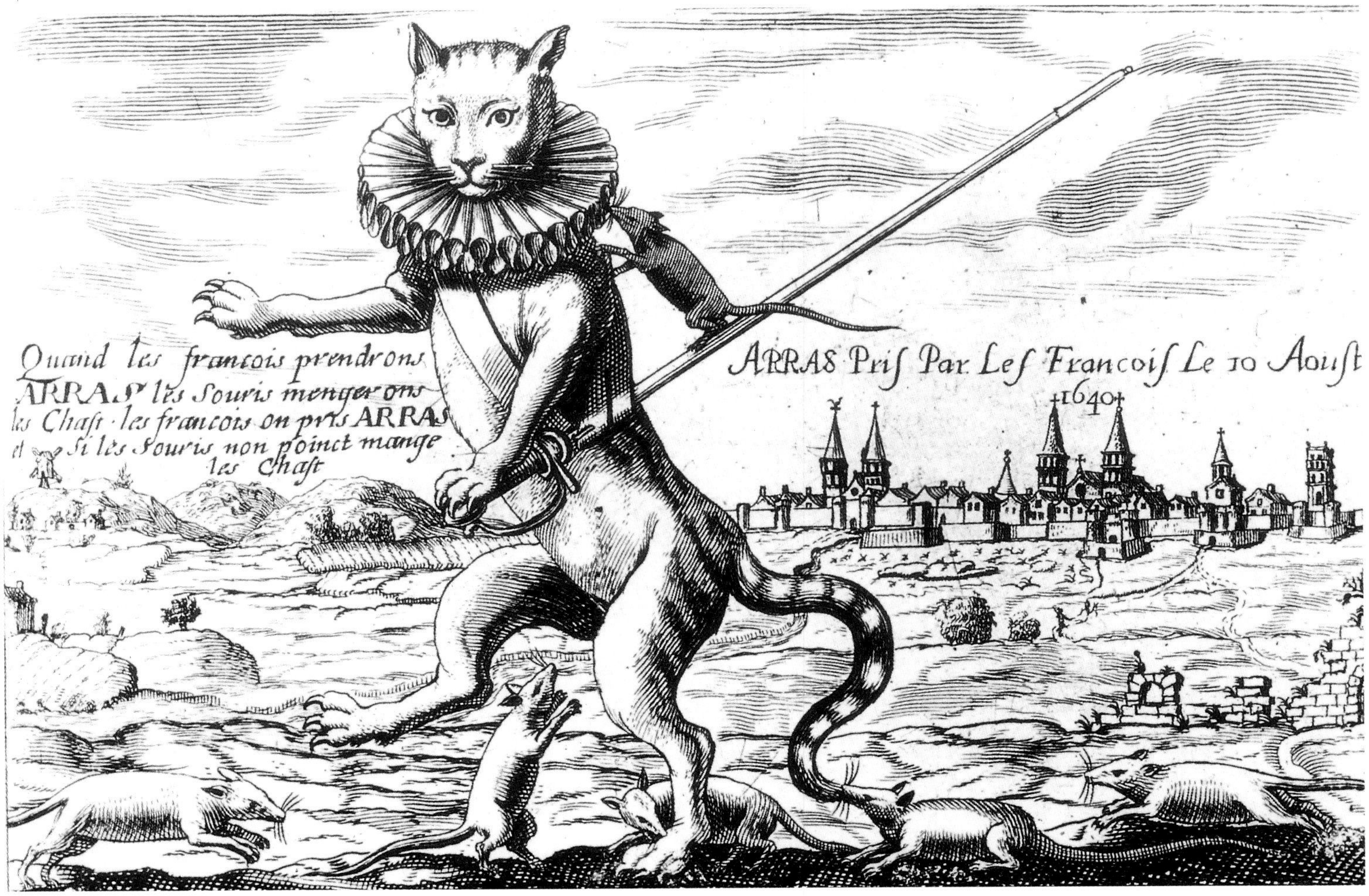

Jacques Lagniet, Wenn die Franzosen Arras einnehmen ..., *Stich aus dem 17. Jahrhundert: Die Belagerung von 1640, bei der die französischen Katzen die von den Ratten von Arras verteidigte Stadt einnehmen*

um die Festung der Katzen zu stürmen, wo Raminagrobis, ihr Fürst und Anführer, thront.[98] Die Nager strömen von allen Seiten in geschlossenen Bataillonen herbei; der Text gibt an, daß manche Ratten über das Meer von den „Inseln von Moreciano cavero" gekommen sind – eine deutliche Anspielung auf die Söldner (lateinisch *mercennarius* = der Söldner), die von den Kriegführenden häufig herangezogen wurden. In beiden Lagern werden Spione prompt gehängt.

Einer der berühmtesten Katzenkriege hängt indirekt mit dem Namen der bekannten nordfranzösischen Stadt Arras zusammen. Eine ganze ikonographische Tradition geht auf ein einfaches Wortspiel zurück: „A rats" („Auf die Ratten!") für Arras. Schon früh wurde die Ratte zum Wappentier des Bistums und der Stadt. So war es auch kein Wunder, daß die Einwohner von Arras mit Ratten gleichgesetzt wurden. Der Dreißigjährige Krieg gab so manchen guten Vorwand für Kämpfe zwischen Ratten und Katzen ab, wobei die Lager der Tiere je nach den Ereignissen die Nationalität wechselten, die Einwohner von Arras aber immer Ratten blieben. Zu Beginn der Feindseligkeiten hielten sie sich für unbesiegbar: „Wenn die Ratten Katzen fressen, werden die Franzosen Arras einnehmen", sagte man (Arras stand damals unter spanischer Herrschaft). Am 10. August 1640 jedoch machte sich Richelieu zum Herrn von Arras, das heißt, die französischen Katzen bemächtigten sich der Stadt, die von den Ratten von Arras verteidigt wurde.[99] Ein zeitgenössischer Stich (S. 30) von Jacques Lagniet (1620–1672) zeigt eine triumphierende Katze mit der Halskrause des Siegers. Der Text lautet: „Wenn die Franzosen Arras einnehmen, werden die Mäuse die Katzen fressen. Die Franzosen haben Arras eingenommen, die Mäuse haben die Katzen aber nicht gefressen." Die verkehrte Welt, in der die Schwachen die Starken besiegen, war eben doch nur ein Traum.

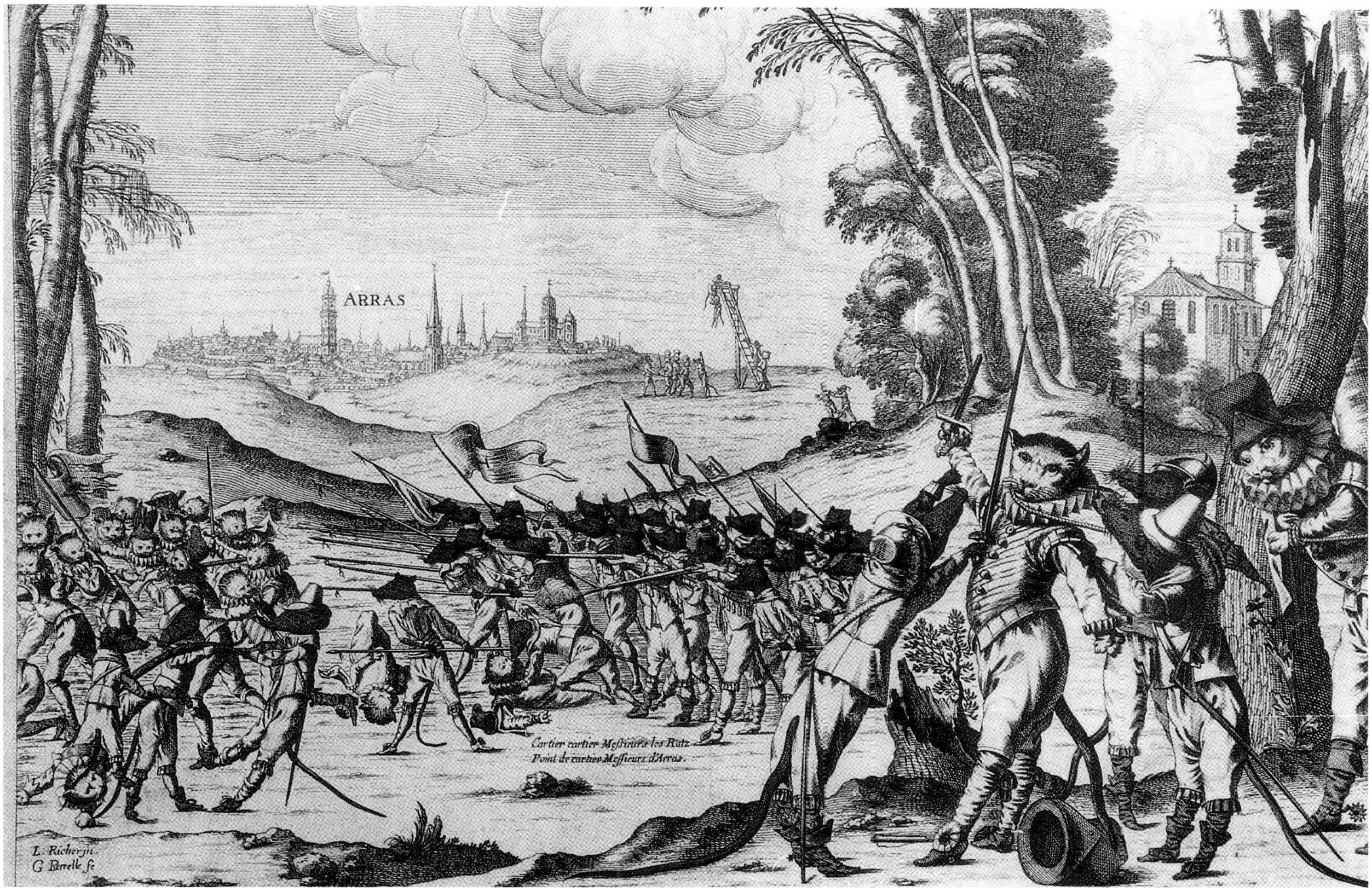

Gabriel Pérelle, Arras, *Stich vor 1641: Die spanischen Katzen werden 1641 von den französischen Ratten geschlagen. Arras, Archiv des Departements Pas-de-Calais*

Ein ebenso satirischer Stich von 1641 zeigt ein anderes Ereignis in der Geschichte von Arras (S. 31). Diesmal ist es Aufgabe der Katzen, die spanische Ehre zu verteidigen, wahrscheinlich weil die Ratten von Arras inzwischen französisch geworden waren. Vor der Stadt Arras unterliegen die „Katzen von Spanien" dem stürmischen Angriff der Ratten. Im Vordergrund schwingt eine Katze einen zerbrochenen Degen und wird von Ratten gefangengenommen.[100] Der Text zu dem Stich erläutert: „Nunmehr ist vollendet, ihr Herren Einwohner von Arras, was eure Vorfahren für eine Prophezeiung hielten": Die Katzen wurden von den Ratten geschlagen. Auch wenn der Bilderschatz noch so phantastisch ist, sieht man daraus, daß er sich unaufhörlich aus dem Zeitgeschehen speist und daß die Ratten von Arras als die tapferen Bürger, denen der Stich schmeichelt, auch gegenüber spanischen oder anderen Katzen die Oberhand behielten.

Den Malern steht es frei, nach Belieben aus der Fülle von – gelegentlich widersprüchlichen – Deutungen der Katze zu schöpfen. Wie man aus der Kunstgeschichte weiß, ist die Ikonographie niemals eine Fessel gewesen. In vielen Fällen bietet sich die Katze von selbst als Motiv an, weil sie ästhetische Qualitäten besitzt, sich anmutig bewegt und eine Vielfalt von Posen einnimmt, weil sie, mit einem Wort, selbst ein Kunstwerk ist. Als wohlgelittener Mitbewohner des Ateliers – Mäuse gehen an Leinwand und Pappe wie an Getreide – zieht die Katze häufig die Aufmerksamkeit des Malers auf sich und versteht es, sich in ihrer zurückhaltenden, rätselvollen, geschmeidigen Art zwischen Künstler und Palette einzuschmeicheln.

Élisabeth Foucart-Walter

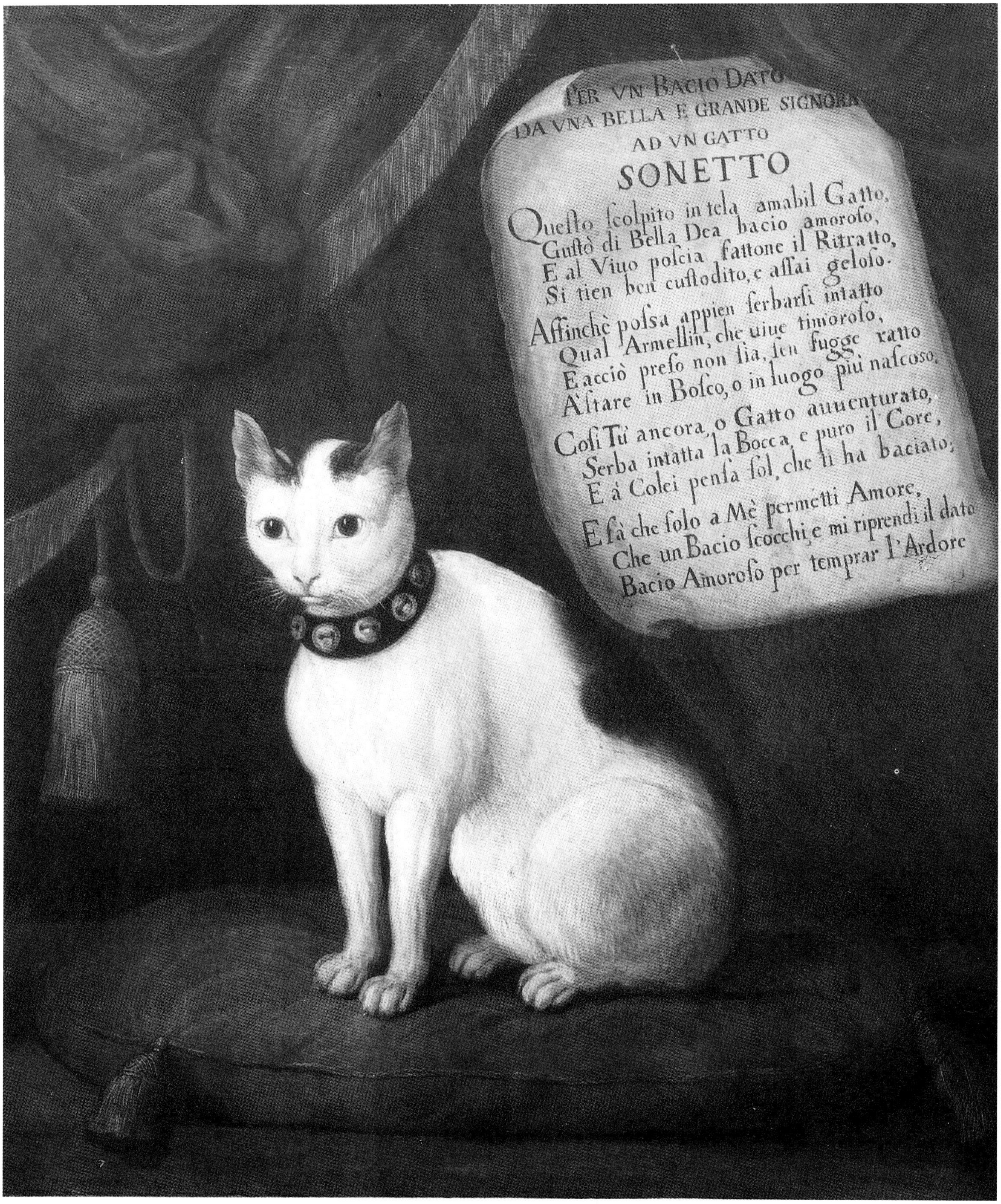

Giovanni Reder, Porträt des Katers Armellino mit einem Sonett von Bertazzi, *Rom, Museo di Roma. Eine der ersten um ihrer selbst willen dargestellten Katzen in der Geschichte der Malerei*

VON KATZEN UND MALERN

Es gab Maler, die Katzen malten, und Maler, die keine Katzen malten, soviel steht fest. Allerdings sind wir über die Motivation sehr schlecht unterrichtet, wenigstens aus früheren Zeiten, denn im Unterschied zu Dichtern, Schriftstellern, Fürsten, Ministern und Königen haben sich die Maler kaum über ihre Katzen ausgesprochen. Haben sie die Tiere gemalt, weil sie von ihnen fasziniert waren und sie liebten? Sicherlich haben viele sie aus ihren Werken verbannt, weil sie sie verabscheuten. Wir sind leider auf Vermutungen angewiesen. Anders als die Künstler unserer Zeit, die im allgemeinen selbstgefällig von sich selbst, von ihrem Leben und dabei auch von ihren Katzen sprechen (manche haben sich sogar im Kreis ihrer kleinen vierbeinigen Gefährten photographieren lassen), begnügten sich die Maler früherer Jahrhunderte damit, Bilder zu schaffen, in denen sie manchmal auch Katzen darstellten. Halten wir uns zwei besonders aufschlußreiche Beispiele vor Augen, als erstes Richelieu und seinen berühmten Porträtisten Philippe de Champaigne. Es ist allgemein bekannt, daß der Kardinal in Katzen vernarrt war, aber wir wissen nichts über die Gefühle des ernsten „peintre de Port-Royal" gegenüber dem Katzengeschlecht, obwohl er mehrmals in sakralen Werken eine reizende getigerte Katze abbildete, und zwar so genau, daß er sie ohne Zweifel längere Zeit mit Verständnis, Zuneigung und Belustigung beobachtet haben muß (s. S. 108). Das zweite Beispiel: Ludwig XV. und François Boucher. Alle Katzenkenner wissen, daß eine schöne weiße Angorakatze der Liebling des „vielgeliebten" Königs war, aber niemand hat je danach gefragt, welche Beziehung der Maler galanter Rokokobilder zu dieser drolligen Katze mit ihren schwarzen Augenbrauen hatte, die immer wieder in seinen Werken auftaucht und nur seine eigene gewesen sein kann (s. S. 136). Beim Durchblättern des ansprechenden, inhaltsreichen Werkes von Christabel Aberconway (1949), das fast zu ernsthaft als „Lexikon" bezeichnet wird, stellt man fest, daß mit einer Ausnahme (Gottfried Mind) keine Maler unter den „Cat Lovers" (vom 15. Jahrhundert v. Chr. bis in unsere Tage!) aufgeführt sind.[101] Die Künstler drücken sich eben weniger in Worten als in ihren Werken aus. An uns liegt es, mit nichts anderem als Bildern der seltsamen Geschichte der Katzen und ihrer Maler nachzugehen.

Katzenmaler

Neben Malern, die sich auf Blumen spezialisierten (zum Beispiel die Schule der Blumenmaler in Lyon), auf Rennpferde oder auf Rassehunde (eine typisch englische Vorliebe), traten in den fünfziger Jahren des 19. Jahrhunderts zahlreiche Katzenmaler auf, d. h. Künstler, die ihr Leben lang nur Katzen malten. Die Modelle waren nicht unbedingt Rassekatzen, sondern oft gewöhnliche Hauskatzen und Kätzchen, die herumtollen, Milch schlecken, mit Woll- und Garnknäueln spielen oder gar in einem Salon auf den Flügel springen. Die rührenden Genrebilder dürfen nicht ganz ernst genommen werden, da sie zweifellos zu sehr an Kalenderbilder erinnern, doch wäre es – schon aus soziologischen Gründen – falsch, sie zu übergehen, da sie eine damals in ganz Europa verbreitete Vorliebe für eine fast photographische, im Gegenstand anekdotische und in der Ausführung beinahe übertrieben realistische Malerei widerspiegeln.
Diese Katzenbilder wurden verächtlich als „kleinbürgerlich" angesehen und sorgfältig aus allen kunstgeschichtlichen Werken gestrichen; die Namen ihrer Schöpfer wurden fast immer mit Stillschweigen übergangen. Doch seit kurzem ist ein stark zunehmendes Interesse an dieser Malerei zu beobachten, das sich übrigens auch daran ablesen läßt, daß in französischen und noch mehr in Londoner Kunstauktionen Katzenbilder aller Art und aus allen Ländern auftauchen.

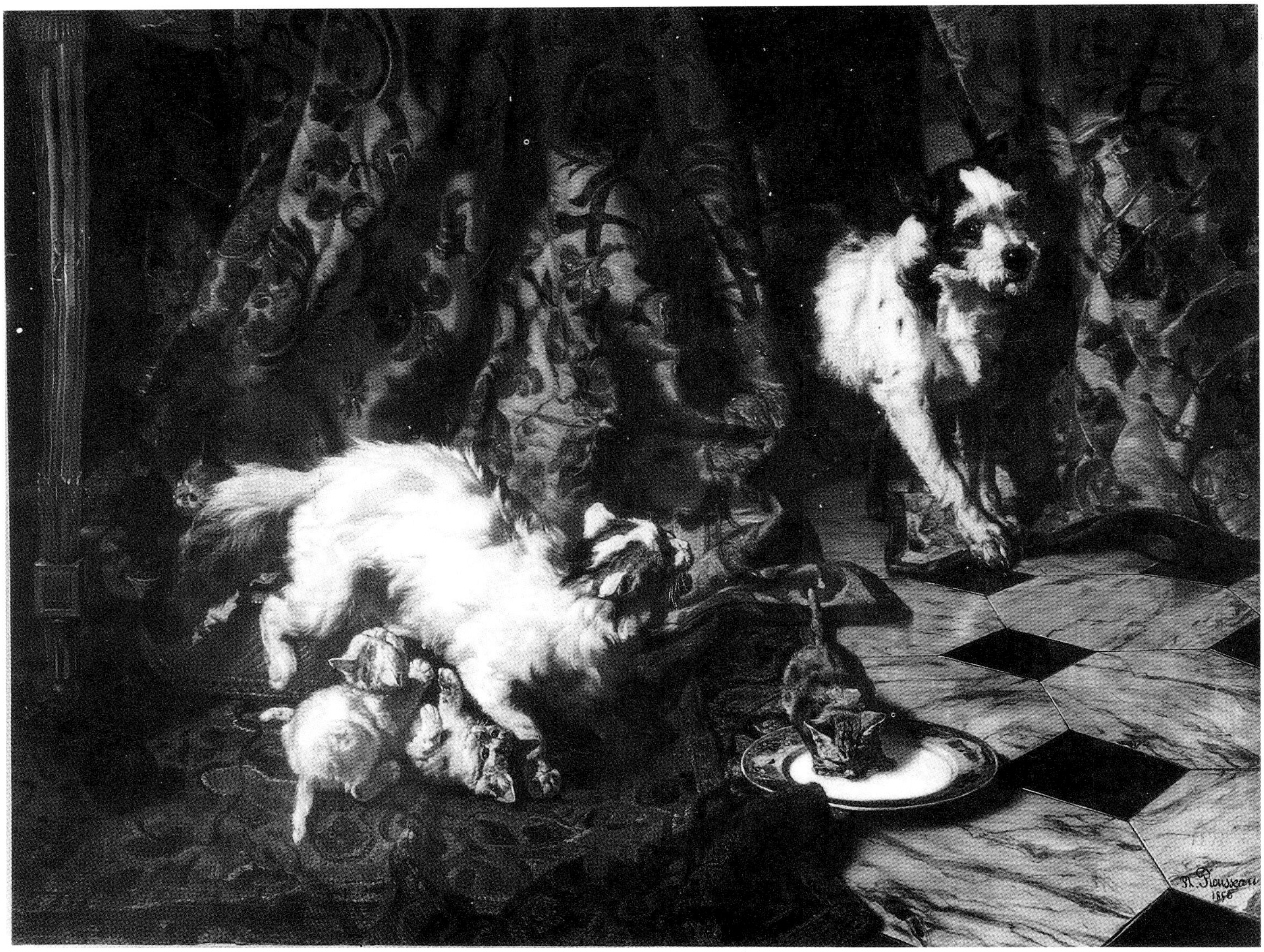

Philippe Rousseau, Der Störenfried, *1850, Paris, Finanzministerium, Leihgabe des Louvre*

In einem neueren englischen Lexikon der europäischen Genre- und Volksmalerei des 19. Jahrhunderts, das auf der Grundlage eben dieser Auktionen erstellt wurde, ist ein ganzes Kapitel den Darstellungen von Katzen, Kätzchen, Hunden und Welpen gewidmet; letztere werden oft Katzen zugesellt, damit eine kleine Geschichte entsteht.[102] Die Autoren des Buches zählen nicht weniger als 182 Maler auf, die sich auf dieses Thema spezialisiert hatten und von denen mehr als drei Viertel niemals etwas anderes malten.

Frankreich ist in dem Werk stark vertreten, und selbst das berühmte Musée du Luxembourg, das die Kunst des 19. Jahrhunderts pflegte und stets dem Vorwurf, eine gewisse akademische Malerei zu bevorzugen, ausgesetzt war, konnte nicht umhin, der Katzenbegeisterung seinen Tribut zu leisten: Es erwarb im Abstand von mehr als 30 Jahren zwei Meisterwerke dieser Gattung. Das eine ist *L'Importun* („Der Störenfried") von Philippe Rousseau (1816–1887), das im Salon von 1850/51 ausgestellt wurde (Louvre[103]), wobei der Störenfried niemand anderes ist als ein Hund, der unvermutet eine Katze und ihre Jungen bei der Mahlzeit stört (S. 34). Philippe Rousseau, der sich als Nachfolger von Chardin ansah, war übrigens kein ausschließlicher Katzenspezialist, während Louis-Eugène Lambert (1825–1900), der Maler des zweiten, vom Musée du Luxembourg erworbenen Katzenbildes, *La Famille de chats* („Die Katzenfamilie"), das im Salon von 1887 gezeigt wurde, sein Leben lang nur Gemälde dieser Art schuf. Das Bild (seit 1906 im Musée des Beaux-Arts in Tours) ist ein klassisches Werk seiner Gattung: Auf einem Tisch spielen eine Katzenmutter und ihre Jungen mit dem Inhalt eines Handarbeitskörbchens, während eines der kleinen Kätzchen sich erstaunt in einem Spiegel betrachtet. Neben Lambert wären noch viele andere „Katzenmaler" zu erwähnen; genannt seien nur Alphonse Brunel de Neuville (bekannt von 1878 bis 1907), dessen Katzen ein Tintenfaß umwerfen oder ein in ihr Schüsselchen gefallenes Insekt untersuchen. Jules Leroy (1833–1865), Léon Charles Huber (1858–1928), Yvonne Laur 1879–?) – auch Malerinnen spezialisierten sich auf Katzen –, Lucie Briard, die klavierspielende Katzen malte, oder Jane de Hazon (1874–?), deren im Salon französischer Künstler von 1899 ausgestelltes Bild einen bezeichnenden Titel trägt: *Hanneton vole! Jeunes Chats* („Maikäfer, flieg! Junge Katzen"). Katzenjunge und Katzenmutter haben sich in einem Wirrwarr von Wollfäden verfangen und beobachten aufmerksam einen davonfliegenden Maikäfer. Im selben Jahr (1899) schuf ein gewisser Gustave Bettinger zwei sehr merkwürdige Bilder[104]: Erwachsene und junge Katzen, die mit einer Mandoline und der Troddel eines Fächers spielen, vergnügen sich keineswegs in einem heimeligen, plüschgeschmückten bürgerlichen Interieur, sondern haben sich ins Allerheiligste der königlichen Gemächer in Schloß Fontainebleau eingeschlichen; die einen haben das Théagène-Kabinett in Besitz genommen – ein Kätzchen ist sogar auf das kostbare Elfenbeinkästchen auf einer der Konsolen in diesem Raum geklettert –, die anderen fühlen sich im Schlafzimmer der Königin wie zu Hause. Eine prachtvolle weiße Angorakatze sitzt auf einem Sessel der Kaiserin Josephine, zwei andere hocken auf der Riesener-Kommode.

Vielleicht sind in England die „reinen" Katzenmaler etwas weniger zahlreich wegen der Konkurrenz der Hunde in diesem Land der unverbesserlichen Jäger. In Deutschland dagegen kamen sie um die Jahrhundertwende stark in Mode: Julius Adam (1852–1913) aus München, den man mit Louis-Eugène Lambert vergleichen kann, malte schelmische Kätzchen, die ihren französischen Vettern in nichts nachstehen; dasselbe gilt für Johan Siegwald Dahl (1827–1902), Arthur Heyer (1872–1931), Hermine Biedermann-Arendts (1855–?) und andere.

Belgien mit seinem Charles van den Eycken (1859–1923) fehlt nicht auf der Liste, auch wenn es merklich übertroffen wird von den benachbarten Niederlanden, die einen Cornelis Raaphorst (1875–1954) und insbesondere eine Henriette Ronner-Knip (1821–1909) aufzuweisen haben. Diese Malerin, eine Rosa Bonheur (1822–1899), die Katzen Rindern vorzog, ist sicherlich am bekanntesten; ihr Meisterwerk ist das Bild *Katzenmutter mit ihren Jungen* von 1844 (Amsterdam, Rijksmuseum), auf dem man eine wunderbare rostrote Katzenmutter mit einem weißen und einem gestreiften Jungen auf einem Prachtkissen in der Öffnung eines rustikalen Fensters sieht, das in der Art eines großen Vorfahren des Goldenen Zeitalters wie Dou oder van Ostade (1610–1685) mit Efeu und Blumen umrankt ist (S. 35).

Alle diese Katzenmaler, so spezialisiert oder kommerziell sie auch seien, haben eines gemeinsam: ein präzises, einfühlsames und kenntnisreiches handwerkliches Geschick, mit dem sie das seidenweiche Fell der Katzen, ihren klaren, tiefen Blick und die geschmeidige Anmut ihrer Bewegungen wiederzugeben vermochten. Aus unserem heutigen Blickwinkel ist lediglich gegen sie einzuwenden, daß sie zu gut, zu perfekt, zu virtuos malten, kurz, daß sie die Katze so darstellten, wie man sie sieht, und nicht so, wie sie ein heutiger Künstler interpretiert.

Am Rand sämtlicher Kunstströmungen und vor der Zeit der vorgenannten Künstler nimmt der Schweizer Katzenmaler Gottfried Mind (1768–1814) mit dem Beinamen „Katzen-Raffael" eine Sonderstellung ein. Er war bekannt für seine fast krankhafte Katzenliebe; Champfleury widmete ihm in seinem bekannten Buch *Les Chats* („Die Katzen") ein ganzes Kapitel.[105] Mind ist die oben erwähnte Ausnahme, der einzige Maler, der in dem erstaunlichen Lexikon der Katzenliebhaber von Christabel Aberconway aufgeführt wird. Wenn er Katzen nicht zeichnete oder malte, schnitzte er sie aus Kastanien. Hin und wieder stellte er Bären dar, aber sonst nichts. 1809 brach in Bern die Tollwut aus, und mehr als 800 Katzen mußten vernichtet werden. Dem Vernehmen nach gelang es Mind, sein geliebtes Kätzchen zu retten, aber den Schock dieses Massakers verwand er nie. Bei seinem Tod wurden Verse des Dichters Catull auf den Tod eines Sperlings wie folgt parodiert: *„Lugete, o feles, ursique lugete, / Mortuus est vobis amicus"* (Weint, o Katzen, weint, ihr Bären, euch ist ein großer Freund gestorben). Die von Mind gezeichneten, aquarellierten oder gemalten Katzen sind gut erkennbar: Technisch verhältnismäßig einfach, spielt bei ihnen oft

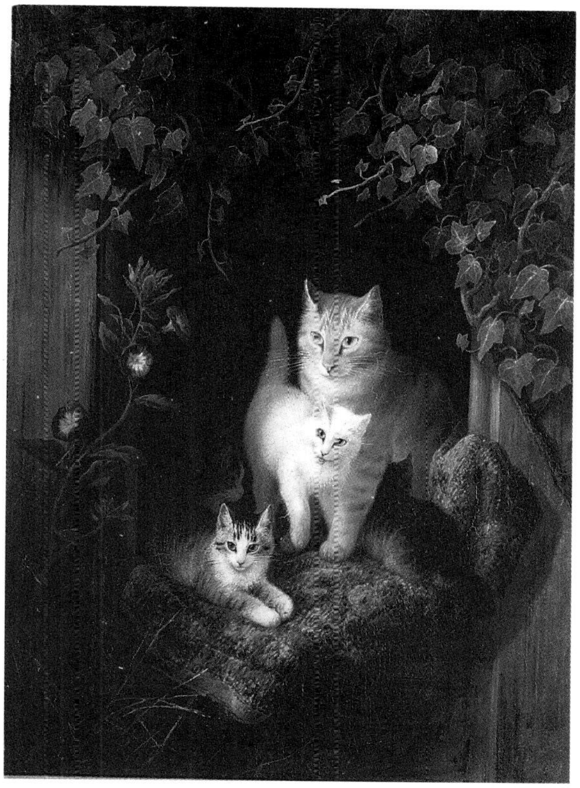

Henriette Ronner-Knip, Katzenmutter mit ihren Jungen, *1844, Amsterdam, Rijksmuseum*

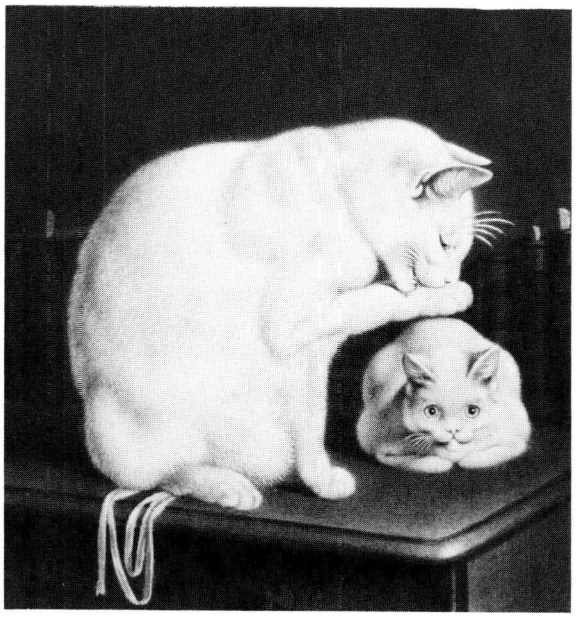

Gottfried Mind, der „Katzen-Raffael", Porträt zweier Katzen

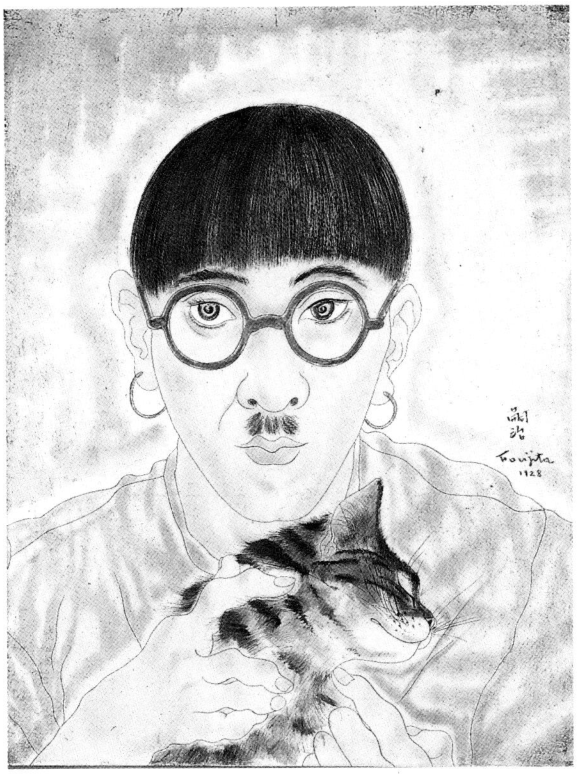

Léonard Foujita, Der Künstler und seine Katze, *1928, Paris, Centre Georges Pompidou, Musée national d'Art moderne*

ein beunruhigendes Lächeln um den Schnurrbart, und ihr fast menschlicher Blick verrät die seltsame Persönlichkeit des Malers (S. 35). Minds Bilder hatten bei den Kunst- und Katzenliebhabern sehr bald Erfolg. Frédéric Villot, Freund von Eugène Delacroix (1798–1863) und in der Zeit Napoleons III. Konservator der Gemäldeabteilung im Louvre (sein rühmlichstes Werk ist die Erstellung der Museumskataloge), besaß in seiner Sammlung Katzenbilder von Mind, deren Reproduktion er Champfleury genehmigte.

Ohne ausschließlich auf Katzen spezialisiert zu sein, taten sich einige Maler in der Katzendarstellung hervor, so der Schweizer Théophile Alexandre Steinlen (1859–1923), der die Butte Montmartre in Paris zur Wahlheimat erkor und sicherlich einer derjenigen war, denen das Katzengeschlecht seine künstlerische Berühmtheit am meisten verdankt. Seine zahlreichen humoristischen Zeichnungen und Illustrationen zeugen von einer umfassenden Kenntnis vom Tun und Lassen der Katzen, das er nicht ohne eine gewisse grausame Ironie schildert. Ein Beispiel dafür ist *L'Horrible Fin d'un poisson rouge* („Das schreckliche Ende eines Goldfischs"), eine der beißendsten Illustrationen in der Zeitschrift *Le Chat noir* (3. Mai 1884), auf der man den gnadenlosen Kampf zwischen Katze und Fisch verfolgt. Nicht weniger berühmt sind seine Katzenplakate, beispielsweise *Le Lait pur stérilisé de la Vingeanne* („Die sterilisierte Vollmilch der Vingeanne") von 1894: Ein Mädchen trinkt Milch aus einer Schüssel unter den neidischen Blicken dreier Katzen. 1896 schuf er auf Bestellung von Rodolphe de Salis ein Plakat für das Pariser Cabaret „Le chat noir". Doch abgesehen von diesen graphischen oder dekorativen Arbeiten erwies sich Steinlen als großer Katzenmaler (s. S. 41). Dasselbe Realitätsstreben leitete ihn, wenn er Streikende und Landstreicher oder Lunge fressende Katzen malte (Vernon, Musée Poulain). Andernorts sind es schöne, meist getigerte oder schwarze Katzen, die mit halbgeschlossenen mandelförmigen Augen schlummern (Genf, Musée du Petit Palais, und Paris, Musée d'Orsay) oder auf den Hinterbeinen stehen und mit wagemutiger, reizender Vertrautheit festgehalten werden von einem Mädchen, das kaum größer ist als sie (Genf, Musée du Petit Palais).

Im Gegensatz zu dem Französisch-Schweizer Steinlen steht der Japaner Foujita (1886–1968), dessen Selbstbildnisse mit Katze nicht zu zählen sind (eines davon, *Der Künstler und seine Katze* aus dem Jahr 1928, befindet sich im Musée national d'Art moderne im Centre Georges Pompidou in Paris). Foujitas Katzen, seine Vertrauten, blicken oft den Betrachter ebenso eindringlich an wie der Maler. In gewissem Maß muß die Geschmeidigkeit der Haltungen der Katzen mit dem Gefühl für Linienführung übereinstimmen, wie es Foujita, der Meister fernöstlicher Kalligraphie, in reichem Maß besaß. Davon zeugen seine zahlreichen Katzenlithographien und mehr noch sein unglaubliches Bild von 1940 (Tokio, Nationalmuseum) mit einer entfesselten Runde von Katzen in den verschiedensten Stellungen, eine Art Herausforderung in japanischer Manier, die – stilisiert und einigermaßen schaudererregend – den Bildern eines Jan Fyt entspricht (s. S. 105).

Maler mit und ohne Katzen

Wenige Künstler fanden Gnade bei Champfleury in *Les Chats* (1868/69 erschienen), einem Werk, das allerdings für einen Kritiker, der sich selbst als in allen Dingen der Avantgarde zugehörig betrachtete, ziemlich konventionell und banal ist. Die ägyptischen und fernöstlichen „Künstler" werden dort fast zu sehr gerühmt, während unsere älteren Maler beschuldigt werden, „ihre Modelle aus Spielwarenläden und Präparatorkabinetten entnommen" zu haben; er fügt hinzu, die Katze, die Otto Venius in seinem Bild *Der malende Otto Venius, umringt von den Seinen* (Louvre) malte (s. S. 82), sehe aus, als sei sie „mit Kleie ausgestopft". Eine seltsame, enttäuschende Bemerkung, welche die Frage nach der künstlerischen Sensibilität Champfleurys nahelegt und die Grenzen einer Kritik erkennen läßt, die nach überaus strengen „realistischen" Kriterien urteilt und der Zeitmode (Ende des Second Empire) nicht zu entgehen weiß.

Von den „zeitgenössischen“ Malern verschweigt Champfleury Manet, dabei wurde der berühmte Stich *Das Rendezvous der Katzen* nach einer Zeichnung von Manet zur Illustration des Werks verwendet und für das Werbeplakat des Buches vergrößert. Dagegen war nach Champfleurys Ansicht Eugène Delacroix mit seinem „fiebrigen, nervösen Wesen“ der für die Darstellung von Katzen am besten geeignete Künstler. Wie der Kritiker feststellt, habe er sich leider damit begnügt, sie zu zeichnen, denn auf seinen Gemälden habe er sie in Tiger verwandelt. Welch merkwürdige Metamorphose! Wahrscheinlich eine reine Erfindung des Kritikers. Es ist bekannt, daß Delacroix zusammen mit Barye (1795–1875) mehrmals die großen Raubkatzen im Pariser Zoo Jardin des Plantes (sowohl lebend als auch, wenn sie seziert wurden) zum Studium ihrer Anatomie zeichnete.[106]

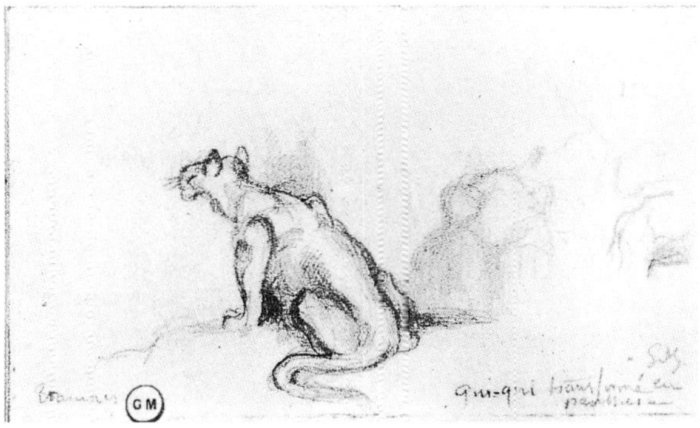

Gustave Moreau, Qui-Qui, in einen Panther verwandelt, *Paris, Musée Gustave Moreau*

Ein Maler freilich kann bei der Verwandlung einer Katze in ein Raubtier in flagranti ertappt werden: Gustave Moreau (1826–1898). Als er in Étampes seinen Freund, den orientalistischen Landschaftsmaler Narcisse Berchère (1819–1891), besuchte, zeichnete er dessen Katze mit Namen „Qui-Qui“ zu seinem Vergnügen. So liest man auf einer Zeichnung von Gustave Moreau (Paris, Musée Gustave Moreau), die eine furchterregende Raubkatze darstellt, in der Handschrift des Künstlers folgende Bemerkung: „Étampes. Qui-Qui transformé en panthère“ (Qui-Qui, in einen Panther verwandelt). Das Taschenspielerkunststück war gelungen: Aus einem harmlosen Hauskätzchen wurde durch den Zauberstift eines Künstlers ein wilder Panther (S. 37).

Anschließend preist Champfleury die Talente von Philibert Rouvière (1805–1865), der seine Malerlaufbahn aufgab, um Schauspieler zu werden (Manet porträtierte ihn in der Rolle des Hamlet). Dem Kritiker zufolge tat sich Rouvière aufgrund seines katzenhaften Wesens in der Katzendarstellung hervor. Alles in allem genommen ist Champfleurys Bilanz ziemlich begrenzt, und dies ist in gewisser Weise verständlich. Zahlreiche Maler haben wunderbare Zeichnungen von Katzen angefertigt, dachten aber nicht daran, sie in ihre Gemälde aufzunehmen. Dafür gibt es einen einfachen Grund: Eine Katze nach der Natur zu skizzieren ist eine Übung in Virtuosität, die einen Künstler verlocken kann, ohne daß er in einem späteren Gemälde zwangsläufig Verwendung dafür hätte. Das Beispiel des Neoklassizisten François André Vincent (1746–1816) ist in dieser Hinsicht sehr aufschlußreich: In seinen Gemälden, die diese oder jene Episode aus dem alten Rom oder der französischen Geschichte darstellen, finden sich keine Katzen, es gibt jedoch ein außergewöhnliches, in Rom signiertes und 1772 datiertes Blatt (S. 37) mit mehreren nach der Natur gezeichneten Studien von Katzen (Paris, Institut néerlandais, Fondation Custodia). Der junge Künstler war damals Gastschüler in der dortigen Académie de France und zeichnete auch Karikaturen seiner Freunde, und zwar mit einem graphischen Geschick, das dem der Skizzen von zusammengerollt schlafenden oder sich putzenden Katzen gleichkommt.

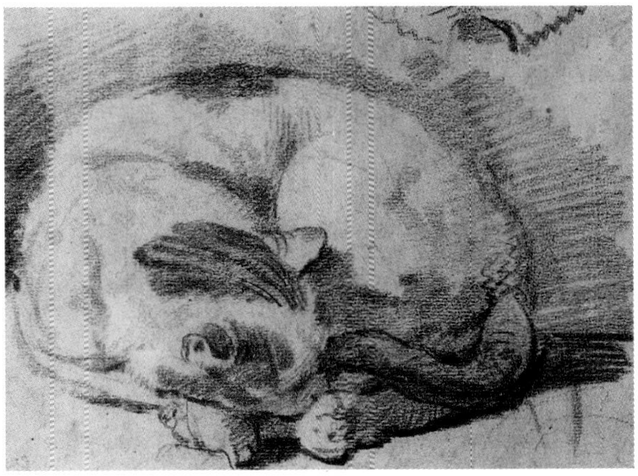

François André Vincent, Katzenstudie *(Detail), 1772, Paris, Institut néerlandais, Fondation Custodia*

Die Künstler in Rom hatten viel Spaß miteinander, und so schlichen sich auch Katzen in manche ihrer Skizzen ein. Beispielsweise zeigt eine Karikatur nach einer Zeichnung von Jean-Baptiste Stouf (1742–1826) mehrere Silhouetten von Künstlern, die um 1770 in Rom waren und von denen ein gewisser Julien – Julien de Parme oder Simon Julien? – eine Katze bei sich hat. Der Stil von Ingres (1780–1867) war für die anekdotenhafte Darstellung von Katzen ebensowenig geeignet wie der Neoklassizismus. Dennoch liebte Ingres Katzen, und in seinem Atelier in der Via Gregoriana in Rom, das Jean Alaux (1786–1864) 1818 malte, kauert ein weißes Kätzchen nicht weit entfernt von dem Künstler, der seine sakrosankte Geige hält (Montauban, Musée Ingres). Ingres hinterließ auch eine flüchtige Federskizze von einer Katze, *Le Chat de Mme Ingres dans ses bras* („Mme Ingres' Katze in ihren Armen“; Montauban, Musée Ingres). Doch seinem Schüler Amaury-Duval (1806–1885) verdanken wir die unerwartetste Katze seiner Schule. Fast 40 Jahre nach Vincent, aber in demselben von Studium und Vergnügen geprägten römischen Klima zeichnete Amaury-Duval mehrmals Katzen in einem Skizzenbuch, in dem er das Alltagsleben in Italien festhielt (Autun, Musée Rolin). Eine dieser Szenen ist besonders malerisch (S. 38): An einer Straßenecke lauert ein riesiger römischer Metzger oder Koch einem Kätzchen auf, das sich hinter einem Prellstein versteckt. Das Kätzchen ist mit wenigen Bleistiftstrichen angedeutet in einer anspielungsreichen und ironischen Manier,

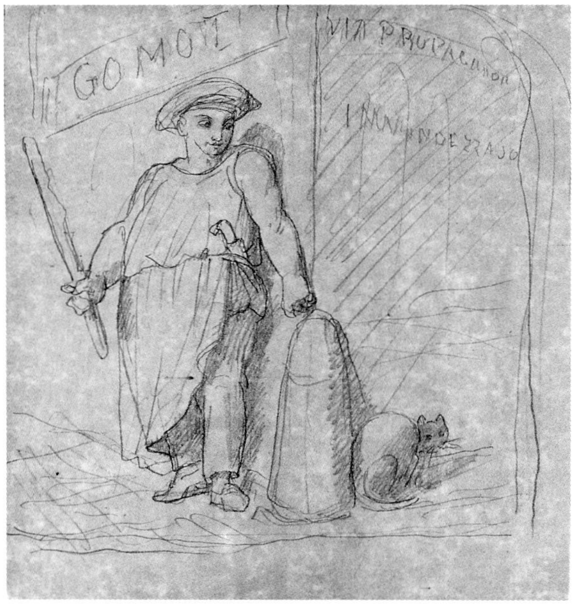

Amaury-Duval, Szene aus dem römischen Alltagsleben, *Autun, Musée Rolin*

die mit dem ernsten, linearen Stil des Künstlers, der die Kirchen Saint-Merry und Saint-Germain-l'Auxerrois in Paris ausmalte, nichts zu tun hat.

Noch viele andere Künstler, die zwar in ihren Gemälden keine Katzen darstellten, aber unvermuteterweise Katzen zeichneten, wären zu nennen. Joseph Barthélemy le Bouteux (1744–?), der mit dem Prix de Rome ausgezeichnet wurde, hinterließ eine Rötelskizze von einer schlafenden Katze und bewies damit sein Tiermalertalent (Besançon, Musée des Beaux-Arts). Der niederländische Landschaftsmaler Hendrik Voogd (1766–1839), der in Italien lebte, schuf eine Katzenzeichnung, die zu den schönsten der Kunstgeschichte gehört (Dresden, Staatliche Kunstsammlungen): Majestätisch und unnahbar scheint sich die Katze aufzuplustern (S. 39), die Zeichnung des Fells ist in ihrer griffigen Dichte unvergleichlich und erinnert an das in Italien entstandene Gemälde eines Kuhkopfs von demselben Voogd (Quimper, Musée des Beaux-Arts). Nicht weniger überraschend sind die vier kopfüber und kopfunter skizzierten Katzen auf der Rückseite einer Zeichnung (zwei Skizzen einer Figur) des Dänen Christen Købke (1810–1848); die Katzen selbst sind eher summarisch behandelt, als habe der Künstler mehr Wert auf den nach der Natur gezeichneten Umriß gelegt (Paris, Institut néerlandais, Fondation Custodia).

Damit kommen wir zu den gemalten Studien, einer Gattung für sich, in der sich Jan Fyt, Pieter Boel und François Desportes hervortaten (s. S. 105, S. 118, S. 128). Ihre Katzen miauen, hüpfen und strecken die Krallen aus – unvergeßliche, virtuose Bilder, ohne die die Geschichte der Katze in der Malerei nicht geschrieben werden könnte. Nicht vergessen sei ein Maler – der Niederländer Nicolaes Berchem (1620–1683) –, der eine schwarzweiße Katze, die zum Sprung ansetzt, dreimal mit Ölfarben auf die Rückseite eines Briefes pinselte.[107] Wenn man hier auch nicht von großer Malerei zu sprechen wagt, sei doch darin die brillante Leistung von Malern gesehen, die den Augenblick des Losschnellens, den Sekundenbruchteil eines Tatzenhiebs auf der Leinwand festhalten wollten. Verkörpert die rasche, geschmeidige Katze nicht geradezu die Idee der Bewegung? Es ist verständlich, daß ein Étienne Jules Marey (1830–1904) im Jahr 1894 für seine berühmten photographischen Experimente die Katze wählte.

Katzenporträts

Ein Porträt bringt Identität und Persönlichkeit des Modells zum Ausdruck. Man kann bei den Katzendarstellungen früherer Zeiten kaum von Porträts sprechen, da die Modelle nicht als solche aufgefaßt wurden. Katzen gehörten überall zum allgemeinen Erscheinungsbild und stellten nirgends etwas Besonderes dar. Die Individualgeschichte der Katze beginnt viel später als die anderer Tiere. Im Unterschied zum Hund oder Pferd galt die Katze nicht als edles Rassetier, und man würde vergeblich einen italienischen Fürstensitz wie den Palazzo del Tè in Mantua suchen, in dem anstelle der schönsten Pferde aus dem Gestüt der Gonzaga die bemerkenswertesten Katzen irgendeines Prinzen gemalt wären. Da sie ihre Herren nicht zur Jagd begleiteten, wurde ihnen nicht dieselbe Ehre zuteil wie den Hunden aus den Zwingern von König Ludwig XIV. und Ludwig XV., deren Hunde von Desportes und Oudry namentlich porträtiert wurden (Ponne, Bonne, Nonne, Lise, Pompée, Florissant, Polydore usw.). Die wenigen, einigermaßen berühmten Katzen, die zu erwähnen sind, blieben – mit Ausnahme einer italienischen Katze – anonym; man spricht letztlich nur im Zusammenhang mit ihren Besitzern von ihnen. Erst in unserer Zeit treten Katzen mit Eigennamen in der Malerei auf: „Raminou" von Suzanne Valadon (s. S. 205) ist eine wichtige Persönlichkeit in der Geschichte des Katzenporträts geworden, ebenso die „Lulu" von Vollard, „Sita" von Cecilia Beaux (s. S. 189), „Riquet" von Albert Gleizes (1881–1953) – Zeichnung in der Fondation nationale des Arts graphiques et plastiques in Paris – oder „Tiger" von Gwen John (1876–1939), die sich selbst oft mit einer Katze auf dem Schoß darstellte.

In der früheren Kunst ist eine der schönsten und zweifellos eine der ältesten Einzeldarstellungen einer Katze der Kupferstich *Die große Katze* (1657) des Niederländers

Cornelis Visscher (um 1619 oder 1629–1662). Das Blatt ist eine technische Meisterleistung. Die Katze kauert am Boden, hinter ihr sieht man eine kleine Maus (S. 39). Selbst wenn man ein gewisses Einverständnis zwischen dem Künstler und seinem Modell, das zweifellos seine eigene Katze war, feststellen kann, wäre es doch verfehlt, den Stich als „Katzenporträt" einzustufen. Vielleicht gilt dasselbe auch für das im Salon von 1761 ausgestellte Gemälde von Bachelier, das erstmals eine als solche individualisierte Katze darstellt (s. S. 138). Daß ein Vogel mit auf dem Bild ist und daß von Anfang an ein Hundebild als Pendant existierte, läßt darauf schließen, daß Bacheliers Anliegen eigentlich „enzyklopädisch" war, eine Art Erwiderung gegen Buffon, der die Katzen verachtete. Gemalt ist eine jener schönen, kostbaren weißen Angorakatzen, die angeblich von Peiresc (1580–1637), dem Gelehrten aus Aix, der mit Rubens (1577–1640) korrespondierte, nach Frankreich gebracht wurden. Beruht Bacheliers bildliche Schilderung nicht eher auf der Wissensbegier des Zoologen als auf der bewundernden, liebevollen Beobachtung des Katzenfreundes?

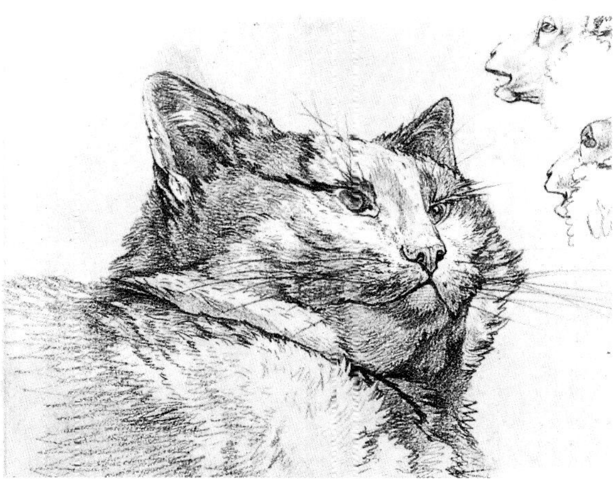

Hendrik Voogd, Studie eines Katzenkopfes *(Detail), Dresden, Staatliche Kunstsammlungen*

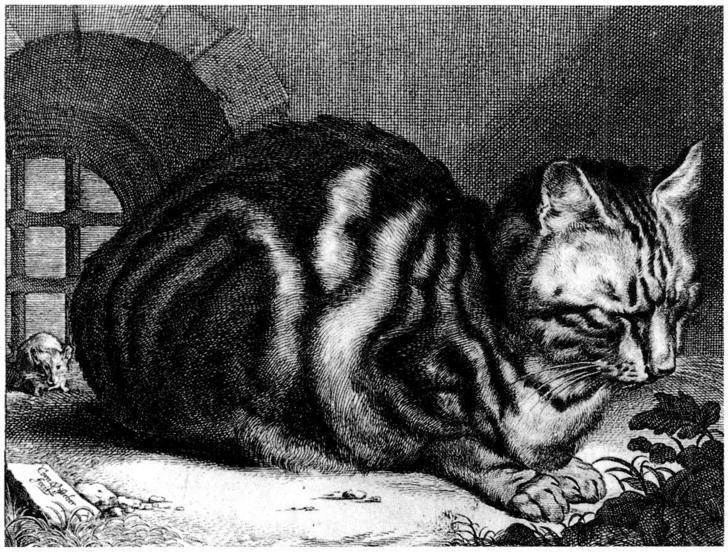

Cornelis Visscher, Die große Katze, *Kupferstich, 1657, Paris, Institut néerlandais, Fondation Custodia*

Die Individualität der Katze hängt mit der ihres Herrn zusammen. Zu markanten – um nicht zu sagen: extravaganten – Persönlichkeiten passen berühmte Katzen, die endlich der Ehre des Porträtierens gewürdigt werden. Allerdings sind sie mehr als selten. Eine der frühesten Episoden betrifft Sir Henry Wyatt (1460–1537), eine hochgestellte Persönlichkeit am englischen Hof. Holbein d.J. (1497–1543) porträtierte ihn (Paris, Louvre). Unter Richard III. wurde Wyatt als Anhänger der Lancaster-Partei in eines der finstersten Gefängnisse des Königreichs geworfen und wäre dort elend verhungert und erfroren, wenn nicht seine Katze ihm auf geradezu wunderbare Weise das Leben gerettet hätte. Sie brachte ihm Tauben, die manchen Biographien von Wyatt zufolge schon gebraten waren, und schmiegte sich an seine Brust, um ihn zu wärmen.[108] Ein solcher Treuebeweis verdiente wirklich ein Porträt! Dieses wurde auch geschaffen, freilich ziemlich spät, vielleicht erst im 18. Jahrhundert, und zwar von einem Künstler mit bescheidenem Talent, der ein naives, aber bewegendes Bild malte: Er kopierte Holbeins Porträt von Wyatt, gab ihm als Hintergrund einen Kerker und stellte dem englischen Würdenträger die rettende Katze gegenüber. Eine andere Persönlichkeit, dieses Mal eine Pariserin, bereicherte ebenfalls die Chronik der Katzen. Eine gewisse Mademoiselle Dupuy, eine berühmte Harfenspielerin um die Mitte des 17. Jahrhunderts, verdankte ihrer Katze „die Kunstfertigkeit, zu der sie gelangt war. Immer wenn sie auf der Harfe übte, hörte die Katze aufmerksam zu, und die Musikerin bemerkte bei der Katze verschiedene Grade des Interesses und der Rührung, je nachdem, wie präzise und harmonisch sie ihre Stücke spielte."[109] So beschrieb wenigstens Moncrif, der Verfasser der berühmten, 1727 in Paris veröffentlichten *Histoire des chats* („Geschichte der Katzen"), die Eigenschaften dieser erstaunlichen Musiklehrerin. Moncrif zufolge machte Mademoiselle Dupuy, die am 7. Oktober 1677 starb, aus Dankbarkeit ihr Testament zugunsten dieser

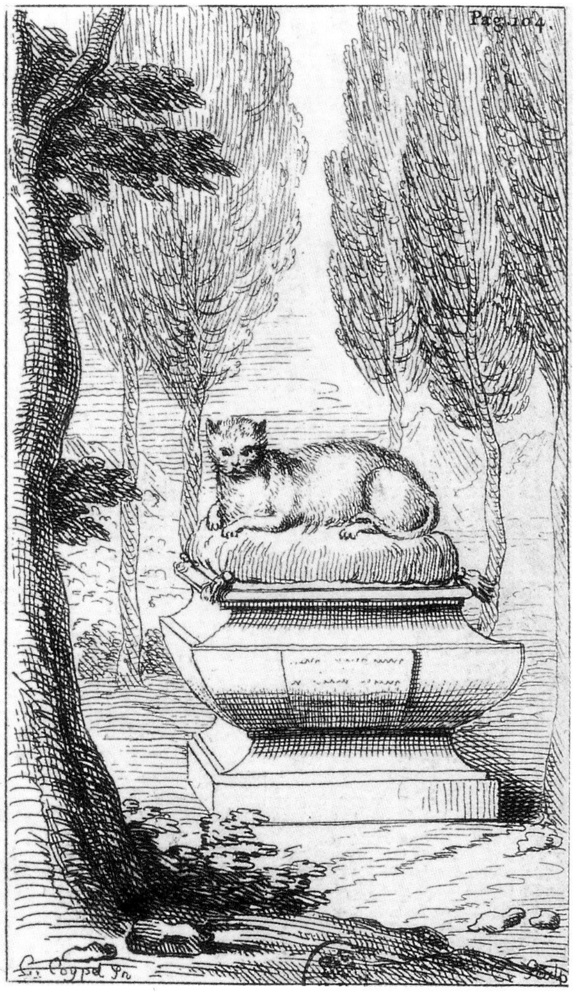

Stich nach Charles-Antoine Coypel, Illustration aus L'Histoire des chats *von Moncrif, 1727*

Katze. Diese Behauptung hat sich als richtig erwiesen, denn Mademoiselle Dupuy erwähnte in ihrem Testament tatsächlich ihre beiden Katzen mit der Verfügung, sie seien „mit Brot, Brühe und Fleischsuppe" gut zu füttern, und es sollten „30 Sou im Monat" für die Versorgung der Katzen bereitgestellt werden. Die Sache erregte damals sicherlich einiges Aufsehen, und schon um 1680 erschien ein Stich von Mademoiselle Dupuys Katze als Pendant zu einem bestimmten Hund des Königs von Schweden. Charles-Antoine Coypel (1694–1752), der Illustrator des Buches von Moncrif, fertigte eine Zeichnung, die vom Grafen von Caylus gestochen wurde und das Fräulein zeigt, wie es sein Testament diktiert. Coypel hat zwar die Katze liegend auf dem Bett ihrer geliebten Herrin gezeichnet, wandte aber seine Aufmerksamkeit zu Recht den beiden erstaunten Notaren zu und deren Verblüffung über ein solches Testament.

Moncrif berichtet ferner, Madame de Lesdiguières (1655–1716) habe ihrer Katze ein Grabmal mit einem vollplastischen, postumen „Abbild" und folgender Inschrift errichten lassen (S. 40): „Ci-gît une Chatte jolie: / Sa maîtresse qui n'aima rien, / L'aima jusques à la folie; / Pourquoi le dire? On le voit bien." („Hier ruht eine hübsche Katze. Ihre Herrin, die sonst nichts liebte, liebte sie bis zum Wahnsinn. Wozu es aussprechen? Man sieht es.") Coypel fertigte wiederum die Zeichnung für den Stich von Caylus. Die Zeichnung mag ironisch sein, läßt aber, wie man zugeben muß, nicht gerade auf ein großes Katzenmalertalent schließen.

Ein echtes Katzenporträt (s. S. 32) ist dagegen das von Armellino, dem Kater von Alessandra Forteguerra geb. Rospigliosi, einer römischen Dichterin des 18. Jahrhunderts.[110] Urheber des erstaunlichen Bildes ist der Maler Giovanni Reder (1693–?). Er stammte aus einer Künstlerfamilie, die sich auf die Darstellung von Pferden spezialisiert hatte. Das Tier mit dem eleganten Glöckchenhalsband sitzt auf einem Prachtkissen. An dem schweren Fransenvorhang, der den Hintergrund bildet, ist ein Sonett des Priesters Sperandio Bertazzi, der auch ein Dichter war, befestigt, das die Eigenschaften des unerwarteten Modells rühmt.

Zu erwähnen ist noch eine gewisse weiße Katze, deren Identität wir gerne kennen möchten, denn sie könnte uns zu ihrem Herrn und von diesem zu ihrem Maler führen. *Le Chat blanc* („Die weiße Katze", s. S. 6) in der Ny-Carlsberg-Glyptothek in Kopenhagen wird Géricault (1791–1824) zugeschrieben – zu Recht oder zu Unrecht? Das blendend gemalte Tier hätte es jedenfalls verdient, als nichtidentifiziertes Modell in eine Anthologie der um ihrer selbst willen gemalten Katzen aufgenommen zu werden. Das Gemälde ist wirklich überraschend. Der Maler hat zwar den Kopf nicht durchgearbeitet (schade, wenn man an den durchdringenden Katzenblick denkt!), aber das weiche und doch wie gemeißelt wirkende weiße Fell durch den Farbauftrag und den scharfen Gegensatz zwischen Grellweiß und Tiefschwarz zur Geltung gebracht.

Drängt sich bei der Betrachtung all dieser Katzen, ob sie Blickfang sind oder bescheiden in einer Ecke sitzen, nicht ein seltsamer Eindruck auf? Sie ähneln teilweise sehr merkwürdig den Gestalten, die mit auf dem Bild sind. Eine armselige Katze von Steen verzieht das Gesicht wie der zerzauste Junge, der mit ihr spielt; ein dicker Kater von Jordaens kneift die Augen zusammen wie der imposante König, der den Kelch an die Lippen setzt; die cremefarbene Angorakatze von Boilly macht ebenso große Augen wie ihre kleine Herrin, und verkörpert nicht Millets furchtsame, fauchende Katze mit dem Buckel die ganze Schwere des bäuerlichen Lebens? Im Gegensatz zu Charles Le Brun und – zweihundert Jahre später – Grandville (1803–1847) gaben sich diese Künstler freilich nicht dem faszinierenden, überraschungsreichen Spiel mit der Physiognomie eines Lavater hin, wonach die Menschen tierische Züge und die Tiere menschliche Züge erhalten. Absichtslos haben sie die Katzen in ihr ureigenes Repertoire aufgenommen. Ist dies nicht ein weiterer Beweis dafür, daß die Katze für die Malerei, diese geheimnisvolle, geräuschlose Sprache, wie geschaffen ist?

Élisabeth Foucart-Walter und Pierre Rosenberg

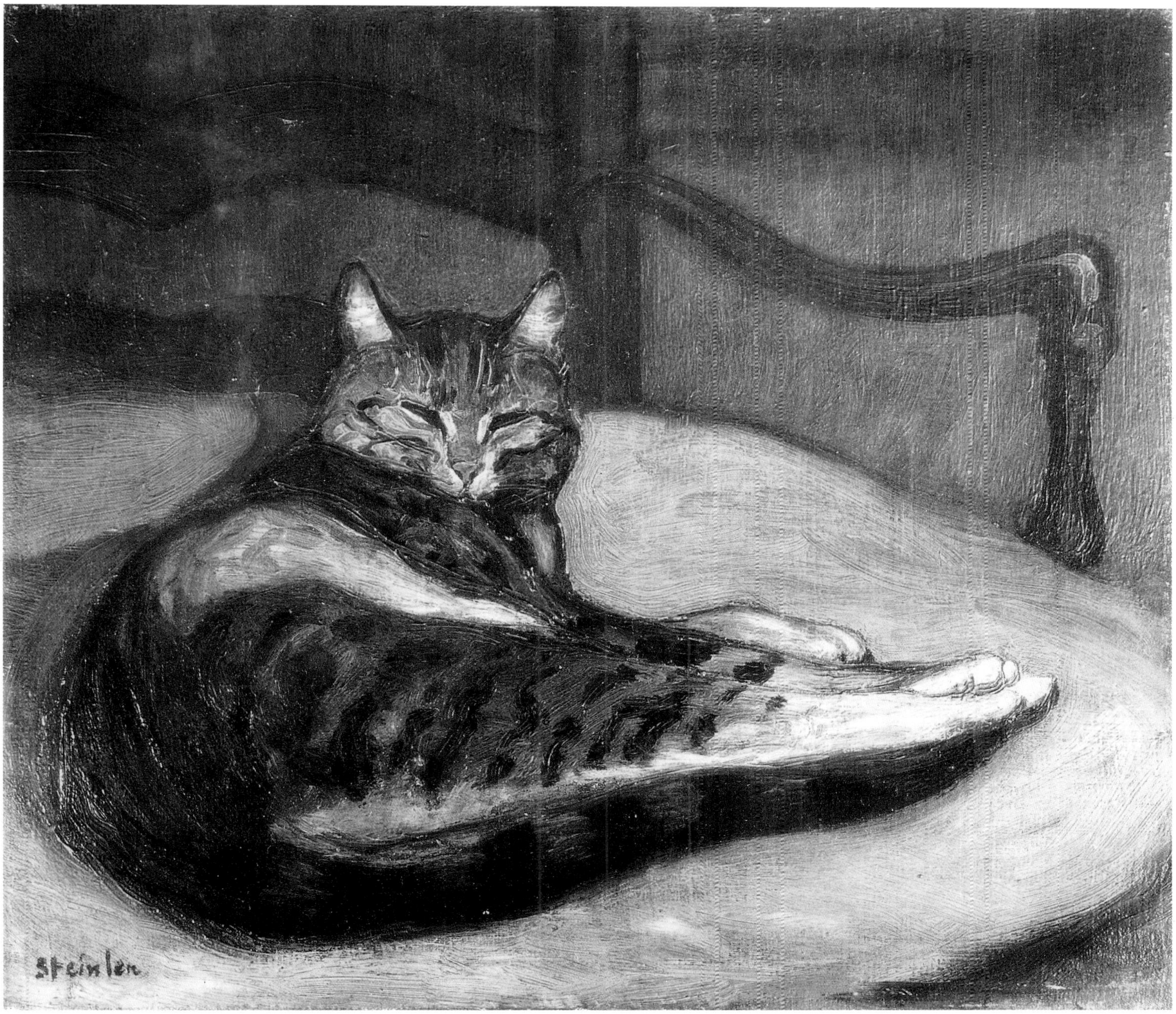

Théophile Alexandre Steinlen, Katze auf einem Sessel, *Paris, Musée d'Orsay*

ANMERKUNGEN

1 So zahlreich Katzenbücher sind, so selten sind ernst zu nehmende Untersuchungen der Katzenikonographie. Vgl. H. van de Waal: *Iconclass, Bibliographie,* 2-3, Amsterdam 1973, S. 287, Nr. 34 B 12; der Artikel „Cat" nennt die wichtigsten bibliographischen Hinweise zum Thema. Merkwürdig ist, daß das sehr detaillierte *Lexikon der christlichen Ikonographie* (Rom, Freiburg i. Br., Basel, Wien, 8 Bände von 1968 bis 1976) die Katzen nicht erwähnt.
2 Erwin Panofsky: *Albrecht Dürer,* Princeton 1948, Bd. I, S. 84-87, Bd. II, S. 21, Nr. 108.
3 Vgl. M. Oldfield Howey: *The Cat in the Mysteries of Religion and Magic* (viermal aufgelegt: London um 1930/31; Philadelphia 1932; New York um 1955/56; Rutland, USA, und Tokio 1981), Kap. VIII: „Christ and the Cat", S. 62-65. Der Autor bringt ohne Bedenken die weit hergeholte Geschichte von der Katze, die in der Krippe Kätzchen zur Welt bringt; er übernimmt sie unverändert aus dem Werk von G.J. Ousely (vgl. Anm. 4). Nach ihm griffen andere „Katzen-Historiker" die Anekdote auf, so Patricia Dale-Green: *Cult of the Cat,* London, Melbourne, Toronto 1963, S. 45, und George Ferguson: *Signs and Symbols in Christian Art,* Oxford und New York, o.J, S. 8; er glaubt auf dem Rücken mancher Katzen (wahrscheinlich gestreifter!) in religiösen Szenen das Kreuzeszeichen zu erkennen!
4 *The Gospel of the Holy Twelve, written down and pub. by the late Rev. G.J. Ouseley,* London, Neuauflage 1923, zitiert von M. Oldfield Howey, a.a.O. (Anm. 3), S. 64.
5 Rev. G.J. Ouseley, zitiert von M. Oldfield Howey, a.a.O. (Anm. 3), S. 64-65.
6 Vortrag vom 7. Januar 1668, vgl. Henry Jouin: *Conférences de l'Académie royale de Peinture et de Sculpture,* Paris 1883, S. 64-65. Der Champaigne dieses Vortrags kann natürlich kein anderer sein als Philippe de Champaigne und nicht sein Neffe Jean-Baptiste Champaigne, wie Jacques Thuillier meinte (*Colloque Poussin,* T. II, S. 143, Anm. 4); er stützte sich auf eine erste handschriftliche Version des Protokolls dieses Vortrags, auf der der Name Champaigne d.J. angegeben ist, doch in der zur Veröffentlichung bestimmten endgültigen Version wurde der Zusatz „d.J." von Guillet de Saint-Georgen in „d.Ä." geändert.
7 Wollte man die Darstellungen der Verkündigung, auf denen Katzen vorkommen, nach Häufigkeit ordnen, so käme die italienische Schule an erster Stelle. Zur Bedeutung der Katze bei der Verkündigung vgl. Mrs. Jameson: *Legends of the Madonna,* London, Neuauflage 1889, S. 178; dort ist die Aufnahme von Katzen in die Szene als unstatthaft bezeichnet.
8 Eine Darstellung der Verkündigung mit Katze von Jan de Beer befindet sich in der Sammlung Thyssen in Lugano-Castagnola, die andere befand sich 1966 in der Sammlung Wetzlar in Amsterdam.
9 Herbert Friedmann: *The Symbolic Goldfinch, its History and Significance in European devotional Art,* The Bollingen Series VII, Washington, Pantheon Books, 1946. Vgl. auch Mrs. Jameson, a.a.O. (Anm. 7), S. XLVII-XLVIII, 71-72.
10 Der Louvre besitzt eine bescheidene Kopie; eine andere, weitaus bessere, gehörte dem Metropolitan Museum in New York, das sie 1973 verkaufte.
11 Paul Michel: *Tiere als Symbol und Ornament. Möglichkeiten und Grenzen der ikonographischen Deutung, gezeigt am Beispiel des Zürcher Großmünsterkreuzgangs,* Wiesbaden, S. 124.
12 Bernard Dorival: „Philippe de Champaigne et *les Hiéroglyphiques* de Pierus", *Revue de l'Art,* Nr. 11, 1971, S. 34-35, und *Philippe de Champaigne 1602-1674. La vie, l'œuvre et le catalogue raisonné de l'œuvre,* T. II, 1976, S. 50, Nr. 78. In seiner Beschreibung der sechsten Stunde („Hora Sesta") nimmt Cesare Ripa die Katze als „Hieroglyphe" des Mondes auf (*Iconologia,* 1611, Reprint [vgl. Anm. 28] 1976, S. 228-229).
13 Zu dem Thema Emmaus vgl. Lucien Rudrauf: *Le Repas d'Emmaüs. Étude d'un thème plastique et de ses variations en peinture et en sculpture,* Paris 1955/56, 2 Bde. In diesem Werk entdeckt man unter 273 Darstellungen des Mahls in Emmaus 17 Katzen, davon elf zusammen mit Hunden und sieben einzeln. 29 einzeln dargestellte Hunde sind enthalten. Die Künstler, die Emmaus mit Katzen darstellen, sind etwa gleich viele Italiener (Marziale, Pontormo - ein Einzelfall mit zwei Katzen -, Tintoretto, Bassano, Moretto, Raffael, Faccini u.a.) wie Niederländer (Jordaens, Goltzius, Floris, Heemskerk u.a.). In Frankreich tritt das Motiv selten auf (Callot und Champaigne). Chronologisch gesehen, fällt auf, daß das Mittelalter und die modernen Epochen nicht vertreten sind. Besonders im 16. Jahrhundert wurden Katzen (wie übrigens auch Hunde) dem Gegenstand beigegeben.
14 Marcel Uzé: *Le Chat dans la nature, dans l'histoire et dans l'art,* Paris 1951, S. 16.
15 Mgr. X. Barbier de Montault: *Traité d'iconographie chrétienne,* Paris 1890, Neuauflage 1900, T. II, S. 303. Louis Réau: *Iconographie de l'Art Chrétien,* T. III, *Iconographie des saints. I.,* Paris 1958, S. 254: „Saint Cadoc"; den von Réau zusammengestellten Attributen zufolge (vgl. *Iconographie des saints. III.,* 1959, S. 105) wäre Cadoc der einzige Heilige mit einer Katze. Vgl. auch Gerd Heinz-Mohr: *Lexikon der Symbole. Bilder und Zeichen der christlichen Kunst,* Düsseldorf, Köln 1971, S. 154.
16 Kolorierter Holzschnitt, Ausgabevermerk: „A Rennes, chez Pierret fils, Impr. Oberthur. 1863".
17 Mgr. X. Barbier de Montault, a.a.O. (Anm. 15), T. II, S. 439.
18 Ebd., T. I, S. 169, T. II, S. 341.
19 Smith Thompson: *Motif-Index of Folk Litterature,* Kopenhagen, 10 Bde., T. I, 1955, S. 251.
20 A.P. de Mirimonde: *Sainte Cécile, Métamorphoses d'un thème musical,* Genf 1974, S. 121, Repr. Abb. 96: Stich, herausgegeben 1782 von Humphrey, New Bond Street, London.
21 Vgl. Katalog der Ausstellung „Romanische Kunst in Österreich", Krems an der Donau 1964, S. 87-93. Zum Thema Katzen und Mäuse vgl. H. van de Waal, a.a.O. (Anm. 1), S. 287-288, Nr. 34 B 12, 1.
22 Der berühmteste Kater Murr ist der in E.T.A. Hoffmanns *Erzählungen* und *Lebensansichten des Katers Murr.* Er inspirierte Chales Renoux zu einem Gemälde (Salon von 1835, Nr. 1820), ebenso der Vicomte Ludovic-Napoléon Lepic (1870; New York, Shepherd Gallery, 1987); schließlich schuf auch der portugiesische König Ferdinand, der sich gelegentlich künstlerisch betätigte, einen Stich zu diesem Thema (vgl. Alfred Busquet: „Les Dessins et les Eaux-Fortes du roi Don Fernando", *Gazette des Beaux-Arts,* T. V, 1. Februar 1860, S. 155-158, Repr.).
23 Rösli und Edgar Schumacher: *Das Katzenbuch. Ein Brevier,* Zürich 1939, S. 62, Repr.
24 Vgl. Katalog der Ausstellung „Ketters en papen onder Filips II", Utrecht, Rijksmuseum Het Catharijneconvent, 1986, S. 174-175, Repr. Abb. 109.
25 *Correspondance inédite de l'abbé Ferdinand Galiani, conseiller du roi, pendant les années 1765 à 1783,* Paris 1818, T. I, S. 191: Brief vom 22. Dezember 1770 aus Neapel.
26 Guy de Tervarent: *Attributs et Symboles dans l'art profane, 1450-1600. Dictionnaire d'un language perdu,* T. I, Genf 1958, S. 90. Margaret Armbrust Seibert: „A Political and a Pictorial Tradition Used in Gustave Courbet's *Real Allegory*", *The Art Bulletin,* Juni 1983, S. 311-316 (im Blick auf die Katze des *Ateliers* legt die Autorin die verschiedenen allegorischen Bedeutungen der Katze dar).
27 Arthur Henkel und Albrecht Schöne: *Emblemata. Handbuch zur Sinnbildkunst des 16. und 17. Jahrhunderts,* Sonderausgabe, Stuttgart 1978, Sp. 1348, Repr. aus Nicolaus Taurellus: *Emblemata...,* Nürnberg 1602, Nr. 8.
28 Cesare Ripa: *Iconologia,* Padua 1611, Reprint bei Garland, New York und London 1976, S. 312-313.
29 Zitiert nach der französischen Übersetzung von 1636, die mit Medaillons, von Jacques de Brie gestochen, illustriert ist. Dieser wurde oft von den französischen Künstlern herangezogen. Im Originaltext nennt Ripa zwei weitere Völkerschaften, die eine Katze auf ihrem Kriegsbanner hatten: die Alanen und die Sueven. Nach Meinung mancher Forscher wählten mehrere Drucker (darunter die Venezianer Sessa) im 16. Jahrhundert die Katze als Emblem, weil sie als Sinnbild der Freiheit galt.
30 A. Henkel und A. Schöne, a.a.O. (Anm. 27), Sp. 588, aus Joachim Camerarius: *Symbolorum et emblematum ex animalibus quadrupedibus...,* Nürnberg 1595, Nr. 78.
31 José María de Azcárate: „La algegoría en *Las Hilanderas* ", *Varia Velazqueña,* T. I, Madrid 1960, S. 344-351.
32 Das Gipsmedaillon in Basrelieftechnik war ebenso Teil des Schmucks der königlichen Gemächer in Compiègne wie die illusionistischen Oberschwellen des Malers Sauvage, die das Basrelief imitierten. Wir haben uns deshalb dafür entschieden, es hier aufzunehmen, obwohl unser Thema an sich lautet: Katzen in Malerei und Graphik. Das Medaillon wurde zur Zeit des Second Empire entfernt; seit kurzem ziert es die für die Schloßbesucher bestimmte Eingangshalle.
33 Margaret Armbrust Seibert, a.a.O. (Anm. 26), S. 315-316. Vgl. auch Théophile Gautier: „Concours pour la Figure de la République", *La Presse,* 21. Mai 1848, zitiert von Marie-Claude Chaudonneret: *La Figure de la République. Le Concours de 1848,* Paris 1987, S. 144, und Champfleury: *Les Chats,* Paris 1869, 3. Aufl., S. 49-50. Der Dichter Guyot-Desherbiers, der eine aktive Rolle in der Französischen Revolution spielte, sah in der „revolutionären" Katze sogar eine Wiedergeburt der Katze Haret, die von den Galliern verehrt wurde (vgl. P. Mégnin: *Notre ami le chat,* Paris, S. 111).
34 G. de Tervarent, a.a.O. (Anm. 26), S. 90.
35 C. Ripa, a.a.O. (Anm. 28), 1611, S. 101-102 („Contrasto"), S. 253 („Inimicitia").
36 Ebd., 1611, S. 419 („Persuasione").
37 Nicht lokalisiertes Gemälde, dessen Photographie in der 1985 dem Louvre vermachten Dokumentation von A.P. de Mirimonde enthalten ist.
38 Vgl. Katalog der Ausstellung „L'Allégorie dans la peinture, la représentation de la Charité au XVIIe siècle, Caen, Musée des Beaux-Arts, Nr. 5, Repr. (Vermerk von Alain Tapié), und *Le Livre des peintres de Carel van Mander...,* übers. von Hymans, T. II, 1885, S. 252.
39 A. Henkel und A. Schöne, a.a.O. (Anm. 27). Dr. F.A. Stoett: *Nederlandsche Spreekworden, Spreekwijzen, Uitdrukkingen en Gezegden,* 4. Aufl., 1. Teil, Zutphen 1943, S. 428-435.
40 R. und E. Schumacher, a.a.O. (Anm. 23), S. 61, Repr.
41 Juliette Raabe: *Bibliothèque illustrée du chat,* T. II, Éd. de la Courtille, S. 99, Repr.
42 Jacob Cats: *Spiegel van den ouden ende nieuwen tijd,* Den Haag 1632. Herangezogen wird hier *Alle de Wercken van de Heere Jacob Cats,* Amsterdam 1712.
43 J. Cats, a.a.O. (Anm. 42), Ausg. von 1712, S. 523.
44 Ebd., Ausg. von 1712, S. 541.
45 Ebd., Ausg. von 1712, S. 528.
46 Ebd., Ausg. von 1712, S. 530.
47 J. Raabe, a.a.O. (Anm. 41), T. I, S. 128, Repr.
48 J. Cats, a.a.O. (Anm. 42), Ausg. von 1712, S. 638.
49 A. Henkel und A. Schöne, a.a.O. (Anm. 27), Sp. 589, Repr. aus Florentinus Schoonhovius: *Emblemata...,* Gouda 1618.
50 Die wichtigsten Fabeln von La Fontaine, in denen Katzen eine Rolle spielen: *Die in eine Frau verwandelte Katze; Der Adler, das Wildschwein und die Katze; Die Katze und die alte Maus; Der Hahn, die Katze und das Mäuschen; Die Katze und die Maus; Die Katze, das Wiesel und das Kaninchen; Die Ratte und der Elefant; Die Katze und der Fuchs; Der Affe und die Katze; die Katze und die beiden Spatzen; Der alte Kater und die junge Maus; Der Streit der Hunde und Katzen und der Streit der Katzen und Mäuse; Der Bund der Ratten.* (Nach der Übersetzung von Dohm, 1985. Unipart-Verlag, Stuttgart.) Die Illustrato-

ren der Fabeln von La Fontaine sind zu zahlreich, als daß man sie auch nur kurz aufzählen könnte; außerdem würde dies auch am Thema vorbeiführen. Genannt sei nur einer der berühmtesten, da er der Geschichte der Malerei zugehört: Jean-Baptiste Oudry (vgl. Hal Opperman: Katalog der Ausstellung „J. B. Oudry 1686–1755“, Paris, Grand Palais, 1982/83, S. 157–164). Oudry schuf auch ein Gemälde zu der Fabel vom Affen und der Katze als Teil einer Serie von 1720 über die Themen der Fabeln von La Fontaine (Verkauf Sotheby, Monte Carlo, 20. Juni 1987, Nr. 388).

51 A. Henkel und A. Schöne, a. a. O. (Anm. 27), Sp. 586–587, Repr. aus Dionysius Lebeus-Batilius: *Dionysii Lebei-Batillii... emblemata,* Frankfurt am Main 1596, Nr. 39.

52 J. Cats, a. a. O. (Anm. 42), Ausg. von 1712, S. 509.

53 Ebd., Ausg. von 1712, S. 619. Vgl. auch Annelies Plokker: *Adriaen Pietersz. van de Venne (1589–1662). De grisailles met spreukbanden,* Löwen, Amersfoort 1984, S. 140–141, Nr. 51, Repr.

54 A. Henkel und A. Schöne, a. a. O. (Anm. 27), Sp. 586, Repr. aus Joannes Sambucus: *Emblemata...,* Antwerpen 1566, S. 125.

55 J. Raabe, a. a. O. (Anm. 41), T. I, S. 58–59: Stich von Gerhard Altzenbach, Drucker und vielleicht auch Stecher, im 17. Jahrhundert in Köln (und Straßburg?) tätig.

56 A. Henkel und A. Schöne, a. a. O. (Anm. 27), Sp. 587, Repr. aus Nicolaus Taurellus, a. a. O. (Anm. 27).

57 A. Henkel und A. Schöne, a. a. O. (Anm. 27), sp. 592, Repr. aus Jacob Cats: *Proteus ofte Minne-beelden Verandert In Sinne-beelden,* Rotterdam 1627, 12, 1.

58 A. Henkel und A. Schöne, a. a. O. (Anm. 27), Sp. 593–594, Repr. aus J. Cats, a. a. O. (Anm. 57), Anm. *supra,* 18, 1.

59 A. Henkel und A. Schöne, a. a. O. (Anm. 27), Sp. 591, Repr. aus Daniel Heinsius: *Het Ambacht Van Cupido...,* Leyden 1615, Nr. 44.

60 Vgl. Katalog der Ausstellung „Von Frans Hals bis Vermeer, Meisterwerke holländischer Genremalerei“, Berlin, Gemäldegalerie, 1984, Nr. 125, S. 340–342, Repr.

61 Vgl. Katalog der Ausstellung „Tot Lering en Varmaak“, Amsterdam, Rijksmuseum, 1976, Nr. 76, S. 284–287, Repr.

62 Zum Beispiel *Die tote Maus* von P. van Slingeland im Musée Smidt van Gelder in Antwerpen.

63 Eine andere Version des Karlsruher Gemäldes befindet sich in der Eremitage in Leningrad.

64 Vgl. Katalog der Ausstellung „Die Sprache der Bilder“, Braunschweig, Herzog-Anton-Ulrich-Museum, 1978, Nr. 23, S. 116–119, Repr.

65 A. Henkel und A. Schöne, a. a. O. (Anm. 27), Sp. 588–589, Repr. aus Jacobus Bruck: *Emblemata politica,* 1618, Nr. 50.

66 A. Henkel und A. Schöne, a. a. O. (Anm. 27), Sp. 588, Repr. aus N. Taurellus, a. a. O. (Anm. 27), G 4.

67 Im Musée du Berry in Bourges befindet sich ein merkwürdiges, naives (flämisches oder holländisches?) Gemälde, das eine Katze und einen Hund in bestem Einvernehmen nebeneinander „porträtiert“ zeigt; ein Text, der nicht zu entziffern ist, enthält wahrscheinlich die Moral dieses ungewöhnlichen Bildes, das die traditionelle Feindschaft zwischen Katzen und Hunden aufhebt.

68 Katalog der Ausstellung „Mari et Femme dans la France rurale traditionnelle“, Paris, Musée des Arts et Traditions populaires, 1973, Nr. 179, Repr. auf Umschlag.

69 Der derzeitige Besitzer des Gemäldes hat es oben ergänzen lassen, damit es genau auf den Kamin paßt.

70 Französische Schule des 18. Jahrhunderts (früher Fragonard, dann der deutschen Schule zugeschrieben); das Pendant ist ein Gemälde mit einem Affen, einem Hund und einem Kind bei einem Goldfischglas; beide Gemälde befinden sich augenblicklich als Leihgabe des Louvre in der nationalen Mobiliarsammlung in Paris.

71 Frédérick Tristan: *Le Monde à l'envers,* Paris 1980.

72 Erwähnung der verkehrten Welt in Heinrich und Margarethe Schmidt: *Die vergessene Bildersprache Kunst. Ein Führer zum Verständnis der Tier-, Engel- und Mariensymbolik,* München 1981, S. 122–123.

73 A. Henkel und A. Schöne, a. a. O. (Anm. 27), Sp. 595, Repr. aus Hadrianus Junius: *Emblemata...,* Antwerpen 1565, Nr. 4.

74 A. Henkel und A. Schöne, a. a. O. (Anm. 27), Sp. 595, aus J. Camerarius, a. a. O. (Anm. 30), Nr. 89.

75 In London bei Christie's verkauft am 5. Juli 1985, Nr. 93, Repr. farbig.

76 Jean Adhémar: *Imagerie populaire française,* Mailand 1968, Nr. 38: Stich, herausgegeben in Paris „chez la veuve Montcornet, rue St-Jacques vis-à-vis St-Yves“, um 1640, Paris, Bibliothèque nationale, Kupferstichkabinett.

77 Zu den verschiedenen Darstellungen von Katzen in der verkehrten Welt vgl. F. Tristan, a. a. O. (Anm. 71), u. a. Abb. 98, 109, 113, 114, 116, 120, 122, 143, 160, 163, 165, 166.

78 Nicht lokalisiertes Gemälde, bekannt durch die Akte „Cat“ des Warburg Institute in London.

79 Luc Benoist: *Catalogue du Musée des Beaux-Arts de Nantes,* S. 107, Nr. 294. Vgl. auch zwei andere Gemälde, die Frangipani zugeschrieben werden (eines befindet sich im Musée des Beaux-Arts in Angers) und einen ziemlich zweideutigen Hintersinn haben. Sie zeigen singende und lachende Personen sowie Katzen, die aber nicht in Windeln gewickelt und weitaus anekdotischer sind. Vgl. dazu auch P. Bautier: „Un peintre italien du XVIe siècle influencé par nos ‚maîtres drôles‘“, *Revue belge d'archéologie et d'histoire de l'art,* 1958, 1–4, S. 63–67, Repr.

80 Maria Adelaide Baroncelli: *Faustino Bocchi ed Enri Albrici, pittori di Bambocciate,* Brescia 1965.

81 Im Louvre befindet sich eine zeitgenössische Kopie, vielleicht eine Atelierkopie.

82 Ulrich Chr. Haldi „Le Corps de garde de singes“, *Galerie Stuker Blätter,* Bern, April 1982, Nr. 7, S. 8–9.

83 *Chats amenés devant un tribunal militaire de singes,* Pendant zu *Corps de garde de singes militaires* (ohne Katzen), ebenfalls im Louvre.

84 Von dieser Komposition existieren zahlreiche Versionen.

85 A. P. de Mirimonde: „Les Concerts parodiques chez les maîtres du Nord“, *Gazette des Beaux-Arts,* November 1964, S. 253–284, besonders S. 258, 261–263.

86 J. Raabe, a. a. O. (Anm. 41), T. I, S. 69, Repr., Stich von François Ragot, Ausgabevermerk: „fecit et excud. à Paris, rue S. Jacques à Lelephan“.

87 F. Tristan, a. a. O. (Anm. 71), S. 62, Abb. 56, französischer satirischer Stich aus dem 17. Jahrhundert.

88 A. P. de Mirimonde, a. a. O. (Anm. 85), S. 258, Abb. 10; s. auch Champfleury, a. a. O (Anm. 33), S. 38–39, und P. Mégnin, a. a. O. (Anm. 33), S. 55.

89 A. P. de Mirimonde, a. a. O. (Anm. 85), S. 263, Repr. Abb. 14, 15.

90 Vgl. dazu M. Oldfield Howey, a. a. O. (Anm. 3); dort wird allerdings die Katzensymbolik in übertriebener Weise auf eine Welt des Teufelsglaubens und der okkulten Mysterien beschränkt.

91 Hans Baldung Grien stellte mehrmals Katzen und Hexen zusammen dar, zum Beispiel auf einer bedeutenden Zeichnung in der Albertina in Wien; vgl. Katalog der Ausstellung „Les Sorcières“, Paris, Bibliothèque nationale, 1973, Nr. 67 Repr.; dort findet man weitere Hexen mit Katzen.

92 Fausta Franchini Guelfi: *Alessandro Magnasco,* Genua 1977, u. a. die Farbtafeln XLI bis XLIV, die am meisten auffallen.

93 Katalog der Ausstellung „Kunst voor de beeldenstorm“, Amsterdam, Rijksmuseum, 1986, Nr. 155, S. 278–279, Repr. (Vermerk von C. Megan Armstrong).

94 Der Notiz im Buch des Salons von 1873, Nr. 937, S. 145, zufolge. Im selben Salon stellte Lenoir ein weiteres „exotisches“ Bild aus: *L'Éléphant savant (Inde).* Das Bild *Die Belagerung von Pelusium* wurde in New York bei den Parke Bernet Galleries am 6. Oktober 1966 verkauft (Repr. im Katalog); sein heutiger Standort ist unbekannt.

95 Photographie in der Akte „Cat“ des Warburg Institute in London.

96 J. Raabe, a. a. O. (Anm. 41), T. I, S. 314, deutscher Stich vom Ende des 16. Jahrhunderts. Die Katzen belagern die Mäusefestung, die typisch deutsche Türme und Dächer aufweist; S. 312, holländischer Holzschnitt aus dem 16. Jahrhundert; S. 256–257, englischer Holzschnitt auf dem 18. Jahrhundert.

97 J. Adhémar, a. a. O. (Anm. 76), Nr. 37: Holzschnitt, Ausgabevermerk: „A Lyon, chez Léonard Odet, 1610, au coin de la rue Ferrandière“, Paris, Bibliothèque nationale, Kupferstichkabinett.

98 F. Tristan, a. a. O. (Anm. 71), Abb. 57, französischer satirischer Stich aus dem 17. Jahrhundert, Paris, Bibliothèque nationale, Kupferstichkabinett.

99 Jean-Claude Boyer: „Les Représentations guerrières et l'Évolution des arts plastiques en France au XVIIe siècle“, *Revue du XVIIe siècle, Présence de la guerre au XVIIe siècle,* Juli–September 1985, Nr. 148, 37. Jg., Nr. 3, S. 297. Repr. Abb. 6: Stich von Jacques Lagniet.

100 Jean Lestocquoy: *Arras,* Colmar-Ingersheim 1972, S. 90, Repr., Stich von Gabriel Pérelle (1600–1675).

101 Christabel Aberconway: *A Dictionary of Cat Lovers. XV Century B. C.–XX Century A. D.,* London 1949.

102 Philip Hook und Mark Poltimore: *Popular 19th Century Painting. A Dictionary of European Genre Painters,* Antique Collectors' Club, 1986, Kapitel „Cats and Dogs“, S. 114–141.

103 Seit 1890 im Finanzministerium in Paris, Leihgabe des Louvre.

104 Die Gemälde wurden in Paris im Hôtel Drouot am 7. März 1986, Nr. 89–90, Repr., verkauft (als Darstellungen von Katzen, die „in Napoleons Kabinett spielen“).

105 Champfleury, *Les Chats,* Paris, J. Rothschild, 1868, neu herausgegeben 1869.

106 François-Raphaël Loffredo: „Des recherches communes de Barye et de Delacroix au laboratoire d'anatomie comparée du Museum d'Histoire naturelle“, *Bulletin de la Société de l'Histoire de l'Art français,* 1982, 1984, S. 147–157.

107 Verkauft in London bei Sotheby's am 8. April 1981, Nr. 92, Repr.

108 Élisabeth Foucart-Walter: Katalog der Ausstellung „Les Peintures de Hans Holbein le Jeune au Louvre“, Paris, Musée du Louvre, 1985, S. 48–49, Repr., und S. 76.

109 Michèle Prouté: „Le Chat de Mademoiselle Dupuy“, *Gazette des Beaux-Arts* September 1979, S. 95–96.

110 Gemma Cortese Di Domenico: *Una poetessa ed altri animali (Cronachetta romana del secolo XVIII),* Rom 1982, S. 9–10, Repr.

111 Baudelaire: „Die Katzen“, aus: *Die Blumen des Bösen,* 1981. (In der Übersetzung von Therese Robinson, zit. nach Charles Baudelaire: Gesammelte Schriften, Dreieich 1981, Band 6, S. 113.)

112 Jean de la Fontaine: *Sämtliche Fabeln* in der Übersetzung von Ernst Dohm und Gustav Fabricius, München 1978, S. 733.

113 Ebd., S. 735.

BILDBETRACHTUNGEN

Maßangaben der Bilder: Höhe vor Breite

MALERSCHULE VON COSMÈ TURA

Ferrara, um 1431–1495

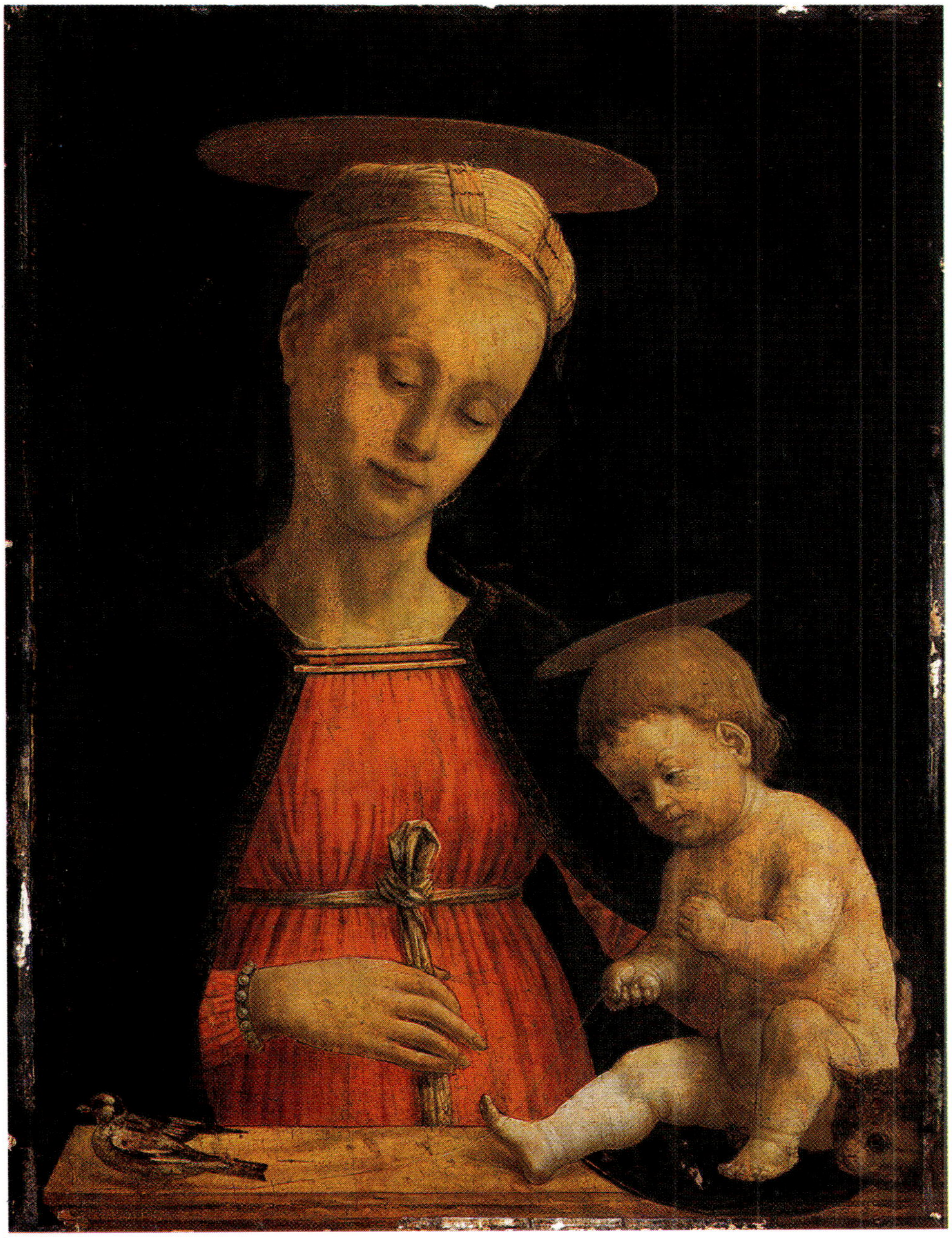

Madonna mit Kind
Holz. 44,2 x 32,7 cm
Philadelphia, Philadelphia Museum of Art, Johnson Collection

Hier hält das Jesuskind nicht wie auf vielen älteren Darstellungen ein Vögelchen in der Hand, sondern hat es an einem Faden angebunden und spielt mit ihm. Es ist ein Distelfink, der wegen seiner christlichen Bedeutung gewählt wurde. Wie sein Name (auch der italienische Name *cardellino* und der französische Name *chardonneret*) sagt, liebt er Disteln; deshalb sieht man in ihm traditionsgemäß ein Symbol für die Dornenkrone und damit für die Passion. Das Jesuskind, das den Vogel am Faden hält, verbindet sich mit seinem Schicksal: Es kann der Passion nicht entgehen. Die sich – von Mutter und Kind ungesehen – einschleichende Katze stellt eine große Gefahr dar, nicht nur für den Vogel, der ihr vielleicht nicht rechtzeitig entwischen kann, da er angebunden ist, sondern für die Menschheit; denn Christus muß die Passion erleiden, sonst würde die Menschheit nicht erlöst. In diesem speziellen Fall gehört also die Katze der Welt des Bösen an.

É. F.-W.

DOMENICO GHIRLANDAIO

Florenz, 1449–1494

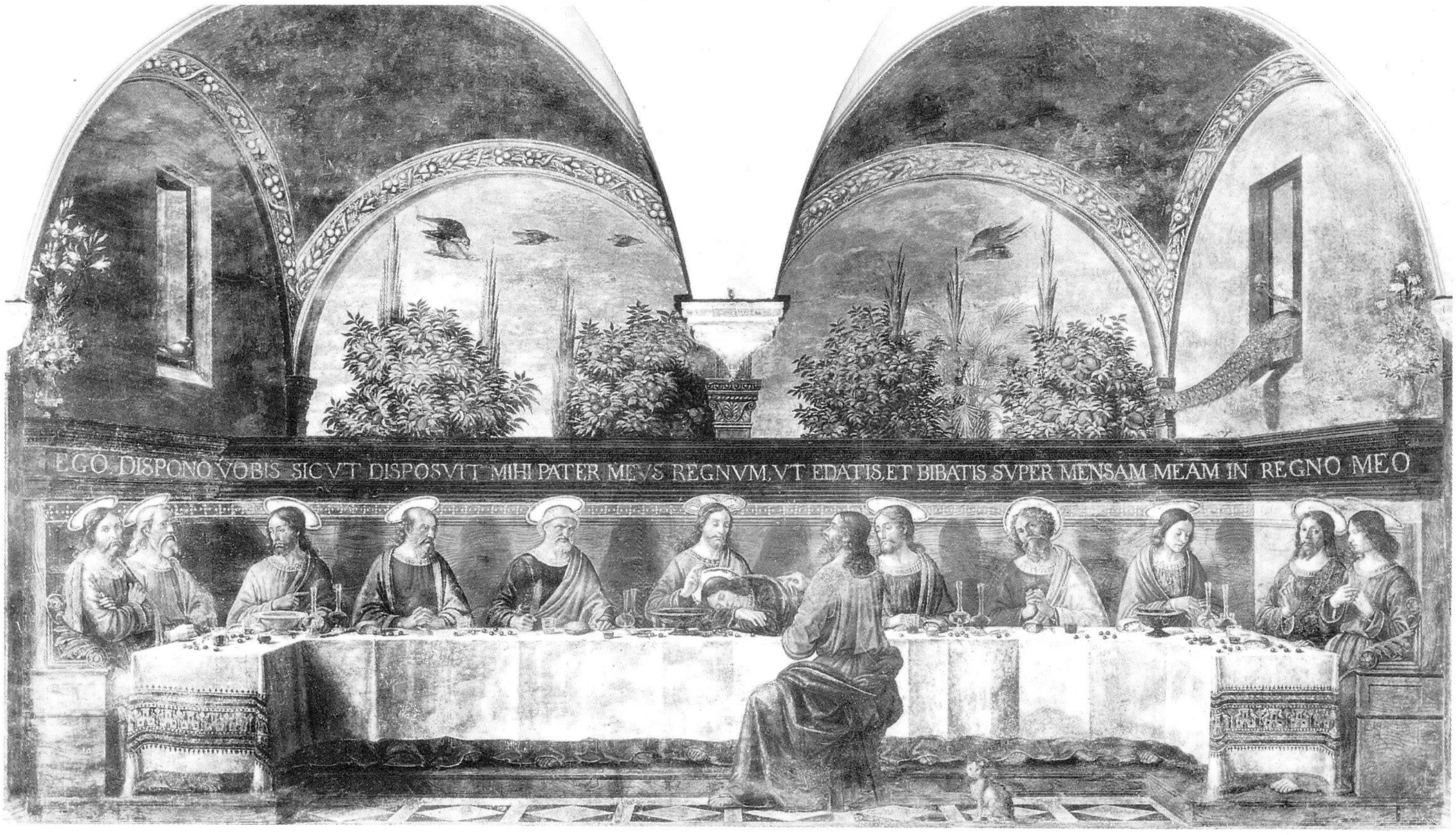

Das Abendmahl, 1481
Fresko. 420 x 780 cm
Florenz, Kloster San Marco

Wenn es in Italien zu jener Zeit einer Konvention entsprach, Judas vor dem Abendmahlstisch seinen Platz anzuweisen, wie um ihn von Christus und den anderen Aposteln zu isolieren (selbst der Heiligenschein ist ihm hier vorenthalten), so war es doch ziemlich ungewöhnlich, ihm eine Katze als Helfershelfer beizugesellen. Im Refektorium von San Marco hat Ghirlandaio dies getan, während er in keine seiner früheren Darstellungen des Abendmahls eine Katze aufnahm. Der besondere Platz der Katze bei dem Verräter (Judas ist hier nicht verächtlich als niederträchtiger Mensch dargestellt; dem Bösen und dem Tier wird eine gewisse Würde zuerkannt) wurde natürlich mehrfach kommentiert; man zog daraus den richtigen Schluß, daß die Katze hier die Kräfte des Bösen verkörpert. Auch die Vögel sind nicht zufällig auf dem Bild, haben sie doch jeder eine christliche Bedeutung: Der Pfau (rechts) weist auf die Ewigkeit hin, die Taube (links) auf die Eucharistie, die am Himmel dahinfliegenden Rebhühner sind Zeichen des Bösen. Die Kirschen auf dem weißen Tischtuch und die Obstbäume erinnern an das Paradies vor dem Sündenfall. Die Katze blickt den Betrachter eindringlich an und kümmert sich nicht um das, was vorgeht (nicht einmal um die Vögel!), als wüßte sie, daß es nichts nutzt, in den Ablauf des wunderbaren Geschehens eingreifen zu wollen und in den damit grundlegend verknüpften vielfachen Verrat (den des Judas und des Petrus und der Menschen, die doch durch Christi Opfertod erlöst wurden). É. F.-W.

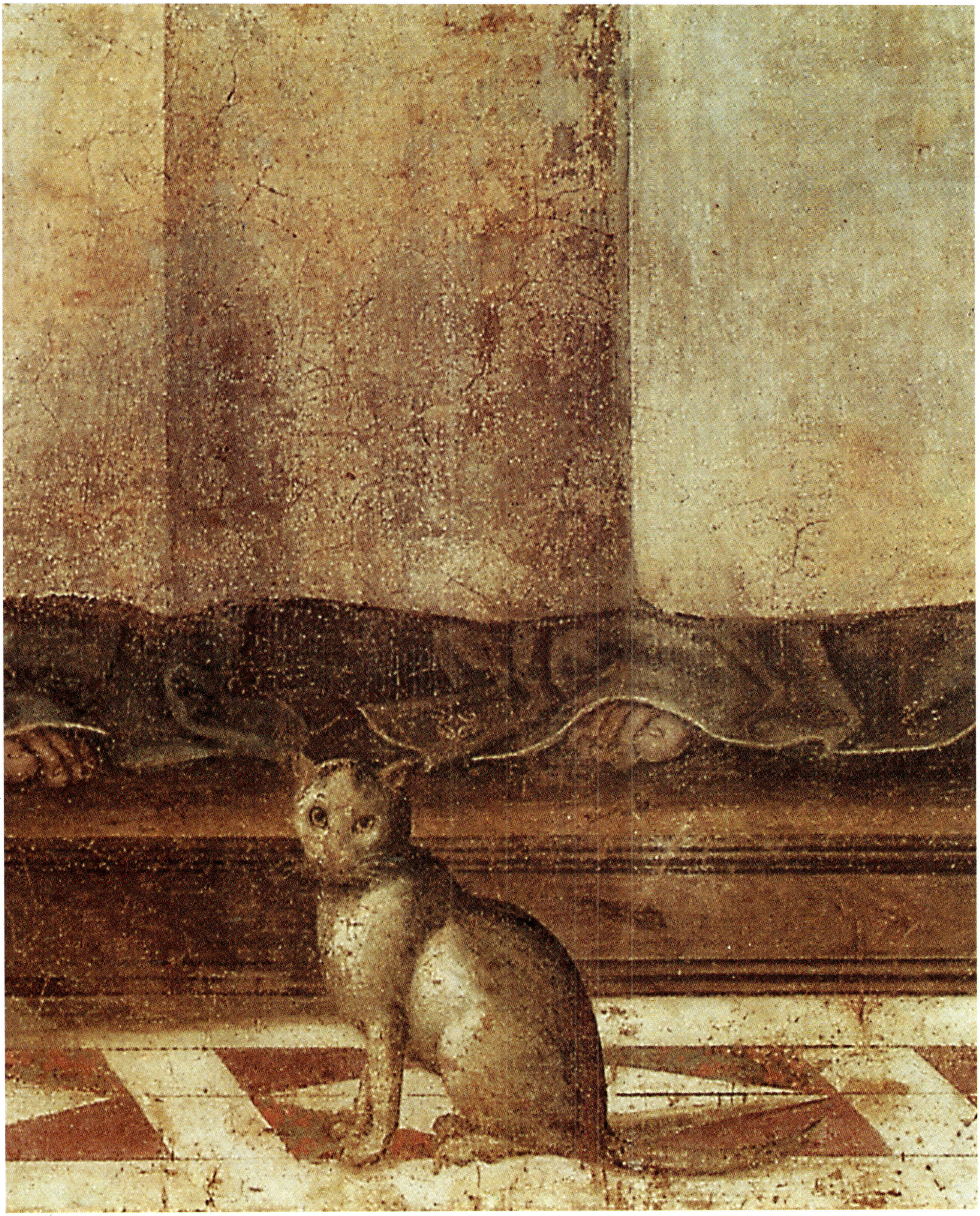

ANTONELLO DA MESSINA

Messina, um 1430–1479

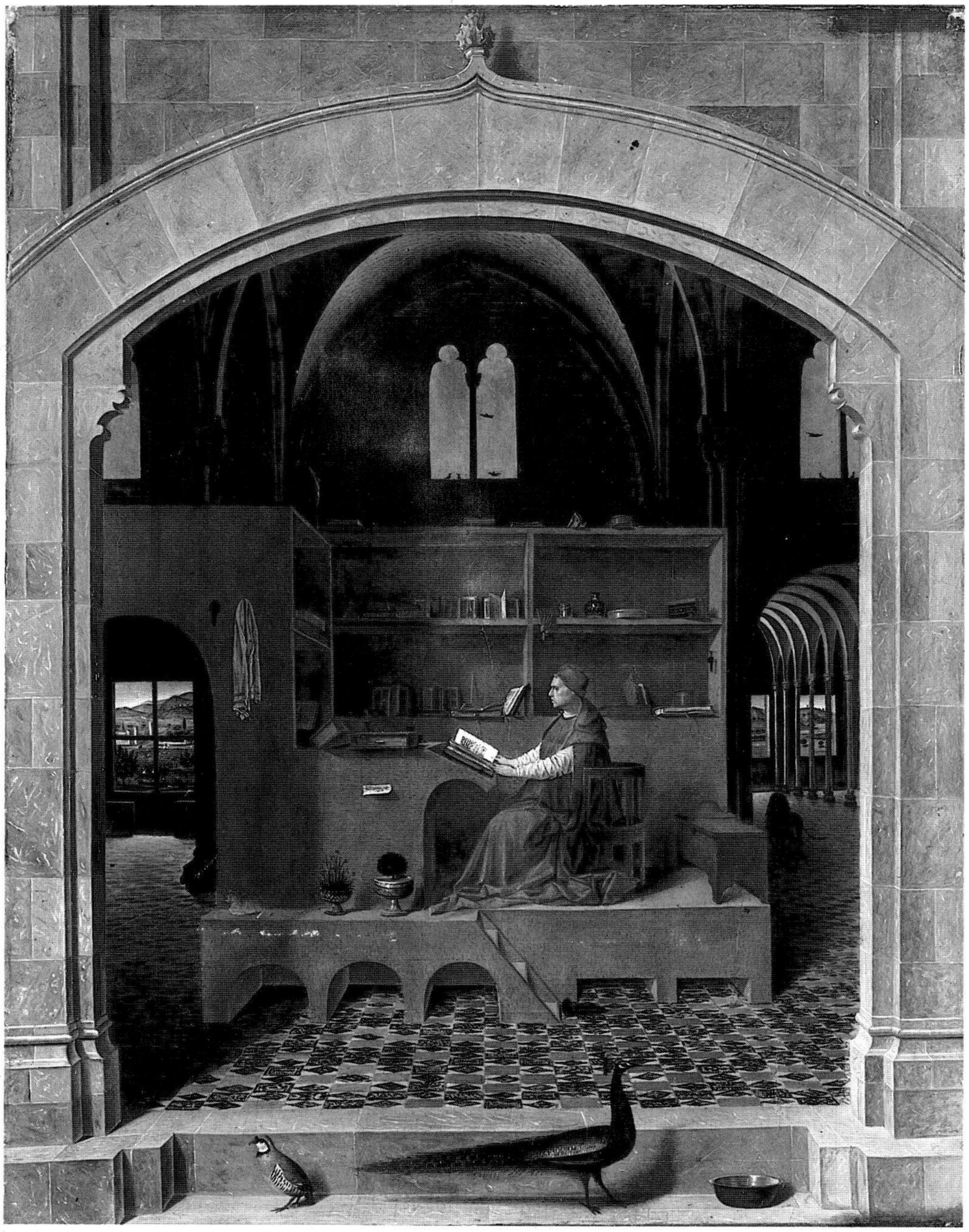

Der heilige Hieronymus in seiner Zelle,
um 1474
Leinwand. 46 x 36 cm
London, National Gallery

Eine winzige, im Profil gezeigte Tigerkatze wendet dem heiligen Hieronymus den Rücken zu: Schon sehr früh, lange vor Baudelaire, ist die Katze der Gefährte des Weisen. Sie nimmt teil an der friedlichen Stille, die der Forscher braucht, um sich zu sammeln. Antonello da Messina scheint mit der Katze größere Mühe gehabt zu haben als mit dem Rebhuhn und dem Pfau im Vordergrund oder mit dem daherschleichenden Löwen, die er mit minuziöser Objektivität malte. Man muß zugeben, daß die Katze nicht viel zu dem großartigen Gemälde beiträgt, trotz seiner Ausmaße und seiner durchsichtigen Schönheit.

P. R.

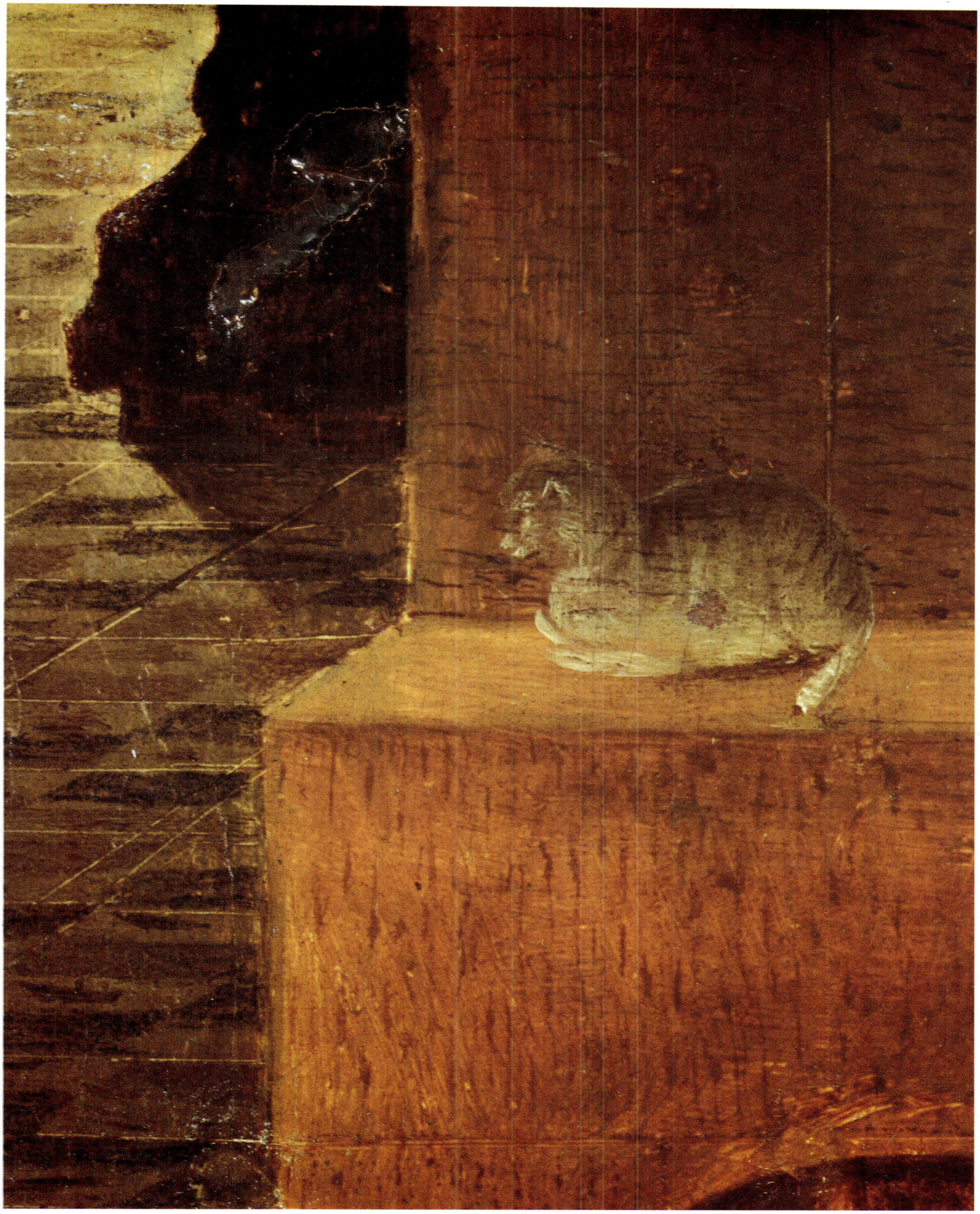

COSIMO ROSSELLI

Florenz, 1439–1507

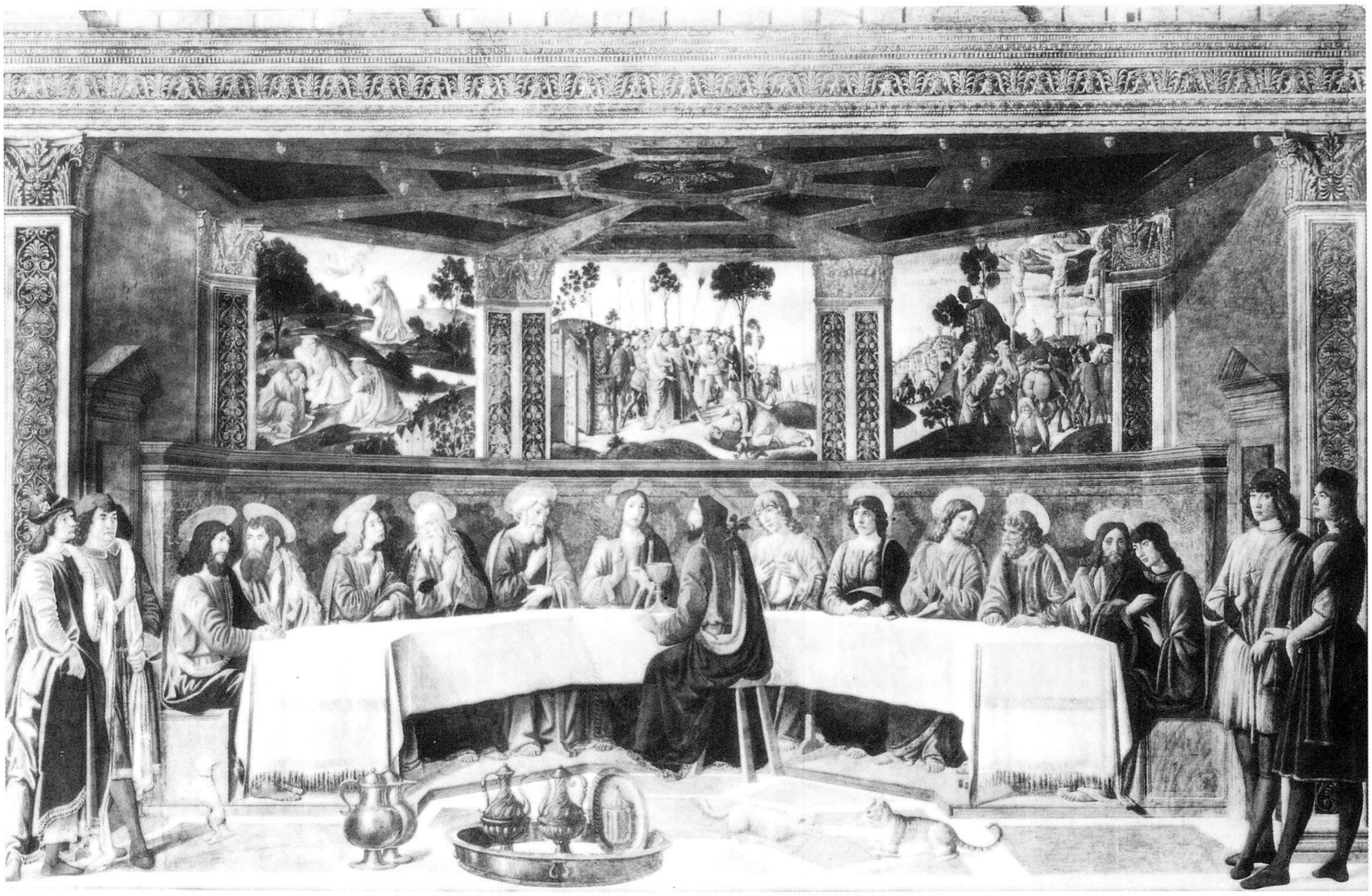

Das Abendmahl, 1481
Fresko. 356 x 554 cm
Vatikan, Sixtinische Kapelle

Wie der genau gleichzeitig gemalte Judas von Ghirlandaio (s. S. 46) nimmt der Judas von Cosimo Rosselli, allein an seiner Tischseite sitzend, am Abendmahl teil. Er hat hier aber einen Heiligenschein, obzwar kaum mehr lange, denn der böse Feind in Gestalt eines Teufelchens macht sich schon in seinem Nacken zu schaffen. Auf dem Boden im Vordergrund, gleich neben den heiligen Gefäßen, sieht man wiederum eine Katze, die aber, von der Friedfertigkeit der Katze in San Marco weit entfernt, sich vielmehr mit dem geschworenen Feind ihrer Gattung, einem Hund, angelegt hat. Trotz der dem Fresko eigenen, etwas zu glatten und polierten Modellierung spürt man die Spannung der beiden Tiere, die einander mit gebleckten Zähnen belauern. Diese Gegenüberstellung ist selbstverständlich als Kampf zwischen dem Bösen – wiederum der Katze – und dem Guten zu verstehen; der Hund ist seinem Herrn treu, so wie die Apostel, wenigstens diejenigen, die Christus nicht verraten. Die Vorstellung der Treue wird noch verstärkt durch einen anderen kleinen Hund links, der Männchen macht, als wolle er sich bis zu seinem Herrn erheben. Dies ist die einzige pittoreske Note in der sonst sehr strengen Komposition ohne Bäume, ohne Früchte und ohne Vögel.

É. F.-W.

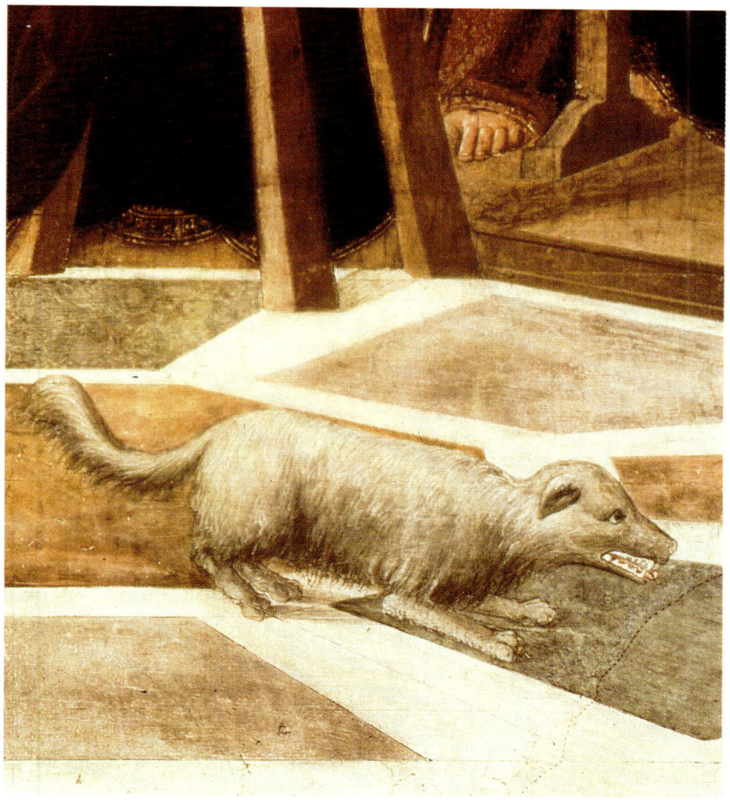

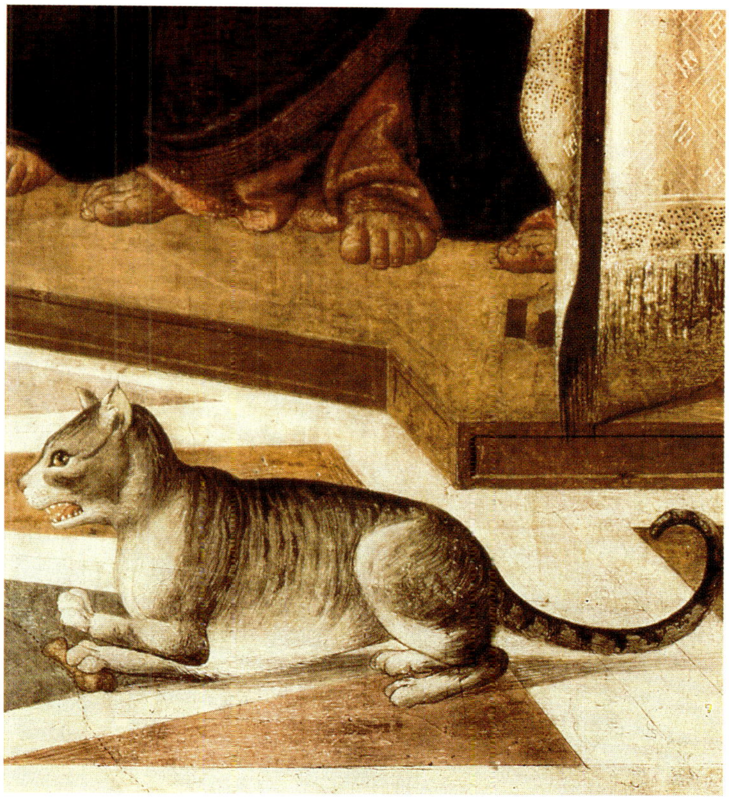

HANS SÜSS VON KULMBACH

Kulmbach, um 1480 – Nürnberg, 1522

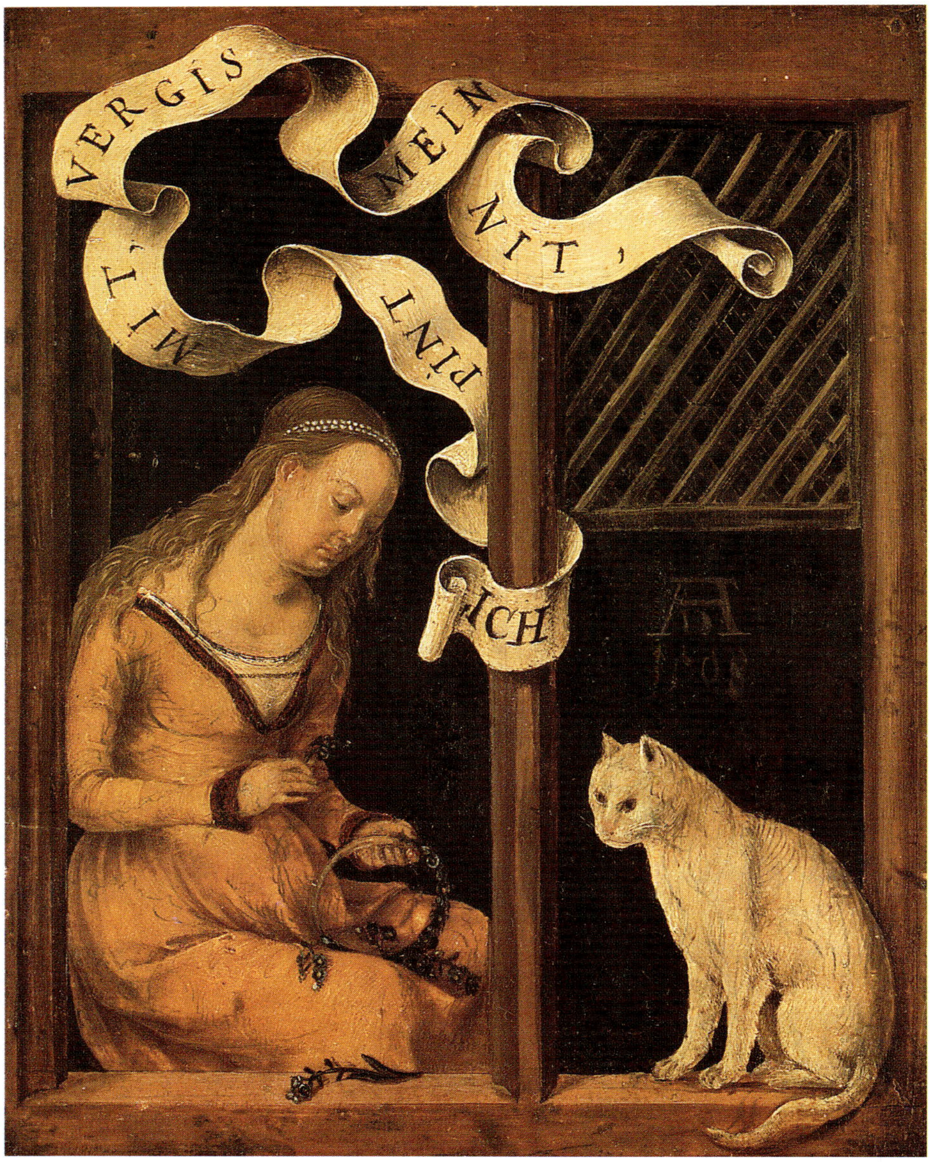

Junges Mädchen beim Kranzwinden
Holz. 17 x 14 cm
Falsches Dürer-Monogramm und falsches Datum 1508
New York, Metropolitan Museum of Art

Beide sitzen wie Gleichrangige am Fenster: Die weiße Katze blickt gedankenvoll vor sich hin, das junge Mädchen windet traurig einen Kranz aus Vergißmeinnicht, wie das kunstvoll geschwungene Spruchband sagt: „Ich pint mit Vergis mein nit." Auf der Rückseite der Tafel befindet sich das Porträt eines jungen Mannes. Der Sinn dieses zweiseitigen Bildes (solche Bilder waren in Deutschland um jene Zeit beliebt) ist klar: Das Vergißmeinnicht ist die Blume der Erinnerung (auch im Englischen: „forget-me-not"); die junge Frau beweist damit ihre Treue zu dem abwesenden Mann oder Verlobten und teilt ihre schmerzende Einsamkeit mit der Katze, ihrer treuen Gefährtin, die ebenfalls durch die Abwesenheit ihres geliebten Herrn bedrückt zu sein scheint.

Der wissenschaftliche Name des Vergißmeinnichts, *Myosotis,* wird auch im Französischen gebraucht und bedeutet „Mausohr"; er stammt aus dem Griechischen und spielt auf die Form der Blüten an. Wäre es eine französische Katze gewesen, so wäre sie in der Nähe einer Pflanze mit einem derart provozierenden Namen bestimmt nicht ruhig sitzen geblieben! É. F.-W.

HANS BALDUNG GRIEN

Schwäbisch Gmünd, 1484/85 – Straßburg, 1545

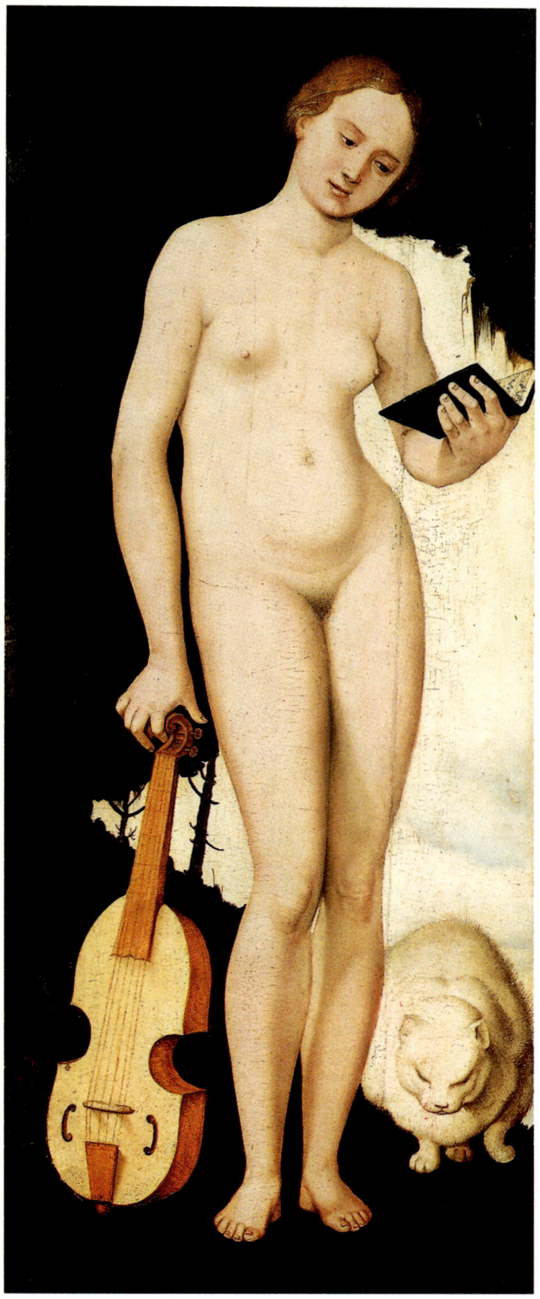

Allegorische Figur, die Musik, 1529
Holz. 82 x 35 cm
München, Alte Pinakothek

Wenn die Viola da Gamba – ein wirklichkeitsgetreues, sehr schön gearbeitetes Instrument, wie A. P. de Mirimonde feststellte – und das Gesangbuch die weibliche Gestalt leicht als Allegorie der Musik zu erkennen geben, so ist doch die Anwesenheit der Katze noch nicht zufriedenstellend erklärt worden, obgleich alles mögliche darüber geschrieben wurde. Das Gemälde und sein ebenfalls in München befindliches Pendant (eine nackte Frau stellt den Fuß auf eine Schlange und blickt sich in einem Spiegel an, in dem sich ein Totenkopf spiegelt, im Hintergrund ein Hirsch und eine Hirschkuh) gehören vielleicht zu einer Serie von Darstellungen der vier Temperamente des Menschen. Die zusammengekauerte, dicke weiße Katze (sicher nicht die schönste in der Malerei), der die Szene völlig gleichgültig zu sein scheint, wäre in diesem Fall ein Symbol für das „Phlegma"; das Pendant dagegen ein Sinnbild für die „Melancholie". Die beiden Bilder könnten aber auch den Gegensatz zwischen der Ausschweifung (die hier dargestellte Frau erinnert an Venus) und der Tugend darstellen, wobei der Katze die negative Rolle zufiele, die Anspielung auf Venus hervorzuheben und damit ebenfalls Wollust und Sinnlichkeit zu symbolisieren. Es könnte allerdings auch eine Parallele zwischen der Vergänglichkeit der Musik und der Vergänglichkeit des Menschenlebens gemeint sein. É. F.-W.

DOSSO DOSSI

Ferrara, um 1489–1542

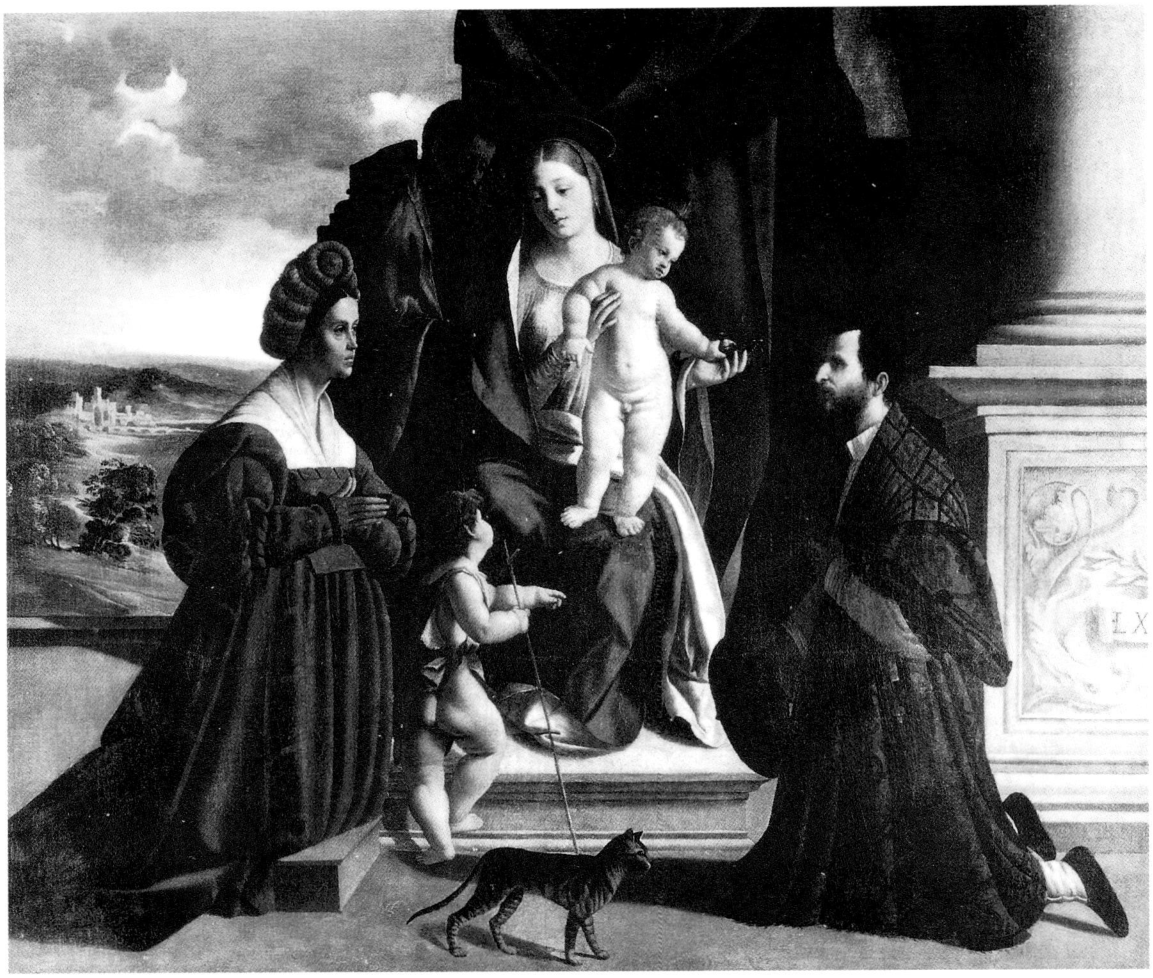

Heilige Familie mit Stiftern, um 1515
Leinwand. 97 x 115 cm
Philadelphia, Philadelphia Museum of Art, Johnson Collection

Durch Robert Longhi wurde das Bild Dosso Dossi zugeschrieben und die Datierung (um 1515) festgelegt; dies wird heute allgemein anerkannt.

Ist das Tier überhaupt eine Katze? Oder ist es eher eine Zibetkatze oder eine Ginsterkatze? Diese wurde im Mittelalter als Haustier gehalten (man sieht sie häufig auf den Miniaturen), bis sie – wegen ihres aufdringlichen, etwas moschusartigen Geruchs – im 15. Jahrhundert zugunsten der Katze verdrängt wurde. Trotz der Größe und einiger Ungeschicklichkeiten, die beweisen, daß ihm das Tier nicht gut vertraut war, wollte Dosso Dossi anscheinend doch eine Katze darstellen, um so mehr, als die Katze, ein Symbol des Bösen, in der religiösen Symbolik oft mit dem Distelfinken in Verbindung gebracht wird (s. S. 45). P. R.

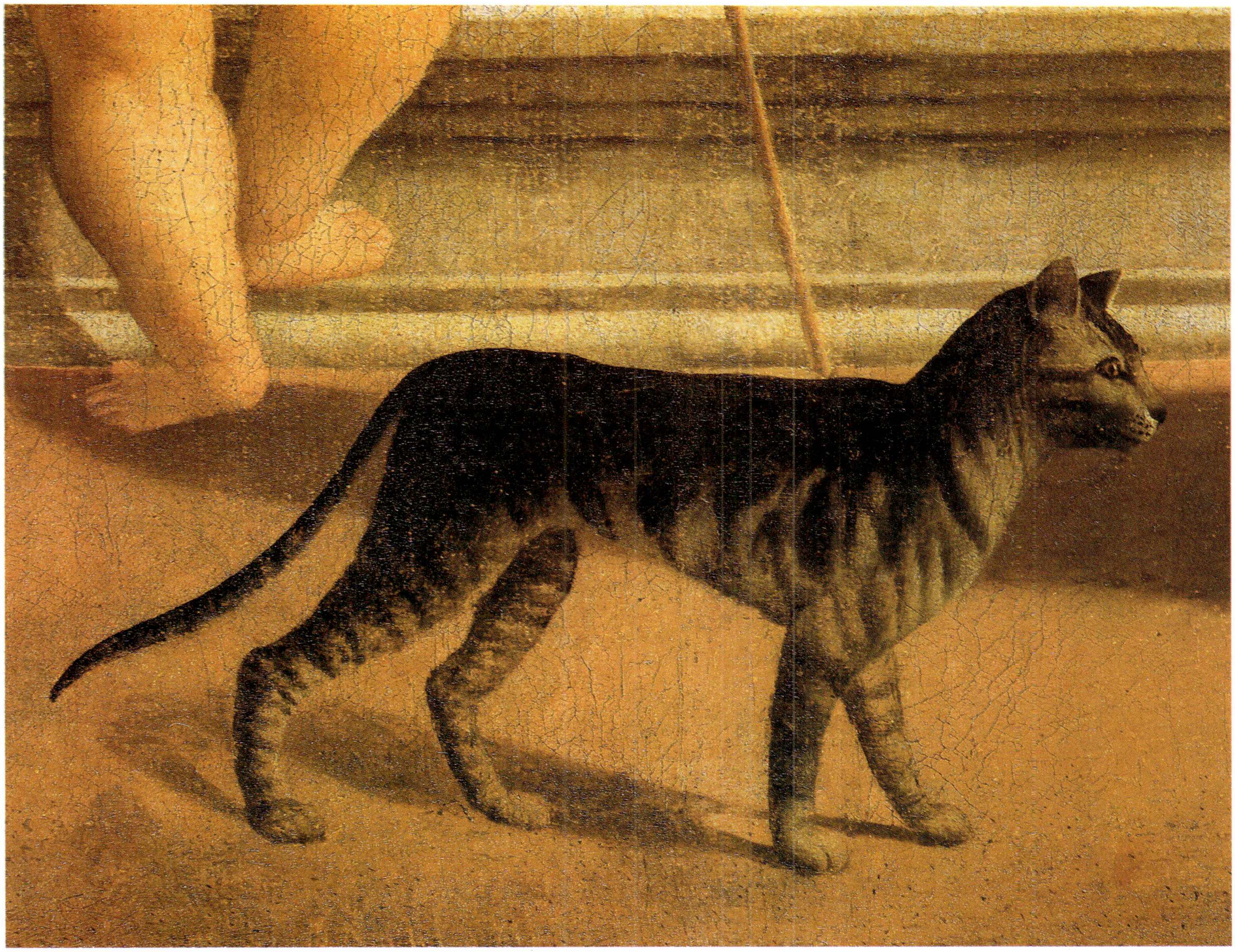

ITALIENISCHE SCHULE DES FRÜHEN 16. JAHRHUNDERTS

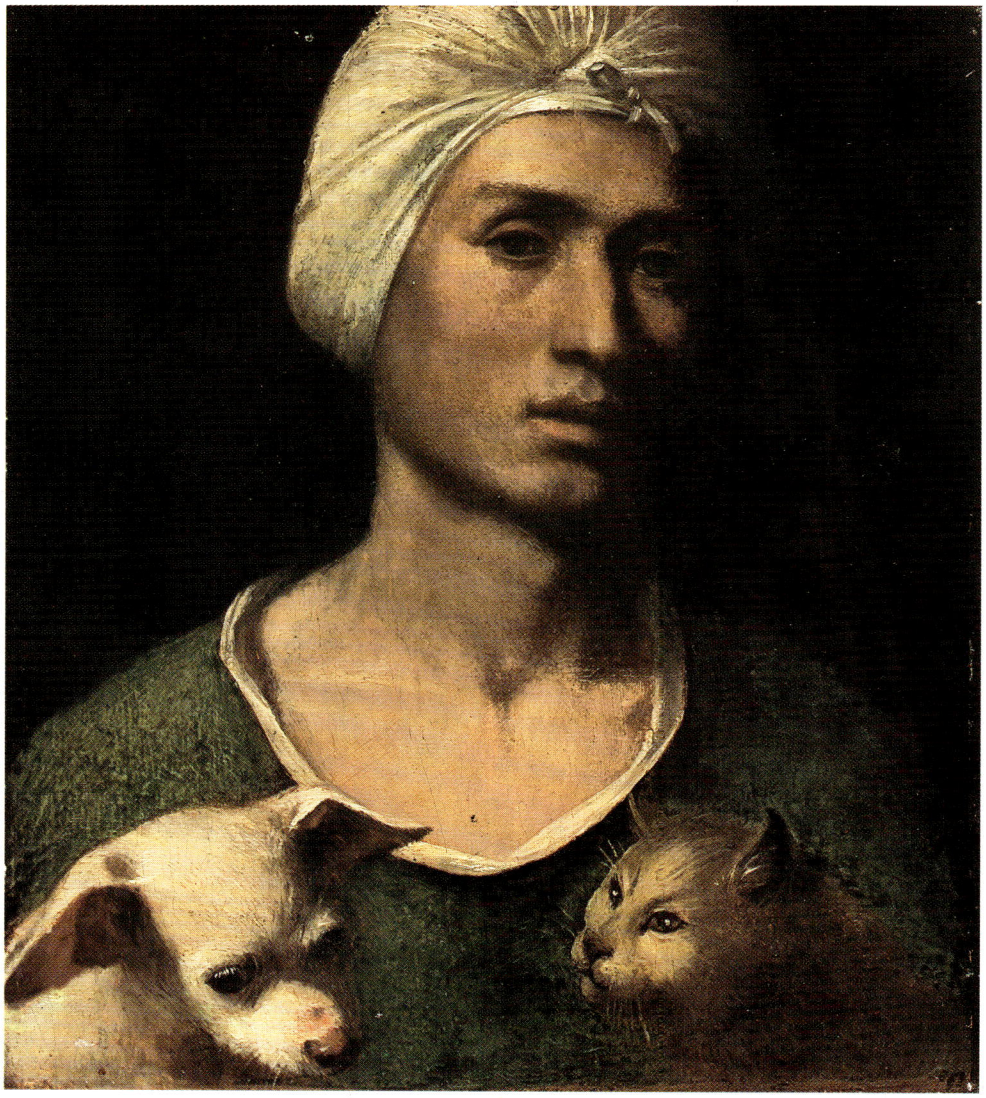

Junger Mann mit Katze und Hund
Holz. 28 x 24 cm
Oxford, Ashmolean Museum of Art and Archaeology

So rätselhaft wie der Maler des Bildes (unter anderen wurden Domenico Mancini, Dosso Dossi, sogar ein Nachfolger von Giorgione genannt) ist der junge Mann mit dem melancholischen, vagen Blick, der einen Hund und eine Katze hält – das heißt, man vermutet, daß er sie hält, denn seine Arme sind nicht mit auf dem Bild. Dies trägt zur Seltsamkeit der Komposition bei.

Der zeitlose Charakter des Bildnisses (der Mann ist nach keiner bestimmten Mode gekleidet, auf dem Kopf hat er einen merkwürdigen Turban, wie ihn eine Sibylle tragen könnte) läßt darauf schließen, daß es sich eher um eine allegorische Darstellung als um das echte Porträt eines Tierfreundes handelt. Man denkt deshalb an eine Art Antithese zu der Allegorie des Gegensatzes (*Contrasto*), die Cesare Ripa wie folgt beschreibt: Ein bewaffneter junger Mann, der zur Verteidigung wie zum Angriff bereit ist, wird zwischen einem Hund und einer Katze dargestellt, die sich nicht leiden können, denn der Kontrast entsteht aus allem, was im Grunde ungleich und von gegensätzlicher Natur ist, und Hund und Katze sind von jeher Feinde. Der hier dargestellte friedfertige junge Mann, dem es gelingt, das Unversöhnliche zu versöhnen, wäre demzufolge eine Illustration der Vorstellung von einer vollkommenen Harmonie zwischen den widersprüchlichen Tendenzen der menschlichen Natur.

É. F.-W.

BACCHIACCA

Florenz, 1494–1557

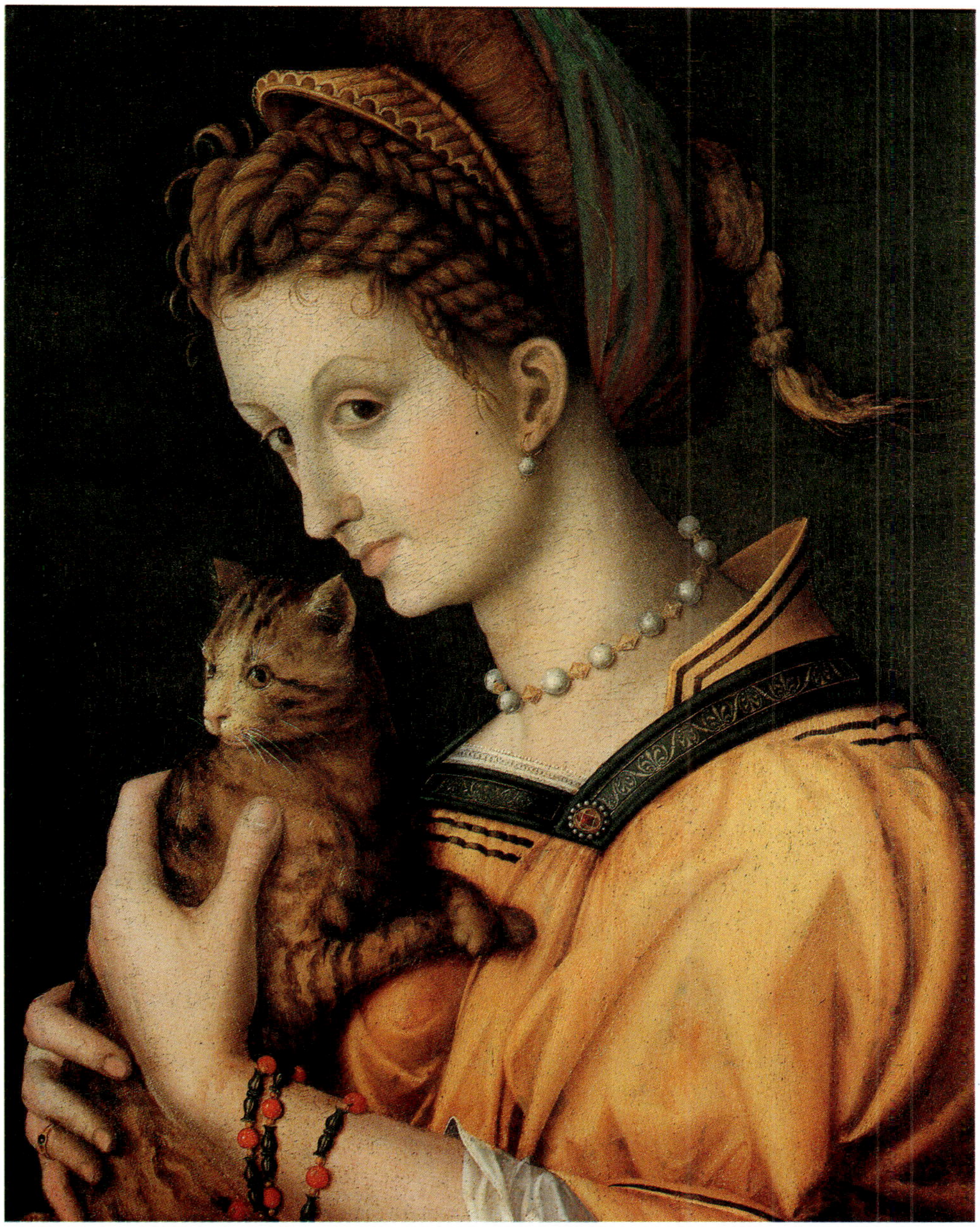

Porträt einer jungen Frau mit Katze, um 1525
Leinwand. 54 x 43 cm
New York, Kunsthandel

Die eigenwillige Katze blickt den Betrachter an und kreuzt zierlich die Pfötchen auf der Brust ihrer schönen Herrin. Gern wüßte man die Identität der Modelle und den Grund für ihre Verbindung. Katzendarstellungen waren im 16. Jahrhundert in Italien noch selten und hatten im allgemeinen eine genaue symbolische Bedeutung. Man könnte eine Anspielung auf die Allegorie des Gesichtssinns (s. S. 122) sehen; vielleicht wollte auch Bacchiacca, dessen Talente als Tiermaler Vasari rühmte, einfach das Haustier in den Armen seiner Herrin darstellen. Der Künstler griff das Thema noch einmal auf in einem Werk, das sich in Berlin-Dahlem befindet; allerdings hält die junge Frau dort – ebenso vorsichtig – einen Luchs. P. R.

LORENZO LOTTO

Venedig, um 1480 – Loreto, 1556

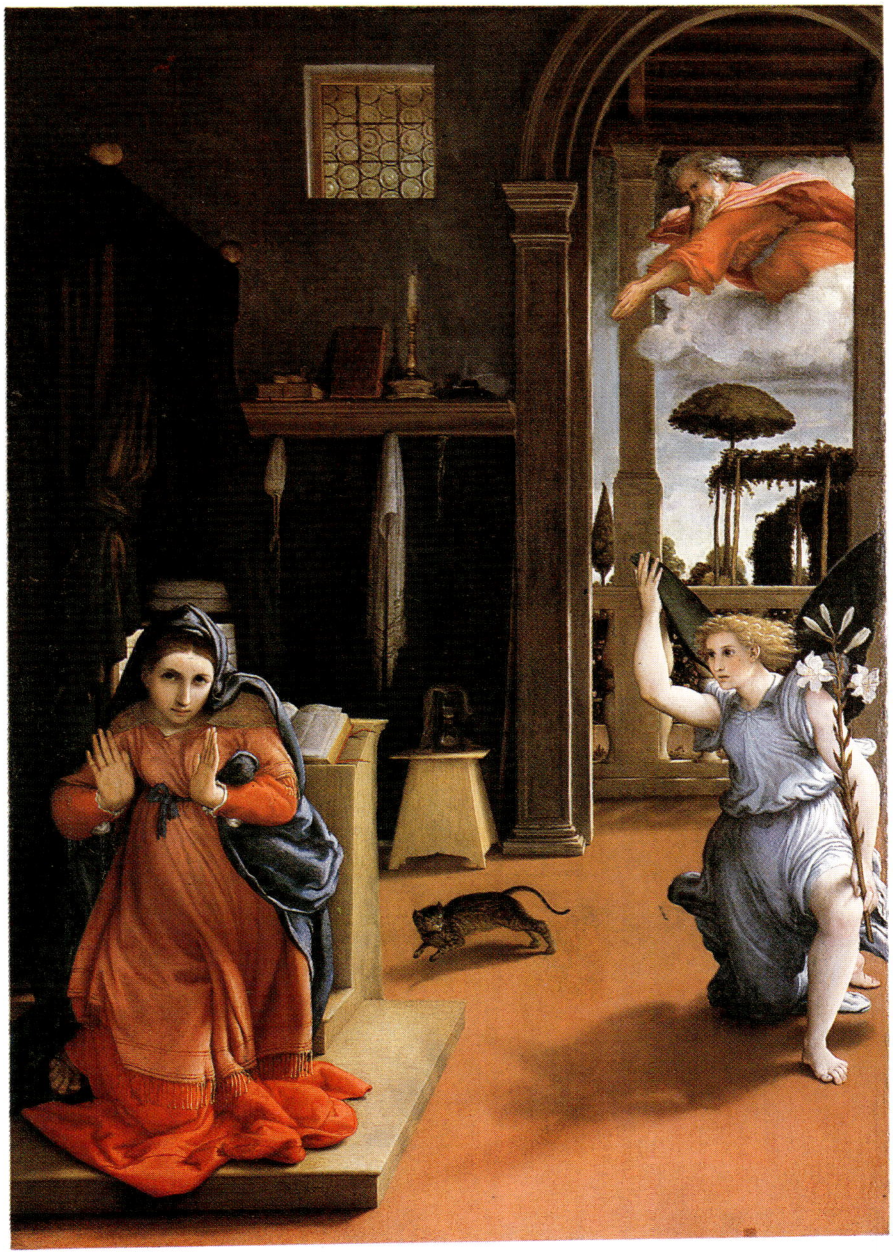

Die Verkündigung, um 1527
Leinwand. 166 x 114 cm
Recanati, Städtische Gemäldesammlung

Die springende Tigerkatze im Zentrum der Komposition, eine der außergewöhnlichsten Katzen in der Malerei, ist nicht die einzige, die Lotto gemalt hat. In dem Gemälde *Begegnung Christi mit seiner Mutter* (1521; Berlin-Dahlem) hatte er im Hintergrund eine Katze versteckt, deren phosphoreszierende gelbe Augen im Halbdunkel glühen.

Ist die Katze in der *Verkündigung* in Recanati lediglich das friedliche Haustier, das beim plötzlichen Erscheinen des Engels erschrickt? Hat sie nicht vielmehr symbolische Bedeutung? Sie könnte ein Symbol des Bösen sein: der böse Engel, der zu verkündigen hat, daß der Heiland sterben muß, um die Menschheit zu erlösen.

Die Gesten Gottvaters, der Jungfrau und des Engels hat der Künstler in einem Augenblick der Erstarrung festgehalten. Das einzige dynamische Element ist die Katze, deren Anwesenheit um so mysteriöser und unheimlicher wirkt, als sie alle Blicke auf sich zieht. Lotto selbst gab einen Hinweis; er wollte mit seiner *Verkündigung* „seltsame Gedanken" (*pensieri strani*) malen.

P. R.

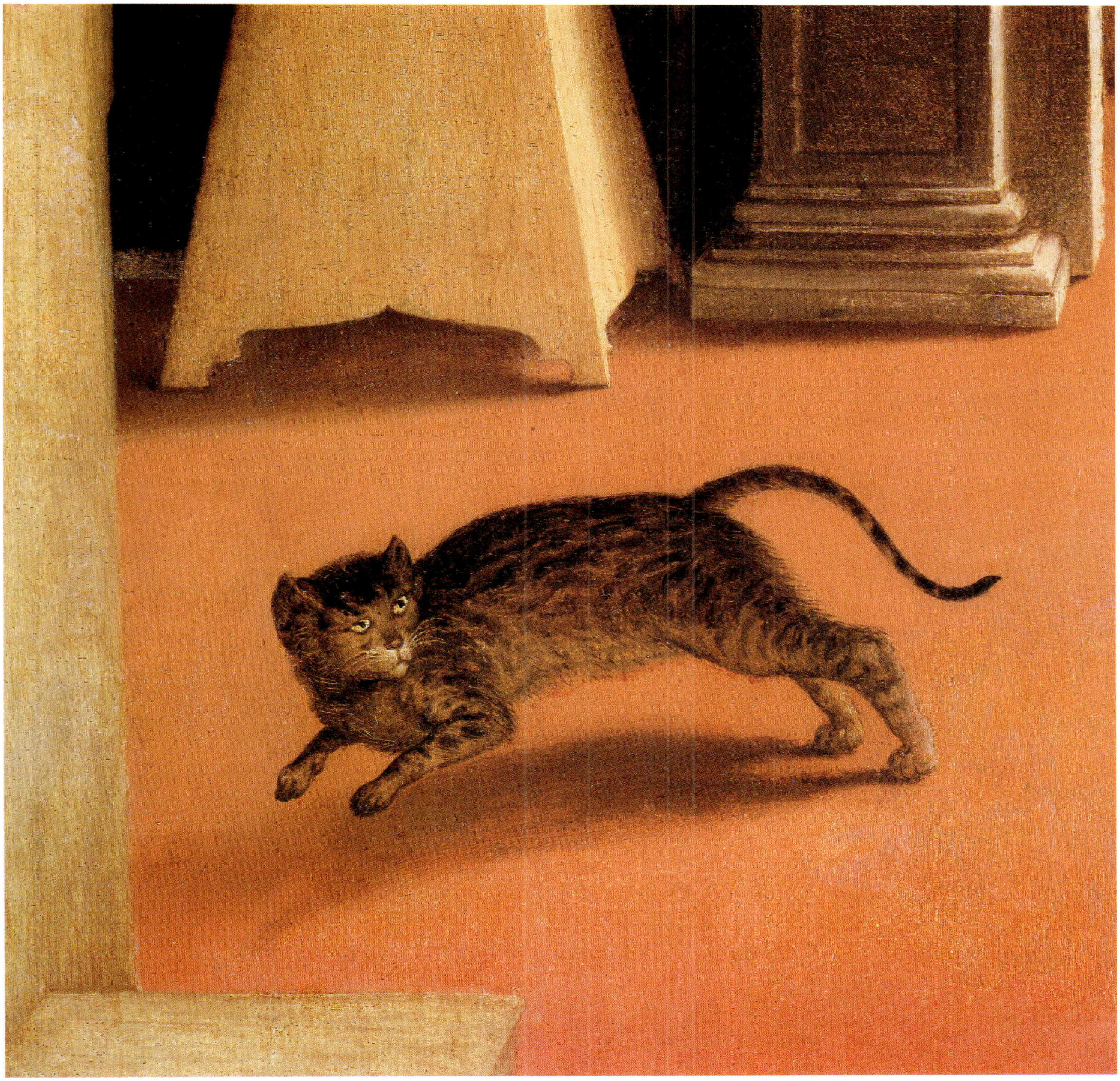

JACOPO DA PONTORMO

Pontormo, 1494 – Florenz, 1556

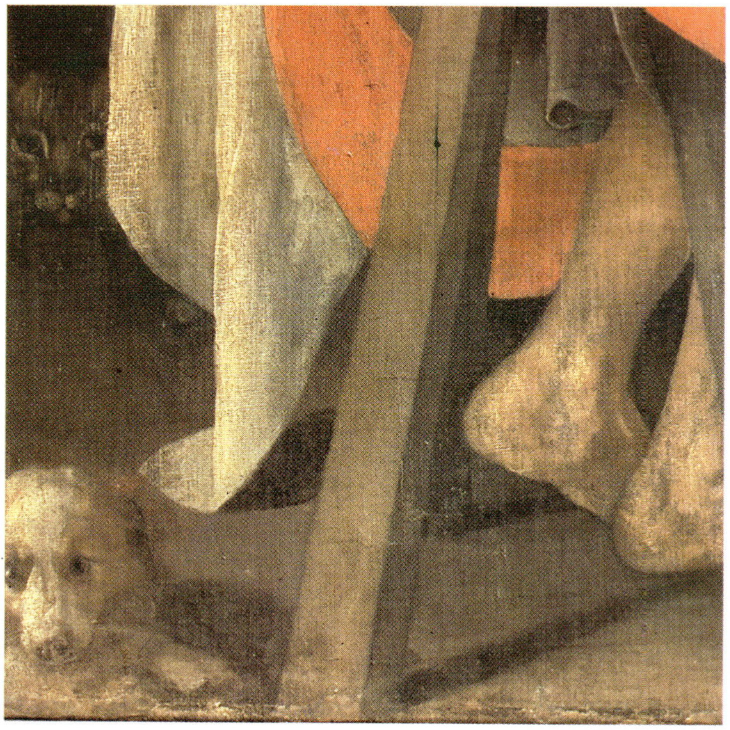

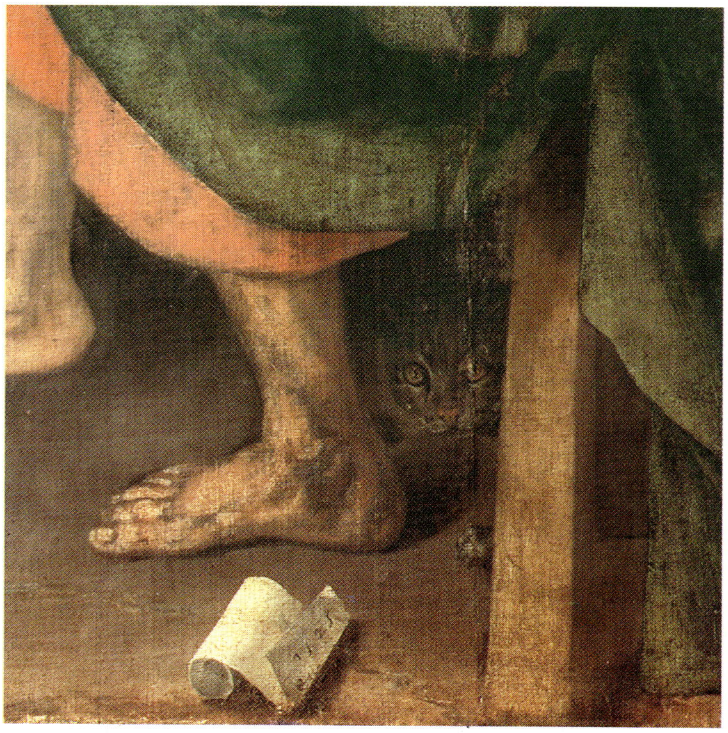

Das Mahl in Emmaus, 1525
Leinwand. 230 x 173 cm
Florenz, Uffizien

Ganz links und fast ganz rechts im Bild schießen zwei Katzen glühende Blicke auf den Betrachter. Sanftmütig wirkt dagegen der Hund ganz links in der Komposition. Warum wurden diese realistischen Elemente in ein ernstes, anspruchsvolles Werk aufgenommen, das die Außergewöhnlichkeit des Ereignisses hervorhebt? Sind sie, wie Bernard Dorival im Zusammenhang mit Philippe de Champaigne (s. S. 108) meint, ein Hinweis auf die Unsterblichkeit Christi? Auf jeden Fall bringen sie einen Hauch Unruhe in eines der stärksten, neuartigsten Werke des florentinischen Manierismus. Die Katzen Pontormos sind um dieselbe Zeit entstanden wie die Katze auf der *Verkündigung* von Lotto (s. S. 58). P. R.

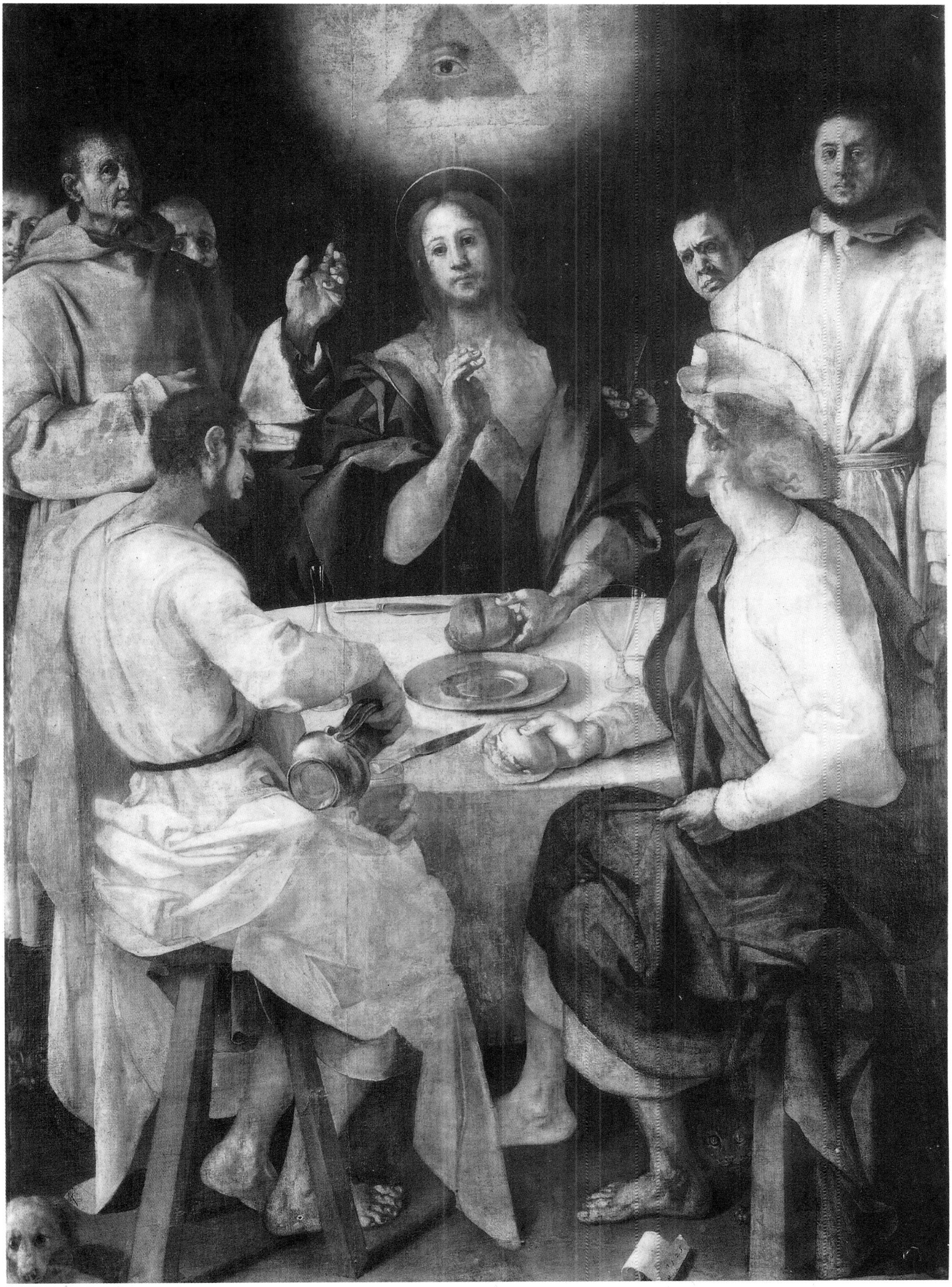

GIULIO ROMANO

Rom, 1499 – Mantua, 1546

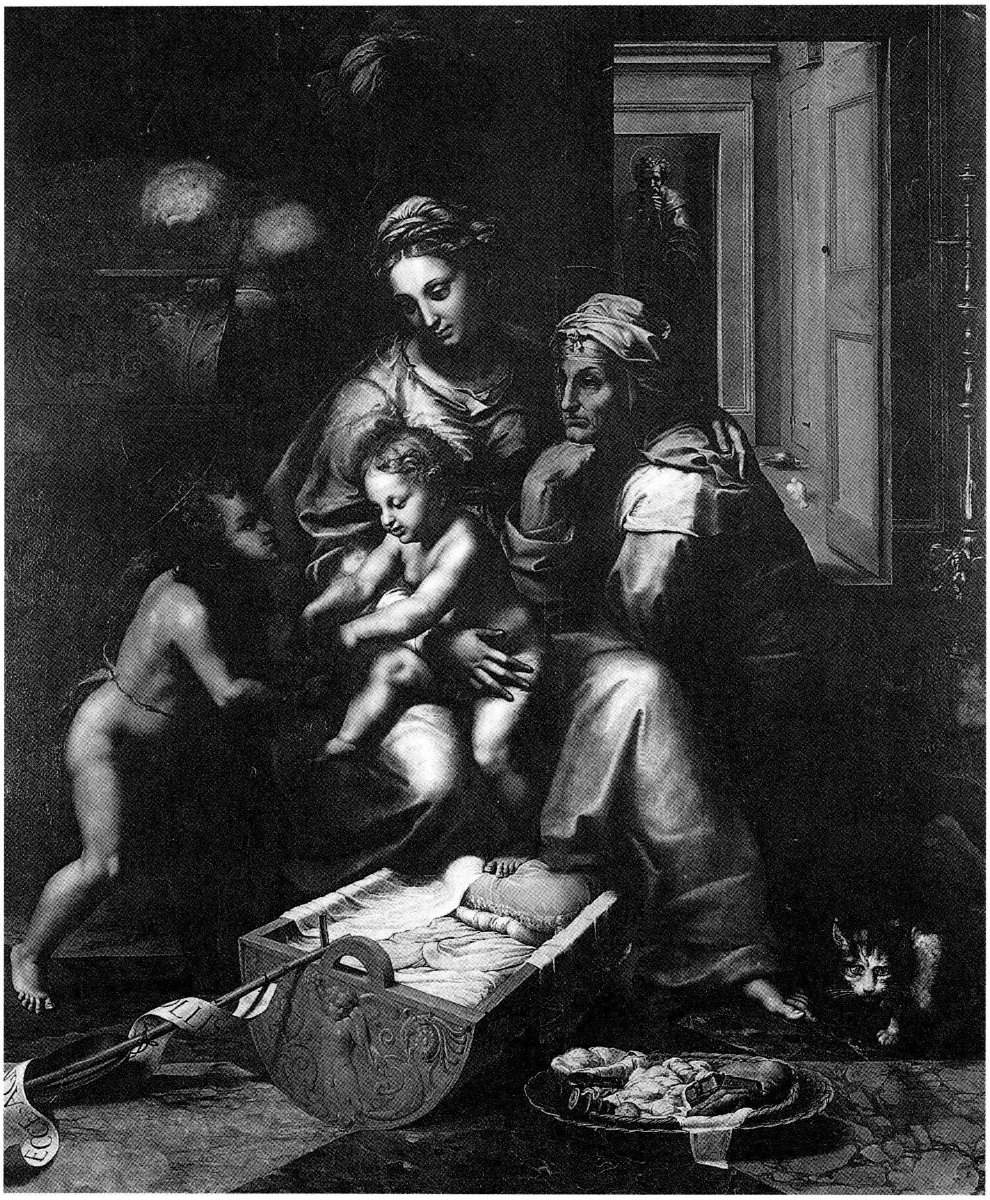

Madonna del gatto (Madonna mit Katze)
Holz. 160 x 142 cm
Neapel, Museo e Gallerie Nazionali di Capodimonte

Alle Beteiligten wenden sich dem Jesuskind zu, nur die Katze starrt den Betrachter an. Will sie uns warnen und Christi Tod ankündigen? In ihrem erschreckenden Blick liest man das ganze Elend des Tieres, das zum Symbol des Bösen ausersehen war. Giulio Romanos Katze ist ohne Zweifel eine der ergreifendsten in der Geschichte der Malerei.

Auch hier folgt Giulio Romano seiner Eigenart, eine minuziöse, realistische Detailschilderung – die illusionistisch gemalten Marmorfliesen – mit einer monumentalen Konzeption von großer geistiger Erhabenheit zu verbinden. Die sehr präsente Katze zieht den Blick auf sich und fasziniert den Betrachter. Es ist nur recht und billig, daß sie im Bildtitel genannt wird.

P. R.

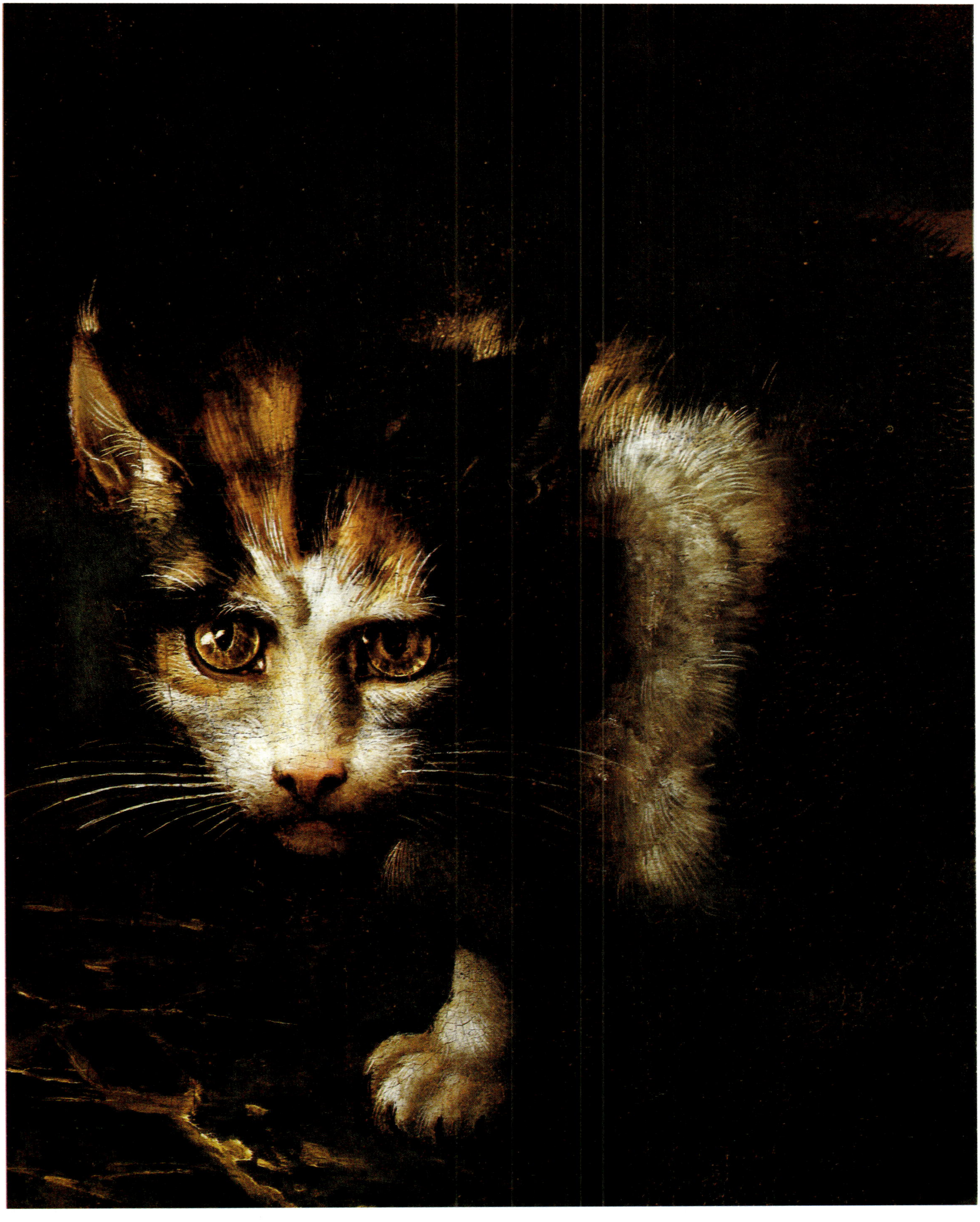

JACOPO BASSANO

Bassano, um 1515–1592

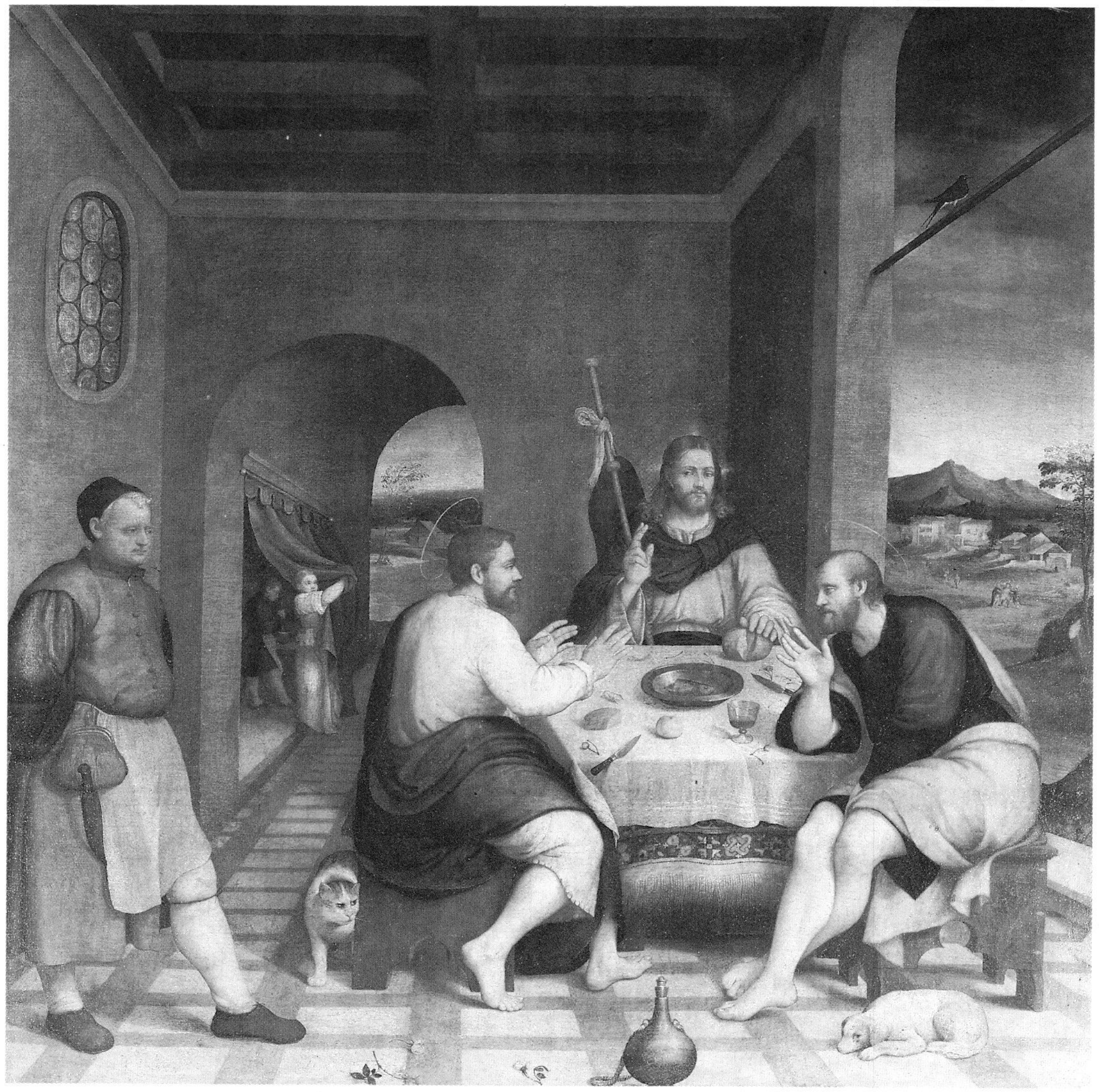

Das Mahl in Emmaus, um 1538
Leinwand. 250 x 235 cm
Citadella, Provinz Padua, Pfarrkirche

Jacopo Bassano und seine vier Söhne waren die unbestrittenen Meister der venezianischen Tiermalerei im 16. Jahrhundert. Schafherden, Hunde, Esel und Katzen nehmen in ihren Werken einen keineswegs nebensächlichen Platz ein (vgl. dazu das 1983 erschienene Büchlein von Fernando Rigon über die Tiere im Werk von Jacopo Bassano).

Die Katze in Citadella hatte ein langes Leben: Man sieht sie um 1550 wieder, als Bassano sein hinreißendes Meisterwerk in der Galerie Borghese malte, das *Abendmahl.* Sie ist leicht kenntlich an dem gestreiften Fell des Kopfes und hat denselben beunruhigten Blick wie hier, da sie den Hund entdeckt, der zu schlafen vorgibt.

Erstmals in Italien wurden bei den Bassano die Tiere, insbesondere die Katzen, nicht mehr als einfache Beigaben behandelt, sondern gleichrangig mit den Menschen in die biblische Geschichte einbezogen. P. R.

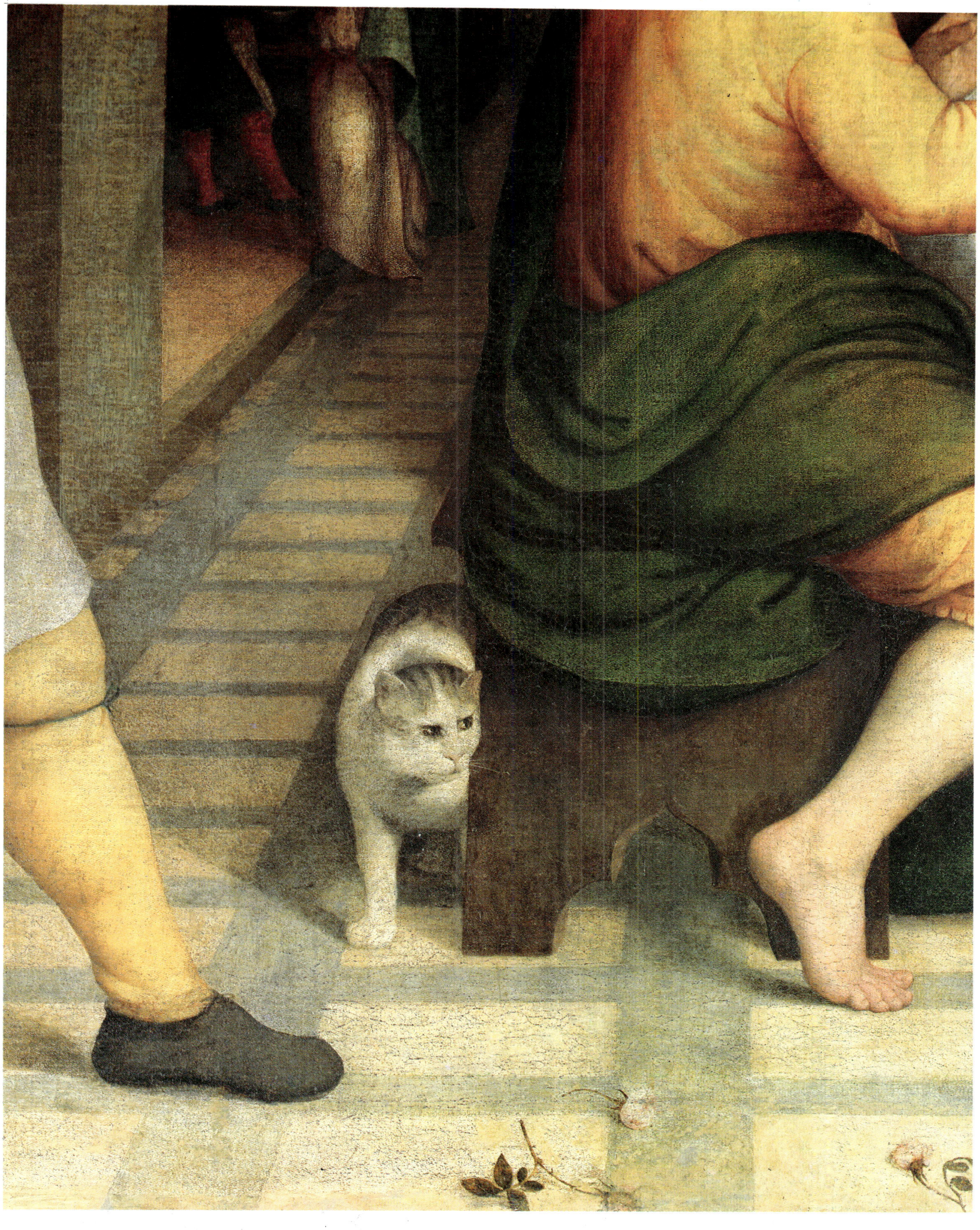

FEDERICO BAROCCI

Urbino, um 1535–1612

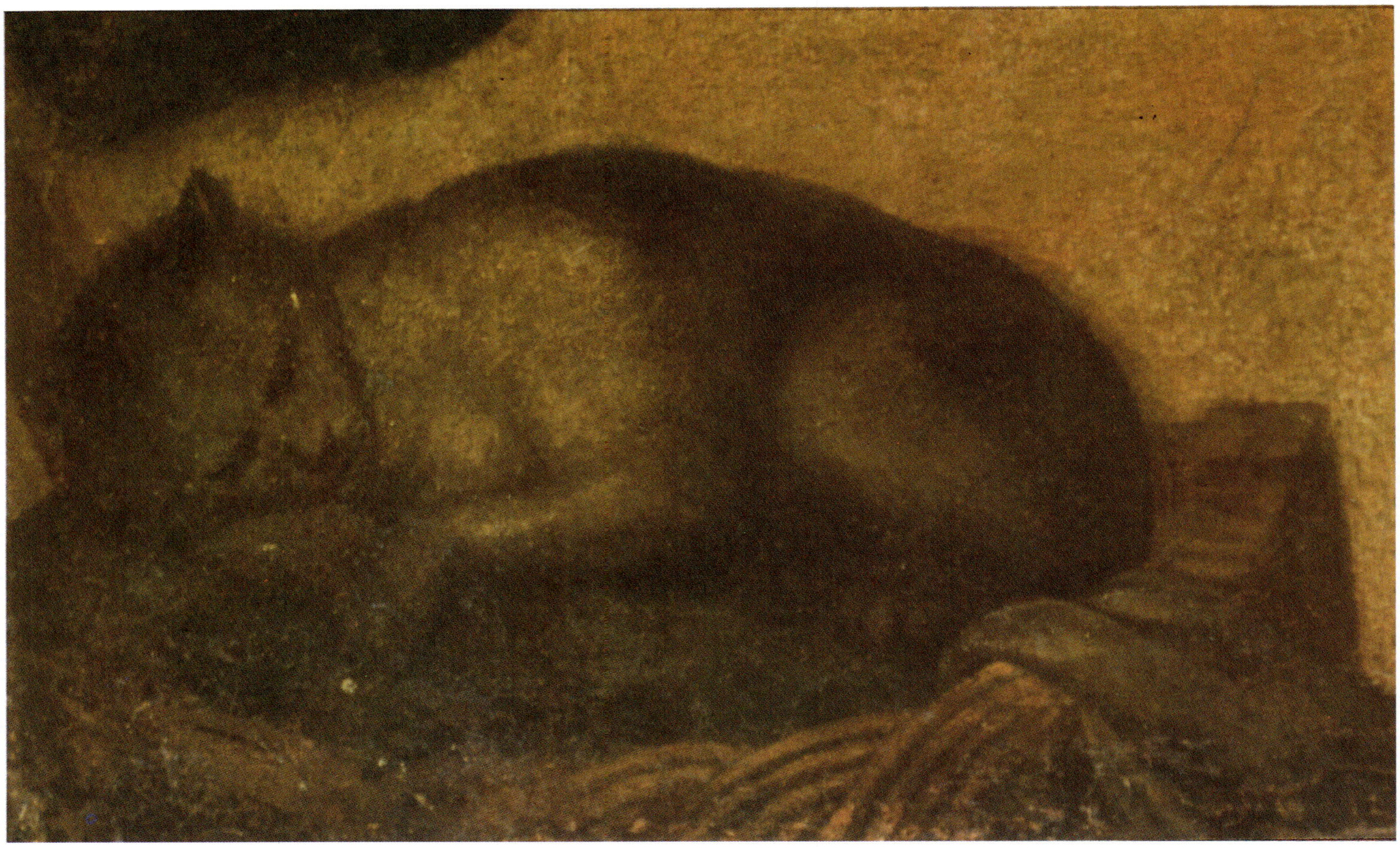

Die Verkündigung, 1582–1584
Leinwand. 248 x 170 cm
Rom, Vatikanische Gemäldesammlung

Der Künstler liebte Katzen; er hat Katzen sämtlicher Rassen in allen Stellungen häufig gezeichnet (eine Reihe seiner Zeichnungen befindet sich in den Uffizien in Florenz) und gelegentlich gemalt (*Madonna del gatto,* London, National Gallery; *Madonna della gatta,* stark beschädigt, in den Uffizien in Florenz), doch soviel wir wissen, wird diese Leidenschaft in keinem älteren Dokument erwähnt. Die Katze in der *Verkündigung* im Vatikan schläft friedlich auf einem Stuhlkissen. Warum hat Barocci sie so dargestellt, während doch Lotto in seinem Bild desselben Themas (s. S. 58) der Katze eindeutig eine negative Bedeutung beigemessen hat? Wir wissen es nicht. Wir wissen auch nicht, ob Barocci einfach eine Hauskatze malen oder ihr symbolischen Wert verleihen wollte. Barocci gehört zu den ersten Künstlern, deren Werke von einer unschuldigen Liebe zu Katzen (ihren Katzen?) zeugen. P. R.

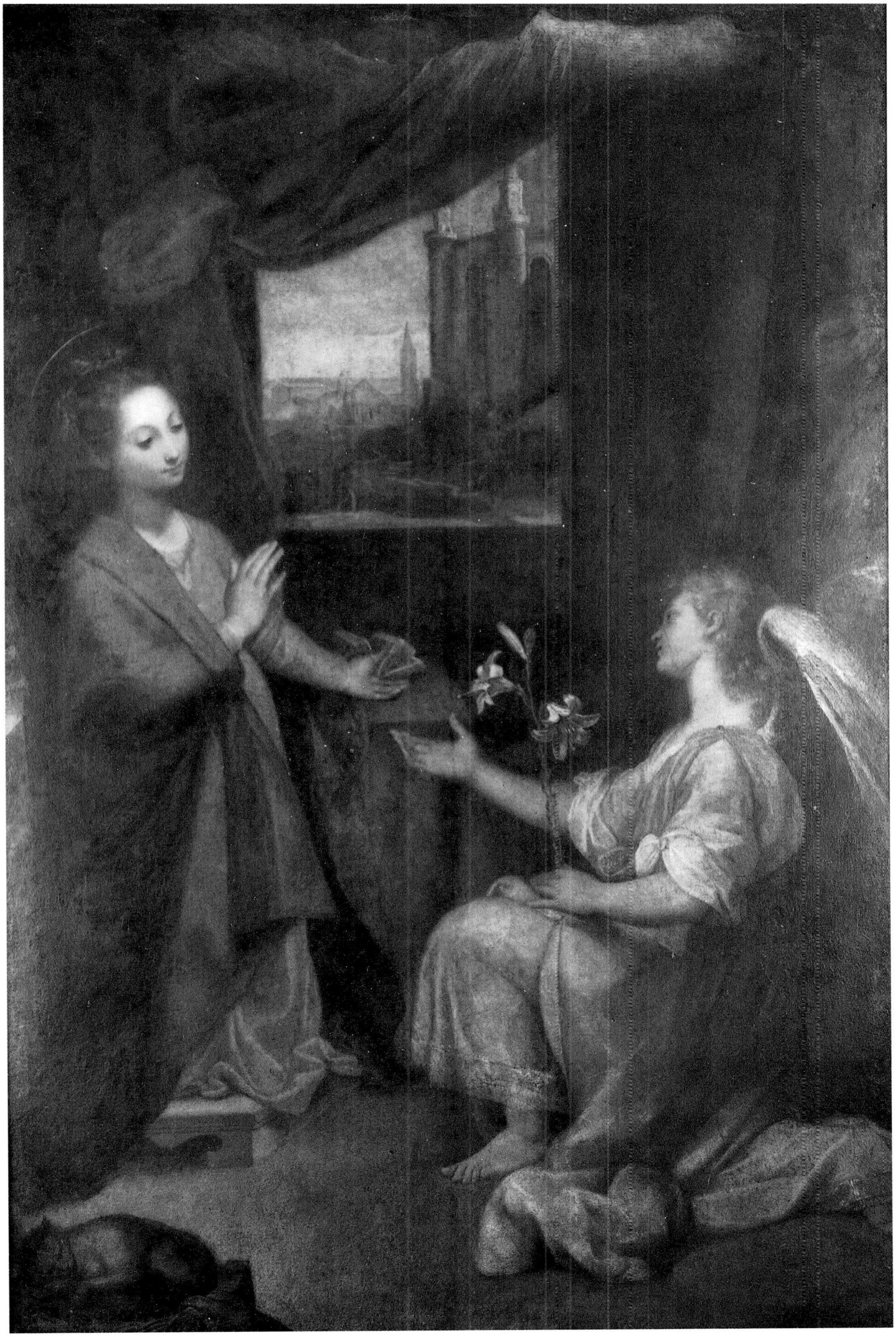

PAOLO VERONESE

Verona, 1528 – Venedig, 1588

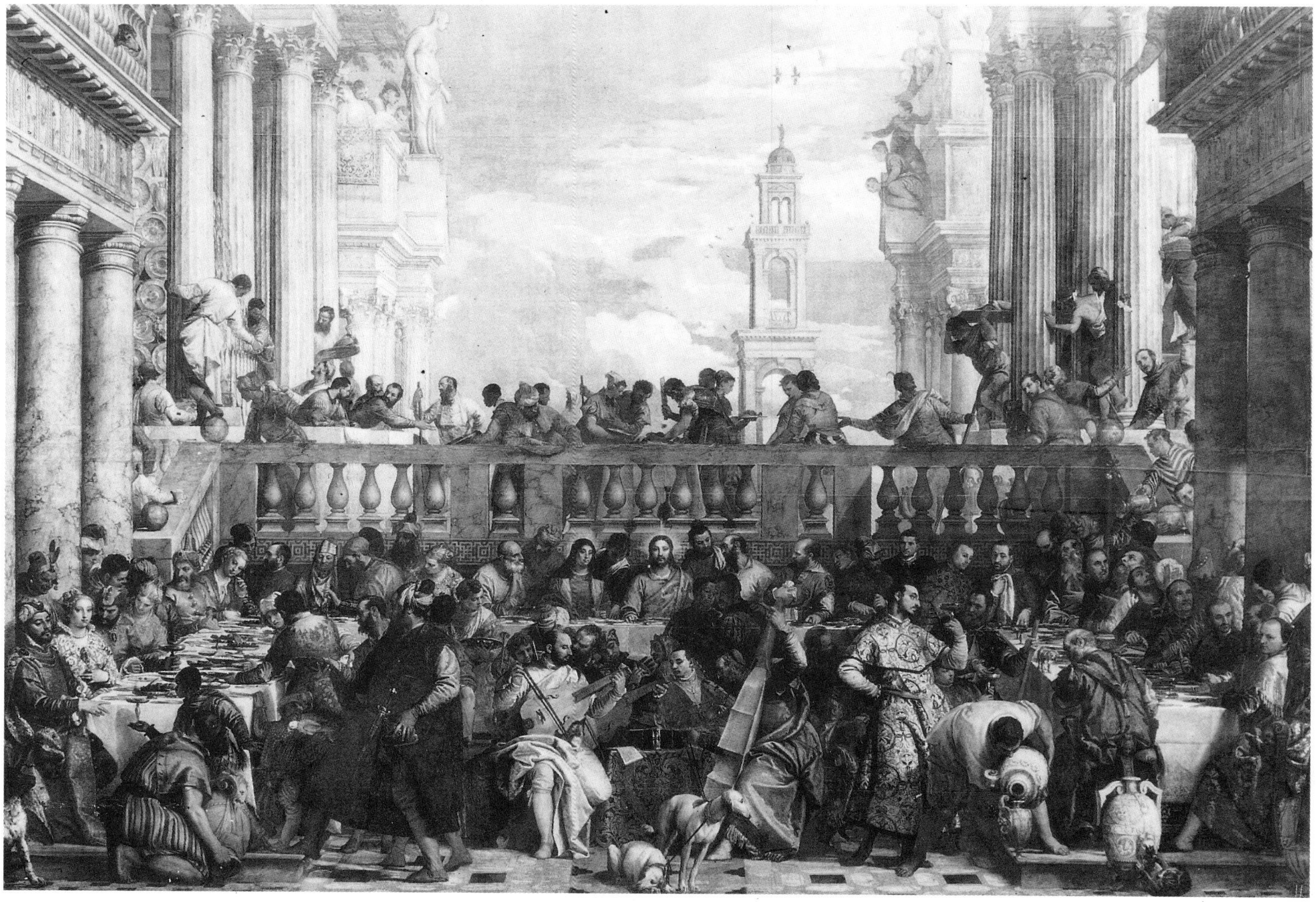

Die Hochzeit zu Kana, 1562/63
Leinwand. 666 x 990 cm
Paris, Louvre

Das Bild ist berühmt, die Katze weniger, da sie den Anthologien über „die Katze in der Kunst", die meist dasselbe Bildmaterial verwenden, entgangen ist. Eine auf der Seite liegende Tigerkatze spielt mit der Maske an einer Amphore, während ein Windhund, der zum Glück an der Leine gehalten wird, drohend herüberblickt. Ist der Hund ein Symbol für die Knechtschaft, die Katze ein Symbol für die Freiheit? Der Dialog zwischen den beiden Tieren ist bei Veronese häufig anzutreffen (*Gastmahl im Haus des Levi* in der Galleria dell'Accademia in Venedig, *Die Emmausjünger* im Louvre).

Selten stellte ein Künstler eine Katze unter einem solchen Blickwinkel dar, wie ihn Veronese bewußt wählte, um seine Virtuosität zu erweisen. Selten wurde eine spielende Katze so genau beobachtet. Veronese schildert eine Vielfalt malerischer Details, ohne jedoch die Aufmerksamkeit vom Wesentlichen, von dem Wunder der Verwandlung von Wasser in Wein, abzulenken.

P. R.

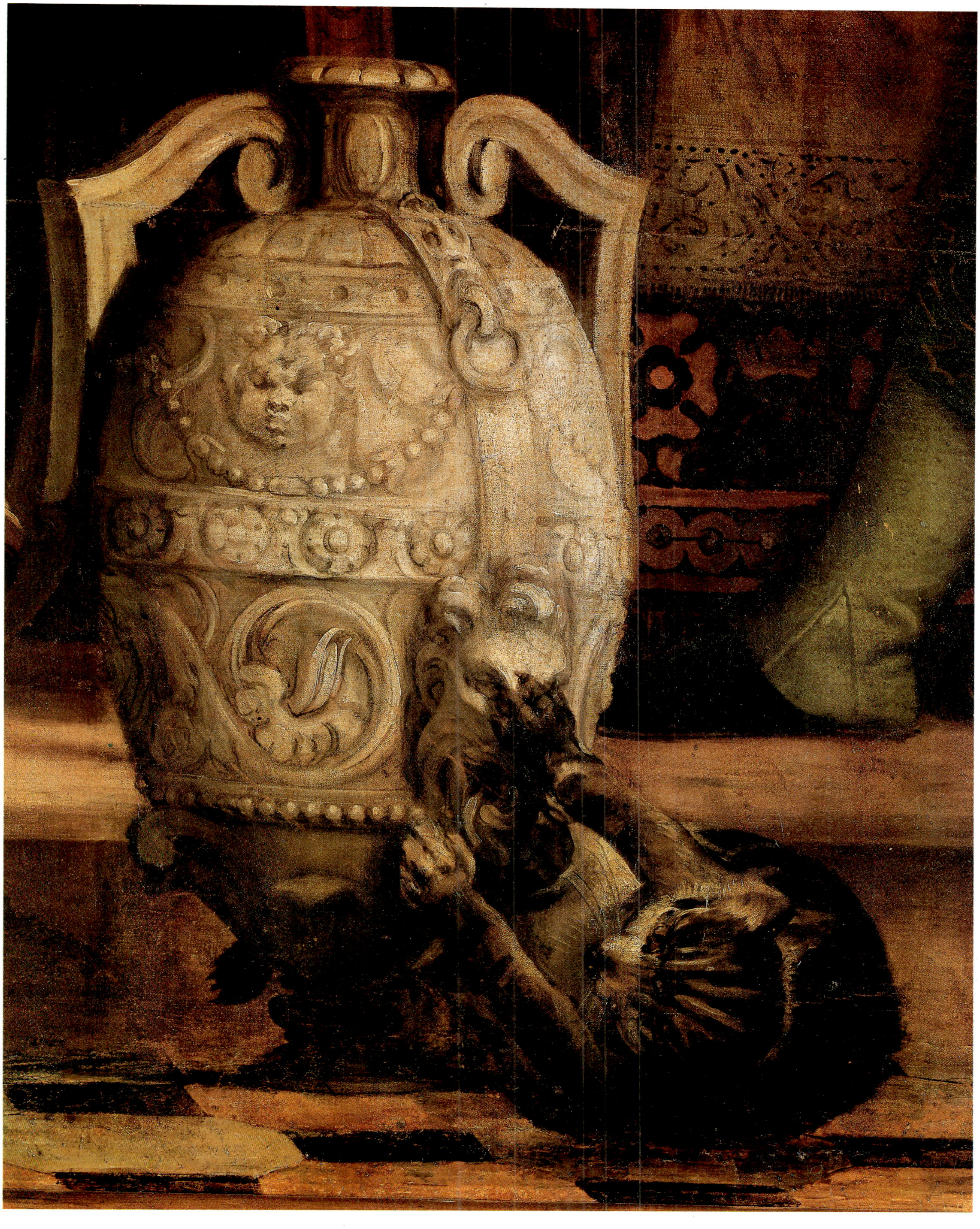

GEORG PENCZ

Nürnberg, um 1500 – Leipzig, 1550

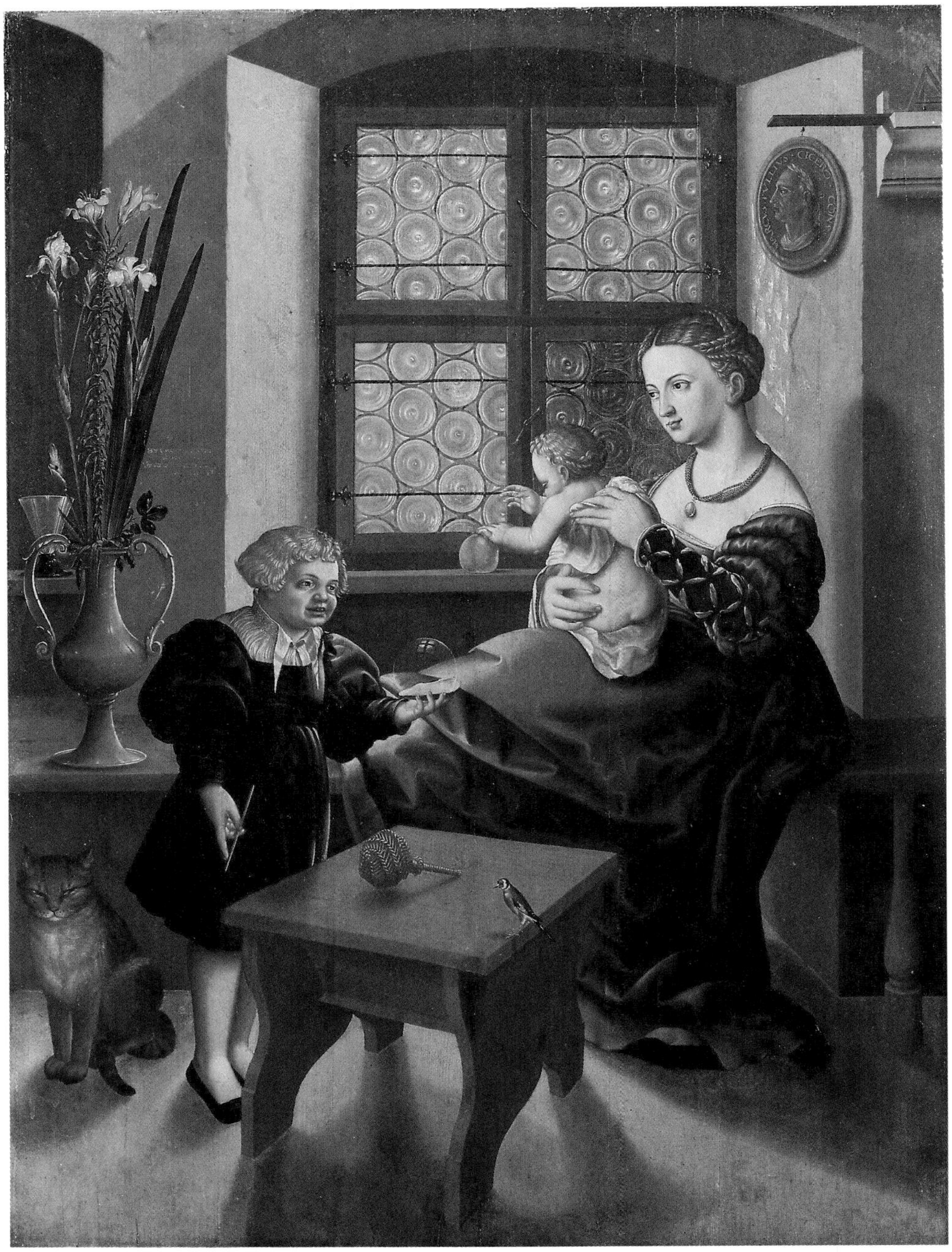

Familienbildnis, 1541
Holz. 161 x 121 cm
Nürnberg, Germanisches National-museum,
Leihgabe der Staatlichen Bayerischen Sammlungen

Trotz seines Titels erinnert das Bild an das christliche Thema der Madonna mit Kind, in ein Interieur versetzt, das von den humanistischen Beschäftigungen jener Zeit geprägt ist (in der Fensternische hängt ein Cicero-Medaillon, hinter der Vase steht ein lateinischer Spruch an der Wand). Das Kind spielt mit einem Apfel, wie das Jesuskind in symbolischer Vorwegnahme der Erlösung der Menschheit von ihren Sünden mit dem Apfel des Sündenfalls spielen würde. Das ältere Kind erinnert an den Johannesknaben. Bemerkenswert ist, daß es sich damit vergnügt, aus einer Muschel Seifenblasen zu pusten – eine offenkundige Anspielung auf die Kurzlebigkeit der Dinge (die Seifenblase wird gleich platzen). Dazu kommen weitere Symbole der Vergänglichkeit: die Blumen, das leere Glas, auf dem Tisch die Klapper, deren Spirale an das Verstreichen der Zeit gemahnt. Die besonders schöne Katze ist keineswegs nur vertrautes Haustier, sondern spielt eine eigene Rolle. Mit ihrem schrägen Blick zu dem auf dem Tisch sitzenden Distelfinken, der, wie schon erläutert, auf die Dornenkrone und damit auf die Passion anspielt, bringt sie, wie in dem Bild aus der Malerschule von Cosmè Tura (s. S. 45), eine Gefahr für die Hoffnung auf Erlösung der Menschheit zum Ausdruck. É. F.-W.

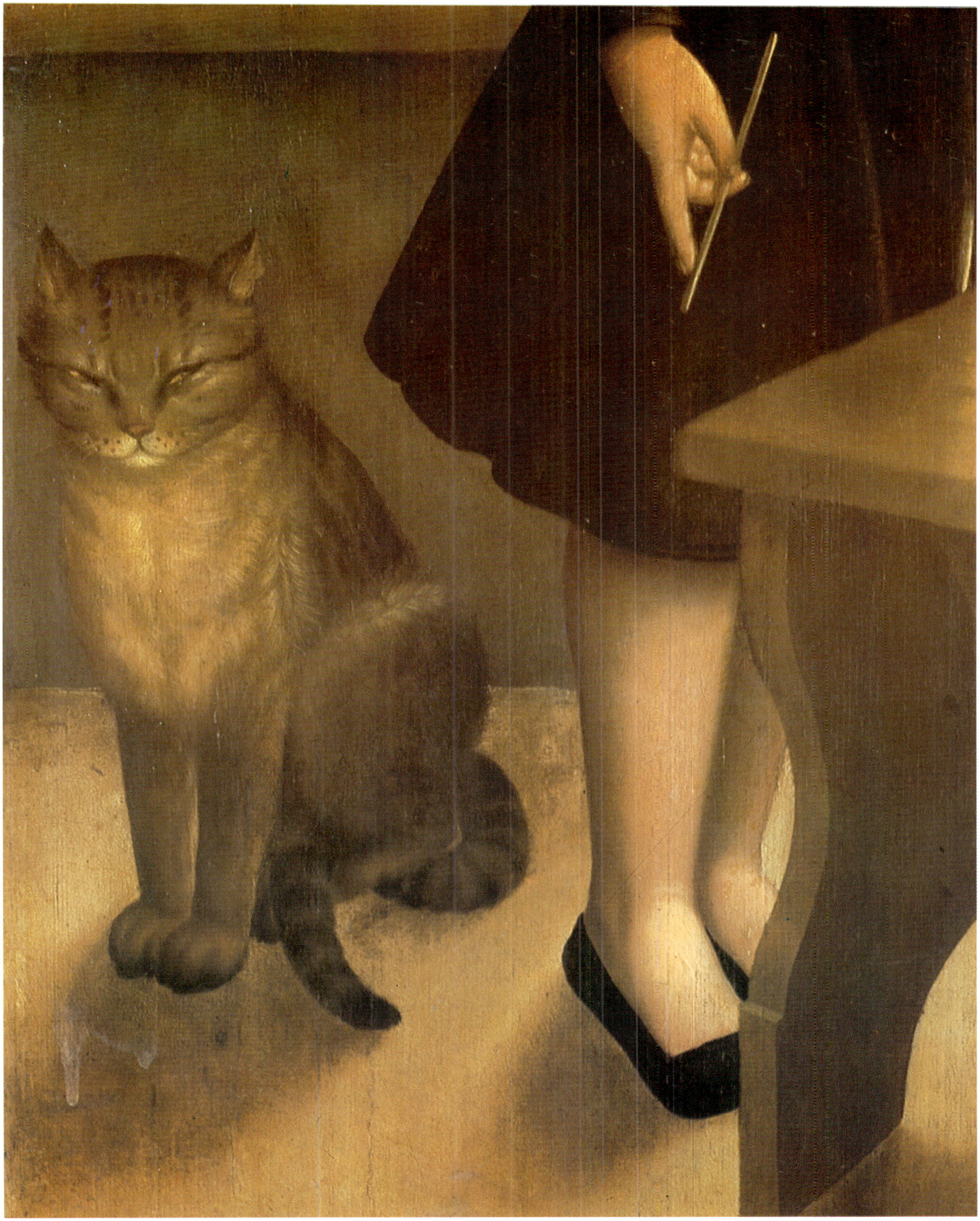

PIETER BRUEGEL D. Ä.

Breda(?), um 1525–1530 – Brüssel, 1569

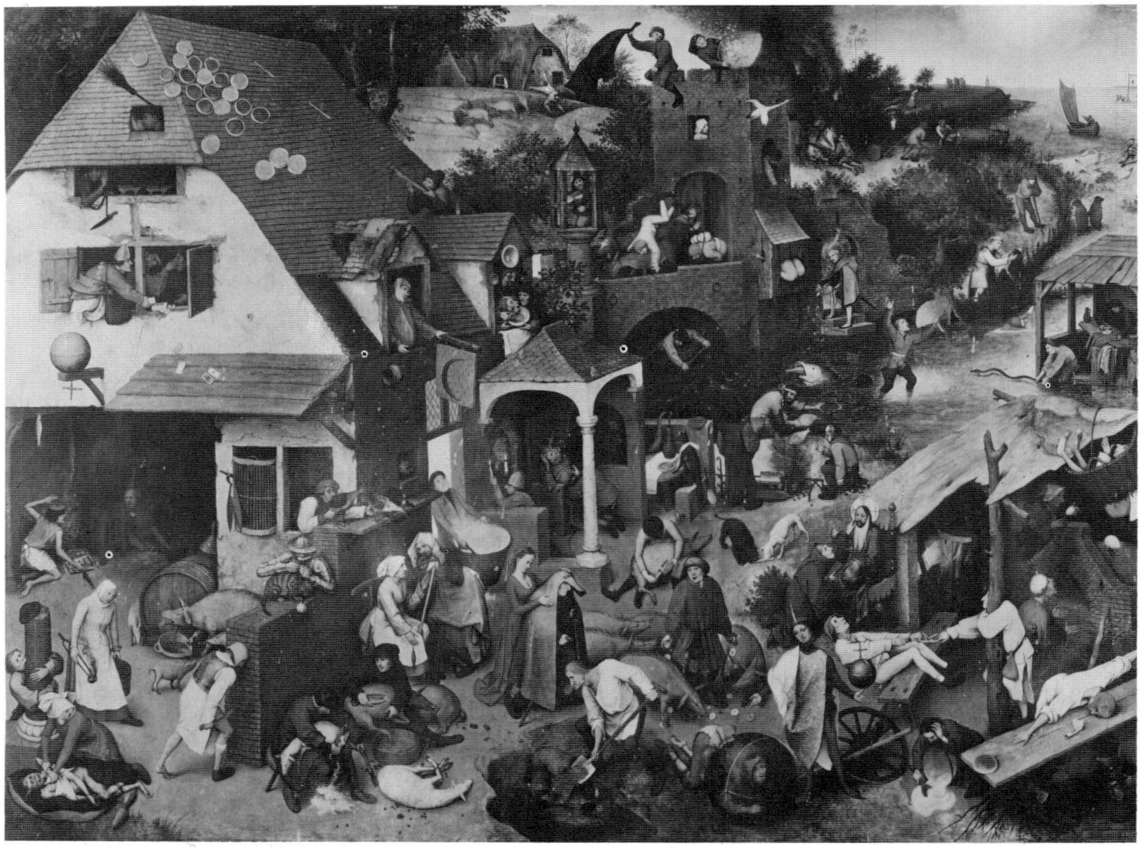

Die niederländischen Sprichwörter, 1559
Holz. 117 x 163 cm
Berlin-Dahlem, Gemäldegalerie

„Der Katze die Schelle umhängen" ist ein seltsames Unterfangen, das in dieser Sammlung von annähernd 120 Sprichwörtern und Volksweisheiten unter den unsinnigsten, vergeblichen Tätigkeiten des Menschen eingereiht wird. Über der Katze träumt einer von Küken aus noch nicht gelegten Eiern, hinter ihm erscheint ein Irrer im Fenster, der dauernd an demselben Knochen herumnagt, weiter unten rennt ein Wahnsinniger mit dem Kopf gegen die Wand. Der Mann, der der Katze das Glöckchen umbindet, trägt eine Rüstung, damit er nicht gekratzt wird, und hat ein Messer im Mund – er ist „bis an die Zähne bewaffnet". (Dieses Detail, das Messer, ist auf den zahlreichen Kopien von Pieter Bruegel d.J. (1564–1638) und auf den nach seinen Kopien entstandenen Bildern nicht mehr vorhanden, als ob man seine Bedeutung nicht richtig erfaßt hätte.) Das Sprichwort ist mehrdeutig: Es brandmarkt jemanden, der sich auf ein gewagtes Unternehmen einläßt, und bezeichnet denjenigen als Feigling, der sich mit Rüstung und Bewaffnung Mut machen muß, obwohl das Kätzchen ganz friedlich dasitzt. Außerdem lassen sich die Folgen der Tat nicht ermessen, denn mit ihrer Schelle kann die Katze keine Mäuse mehr fangen, und diese werden Haus und Speicher überlaufen, bis Hungersnot droht. É. F.-W.

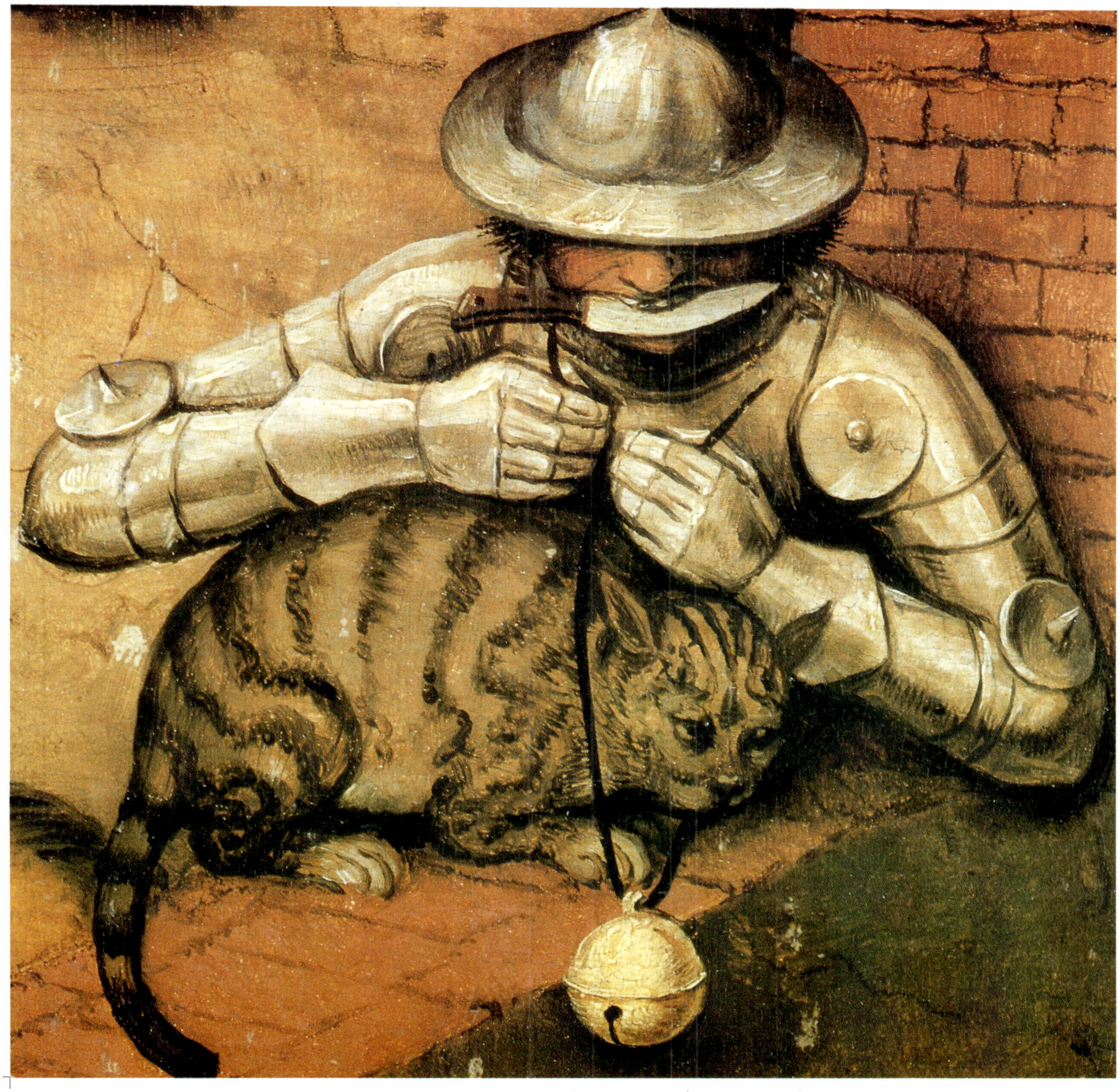

VINCENT SELLAER

Mecheln, um 1500–1589

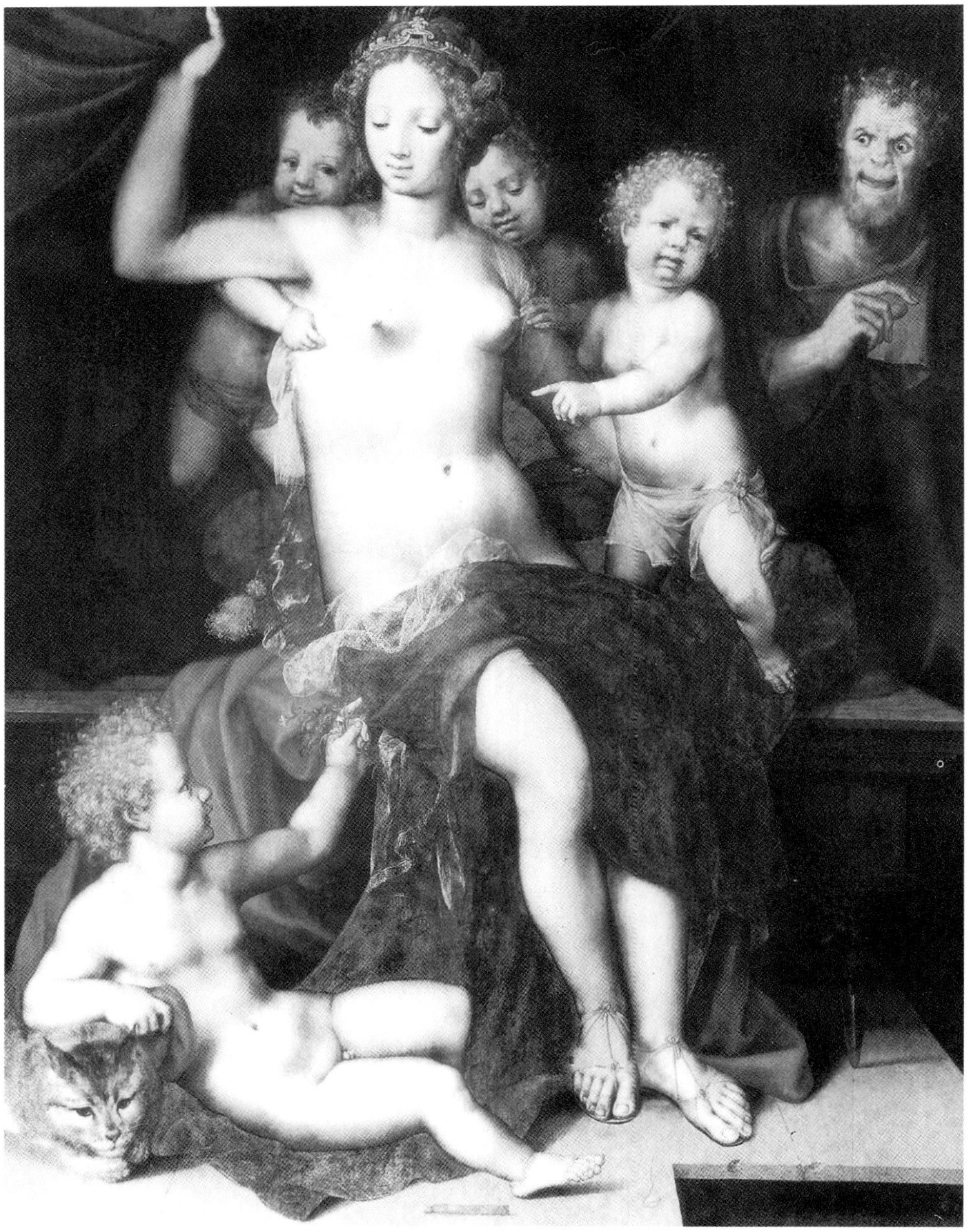

Jupiter als Satyr mit Antiope und ihren Zwillingen
Holz. 140 x 109 cm
Paris, Louvre

Eine Katze – hier eine dicke, friedliche rote Katze, die zu schnurren scheint und einem ebenfalls rothaarigen Lockenkopf als Armstütze dient – gehört nicht unbedingt zur traditionellen Darstellung von Jupiter und Antiope. Letztere, die Tochter des Königs von Theben, wurde durch Jupiter Mutter von Amphion und Zethos. Auf dem Bild sind die Zwillinge von zwei zusätzlichen Putten umgeben, so daß man an eine Abwandlung des Motivs der Mildtätigkeit denken könnte. Eine Katze hat mit der Geschichte nichts zu tun; doch hat Sellaer in einem anderen Gemälde desselben Motivs (Florenz, Privatsammlung) noch einmal eine Katze dargestellt. Man kann daher in der Katze ein Element taktiler Sinnlichkeit sehen, aber auch ein „schönes, weiches, flauschiges Stück Realismus, das durch seine starke visuelle Präsenz beeindruckt", wie Jacques Foucart schrieb. Sie paßt jedenfalls gut in ein Bild, das durch die Liebschaften der Götter die Liebe schildert. É. F.-W.

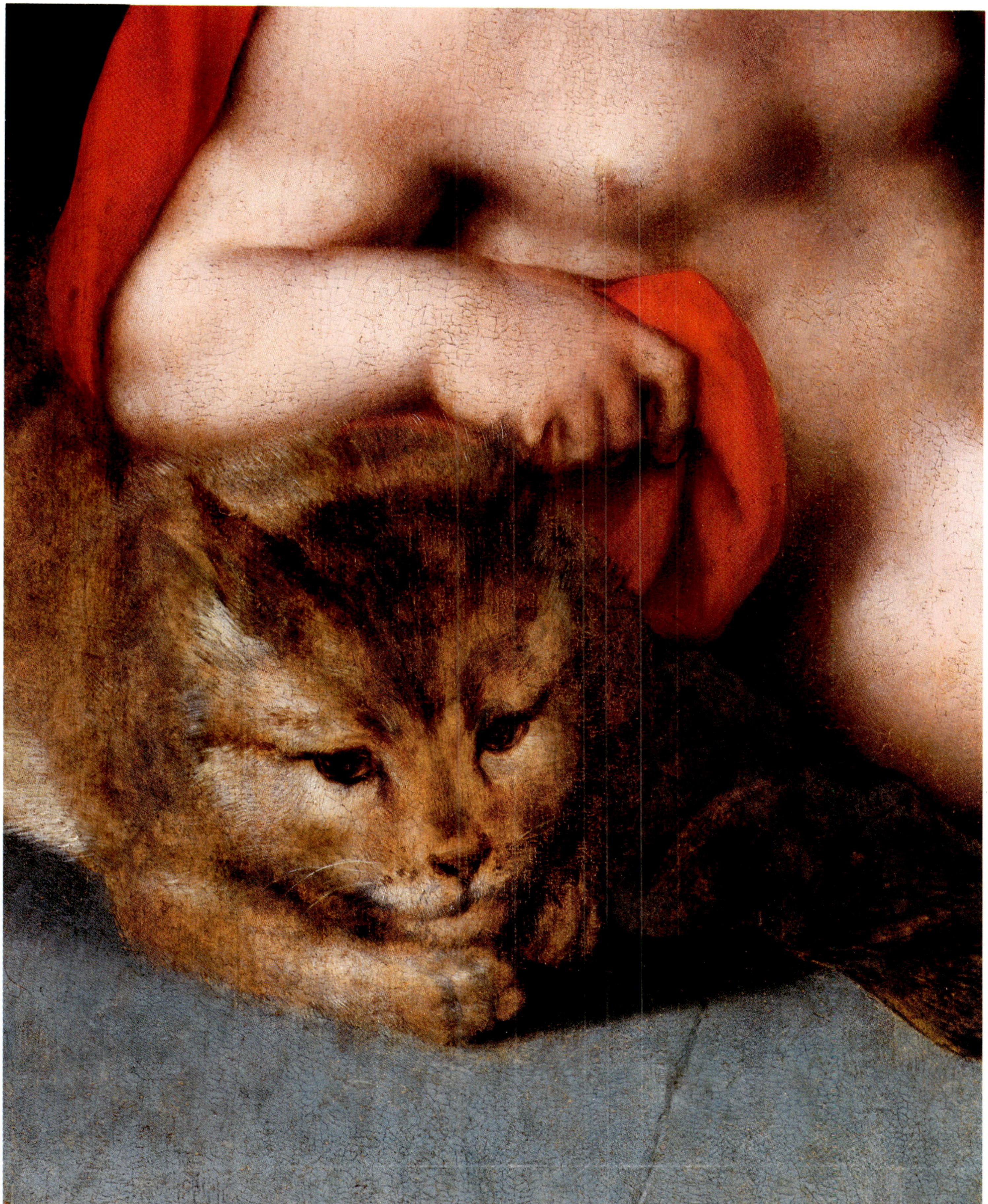

PIETER AERTSEN ZUGESCHRIEBEN

Amsterdam, um 1508–1575

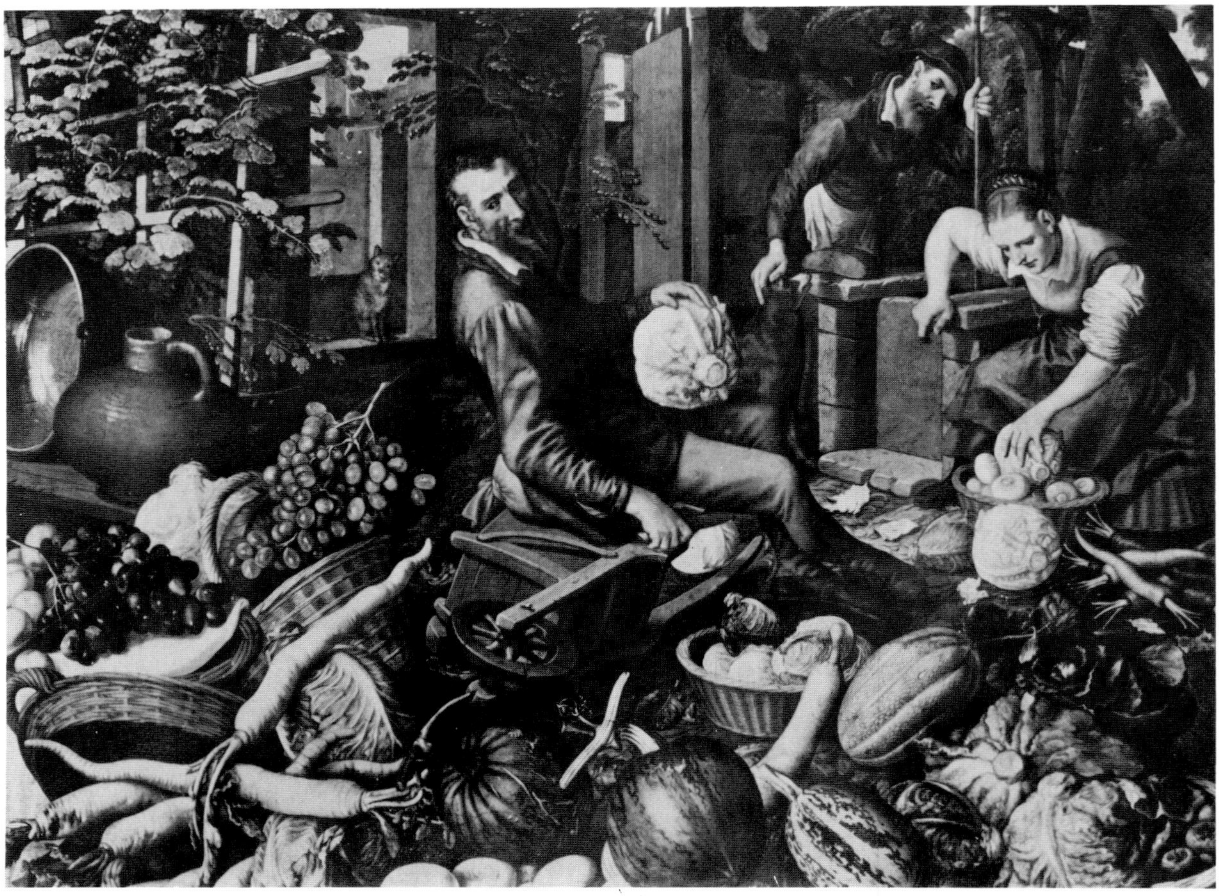

Obst- und Gemüseauslage
Holz. 103 x 135 cm
Rotterdam, Museum Boymans-van Beuningen

Die Katzen waren noch nie große Liebhaber von Obst und Gemüse. Daher begnügt sich die Katze im Hintergrund des Bildes damit, die Szene von einem Fenster aus zurückhaltend zu beobachten. Sie neigt den Kopf und hütet sich, in das Durcheinander des Gemüseladens hinabzusteigen. Der Hund dagegen sucht die Gesellschaft des Menschen; der Mann am Brunnen schöpft Wasser und streichelt ihn dabei. Obwohl sie weit weg sitzt, ist die Katze nicht zu übersehen, denn der Blick des Betrachters wird durch die geknickte Linie des Arms des auf dem Schubkarren sitzenden Mannes zu ihr hingeleitet. Auf typisch manieristische Weise stellt der Maler Elemente verschiedener Ebenen nebeneinander und erweckt damit den Eindruck von Tiefe und etwas bedrückender Überladenheit. Die riesige Weintraube im Vordergrund scheint deshalb vollkommen unproportioniert im Vergleich mit dem Gesicht des im Mittelgrund ganz nahen Mannes und noch mehr im Vergleich zu der Katze im Hintergrund, die auf die Größe einer Handvoll Weinbeeren zusammengeschrumpft wirkt. É. F.-W.

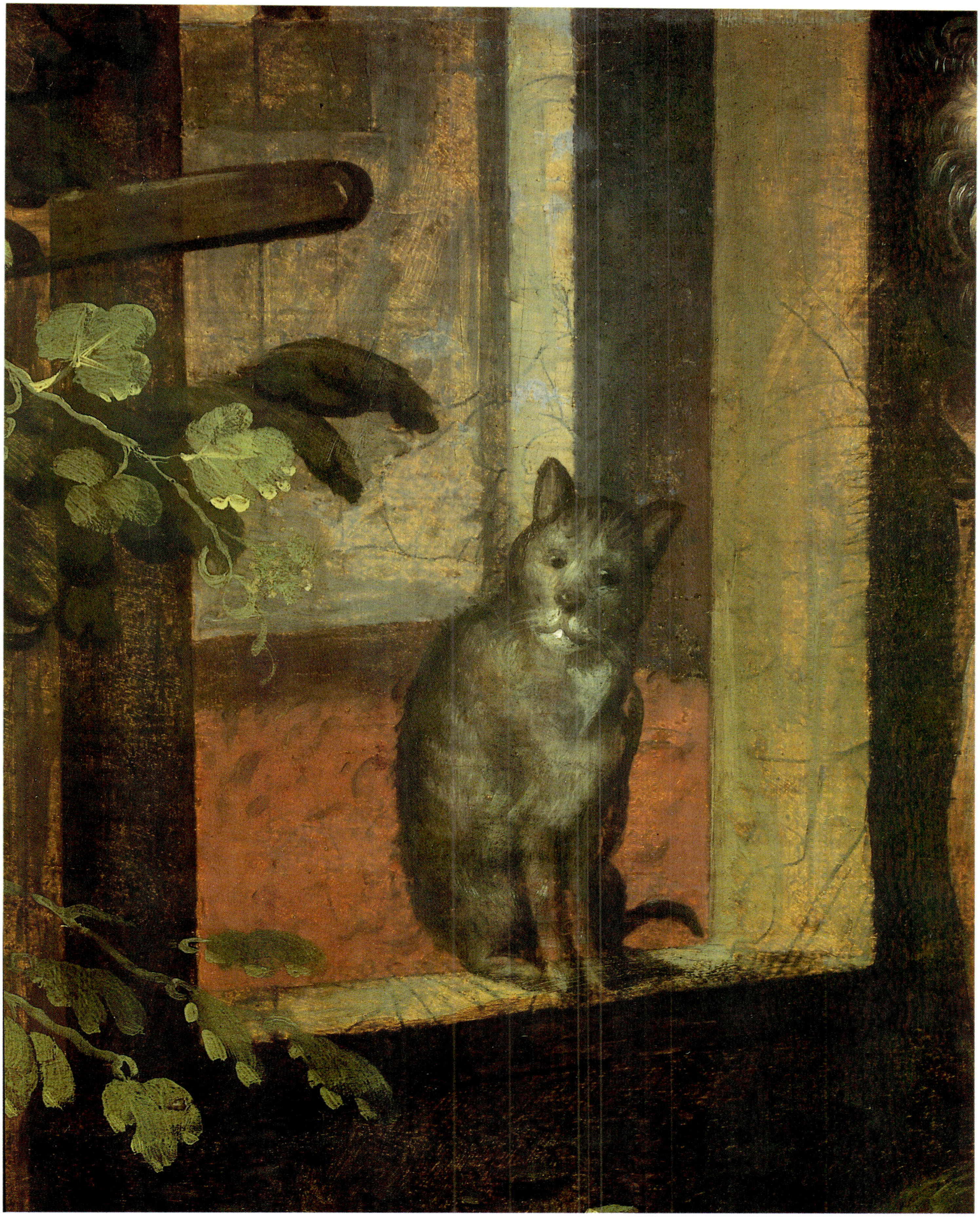

MAERTEN VAN CLEVE

Antwerpen, 1527–1581

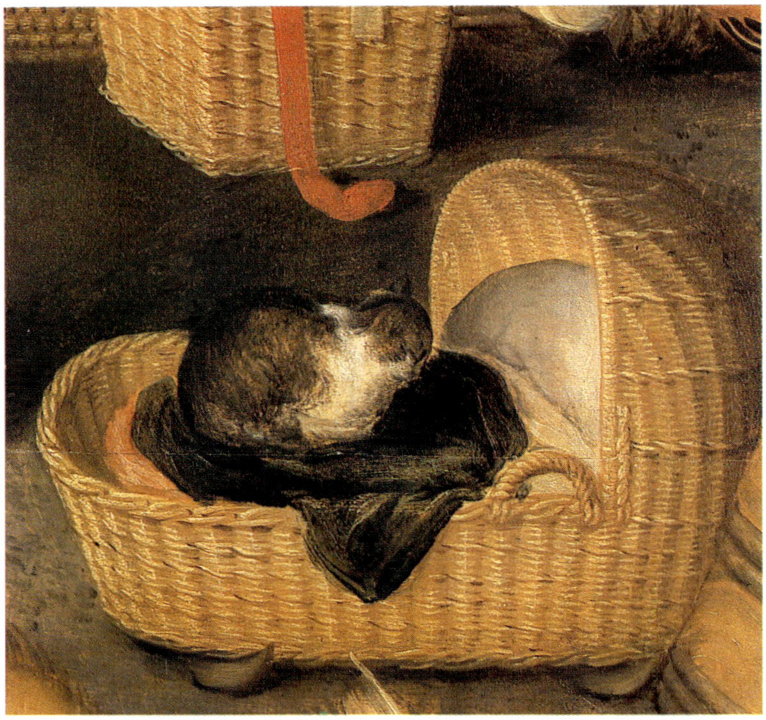

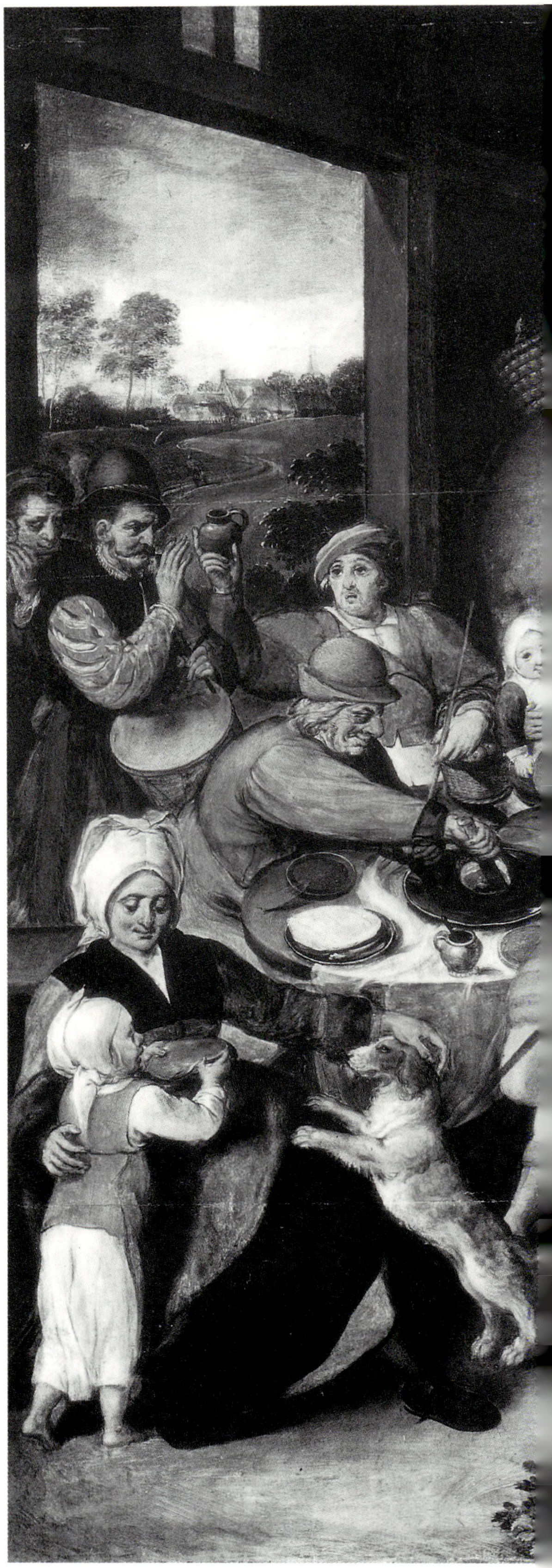

Eine Katze hat die im Raum herrschende Aufregung dazu benutzt, um es sich in einem gerade leerstehenden Weidenkorb zu einem Schläfchen bequem zu machen, eine andere Katze (rechts im Bild) ißt mit den Kleinkindern aus einem Teller. Viele andere Tiere sind zugegen: ein Hund, Hühner, Schweine und Kühe (im Hintergrund rechts). Sie hausen mit den Menschen in einem köstlichen Wirrwarr. Die Katze im Körbchen, die sich nicht um die Aktivitäten der anderen, ob Tiere oder Menschen, zu kümmern scheint, ist an einem auffälligen Platz in der Komposition, fast in der Mitte, unübersehbar. Dieses malerische Motiv – manchmal spielt auch ein Hund in einer Kinderwiege unerwarteterweise die Rolle eines Einsiedlerkrebses – findet sich in der Malerei jener Zeit ziemlich häufig. Es konkretisiert die allgemeine gute Laune und die glückliche Harmonie zwischen den Menschen und zwischen Menschen und Tieren, die aus solchen häuslichen Szenen spricht.

É. F.-W.

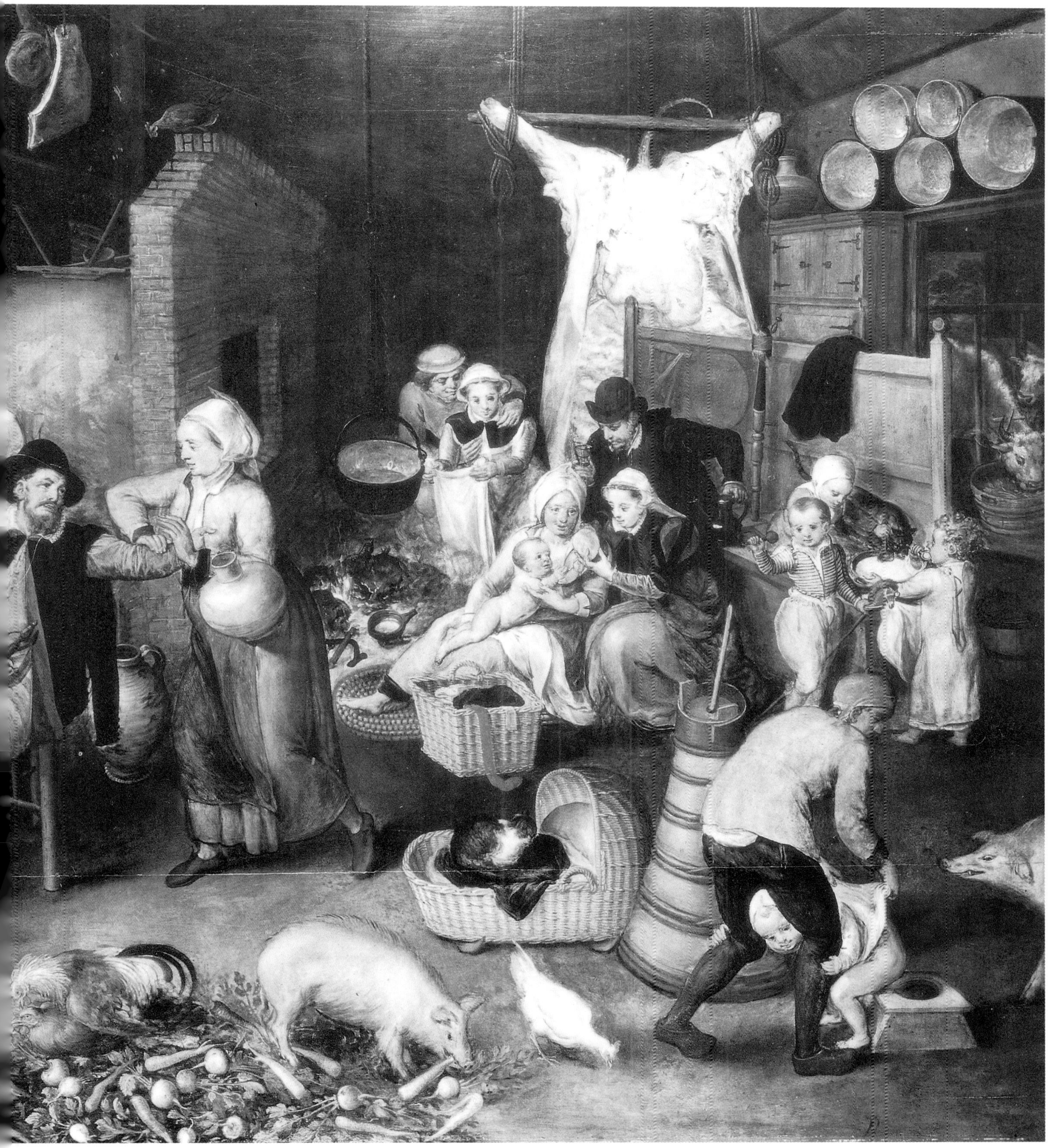

Flämisches Interieur, um 1555–1560
Holz. 123 x 144 cm
Wien, Kunsthistorisches Museum

JAN CORNELISZ VERMEYEN

Beverwijk bei Haarlem, um 1500 – Brüssel, 1559

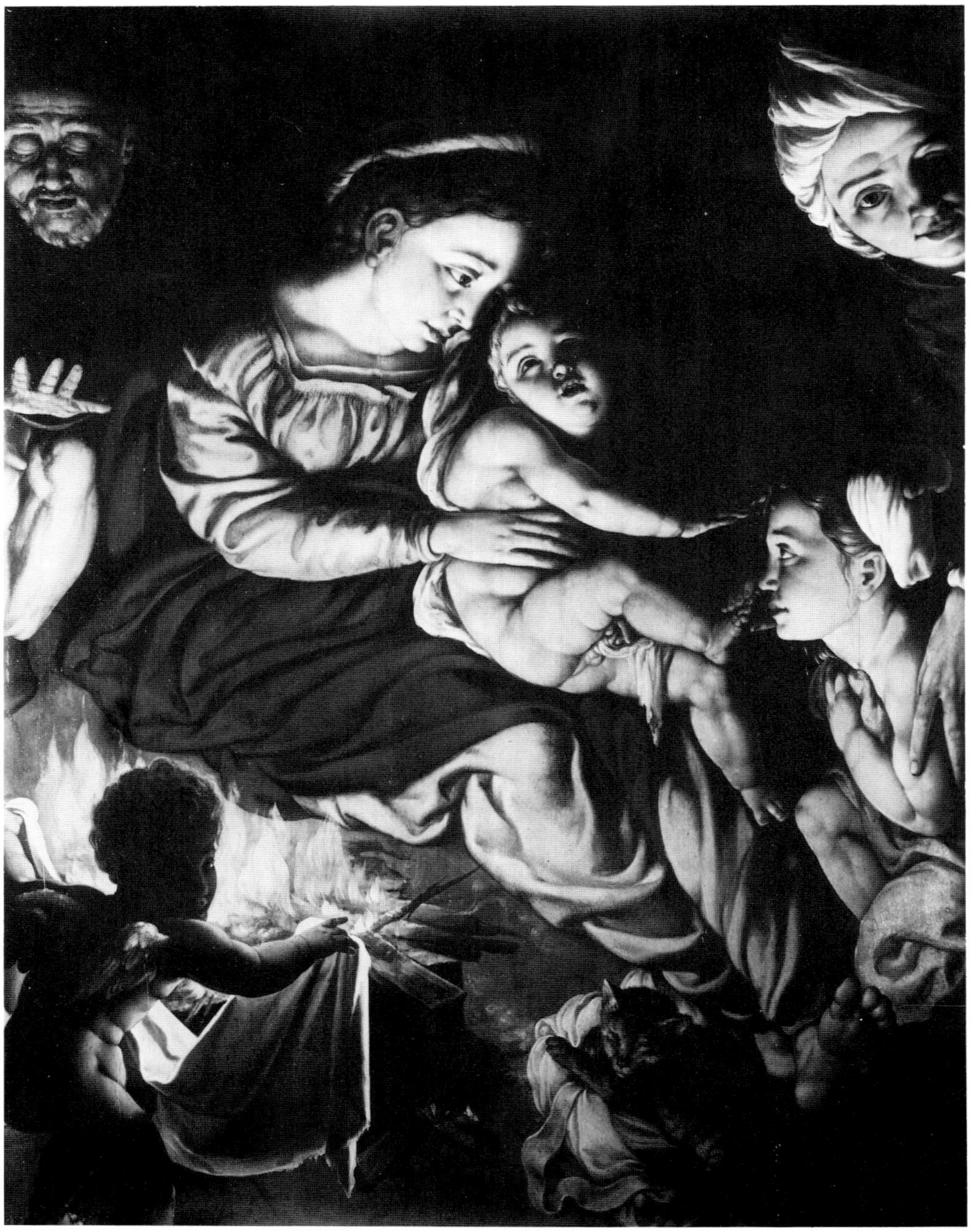

Die Heilige Familie
Holz. 66 x 50 cm
Wien, Kunsthistorisches Museum

In typisch manieristischer Art scheinen die Personen in dem Bild nach vorn zu fallen. Ein schlichtes Holzfeuer sendet ein seltsames Licht aus. Nur Joseph (oben links), der sich die Hände wärmt, und die Katze (unten), die auf einem Tuch liegt, haben die Augen geschlossen, Joseph, weil ihm die Offenbarung noch nicht zuteil geworden ist, die Katze vielleicht aus demselben Grund, vor allem aber, weil sie am Feuer in ruhigen Schlaf versunken ist. Zwei Gestalten blicken den Betrachter an: Rechts oben sieht man einen Kopf mit Turban, links unten wendet ein kleiner Engel den Blick nach vorn und hält dabei ein Tuch ans Feuer; in dieser Geste liegt offensichtlich ein Hinweis auf die heilige Veronika. Das Jesuskind auf dem Schoß der Mutter hat die Katze zweifellos gesehen und scheint mit der Hand auf sie zu deuten; es schaut sie aber nicht an, denn es hat den Blick zum Himmel erhoben. Daß die Katze an so auffälliger Stelle in der Komposition ihren Platz einnimmt, beruht nicht allein auf der Phantasie des Malers, der allerdings ein Katzenfreund war (zwei Katzen stellt er in den Vordergrund eines Stichs von 1545, der eine Orientalin darstellt), sondern die Katze ist wieder einmal präsent als Symbol für die Kräfte des Bösen, die der Mensch gewordene Gottessohn, der Erlöser der Menschheit, überwinden wird. É. F.-W.

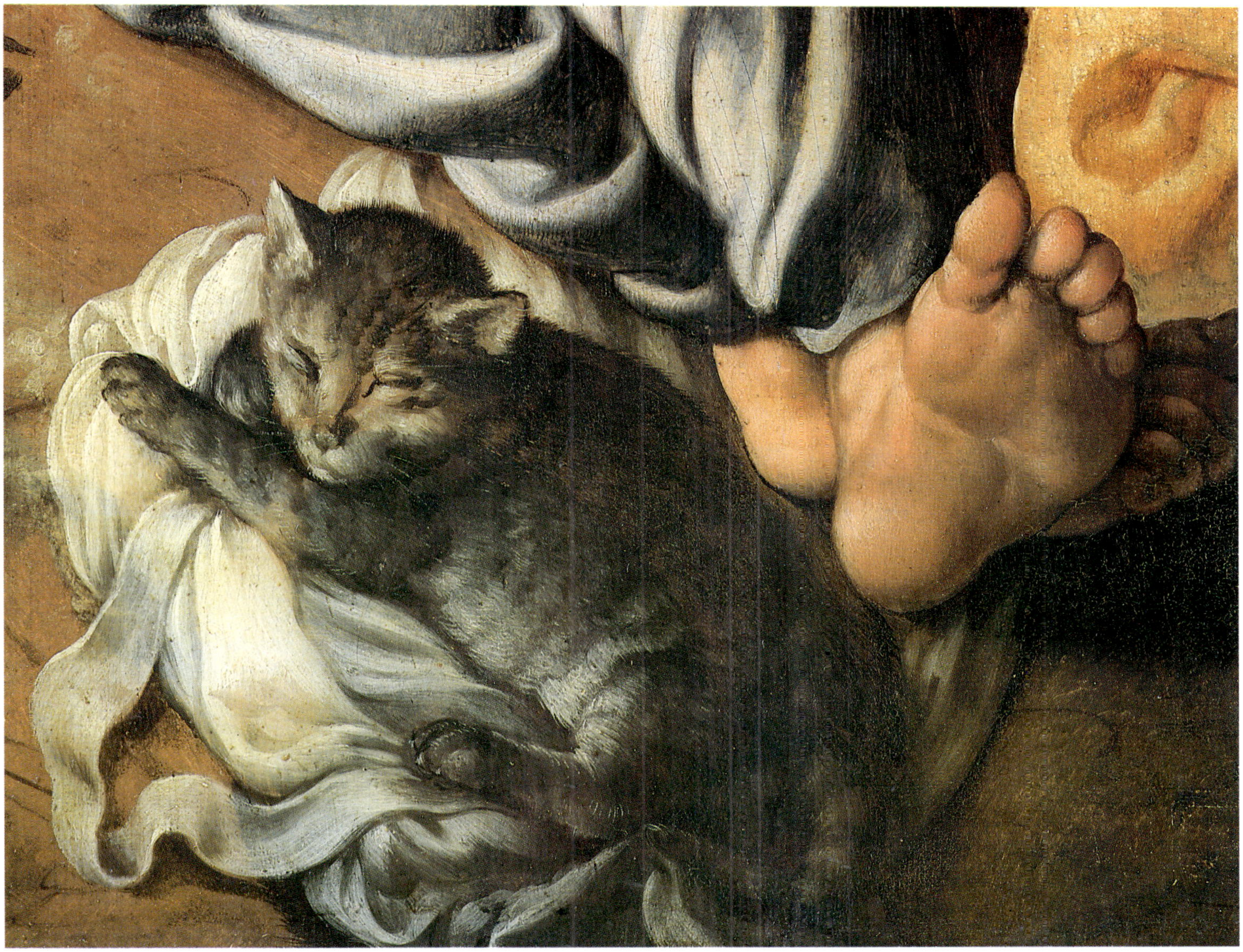

OTTO VENIUS

Leiden, 1556 – Brüssel, 1629

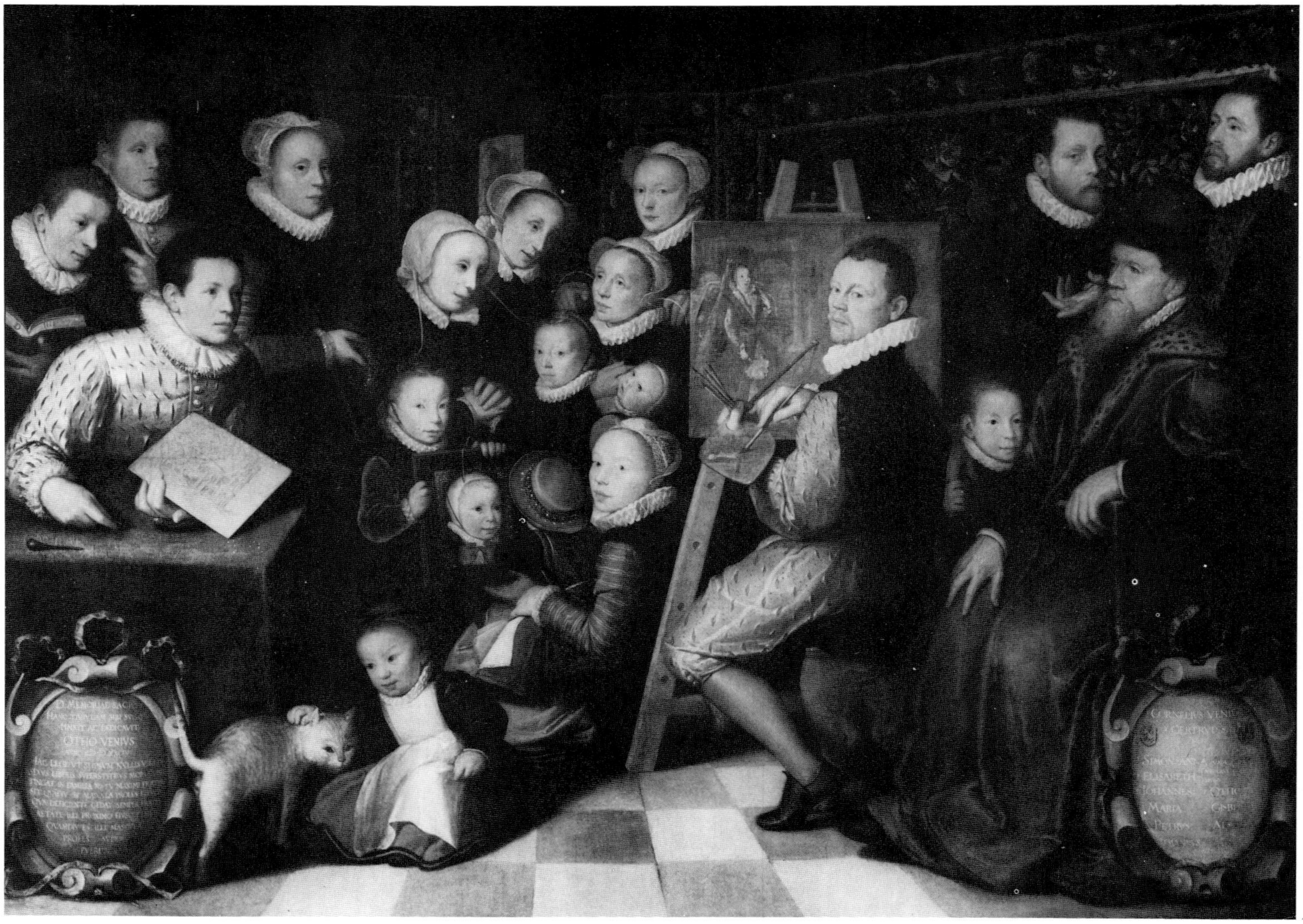

Otto Venius an der Staffelei, umringt von den Seinen, 1584
Leinwand. 176 x 250 cm
Paris, Louvre

Otto Venius, an der Staffelei sitzend, hat in dieses Porträt der Seinen auch die Hauskatze als vollwertiges Familienmitglied einbezogen. Behaglich läßt sie sich von dem Mädchen Elisabeth streicheln. Die Katze macht einen friedfertigen und zahmen Eindruck im Vergleich zu ihrer wilder erscheinenden Artgenossin, die man, einen Vogel in den Fängen haltend, in dem Wandteppich im Hintergrund des Zimmers direkt über der Staffelei kaum erkennt.

Für die Nachwelt hat der Maler allen Personen sorgfältig eine kleine Nummer gegeben (jeweils über dem Kopf, in der Reproduktion jedoch nicht sichtbar), sie verweist auf die Liste der Vornamen in der Kartusche rechts unten im Bild. Allerdings sucht man den Namen der Katze vergebens, so daß man niemals erfahren wird, wie sie gerufen wurde. É. F.-W.

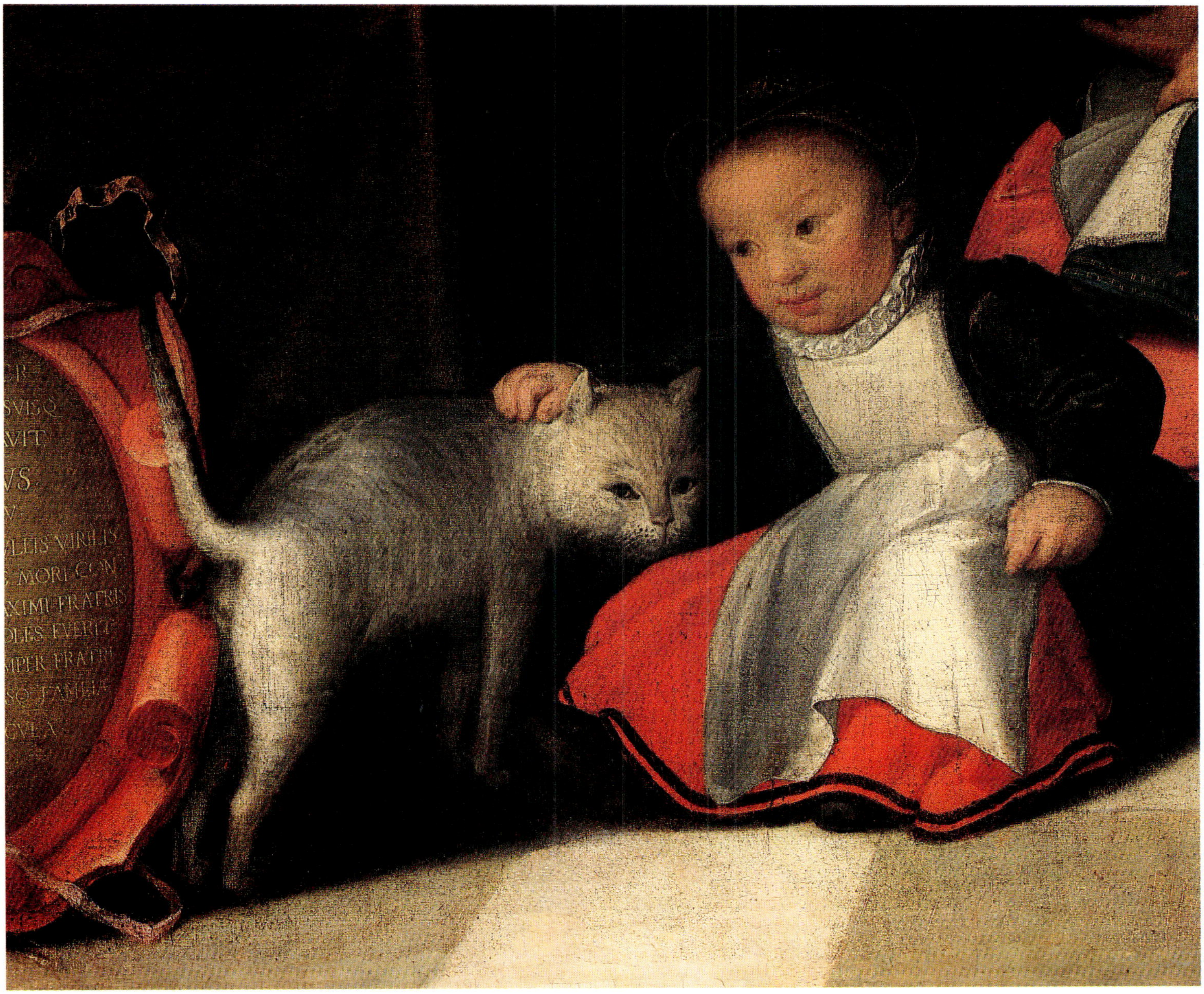

CORNELIS CORNELISZ VAN HAARLEM

Haarlem, 1562–1638

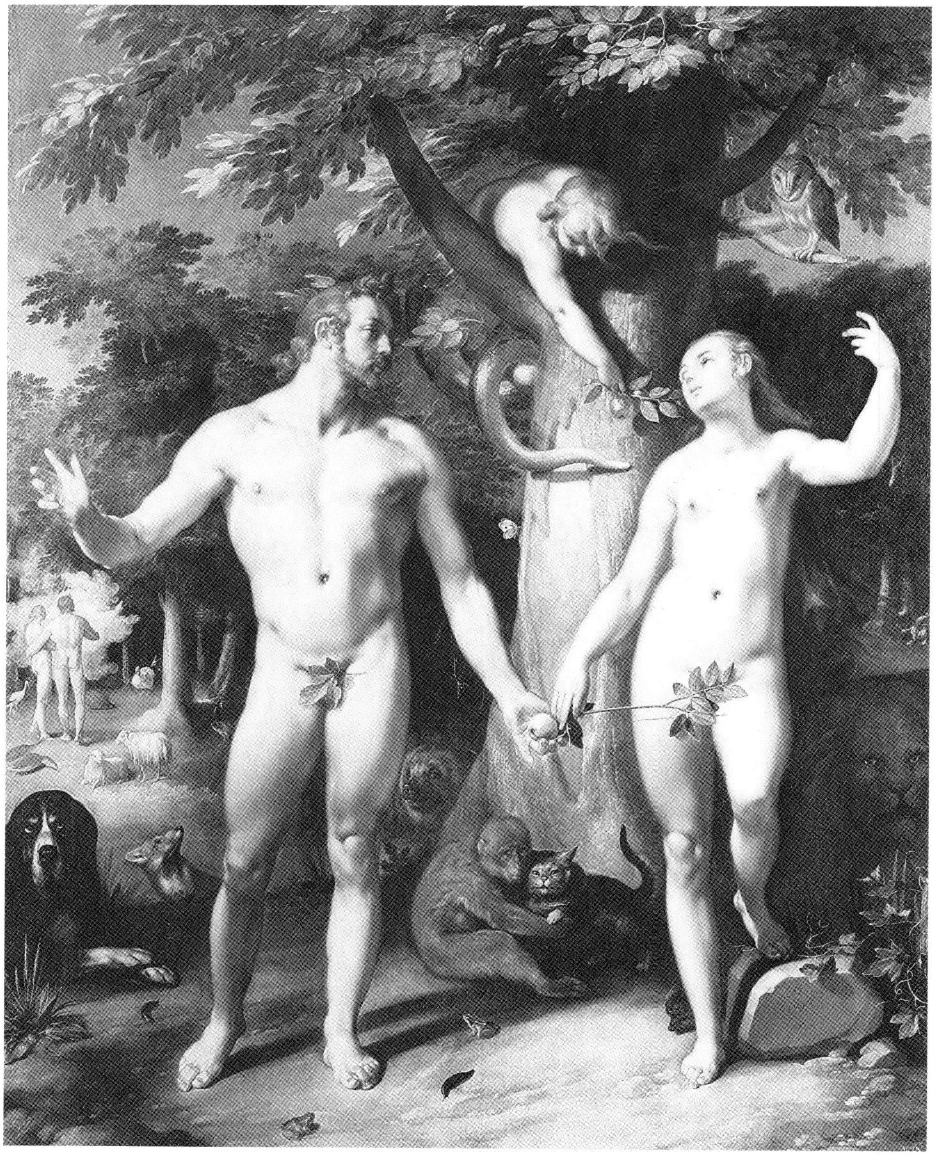

Der Sündenfall, 1592
Leinwand. 273 x 220 cm
Amsterdam, Rijksmuseum

Es ist schon ein sonderbares Paar, das da einen wesentlichen Platz in der Komposition am Baum des Bösen einnimmt, genau unter dem verhängnisvollen Apfel, den Adam und Eva halten! Schon Dürer hat das Thema von Adam und Eva und dem Sündenfall mit einer Katze verbunden – in dem berühmten Stich von 1504 (Abb. S. 8), der möglicherweise Cornelisz van Haarlem beeinflußte –, doch döst dort die Katze allein vor sich hin, der Affe fehlt. Es gibt verschiedene Interpretationen, um die eigenartige Ikonographie bei Cornelisz zu erklären. Möglicherweise sind die beiden einander zärtlich umschlingenden Tiere eine Anspielung auf zwei der vier menschlichen Temperamente, wonach die Katze für den Choleriker und der Affe für den Sanguiniker stünde, und beide wären in völligem Einklang mit der Sünde. Der Hund verkörperte danach den Melancholiker und die Schnecke den Phlegmatiker. Oder das Paar symbolisiert das bedrohliche Auftreten von Unzucht (Affe) und Sinnlichkeit (Katze). Auch allen anderen Tieren könnten demnach genaue Bedeutungen gegeben werden (so könnte zum Beispiel der Schmetterling am Baumstamm zwischen Adam und Eva die Zartheit der menschlichen Seele versinnbildlichen). Genausogut könnte es sich bei den beiden aber auch schlicht um zwei Tiere handeln, die sich in diesem idealen Universum noch gut vertragen, bevor sie Erzfeinde werden. Die anderen Tiere, wie Hund, Fuchs, Schafe, Igel, Kröten und Schnecken, Bär und Löwe, scheinen in diesem Paradies, das einem zoologischen Garten gleicht, die letzten Augenblicke eines Friedens zu genießen, der bald durch den Sündenfall für immer zu Ende sein wird. É. F.-W.

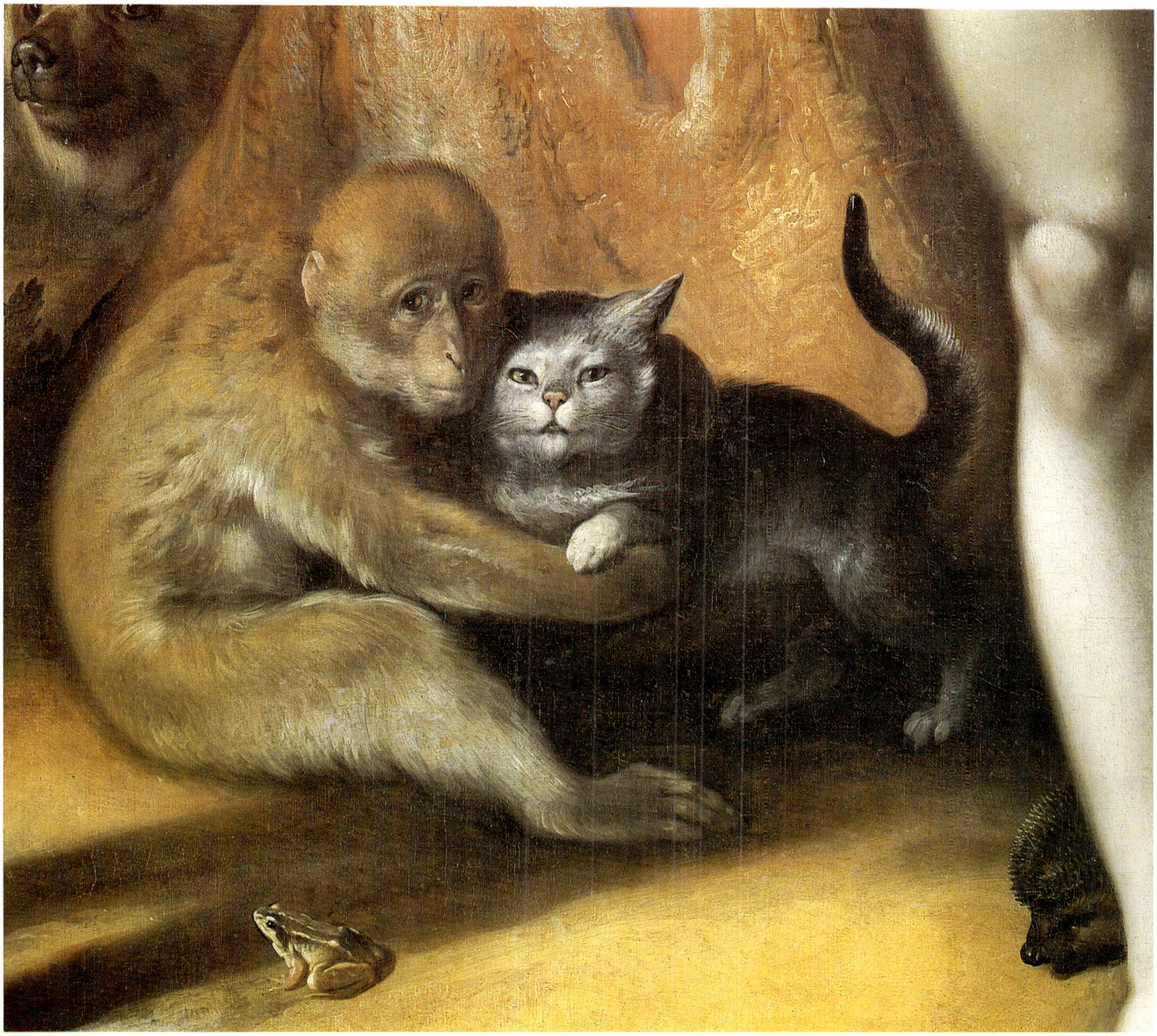

PIETER WTEWAEL ZUGESCHRIEBEN

Utrecht, 1596–1660

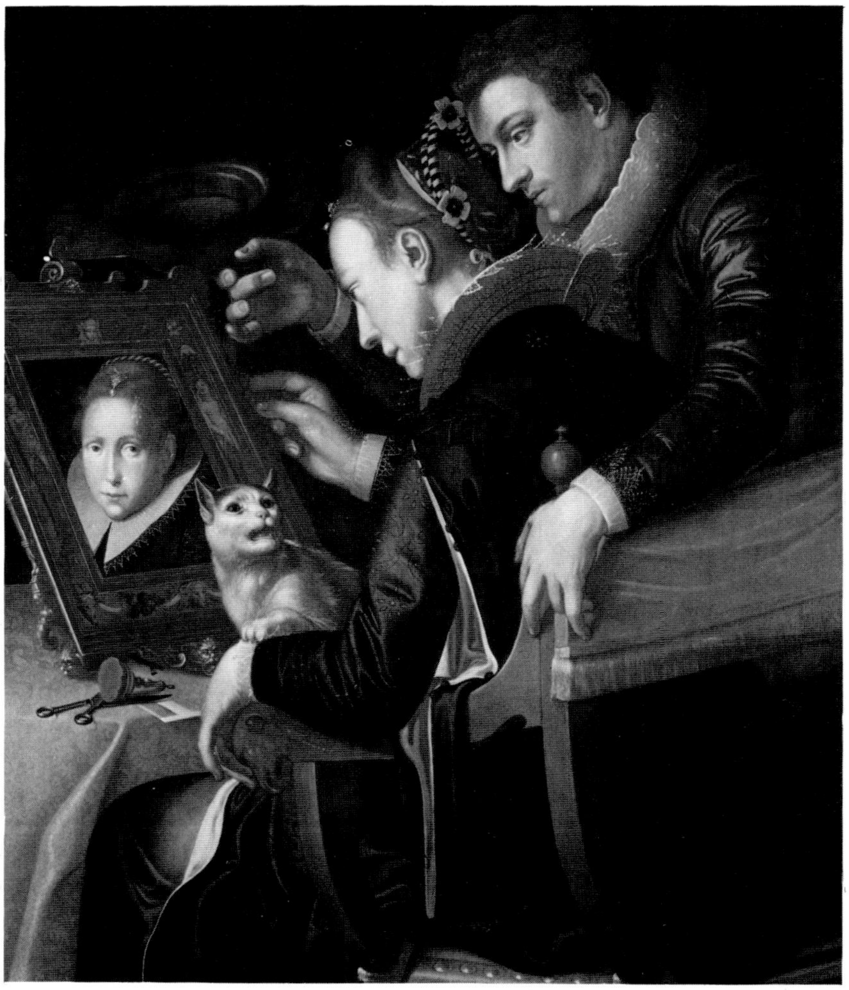

Vanitas
Holz. 111 x 90 cm
London, Kunsthandel

In einem Spiegel mit reich verziertem Rahmen betrachtet eine junge, elegante Frau ihr Spiegelbild, aus dem uns ihr Gesicht mit unendlicher Traurigkeit anblickt, die ihr Profil allein niemals verraten hätte. An ihrer Seite stützt sich ein ernster junger Mann vertraut auf die Rückenlehne ihres Sessels, lässig den Hut in der Hand haltend. Auch sein Blick fixiert diesen Spiegel. Allein die Katze wendet sich um (nur sie ist wirklich von vorne zu sehen): Nachdrücklich legt sie die Pfote auf die Hand der Dame und betrachtet sie, unruhig miauend, als wollte sie vor etwas warnen. Ginge sie so weit, ihre Herrin zu kratzen? Der Sinn dieser Szene ist so fremdartig wie die Atmosphäre, die von ihr ausgeht, so komplex wie das Spiel der Blicke und der Hände, das dieses höchst manieristische Bild belebt. Ob der Herr ein Verführer ist, der seiner Dame gerade ein Schmuckstück geschenkt hat, das sie nun sichtbar über der Stirn trägt? Gilt es, die Melancholie, die der Spiegel verrät, mit einer allgemeineren Vorstellung von Vanitas in Verbindung zu bringen, der Vergänglichkeit weiblicher Schönheit und der Bedeutungslosigkeit irdischen Tuns (Toilette, angedeutet durch Kamm, Puderquaste und Schere, den Schmuck und den äußerst luxuriös gerahmten Spiegel)? Beschäftigungen, die um so unnützer scheinen, als sie nur wahrnehmbar sind dank eines so zerbrechlichen und flüchtigen Gegenstandes wie eines Spiegels. Rätselhaft ist auch die Rolle der Katze. Möchte sie ihre Herrin in die Wirklichkeit zurückrufen und sie daran hindern, zuviel nachzudenken? In diesem Fall spielte sie eine ambivalente Rolle. Oder will sie sie vor den Gefahren der Verführung warnen? Dann wäre sie eine Art Schutzengel. Es könnte sich aber auch um die Konfrontation und Auseinandersetzung zweier Egoismen handeln, des sich verlassen fühlenden Tieres und dem der in die Betrachtung ihres eigenen Spiegelbildes versunkenen jungen Frau. Was auch dahinterstecken mag, es ist fraglich, ob die Botschaft der Katze verstanden wird, denn das Paar beachtet sie im Augenblick keineswegs.

É. F.-W.

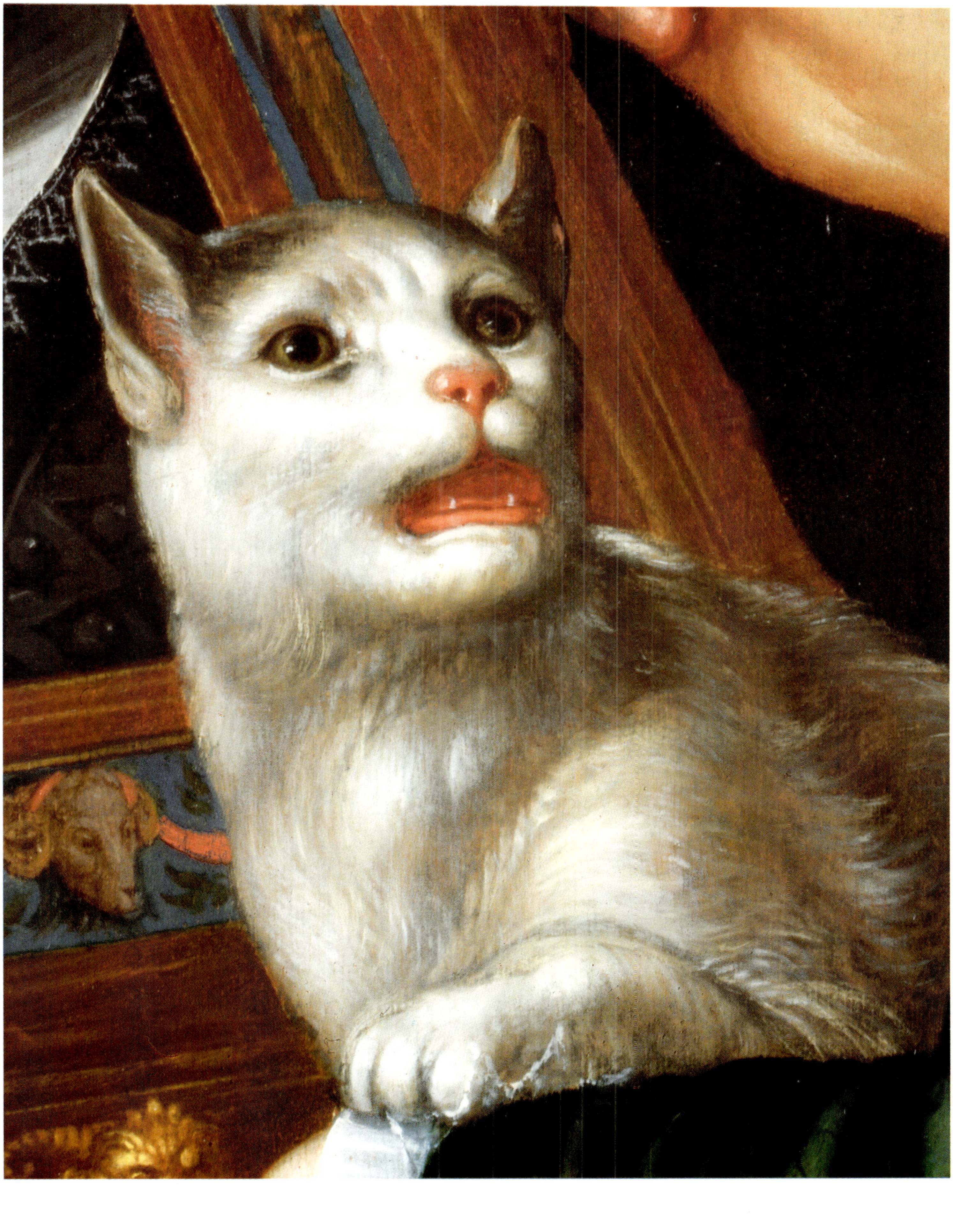

GIOVANNI LANFRANCO

Parma, 1582 – Rom, 1647

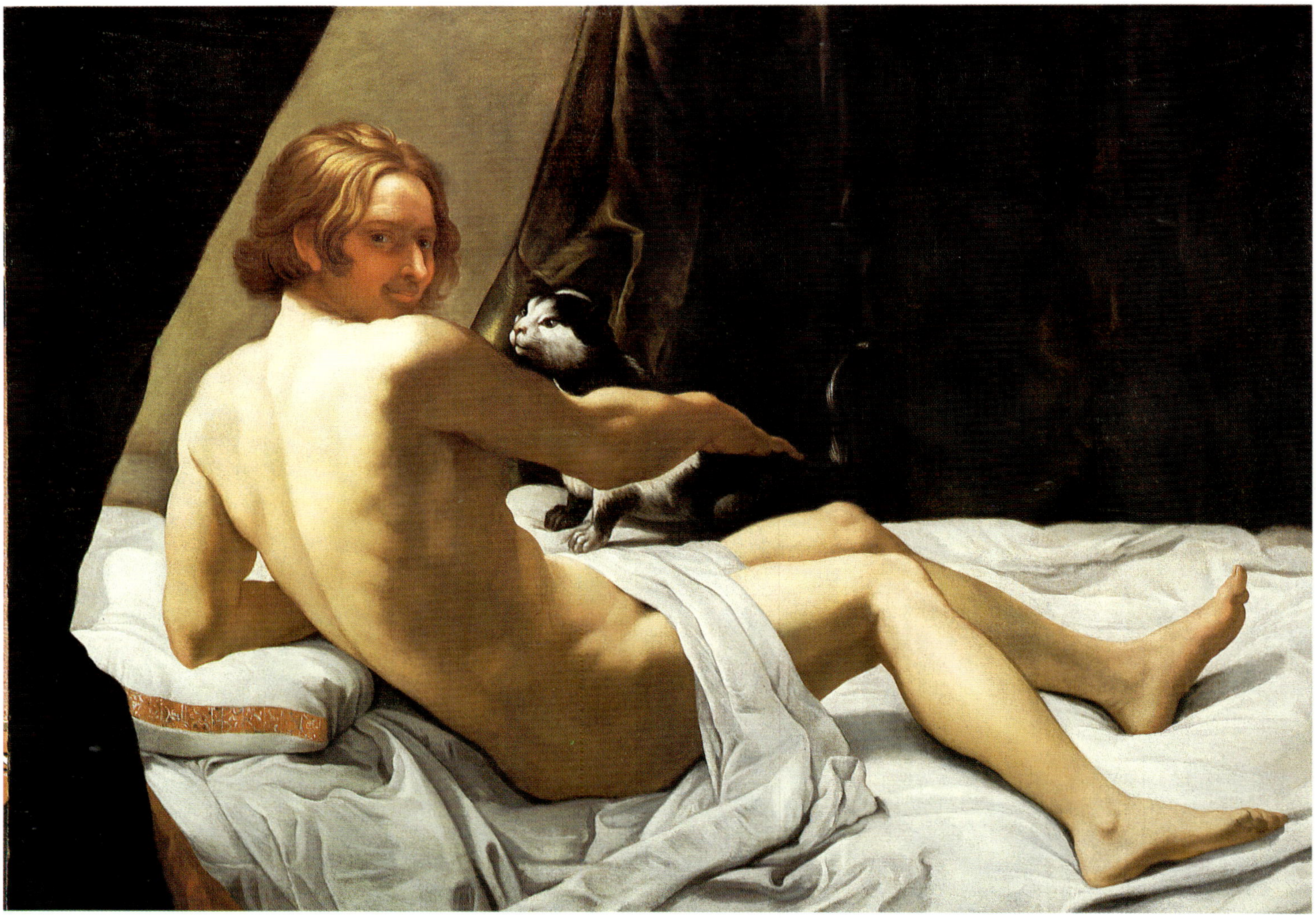

Nackter Mann auf seinem Bett, mit einer Katze spielend, um 1620
Leinwand. 113 x 160 cm
London, Kunsthandel

Von diesem Bild – in mittelmäßigem Zustand – weiß man nur eines: Es ist von Lanfranco. Zuerst befand es sich im Besitz der Königin Christine von Schweden, die 1689 in Rom starb, dann gelangte es zu Philippe von Orléans (der es „Horace Gentileschi" zuschrieb), bevor es mit der Sammlung der Orléans nach England gelangte.

Stellt es Lanfranco selbst dar? Nach dem Medaillon zu urteilen, das seine Lebensgeschichte in Belloris berühmtem Werk *Vite de pittori, scultori e architetti moderni* ziert, erscheint dies kaum möglich.

Offenbar soll es schockieren: Ein nackter junger Mann, kaum bedeckt durch ein Leintuch, liegt auf einem ungemachten Lager und wendet sich uns lächelnd zu. Er streichelt eine häßliche weißschwarze Katze, wohl seine eigene. Warum dieses Bild und diese zärtliche Katze? Wir wissen es nicht. Auf jeden Fall ist die römische Malerei des 17. Jahrhunderts reich an Überraschungen. P. R.

PIETRO PAOLINI

Lucca, 1603–1681

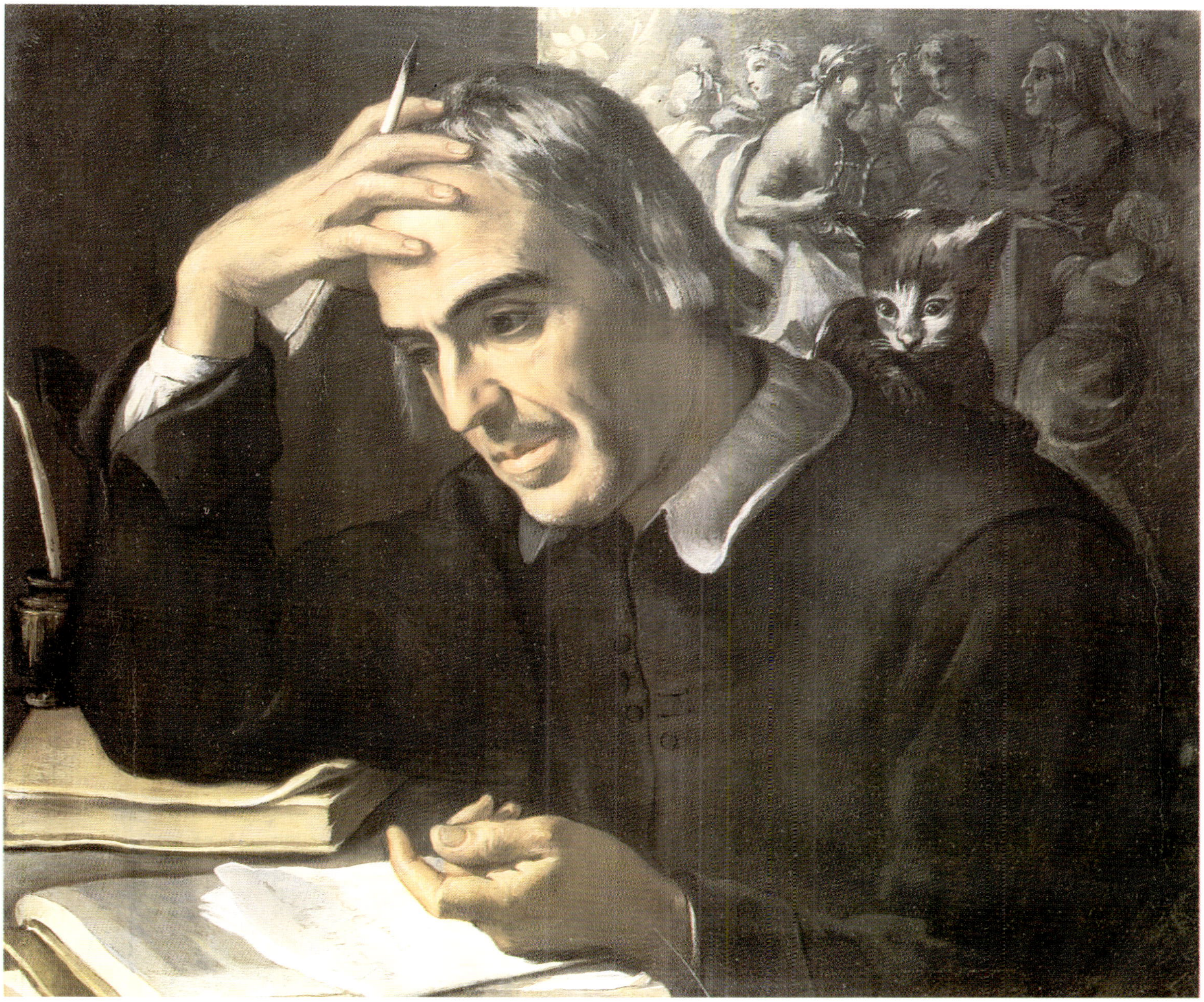

Der Dichter und die kleine Katze
Leinwand. 57 x 66 cm
Ehemals Sammlung Guinigi in Lucca

„Die toll Verliebten und die strengen Weisen
Verehren, wenn die Kraft und Jugend schmolz,
Die Katzen sanft und stark, des Hauses Stolz,
Die fröstelnd, so wie sie, den Herd umkreisen.“ [111]

Baudelaire: „Die Katzen“, aus: Die Blumen des Bösen, 1861.

Den Hintergrund des Bildes ziert ein Basrelief, genauer gesagt: eine Grisaille-Malerei, die Apollon in Begleitung der Musen zeigt, die Büste unseres Dichters bekränzend. Auf der Schulter des Poeten beobachtet ein kleines grauweißes Kätzchen erstaunt und belustigt die mysteriöse Beschäftigung seines Herrn, dessen Konzentration und Einsamkeit den Weisen von Baudelaire vorwegnehmen. P. R.

GIOVANNI BENEDETTO CASTIGLIONE

Genua, um 1610 – Mantua, 1665

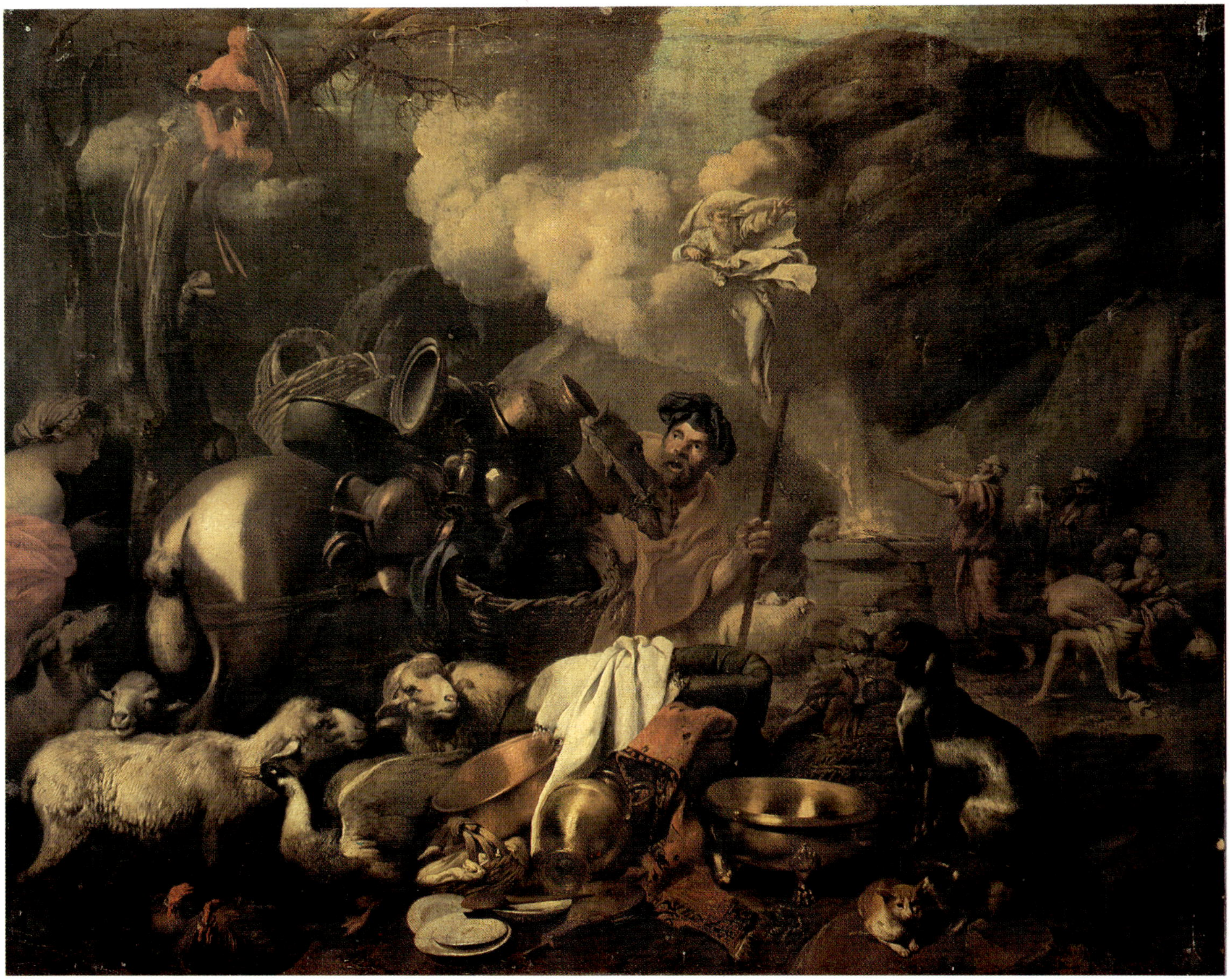

Noahs Opfer
Leinwand. 57 x 80 cm
Genua, Galleria di Palazzo Bianco

Von allen biblischen Themen eignet sich für Tierdarstellungen das Opfer Noahs besonders gut, doch werden dabei oft die Katzen vergessen. Als bedeutender Tiermaler widmete sich Castiglione mehrfach diesem Thema (Wien, Los Angeles). Immer sind in seinen Kompositionen Katzen dabei. In der Fassung von Genua wird im rechten Teil der Komposition das Opfer vollzogen, während die Tierpaare noch versammelt sind. Einträchtig sitzt im Vordergrund des Bildes, rechts unten, ein Katzenpaar mit rötlichem und weißgrauem Fell und wendet sich uns zu, weder Unruhe noch Interesse für seine Reisegefährten zeigend.

Castiglione malt die zwei Katzen naturgetreu und sorgfältig, ohne ihnen gegenüber mehr Sympathie zu bezeigen als den Schafen oder Papageien.

P. R.

GIUSEPPE RECCO

Neapel, 1634 – Alicante, 1695

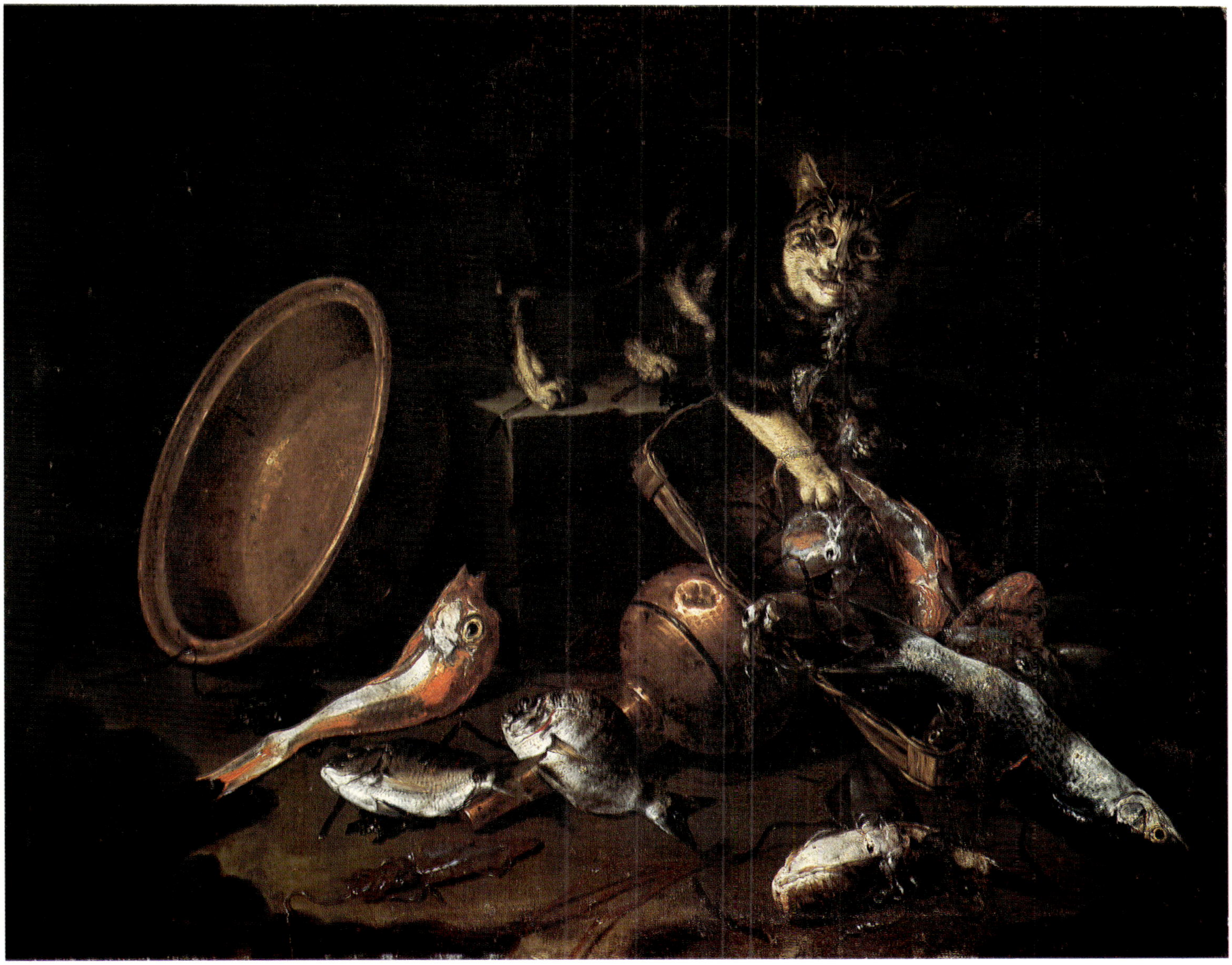

Katze, einen Fisch stehlend
Leinwand. 96 x 128 cm
New York, Metropolitan Museum of Art

Giuseppe Recco gelang es, die Überraschung der schön getigerten Katze, die gerade einen Tintenfisch verschlingt, dessen Fangarme sie noch zwischen den Zähnen hält, naturgetreu zu zeigen. Sie läßt sich nicht stören und blickt den Betrachter furchtlos an. Offenbar wurde sie bei ihrem Diebeszug in die mit vielen schimmernden Fischen üppig gefüllte Speisekammer gestört – Fische zu malen war übrigens Reccos Spezialität. Wie man weiß, sind Katzen versessen auf Fische. So ist die Verbindung von Katze und Fisch geradezu klassisch und Thema vieler Bilder, besonders in der niederländischen Malerei des 17. Jahrhunderts. Längerer Interpretationen bedarf es nicht. P. R.

BERNHARDT KEIL

Helsingør, 1624 – Rom, 1687

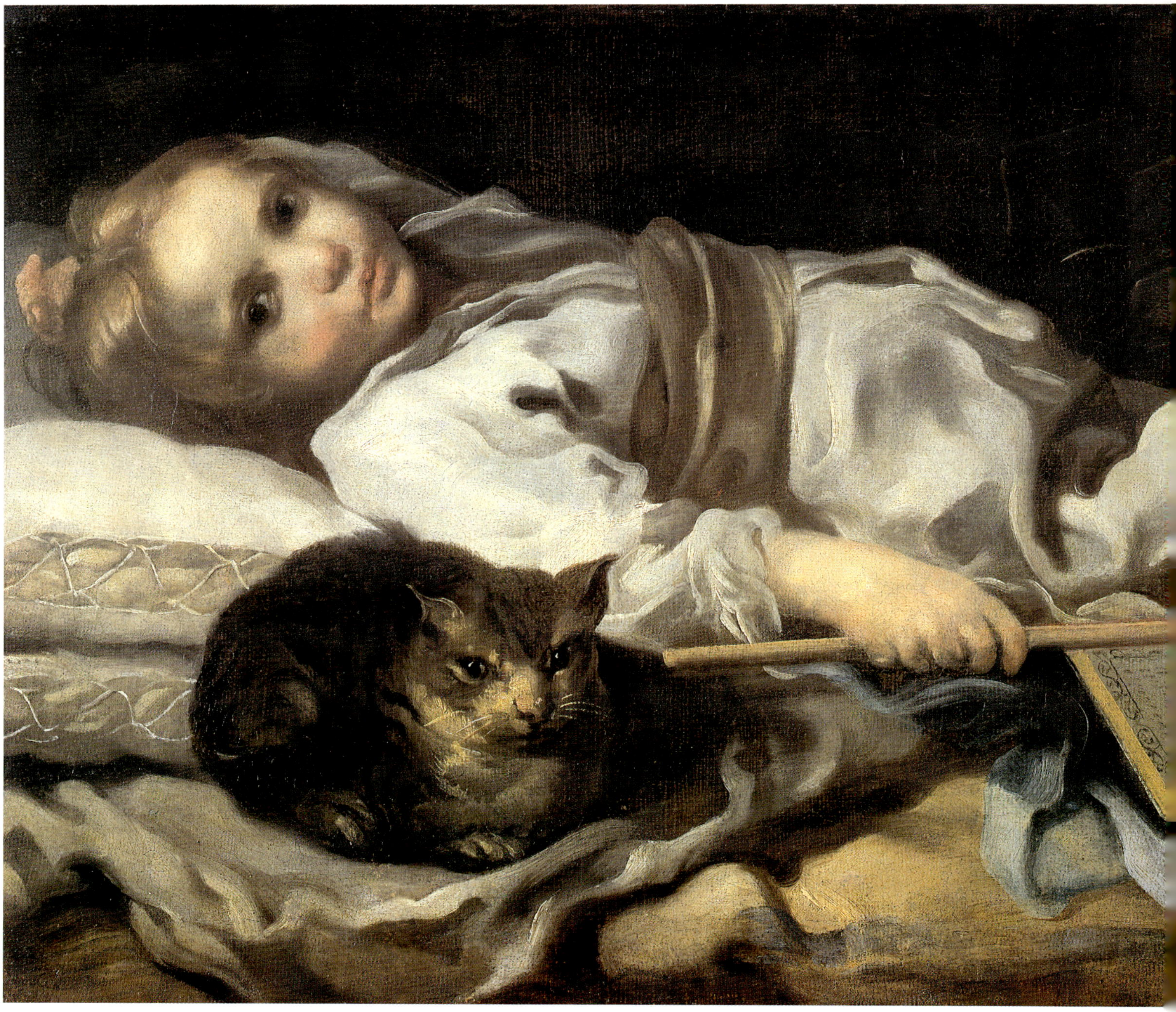

Mädchen mit Fächer und Katze
Leinwand. 49 x 96 cm
Privatsammlung

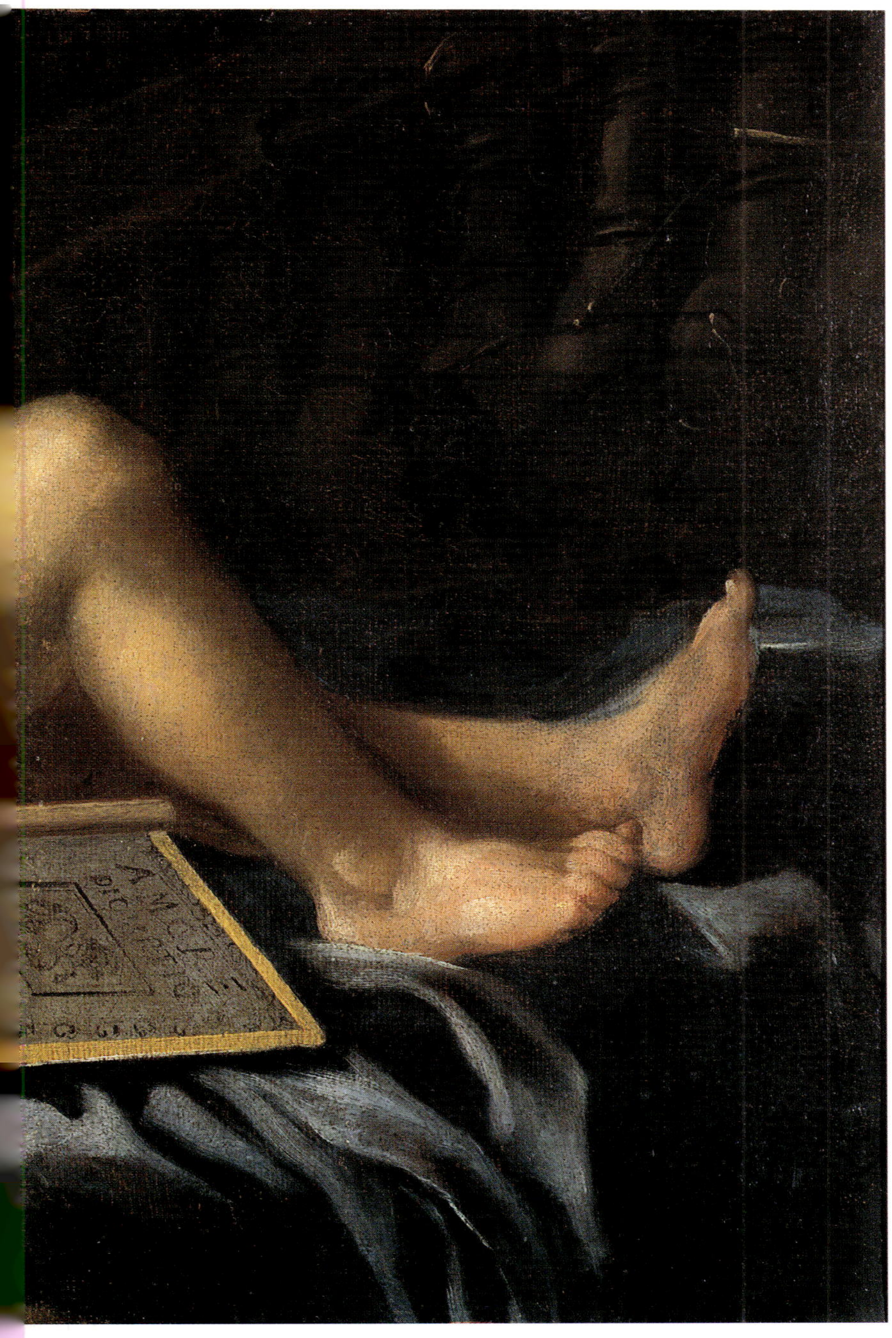

Ein traurig und ein wenig ängstlich blickendes Mädchen hält einen Fächer in der Hand, wie man sie im Italien des 16. Jahrhunderts herstellte, mit einem in einen Holzrahmen geschobenen illustrierten Stich. Neben dem Mädchen sitzt eine Katze mit weit offenen, glänzenden Augen. Mißtrauisch blickt sie den Betrachter an. Sie fügt sich harmonisch in die eigenartige, melancholische Tonalität der Szene ein.

Zu diesem Bild gehört ein Pendant, das einen Jungen zeigt, der tief und fest schläft, wie die Katze neben ihm. Die Bedeutung dieser beiden Bilder bleibt rätselhaft (W. Sumowski hat sich damit begnügt, festzustellen, daß es Deutungsprobleme gebe). Handelt es sich einfach um eine Gegenüberstellung der Zustände des Schlafens und Wachens? Von dem Text auf dem Fächer ist leider zu wenig lesbar, als daß er wirklich zur Interpretation herangezogen werden könnte: Nur die beiden ersten Wörter – „AMORE / DIO“ – sind entzifferbar. Doch reichen diese Wörter aus, die Vorstellung zu stützen, daß dieses heranreifende Mädchen bedrängt wird von den Gefahren und Leiden, die ihm der Gott der Liebe bescheren wird? Das kleine, in die Mitte des Fächers gestochene Motiv, wohl ein Pferd, würde diese Deutung unterstützen; in der traditionellen Ikonographie begleitet dieses Tier sehr oft Eros. Währenddessen gibt sich der Knabe im Schutze der Sorglosigkeit dem „Schlaf der Gerechten“ hin. Doch der Schlaf ist die Nacht und der kleine Bruder des Todes. Das Glück des Schlafenden ist demnach nichts als Illusion! Nicht weniger vergeblich ist der Zustand des Wachens, denn während des Lebens selbst vermag man den Qualen der Liebe nicht zu entrinnen. Die beiden Katzen greifen die Gegenüberstellung der beiden Kinder noch einmal auf: Man könnte Gefallen daran finden, sich vorzustellen, das eine Tier sei eine Katze und das andere ein Kater. É. F.-W.

DIEGO VELÁZQUEZ

Sevilla, 1599 – Madrid, 1660

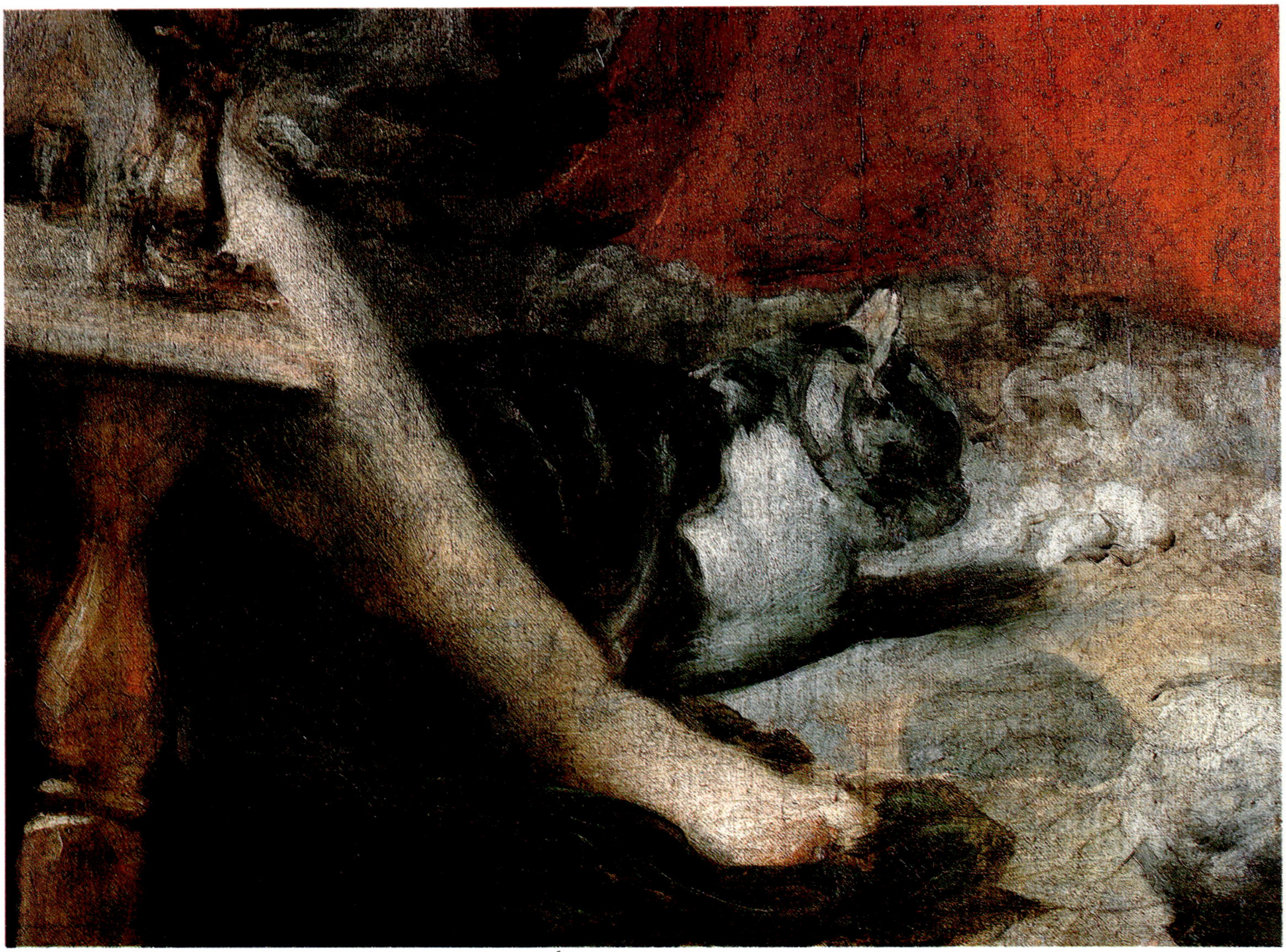

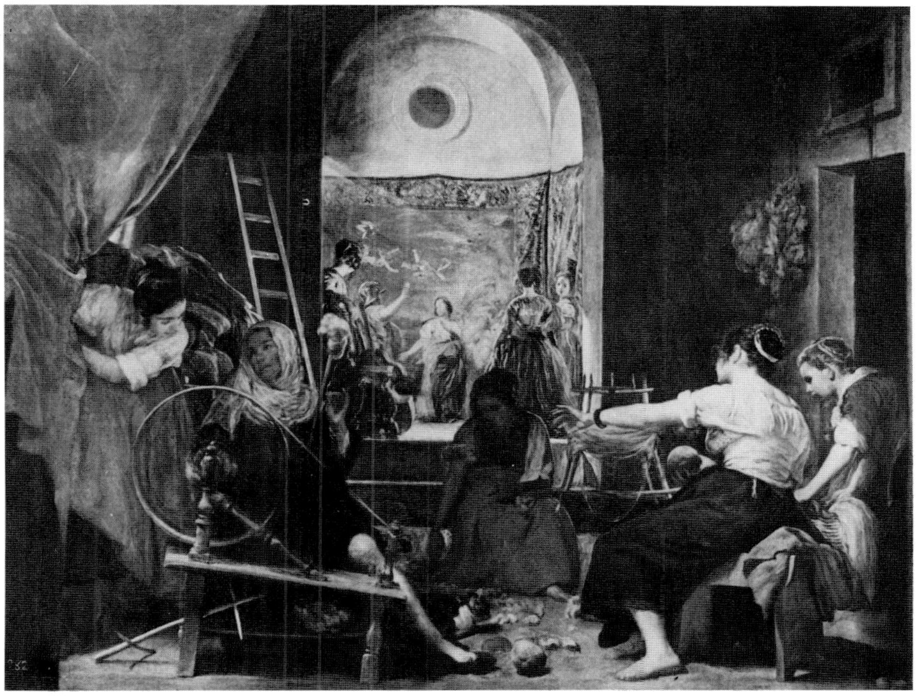

Von der Legende der tugendsamen, spinnenden Lucretia bis zu Arachne und den sehr abenteuerlichen neoplatonischen Spekulationen wurden durch dieses Bild viele Interpretationsversuche hervorgerufen. In den meisten Fällen wird jedoch von der Katze, die, teilweise verdeckt durch die Frau am Spinnrad, im Vordergrund des Bildes schläft, keinerlei Notiz genommen. Die wenigen Beobachtungen, die auf sie eingehen, reduzieren das Tier allenfalls zu einem einfachen pittoresken Motiv. Nur J. M. de Azcárate weist der Katze eine wirklich bedeutende Rolle zu, weshalb wir ihn hier erwähnen.

Die Spinnerinnen werden bei ihm als politisches Bild begriffen: die Verherrlichung des Gehorsams gegenüber der spanischen Monarchie und die Reue der Rebellen. Unsere Katze sollte zeigen, daß Gehorsam das Gegenteil von Knechtschaft ist, da die Katze, Symbol der Freiheit, es nicht ertragen kann, eingesperrt zu sein. So erklären es auch die ikonologischen Abhandlungen von Cesare Ripa und Valeriano. Velázquez besaß beide Werke, wie man durch das Inventar seiner Bibliothek weiß.

So bekäme dieser einfache Haarball, den man fast für ein Wollknäuel halten könnte, der auf dem Boden einen deutlichen Schlagschatten wirft, eine gleichsam königlich emblematische Bedeutung. Er hat teil an dem subtilen Spiel des Lichts in diesem Atelier, wo alles geschäftig ist außer der Katze. Sollte sich ein großer Maler wie Velázquez wirklich solchen ikonographischen Verrenkungen unterzogen haben? É. F.-W.

Die Spinnerinnen oder:
Die Teppichweberei von Santa Isabel in Madrid, um 1657(?)
Leinwand. 220 x 289 cm
Madrid, Museo del Prado

BARTOLOMÉ ESTEBAN MURILLO

Sevilla, 1618–1682

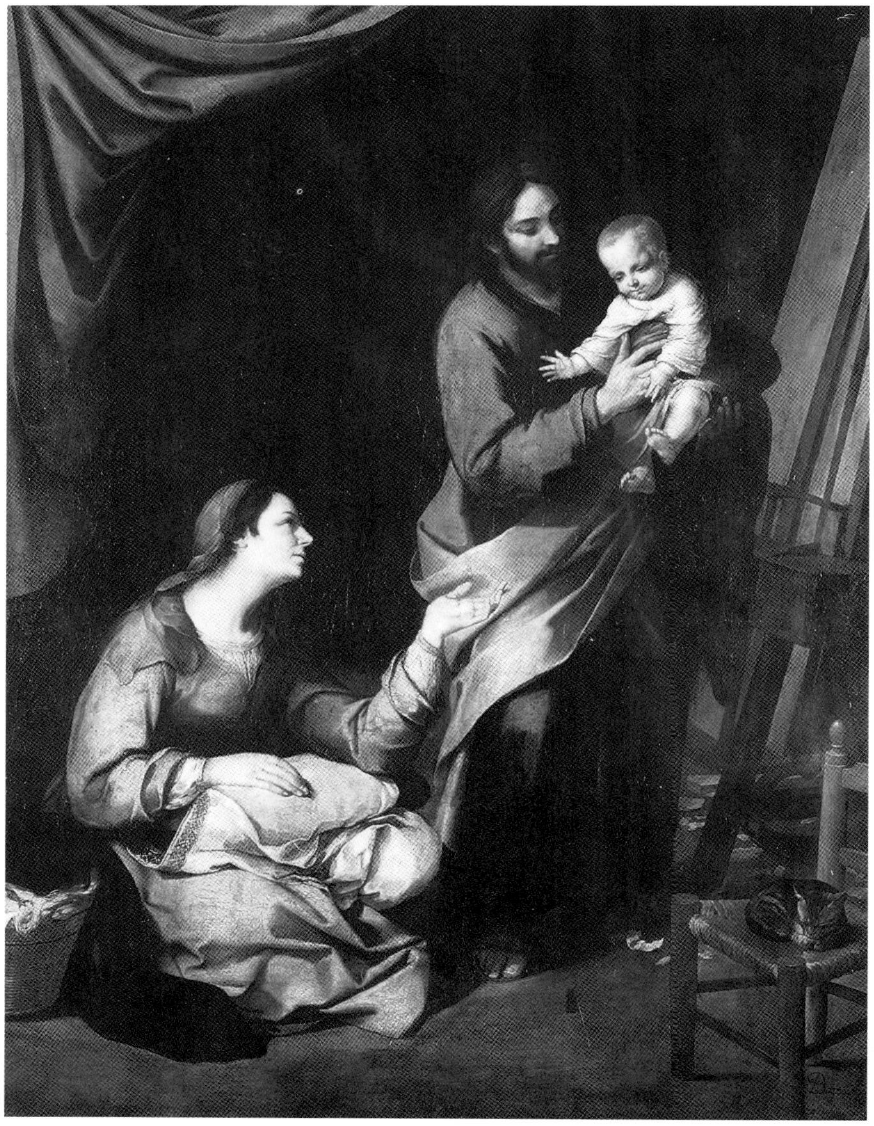

Die Heilige Familie, vor 1650
Leinwand. 209 x 165 cm
Den Haag, Königlicher Palast

Das grau getigerte Kätzchen findet sich außer in diesem Bild noch in einer anderen *Heiligen Familie* von Murillo (Dublin, National Gallery), im selben Alter dargestellt. Neben anderen Kriterien beweist damit das Tier die Gleichzeitigkeit der beiden Bilder. Die Historiker von Murillo waren allein mittels der Stilkritik zu dem gleichen Schluß gekommen; die Existenz der Katze und den in ihr implizierten chronologischen Hinweis ließen sie beiseite: Katzen wachsen und werden alt, genauso wie die Menschen.

Friedlich eingerollt schläft das Tier auf dem Strohgeflecht des Stuhls, da Maria als „demütige Jungfrau" sich auf dem Boden niedergelassen hat. In dem Bild von Dublin dagegen hat Maria den Platz auf dem Stuhl eingenommen, und die Katze ist auf den Boden verwiesen. Mit schiefem und wenig freundlichem Blick scheint sie kundzutun, daß sie über die Vertreibung beleidigt ist.

Solche Katzendarstellungen finden sich gewiß nicht aus Zufall in diesem Zusammenhang. Sicherlich entsprechen sie auch nicht allein einem dem spanischen Genie eigenen Sinn für Realismus, biblische Szenen in die Sprache des Alltags zu übersetzen! Murillo war sehr bewandert in der Ikonographie – so weist er der Katze in einer Darstellung aus der Kindheit Christi einen Platz zu, der als Zeichen von Prüfungen gedeutet werden kann, die der Gottessohn zur Errettung der Menschheit bestehen muß. É. F.-W.

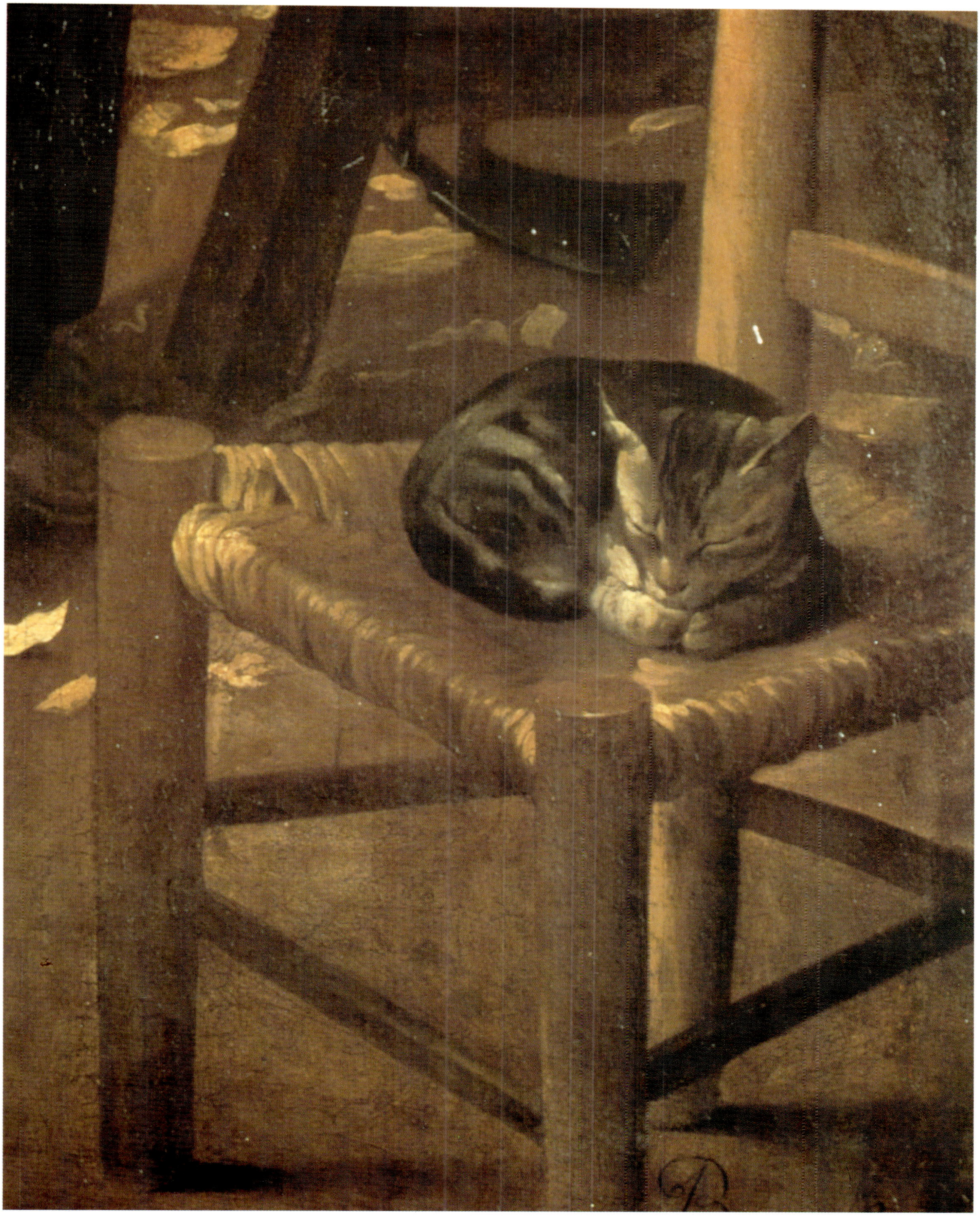

JACOB JORDAENS

Antwerpen, 1593–1678

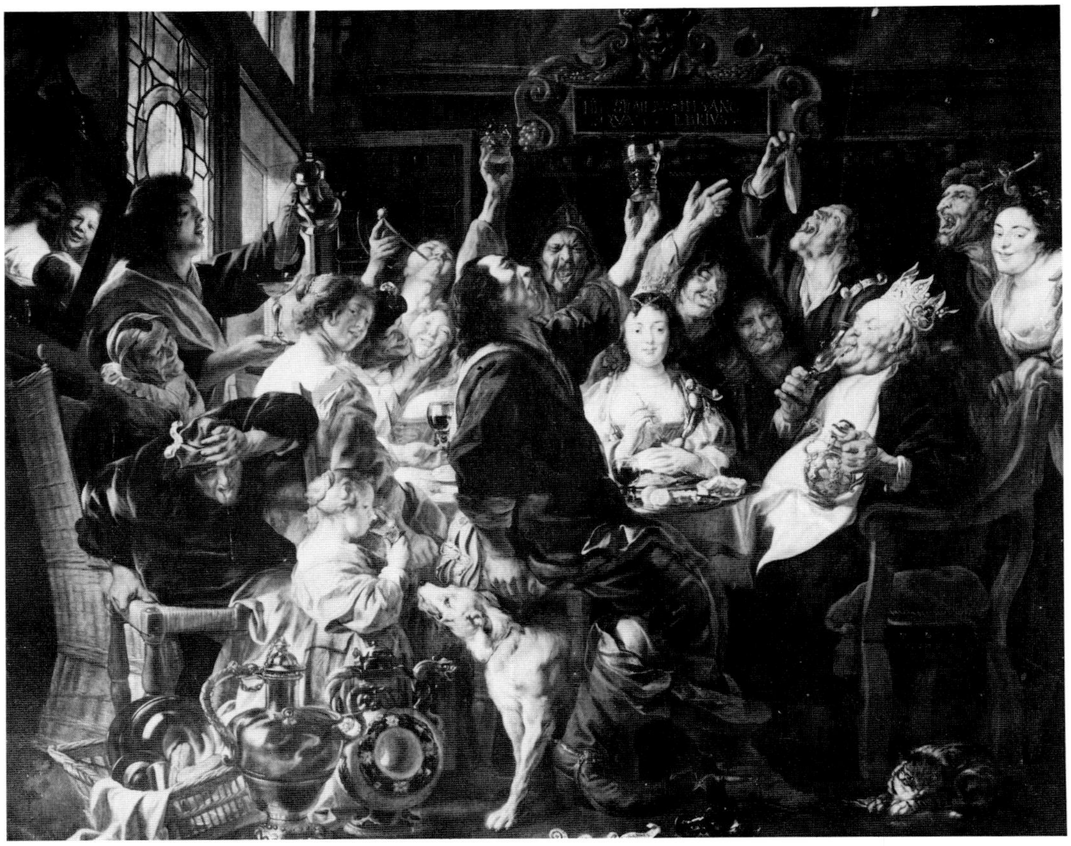

Das Fest des Bohnenkönigs, um 1640–1645
Leinwand. 242 x 300 cm
Wien, Kunsthistorisches Museum

In dieser großformatigen Darstellung des traditionellen flandrischen Festes der Heiligen Drei Könige hat Jordaens an einem Ehrenplatz, neben dem königlichen Sessel eine Katze, wohlgenährt und mit dichtem Fell, dargestellt. Ihr dicker Kopf erinnert in eigenartiger Weise an das gedunsene Gesicht des Eintagskönigs, der bei dem Ruf „Der König trinkt" sein Glas hebt und sich betrinkt. In der Komposition scheint die Katze ein wenig isoliert, während sie als Detaildarstellung fast wie das Motiv eines eigenständigen Gemäldes wirkt. Sie betrachtet uns mit ihren schmalen, wilden Schlitzaugen, während sie unter ihren Krallen etwas Futter hält. Der Hund hingegen scheint sich mehr für einen sich gerade übergebenden Tischgenossen zu interessieren.

Die Szene spielt sich unter einer weithin sichtbaren moralisierenden Inschrift ab (es sei denn, sie wäre rein ironisch zu verstehen?): *„Nec similius insano quam ebrius"* (Nichts ähnelt einem Verrückten mehr als ein Betrunkener), und die Gegenwart der wohlgenährten Katze kann hier nicht zufällig sein. Muß man nicht in diesem Tier, dem einzigen ruhigen Teilnehmer dieser lustigen Gesellschaft, eine Art spöttischen Verweis auf die Exzesse der Menschheit sehen? Das Tier ist weise, und der Mensch ist verrückt, ja tierisch.

É. F.-W.

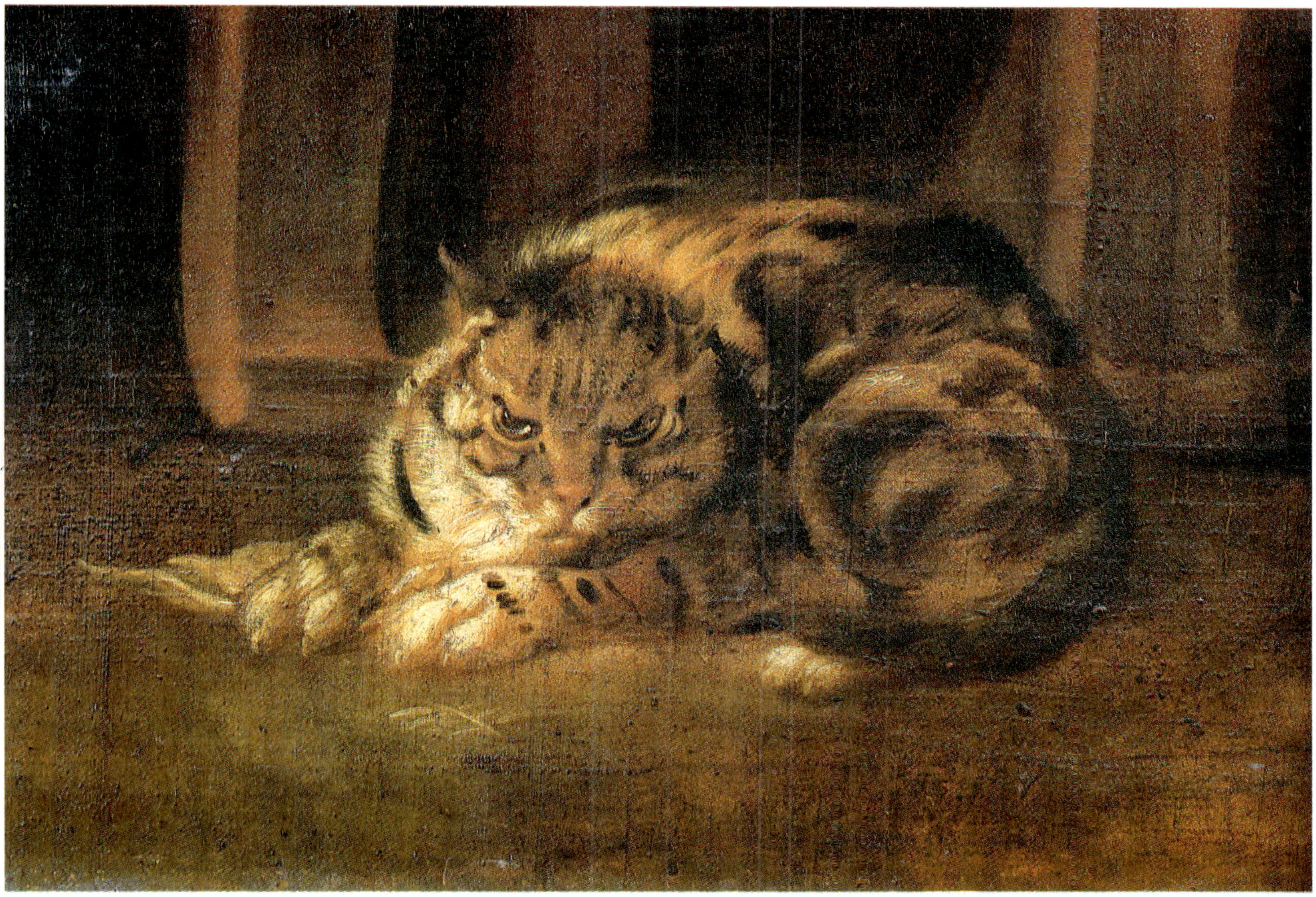

REMBRANDT

Leiden, 1606 – Amsterdam, 1669

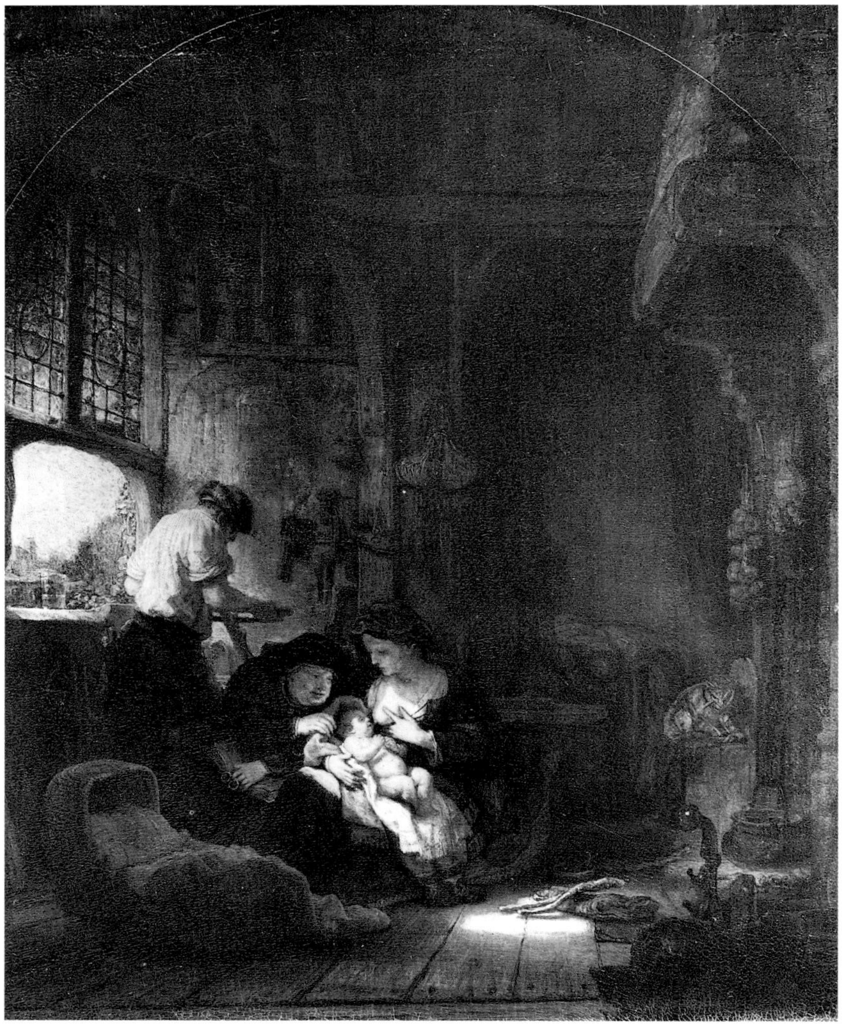

Heilige Familie, auch *Die Tischlerwerkstatt* genannt, 1640
Holz. 41 x 34 cm
Paris, Louvre

Nur mit Mühe kann man in der Dunkelheit als Detail eine getigerte Katze ahnen, die nahe dem offenen Fenster döst. Sie ist aber präsent wie eine andere Artgenossin in der Heiligen Familie in Kassel (1646) und wie eine dritte in einer Radierung von 1654. Dort hat sie sogar die Ehre, im Titel inbegriffen zu sein: *Heilige Familie mit Katze.* Sonst finden sich keine Katzen in Rembrandts Gemälden. Statt dessen tauchen zu allen möglichen Anlässen ganze Invasionen von Hunden der verschiedensten Rassen auf.

Bestimmt nicht ohne Grund hat der Meister der so diskreten und ruhigen Katze, die intime Szene par excellence, der Kindheit Jesu vorbehalten. Die Jungfrau ist in ihrem bescheidenen Heim mit ihrer betagten Mutter und mit Joseph um das Kind versammelt. Eine Katze, der man in jedem Haushalt begegnen kann, leistet Gesellschaft. Kommt ihr eine besondere Bedeutung zu? Wir glauben es nicht, denn Rembrandts große innovative Kraft besteht darin, über die traditionelle Ikonographie hinauszugehen. Diese Wirkung erzielt er, indem er festgelegte Symbole so gestaltet, daß sie durch die Alchimie seiner realistischen Malerei vertraute Details werden, deren Sinn man eigentlich nicht mehr zu erklären braucht. Hier wird das Sakrale alltäglich, wenn man sich vorstellt, daß es die Bibel ist, die von der heiligen Anna, die Brille in der Hand haltend, beiseite gelegt wurde. Joseph stellt in seiner Ecke ein Joch her, das sicher als eine Allusion an die Weissagung des Propheten Jesaja („Der Retter wird das Joch Israels zerbrechen“) zu interpretieren ist. Es ist aber zu einem Alltagsgegenstand geworden. Ebenso erscheint die Katze, dieses unheilvolle und oft gefürchtete Tier, hier nur als brave Katze, die sich in der Nähe des Kochtopfes mit den sicher sehr verlockenden Düften am Feuer wärmt: kleines und großes Detail in der zauberhaften Einheit dieser intimen, friedlichen Welt.

É. F.-W.

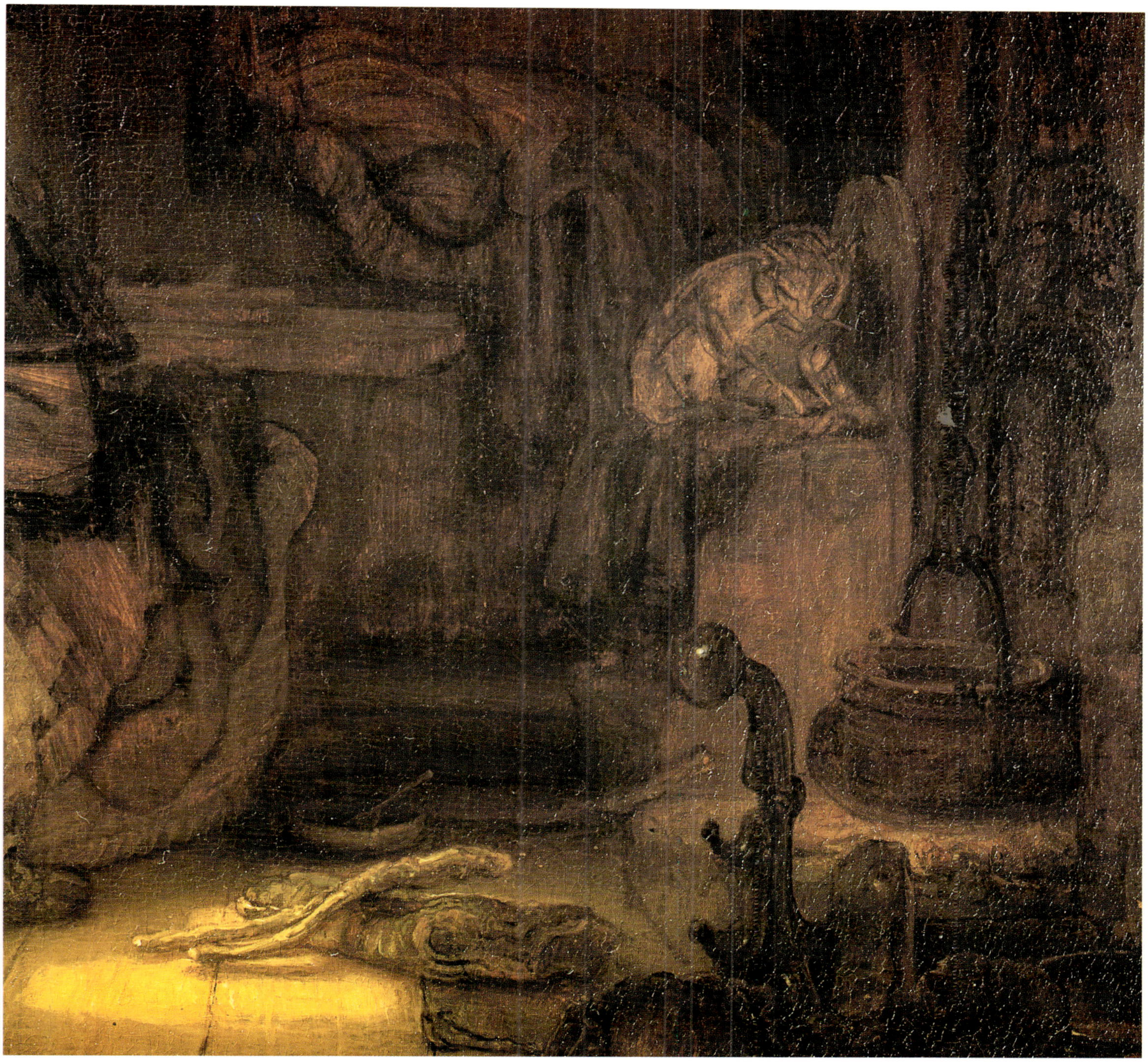

JAN MIENSE MOLENAER

Haarlem, um 1610–1668

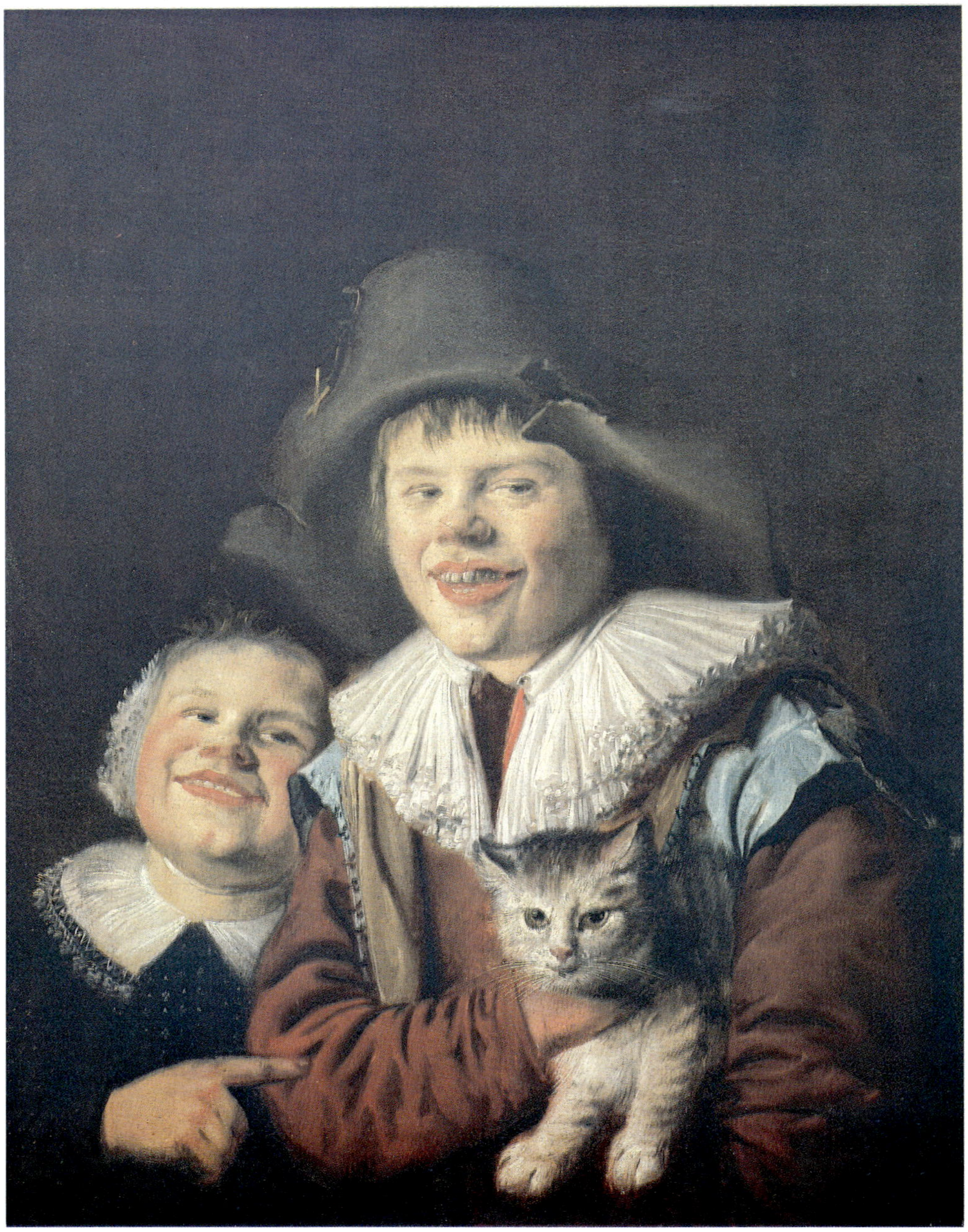

Mit einer Katze spielende Kinder
Leinwand. 66 x 54 cm
Dunkerque (Dünkirchen),
Musée des Beaux-Arts,
Leihgabe des Louvre

Wir dürfen uns nicht täuschen lassen vom Übermut der beiden Kinder und von der Geste, mit der das Mädchen auf die Katze zeigt – das einzige Wesen übrigens, das uns anblickt –, sie ist sicher nicht bedeutungslos. Ein Stich nach einem mit Recht Judith Leyster, der Gattin Molenaers, zugeschriebenen Bild, wo im selben Stil zwei fröhliche Kinder mit einer Katze spielen, gibt uns in seinem Titel die Erklärung dazu. Derartige Szenen tragen moralisierende Züge. Die irdische Lust, die Freuden dieser Welt sind flüchtig und oft – durch Krankheit oder Tod – schnell beendet, so wie hier vielleicht die Fröhlichkeit und die Spiele durch einen Tatzenhieb. Und dies geschieht auf einem anderen Bild Molenaers im Museum von Épinal, wo das Kätzchen – offenbar das gleiche wie hier und sicher ein Haustier des Malers – sich umdreht und den Jungen an der Brust blutig kratzt. Die Samtpfoten werden feindselig und grausam, das Lachen wird schnell zu einer leidvollen Grimasse. É. F.-W.

JUDITH LEYSTER

Haarlem, 1609 – Heemstede, 1660

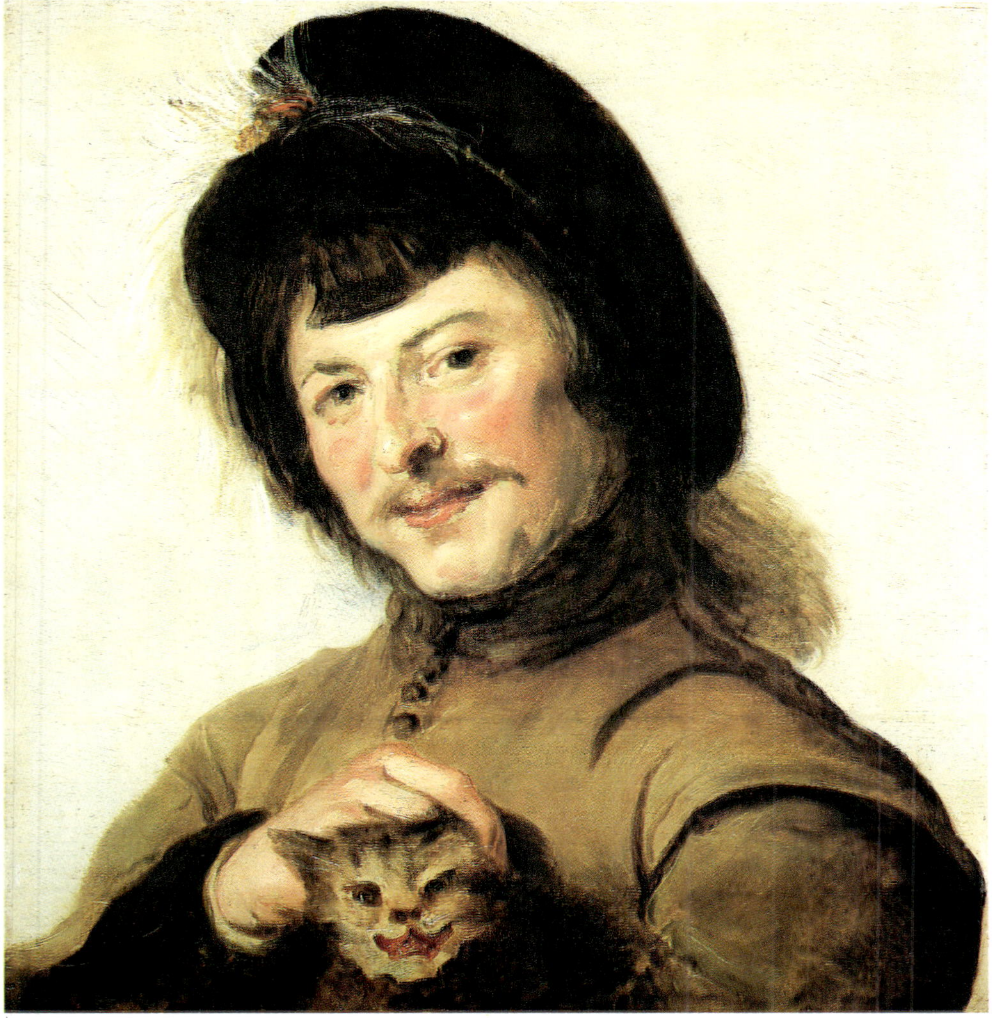

Junger Mann mit Katze
Holz. 45 x 43 cm
Kassel, Gemäldegalerie

Dies ist nicht einfach nur das Porträt eines jungen Mannes, der eine Katze trägt und ihr den Kopf nach vorne dreht, damit sie ins Blickfeld des Bildes kommt und sich nicht zu sehr bewegen kann. Es ist auch das Porträt dieser Katze, die in dieser Komposition sehr lebendig wirkt, ja, man glaubt fast, sie miauen zu hören.

Das junge Tier mit den gleichen kleinen, glänzenden Augen wie die seines Herren fixiert den Betrachter ebenso wie irgendein frecher Junge von Frans Hals (zwischen 1581 und 1585–1666). Dennoch zieht die Katze die Aufmerksamkeit auf sich. Ihr Mund – man wagt kaum, von einer Schnauze zu sprechen! – beschreibt ein Lächeln, unterstrichen durch die Schnurrbarthaare, die eine erstaunliche und charakteristische Ähnlichkeit zwischen Mensch und Tier unterstreichen: Zum lustigen Kumpan, der es liebt, zu lachen und zu scherzen, gehört die schelmische, irgendwie spöttische Katze.

Judith Leyster und ihr Ehemann, Jan Miense Molenaer, waren ein Malerehepaar, das Katzen offenbar sehr liebte, nach den zahlreichen Bildern zu schließen, wo sie auf gleicher Ebene wie die Menschen dargestellt sind.

É. F.-W.

FRANS SNYDERS

Antwerpen, 1579–1657

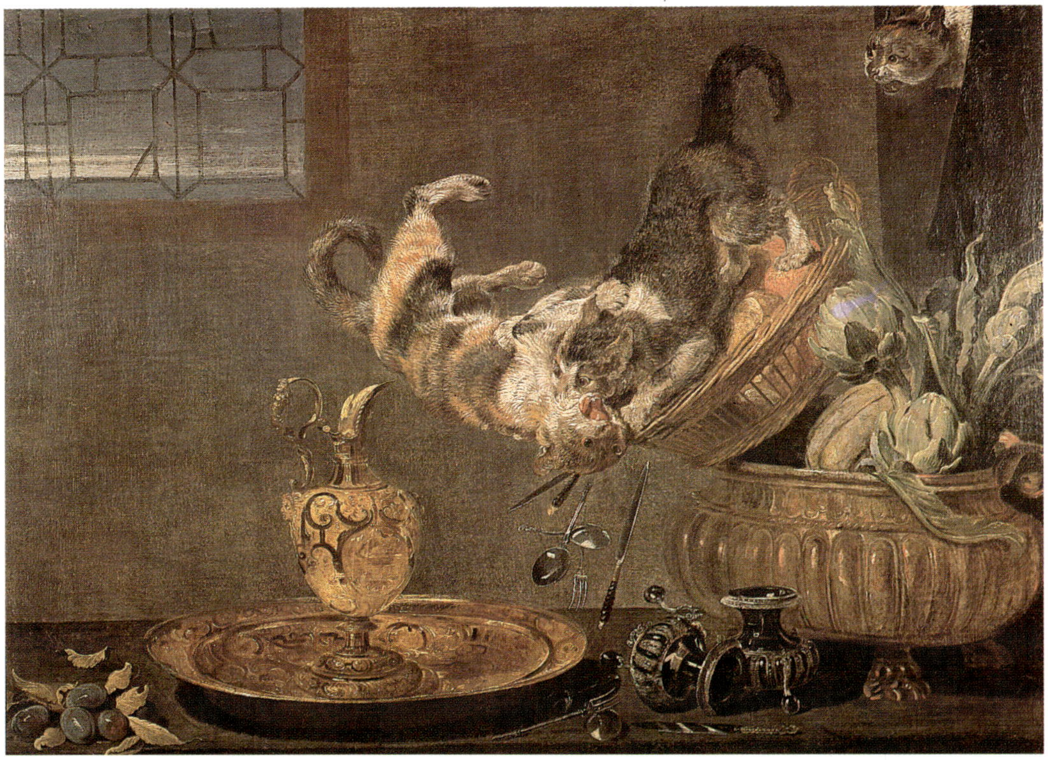

Stilleben mit Katzen
Leinwand. 98 x 137 cm
Privatsammlung

Von klein auf waren es die Katzen von Snyders gewohnt, in die Küche einzudringen und auf die mit Lebensmitteln überhäuften Tische und Anrichten zu klettern. So erkennt man zum Beispiel im Vordergrund eines großen Bildes im Musée des Beaux-Arts von Lyon drei sich balgende kleine Kätzchen mit toten Vögeln, die fast gleich groß sind wie sie selbst. In anderen Bildern finden heftige Kämpfe zwischen ausgewachsenen Katzen statt, die sich um Geflügel und Wild streiten. Dabei denken wir an das Bild in der Alten Pinakothek in München, das so oft kopiert wurde. Besonders erwähnenswert ist die Kopie von Paul de Vos (1596–1678), der eine vergrößerte Version davon malte, die heute im Prado in Madrid aufbewahrt wird.

Der Gegenstand des Kampfes der beiden Katzen scheint nicht gastronomischer Natur zu sein, denn nichts von diesen wertvollen Goldschmiedearbeiten, von diesen herrlichen Früchten und Gemüsen wäre für sie von echtem Interesse. Snyders, ein guter „barocker“ Stillebenmaler, versucht hier, Bewegung zu suggerieren inmitten von kostbaren, aber leblosen Dingen. In sehr konzentrierter Weise greift er auf das Spiel von dynamischen Kurven zurück, denn er wählt genau den Moment, in dem der Korb kippt. Wo sich der Korb vor dem Drama befand, läßt sich allerdings nicht feststellen. Die Wellenbewegungen der Katzenkörper und ihrer Schwänze, wohl ein Kater und eine dreifarbige Katze, beschreiben Voluten, die den Kurven der Gegenstände entsprechen. Allein Tisch, Mauer und Fenster beschreiben gerade Linien, die in geschickter Weise mit der übrigen Komposition kontrastieren. Eine dritte Katze blickt aus der äußersten rechten Ecke des Bildes auf das wilde Treiben.

É. F.-W.

JAN FYT

Antwerpen, 1611–1661

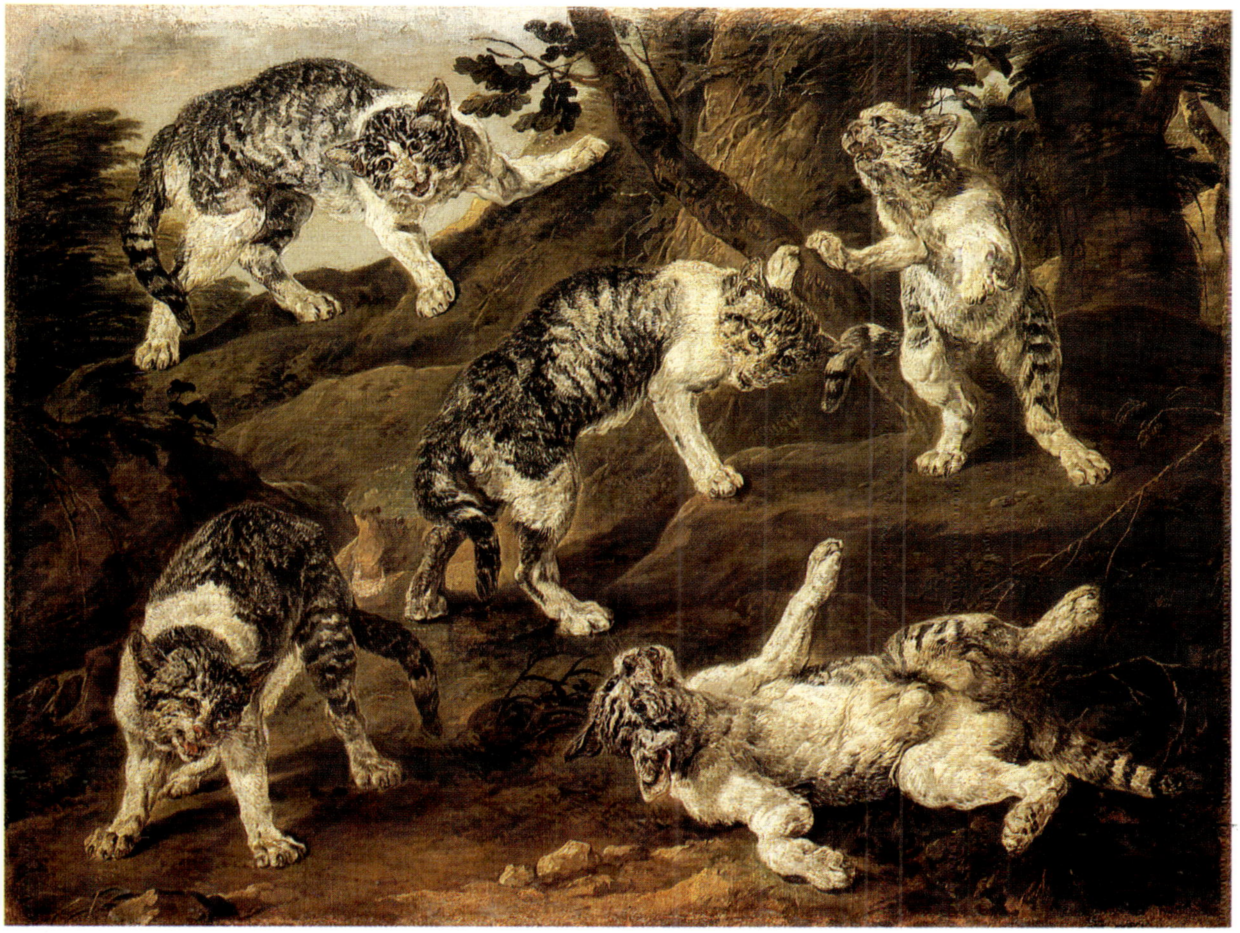

Katzenstudie
Leinwand. 84 x 109 cm
Wien, Akademie der Bildenden Künste

Nicht fünf verschiedene Katzen, sondern ein und dieselbe – ein sehr schönes Tier mit muskulösen Tatzen und unregelmäßig getigertem Fell – sind in diesem Bild zu sehen. Sie ist in höchst unterschiedlichen Posen dargestellt. Solche Studien, jede für sich als eigenes Werk betrachtet, sind bei den alten Meistern selten, wenn nicht außergewöhnlich. Boel schuf diese Art Studien kurze Zeit danach (s. S. 118), aber erst Desportes wird der eigentliche Meister dieses Genres sein (s. S. 128).

Jan Fyt hat sich von einem großen Repertoire an Formen und Haltungen für die Darstellung zahlreicher Katzen inspirieren lassen, die seine groß angelegten Stilleben bevölkern. Sie verhalten sich selten ruhig, sind stets mit erstaunlicher Genauigkeit beobachtet und immer bereit, zwischen Geflügel oder totem Wild herumzutollen. Auch scheinen sie geneigt, mit einem Hund, Dieb wie sie, zu streiten, sich zu winden und zu miauen wie die dargestellte Katze rechts oben im Bild, die am Fuße einer dicken Eiche gegen einen unsichtbaren Feind zu kämpfen scheint. Sie hat nichts von einer Wildkatze. Ohne Respekt vor der Realität bilden die fünf Studien, harmonisch am Grund einer Böschung im Gehölz verteilt, einen einheitlichen Rahmen und verleihen dem Bild den Stellenwert eines eigenständigen Werkes, was es nur noch überzeugender macht. É. F.-W.

DIE BRÜDER LE NAIN, VERMUTLICH VON LOUIS

Laon, um 1593 – Paris, 1648

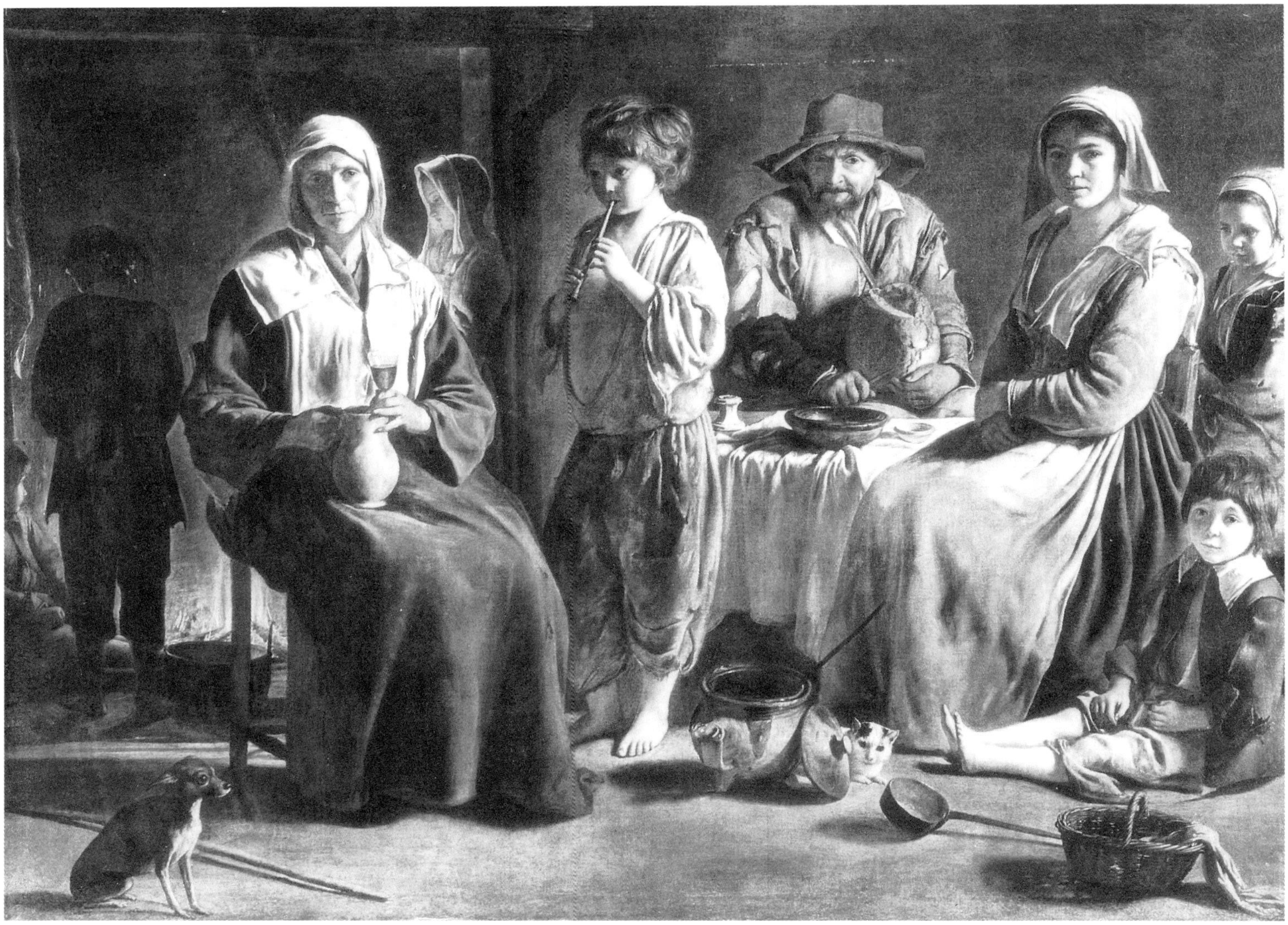

Bauernfamilie im Zimmer
Leinwand. 113 x 159 cm
Paris, Louvre

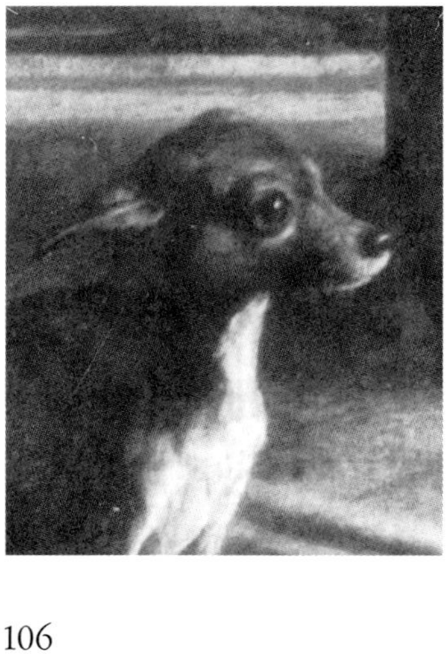

Katzen tauchen sehr zahlreich auf im Werk der Brüder Le Nain. Ihre Gegenwart ist nirgends nur dekorativ und niemals zufällig. Inmitten der Bauernfamilie hinter einem Dreifuß aus glasiertem Ton und dem angelehnten Deckel versteckt sich ein kleines, weißschwarz geflecktes Kätzchen. Unbeweglich und ohne den Hund in der linken unteren Ecke zu beachten, scheint es, wie fast alle Familienmitglieder, etwas für unsere Augen Unsichtbares zu betrachten. Auch es lauscht der Musik des Flageolettspielers und nimmt teil an der ernsten, edlen Poesie, die für das Werk der Brüder Le Nain so charakteristisch ist. P. R.

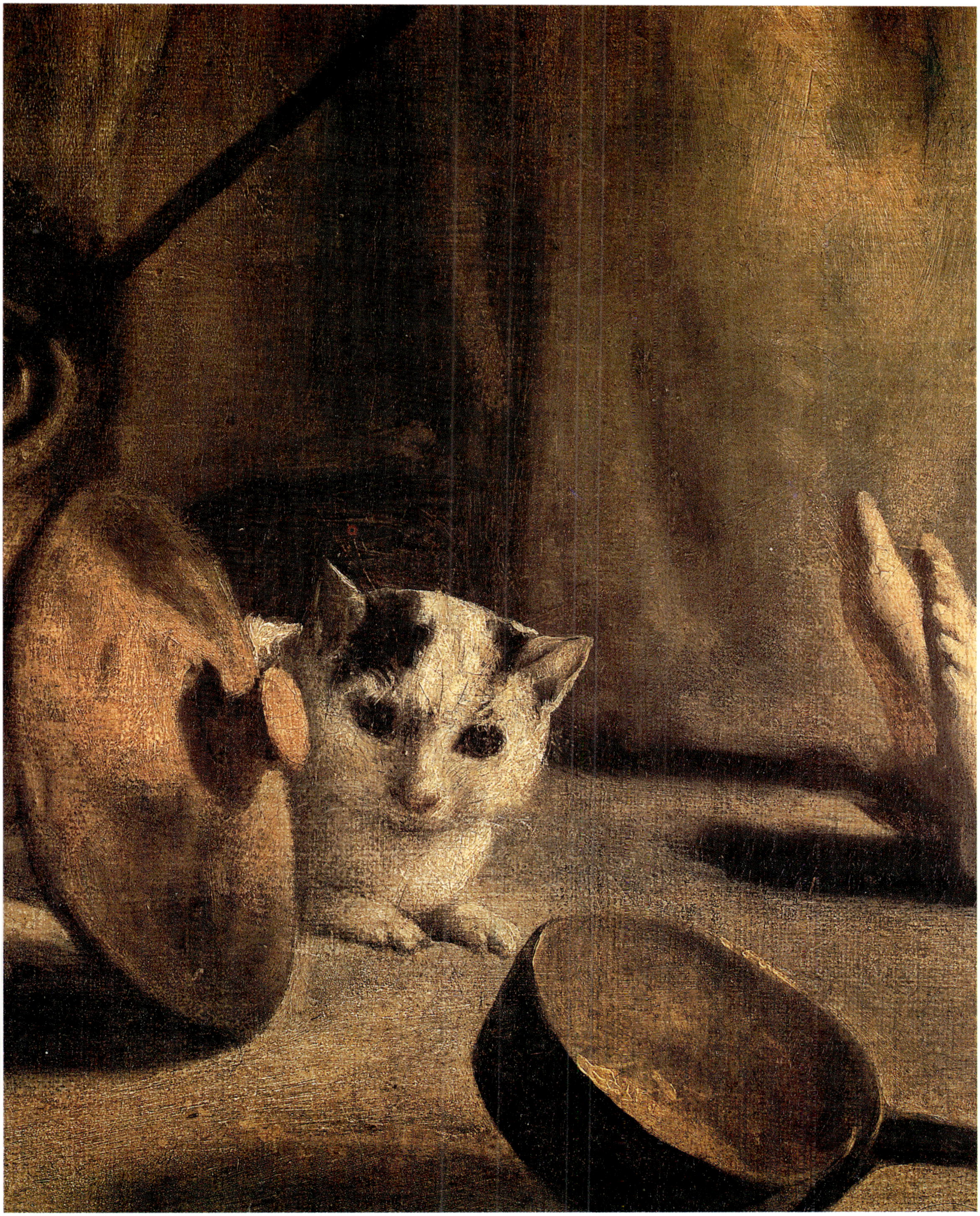

PHILIPPE DE CHAMPAIGNE

Brüssel, 1602 – Paris, 1674

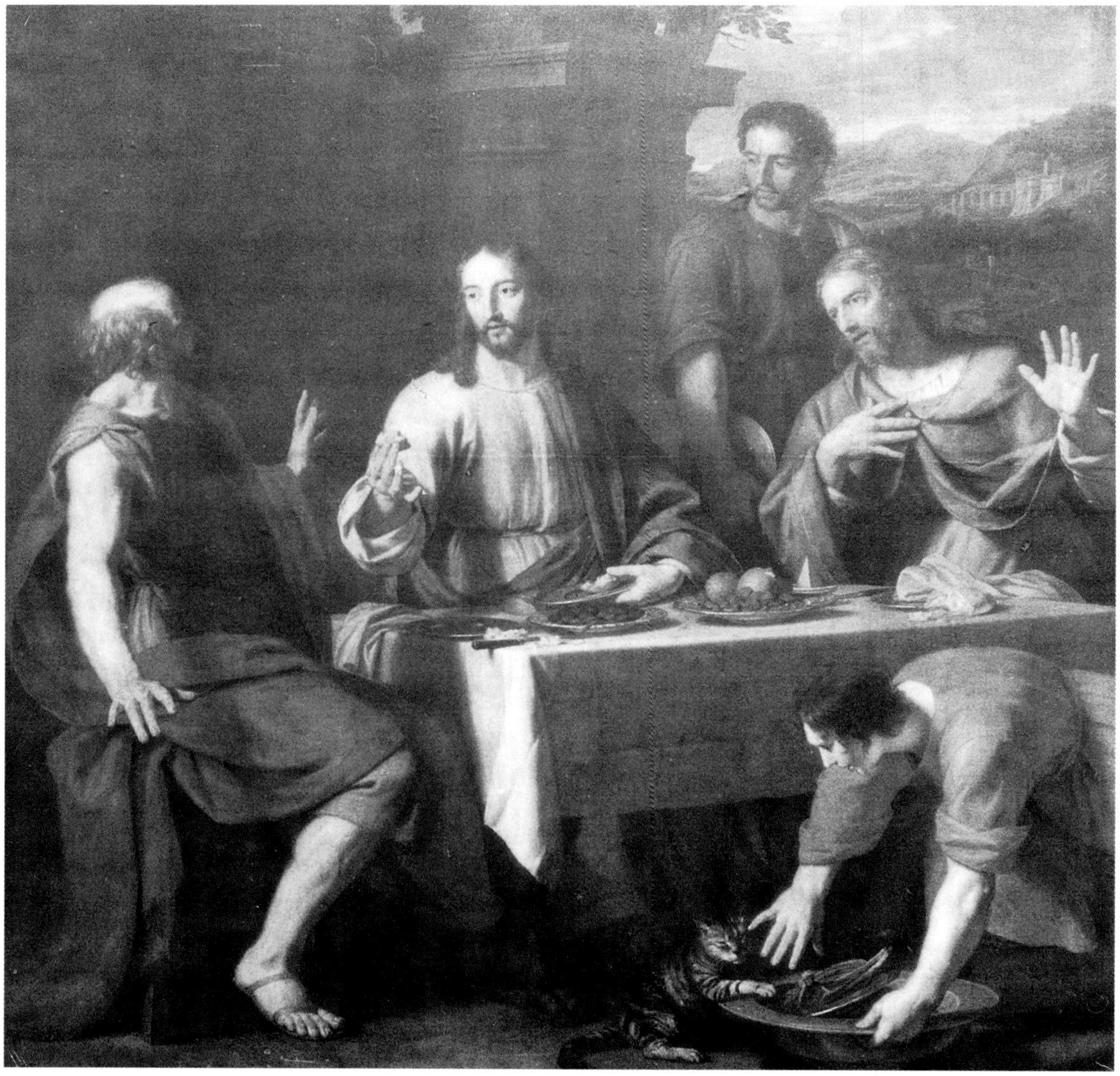

Die Emmausjünger beim Mahl
Leinwand. 217 x 226 cm
Gent, Museum voor Schone Kunsten

Man sollte sich nicht wundern, daß der herbe Maler des Port-Royal im Vordergrund einer so sakralen Szene ein getigertes Kätzchen zeigt, das sich einzig und allein für die Essensreste in einer Schüssel interessiert. Dieses Kätzchen ist keineswegs ein einfaches und vertrautes Detail. Während in anderen Darstellungen des traditionellen Mahls von Emmaus (s. auch S. 60 und S. 64) andere Katzen furchtsam ihre Schnurrhaare zwischen den Beinen der Jünger hervorstrecken, hat das freche Tier hier – laut Bernard Dorival – eine präzise symbolische Bedeutung, und zwar im Zusammenhang mit hieroglyphischen Kommentaren in einem Werk des 16. Jahrhunderts. Als Hieroglyphe des Mondes und daher als „Anfang und Ende aller Dinge" bedeutet seine Gegenwart im Mahl der Emmausjünger, daß der „auferstandene Christus nicht mehr sterben werde". Wie frevelhaft handelt demnach der Diener, der ein solches Symbol derart verachtet, daß er es mit einer Handbewegung verscheucht? É. F.-W.

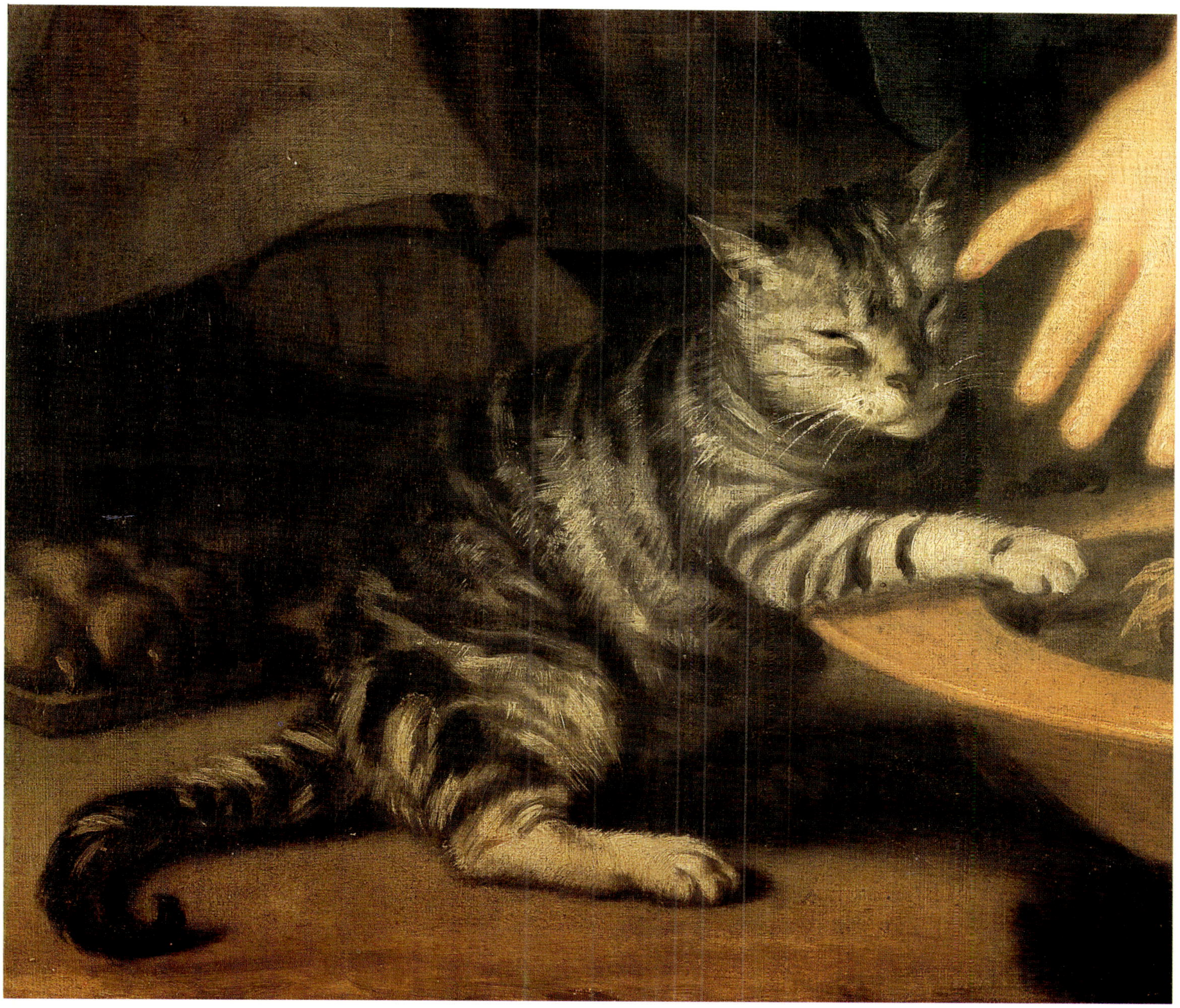

MICHEL CORNEILLE D. Ä.

Orléans, 1603 – Paris, 1664

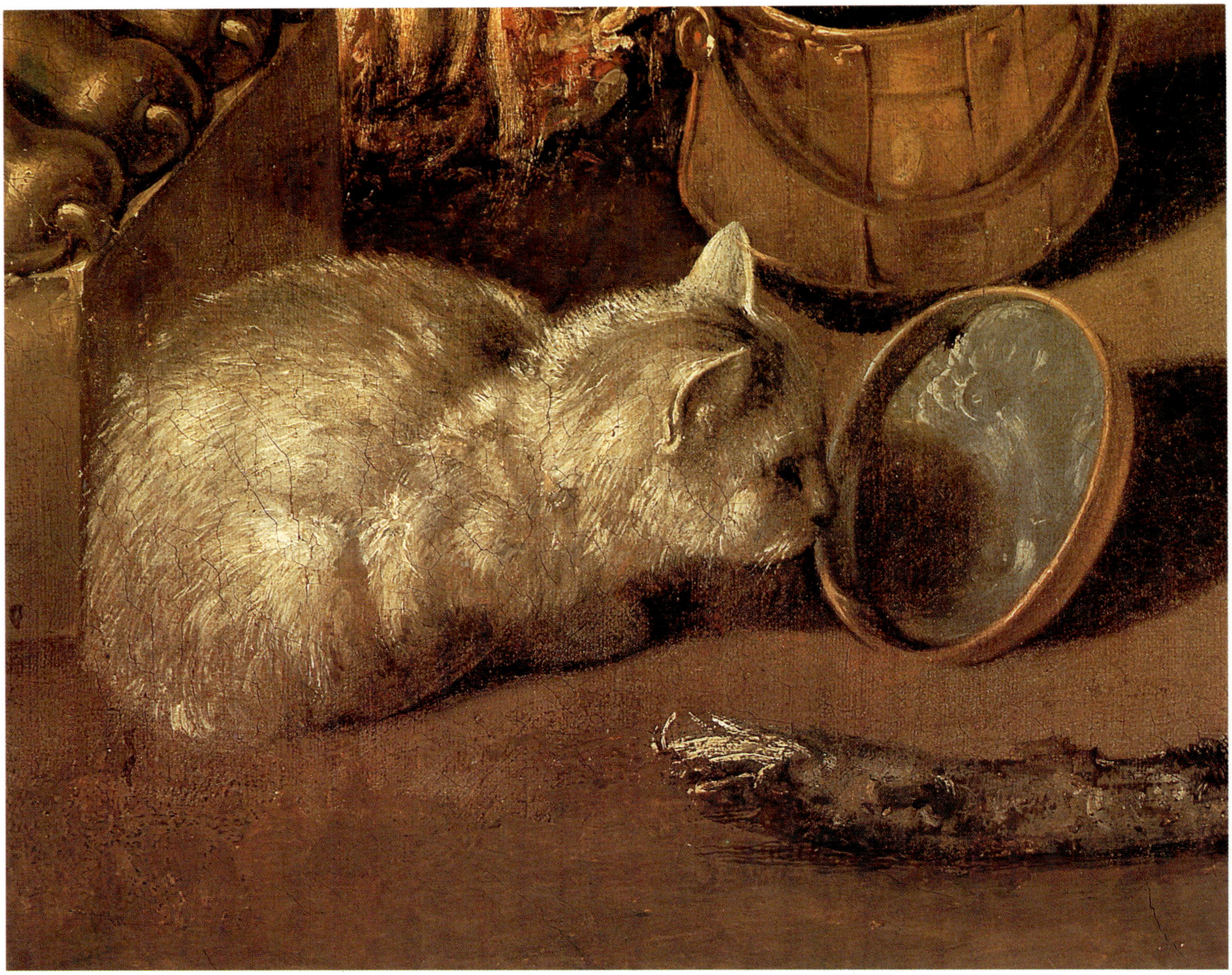

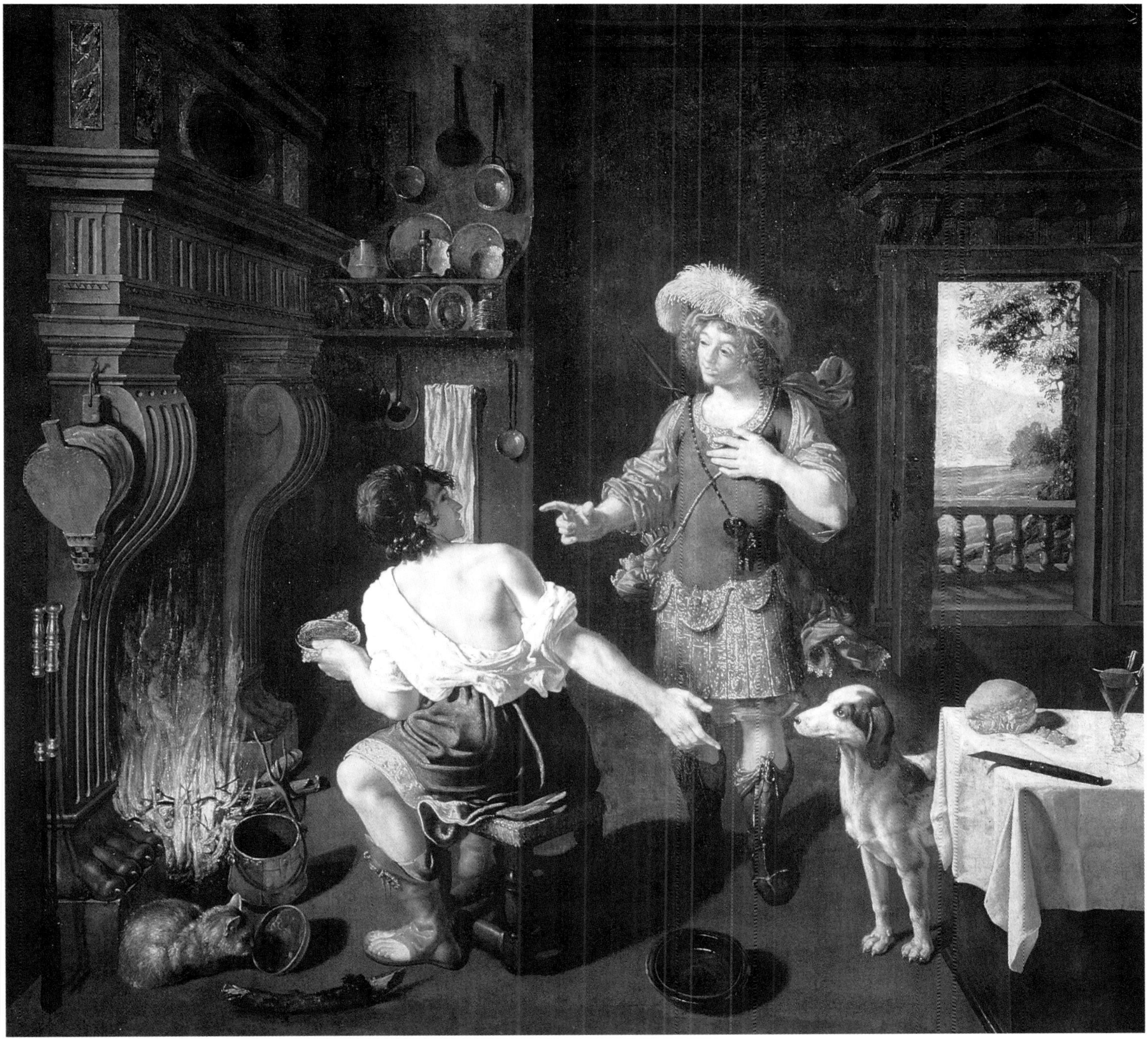

Esau verkauft Jakob sein Erstgeburtsrecht, 1630
Leinwand. 115 x 126 cm
Orléans, Musée des Beaux-Arts

Esau verkauft sein Erstgeburtsrecht an seinen Bruder Jakob für ein Linsengericht, das dieser ihm zubereitet hat. Eine kleine Katze mit schmutzigem weißem Fell entdeckt erstaunt und fasziniert ihr Ebenbild in der spiegelnden Vertiefung des verzinkten Kupferdeckels, des Kessels, in dem die Linsen kochen.

Michel Corneille spielt geschickt mit der Gegenüberstellung von Hund und Katze als vertraute Tiere eines Heimes, nämlich einer bürgerlichen französischen Wohnung um 1630. P. R.

CHARLES LE BRUN

Paris, 1619–1690

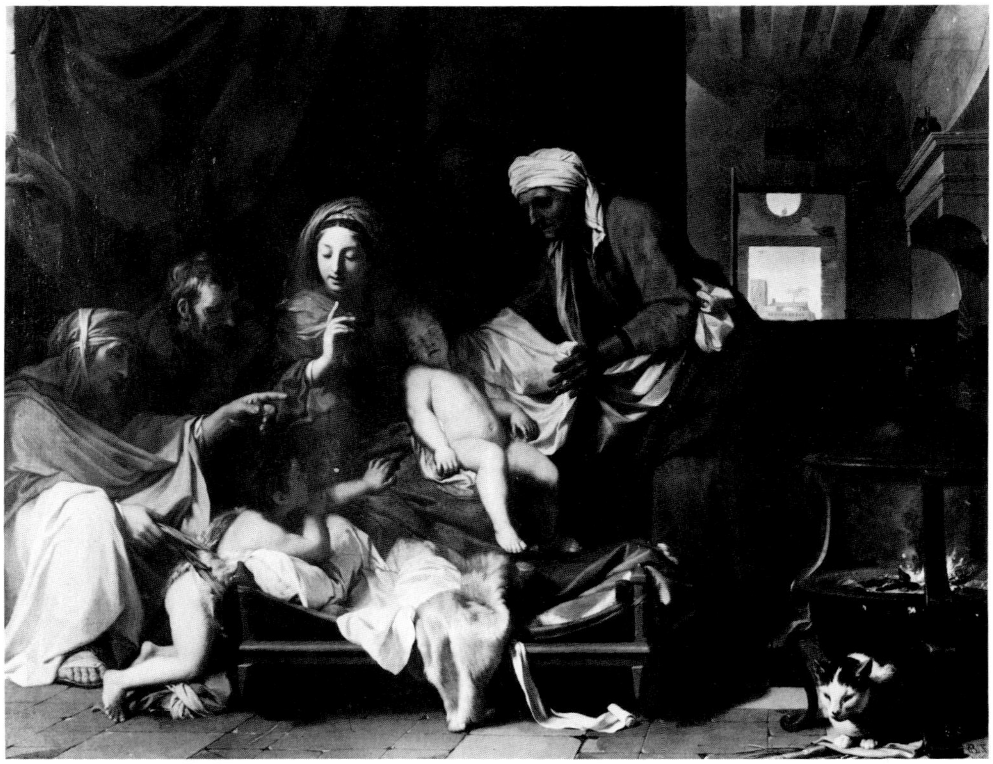

Das schlafende Jesuskind oder auch *Die Stille* genannt, 1655
Leinwand. 87 x 118 cm
Paris, Louvre

Ursprünglich war die Katze nicht das einzige Tier in dieser Szene, wie sich aus einer alten Kopie (ehemals Potsdam) schließen läßt. Dort hält der kleine Johannes der Täufer in seinem rechten Arm ein Eichhörnchen, das Emblem von Fouquet. Als das Bild ein Teil der Sammlung Ludwigs XIV. wurde, mußte dieses unangebrachte Detail entfernt werden. Die bequem unter dem Ofen liegende und direkt neben das Monogramm C. L. B. plazierte Katze erscheint etwas isoliert, doch zu auffällig, um nur Ausdruck eines gewissen zurückhaltenden Realismus zu sein, selbst wenn die modernen Kommentatoren sie für eine einfache realistische Darstellung halten. Unser schlafendes Tier verstärkt den Sinn des Bildes, der sich mit dem Mysterium vom fleischgewordenen Wort verbindet: Die Jungfrau gebietet dem umtriebigen Johannes dem Täufer Ruhe, damit er das Jesuskind nicht aufwecke – es gilt vor allem, sich davor zu hüten, Christus, das Wort Gottes, vor der Passion zu warnen, ehe die Zeit der Offenbarung erfüllt ist.

Auch das alte Sprichwort, das da rät, die schlafende Katze nicht zu wekken, aus Angst vor den Gefahren, die daraus erwachsen könnten, wird in diesem Bild versinnbildlicht. Damit ist bewiesen, daß christliche Religion und Volksweisheit manchmal übereinstimmen, selbst wenn es um Katzen geht.

É. F.-W.

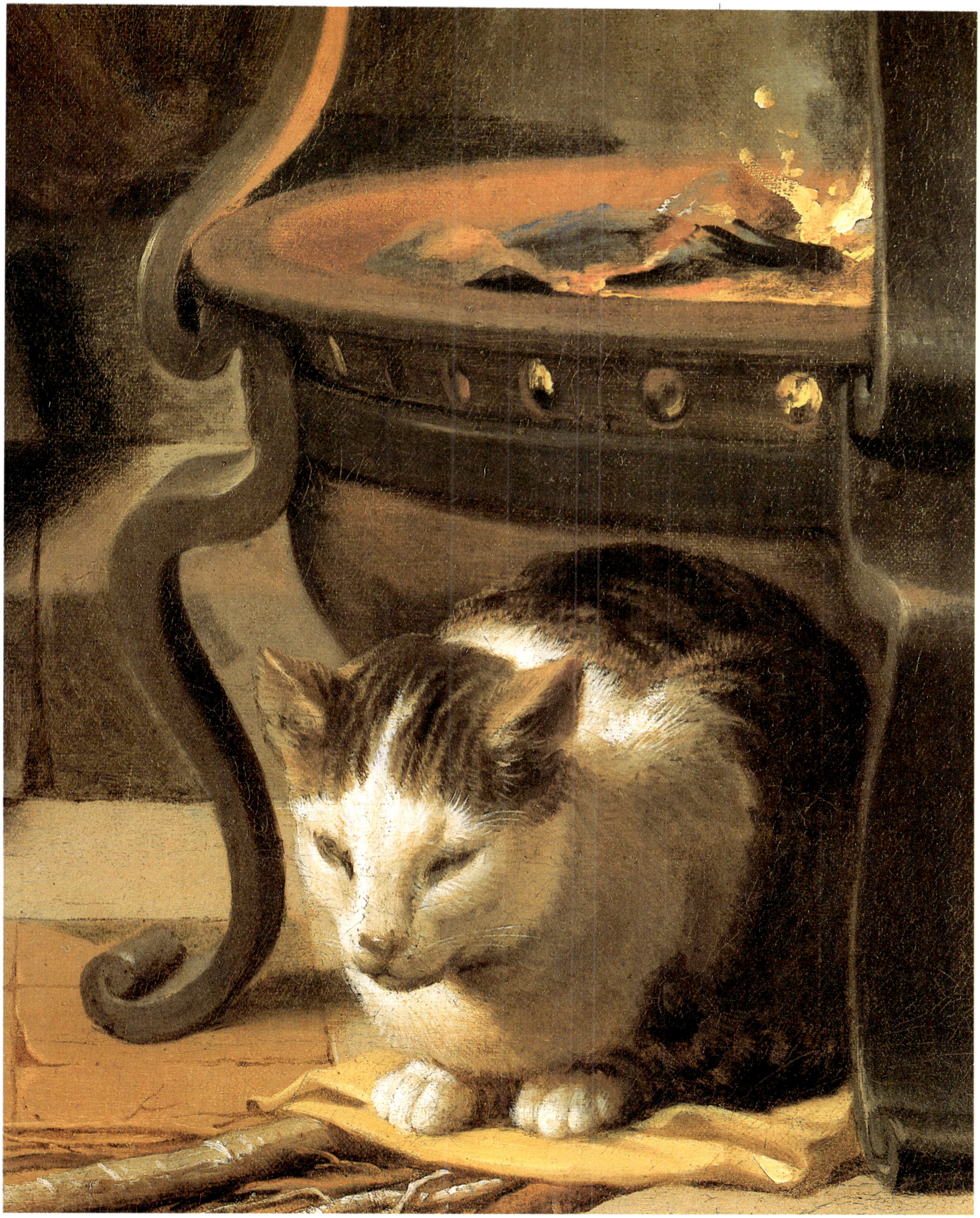

GOVERT CAMPHUYSEN

Gorinchem, um 1624 – Amsterdam, 1672

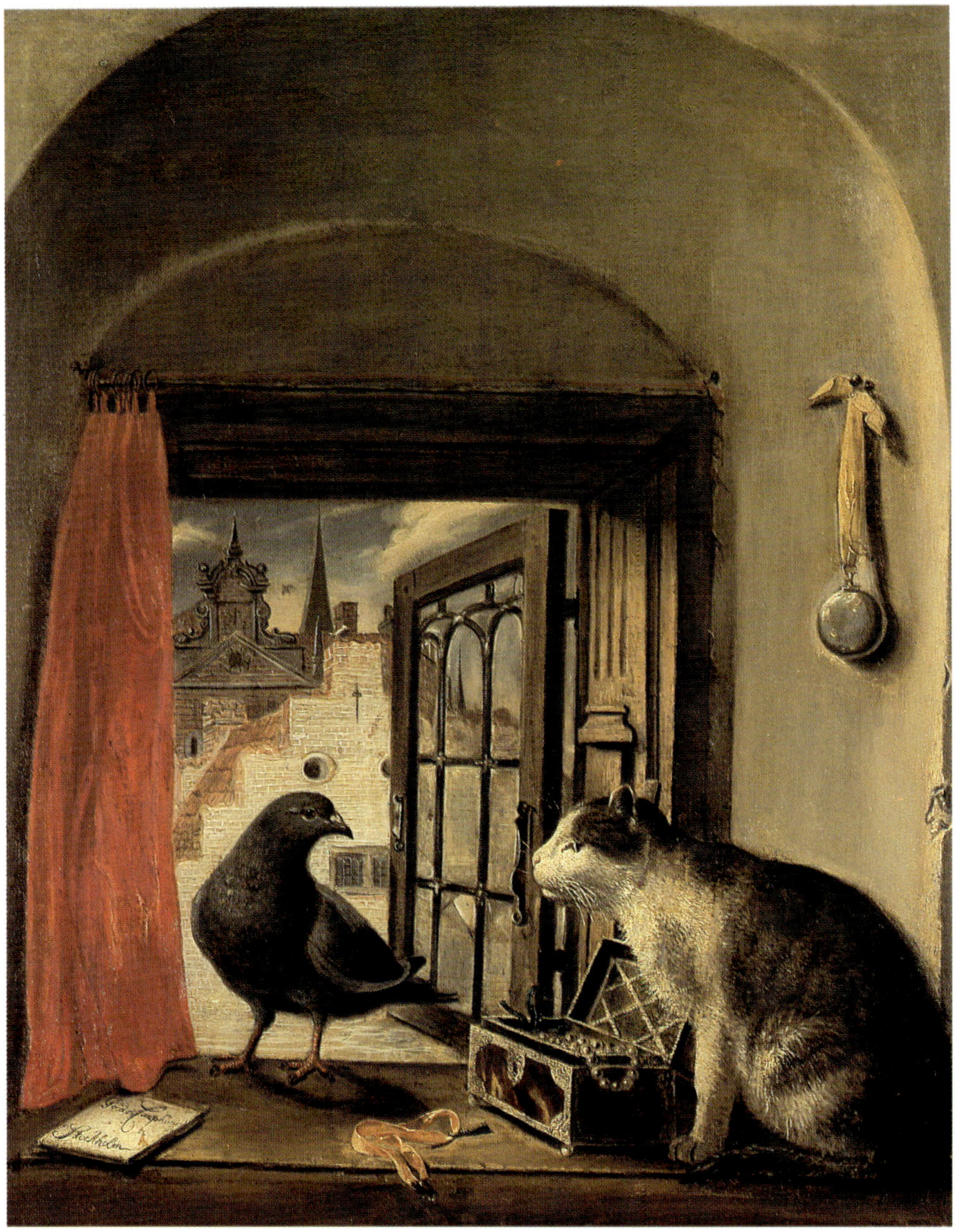

Katze und Taube am Fenster, zwischen 1652 und 1663
Leinwand. 94 x 74 cm
Privatsammlung

Welche Bedeutung dieser ungewöhnlichen Begegnung einer überaus friedfertigen Katze und einer Taube, die durch das geöffnete Fenster hereinflog, zukommt, wissen wir nicht. Mag sein, daß man eines Tages ein Sprichwort oder ein Emblem findet, das die Szene erklärt. Wir wissen nur durch die auffällige Signatur des Malers auf dem weißen Papier unter dem roten Vorhang, daß das Werk in Stockholm entstand, wo Camphuysen ungefähr von 1652 an zehn Jahre lang lebte. Im Hintergrund sind übrigens einige Giebel und Türme Stockholms wahrzunehmen. Der fein ziselierte Schmuckkasten mit seinem kleinen, von einem gelben Band gehaltenen Schlüssel und der wertvollen Perlenkette darin, und die in der Fensterlaibung hängende Uhr können sowohl als Symbole der Vergänglichkeit, der Eitelkeit als auch – im weiteren Sinne – der Zerbrechlichkeit der Erscheinung im Fluß der Zeit interpretiert werden. Unsere Katze, sozusagen als Hüterin irdischer Freuden, wäre dem Vogel gegenübergestellt, der seinerseits die Immaterialität des Geistes, also die Unsterblichkeit der Seele, bedeuten würde. Die Gleichgültigkeit der Tiere zueinander erlaubt keinen Schluß darüber, wer siegen wird, der Körper oder die Seele. Ist da überhaupt ein Widerspruch? Die Taube könnte doch fortfliegen und die Katze mit dem für sie nichtssagenden Schmuck allein lassen …

É. F.-W.

DAVID TENIERS D. J.

Antwerpen, 1610 – Brüssel, 1690

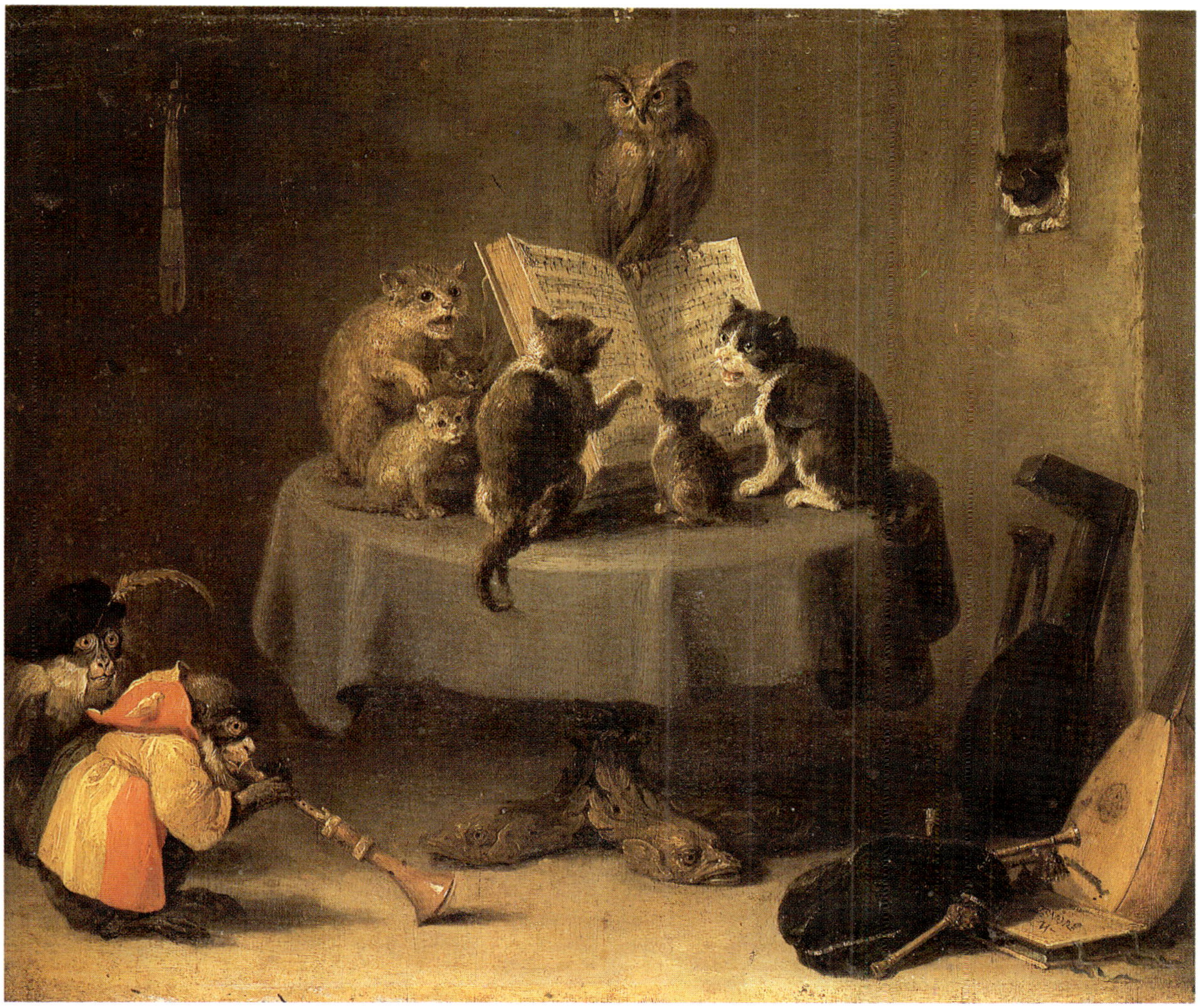

Katzenkonzert
Holz. 26 x 31 cm
München, Bayerische Staatsgemäldesammlungen

Das Konzert der Tiere ist als Thema so alt wie die Musik selbst und nicht einfach ein Vorwand zur Belustigung. Es kann auch eine satirische Bedeutung haben, wie zum Beispiel diese Parodie eines Konzerts, auch *Das miauende Konzert* genannt. Teniers, der ein großer Musikliebhaber und auch ein guter Musiker gewesen sein soll, macht sich wohl lustig über die Manie mancher Zeitgenossen, Musik zu machen, wenn auch oft sehr schlecht. Ein Katzenchor, bestehend aus drei großen und drei kleineren Tieren, singt auf einem Tisch aus voller Kehle vor einem riesigen Notenbuch, während sie mit den Pfoten den Takt dazu schlagen. Gleichsam als Dirigent hat sich ein großer Uhu auf dem Notenbuch niedergelassen. Auf dem Boden spielen zwei kleine Äffchen auf einer Schalmei; weitere Instrumente, die noch keinen Spieler gefunden haben, liegen herum. Angezogen durch den Lärm dieser Pseudomusik, steckt als einziger Zuhörer eine Katze ihren Kopf durch ein schmales Fenster herein. In der flämischen Mundart von Teniers bedeutet das Wort „Kattenmusik“ soviel wie das deutsche „Katzenmusik“, also unharmonische, lärmende Musik. É. F.-W.

Cornelis de Man

Delft, 1621–1706

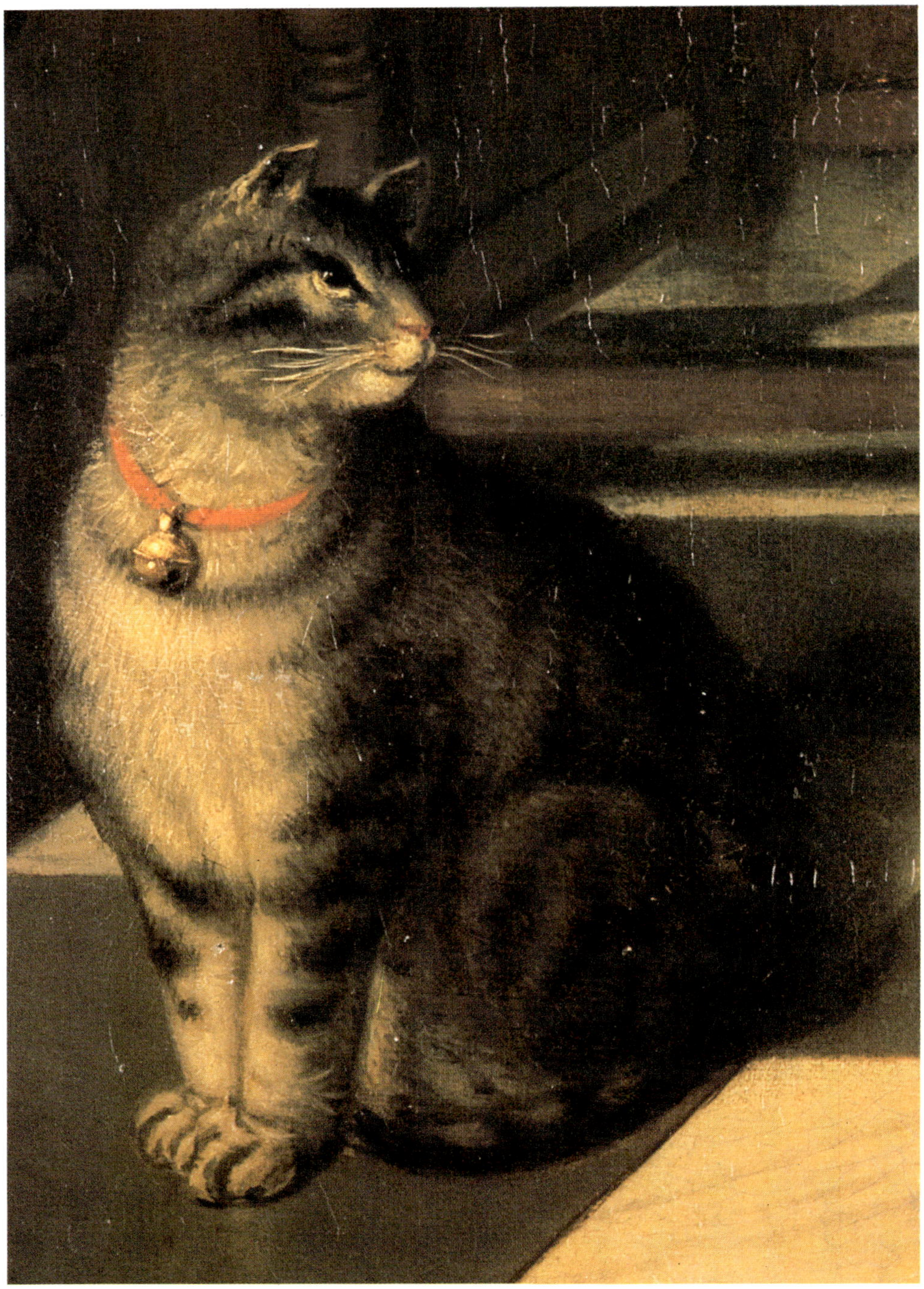

Wirkt sie nicht elegant, diese getigerte Katze mit ihrem roten Glöckchenhalsband, passend zu der Decke auf dem Tisch? Sie fügt sich sehr gut ein in diese gepflegte, reich ausgestattete Wohnung. Interessiert wendet sie sich dem Schach spielenden Paar zu und beobachtet die Geste der jungen Frau zu dem Betrachter hin, als wolle sie ihn zum Zeugen ihres nächsten Zuges machen. Zweifellos steht hinter dieser Szene eine Symbolsprache, in der die Katze mitwirkt: Verweist das Schachspiel, bei dem das Denken den Zufall regiert, auf das manchmal grausame Spiel der Liebe, das ebenso gnadenlos sein kann wie das zwischen Katze und Maus? Welch machtloser Jäger ist doch dieses große Katzentier, dessen kleinste Bewegung durch den Lärm der Glocke verraten würde! Die Mäuse mögen sich dennoch vor eben dieser Katze in acht nehmen, denn eine feindselige Hand könnte das Halsband abnehmen! Für die armen Nagetiere wäre sie die Hand des Schicksals. É. F.-W.

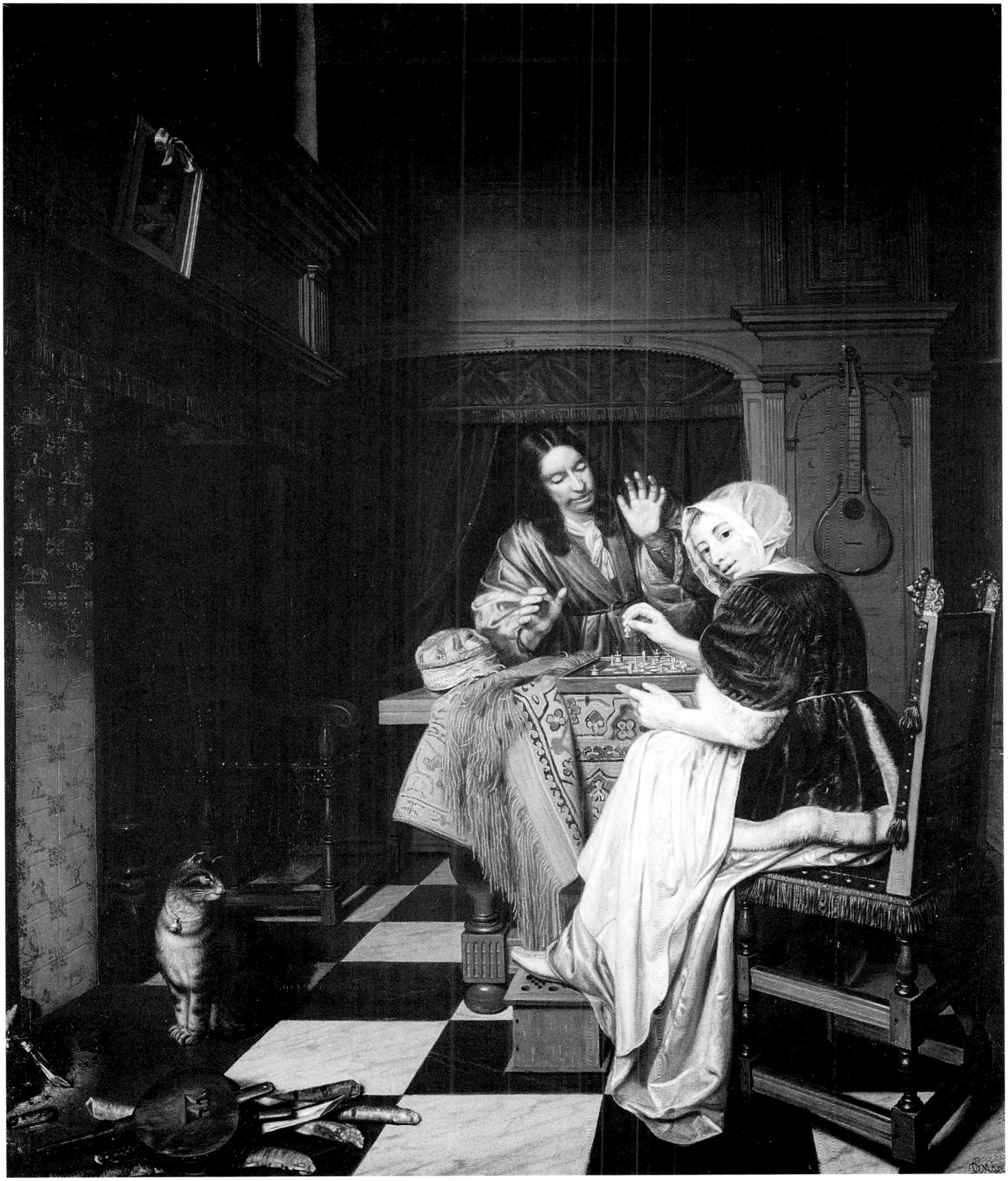

Schachspieler, um 1670
Leinwand. 97 x 85 cm. Budapest, Kunstmuseum

PIETER BOEL

Antwerpen, 1622 – Paris, 1674

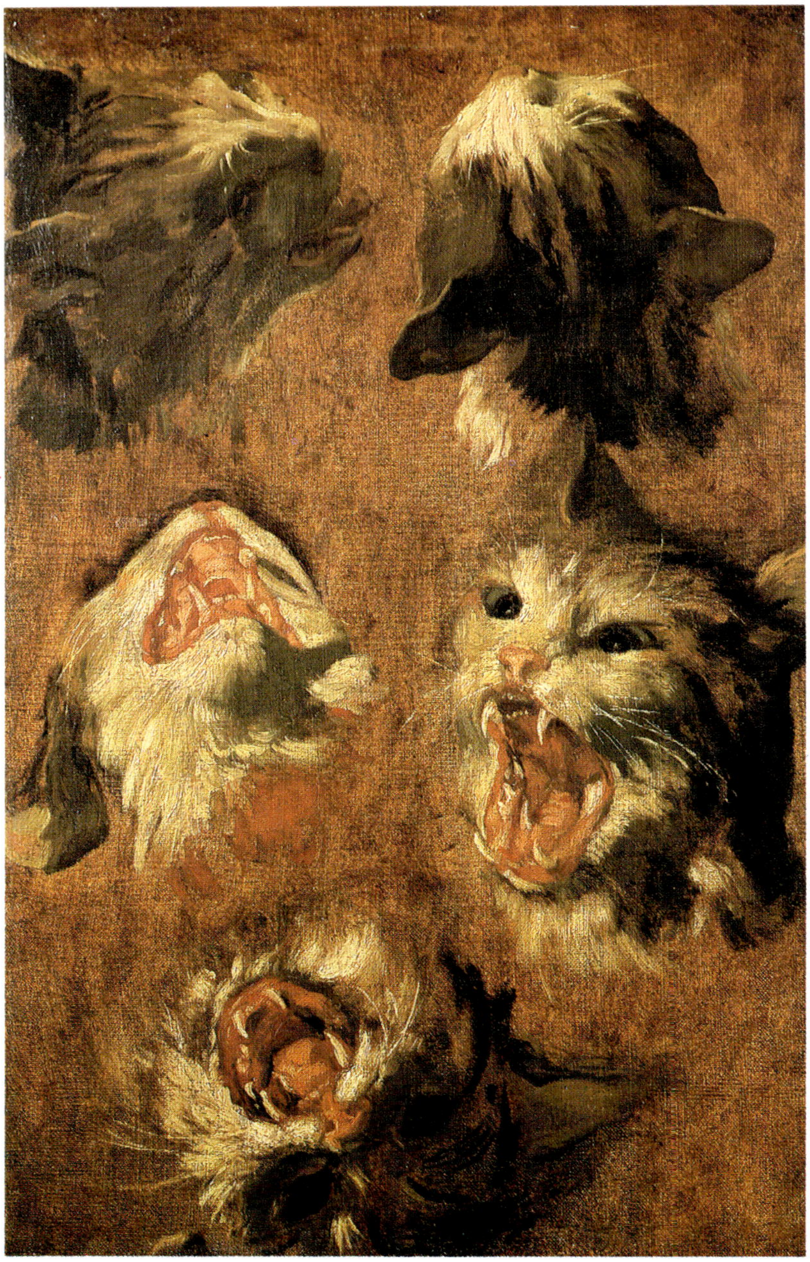

Studien einer Wildkatze
Leinwand. 41 x 27 cm
Paris, Privatsammlung

Von Pieter Boel, allem Anschein nach ein Schüler von Fyt, stammt diese interessante Komposition: fünf Kopfstudien derselben Katze aus verschiedenen Blickwinkeln. Er malte sie von oben und von hinten, im Profil und zweimal „de face" (diese stehen sich kopfüber-kopfunter gegenüber); die beiden letzteren wirken besonders überraschend. Im Gegensatz zu der Katze von Fyt (s. S. 105) wird man an den Charakter einer Wildkatze erinnert. Dieses wild fauchende Tier mit seinen nach vorne gebleckten Fängen und seinem struppigen Fell ist besonders geeignet für Boels freien Malstil. Er ist als Spezialist für Tierbilder bekannt. Für die Gobelinmanufaktur entwarf er neben Pflanzenbordüren vor allem Tiere. Man kennt eine Vielzahl seiner Studien, die jedoch manchmal mit solchen von Desportes zum Verwechseln ähnlich sind (s. S. 128), dessen Modelle möglicherweise Exoten der königlichen Menagerie oder Bewohner unserer Wälder und Felder waren.

Immer wieder erscheinen Katzen im Werk Boels, und man ist überrascht von der klaren Beobachtung des Malers. Auffallend ist dies bei einem Gemälde der Accademia S. Lucca in Rom (unter dem Namen Salvator Rosa), das dem abgebildeten Werk sehr verwandt ist. Auch im Museum von Alençon befindet sich eine ebenso virtuose wie wohlüberlegte Studie, die wieder eine Katze in vier Variationen zeigt, dort zwar nicht so wild wirkend, aber kaum vertrauenerweckender. Schließlich besitzt die Eremitage in Leningrad seit dem 18. Jahrhundert unter dem schmeichelhaften Namen des großen Snyders, jedoch mit falscher Signatur, die Dublette letzterer Studie. Sie ist wohl eine amüsante Fälschung, die wir der Passion für Katzen oder der Liebe zur Malerei zu verdanken haben! É. F.-W.

ABRAHAM HONDIUS

Rotterdam, um 1625/1630 – London, nach 1695

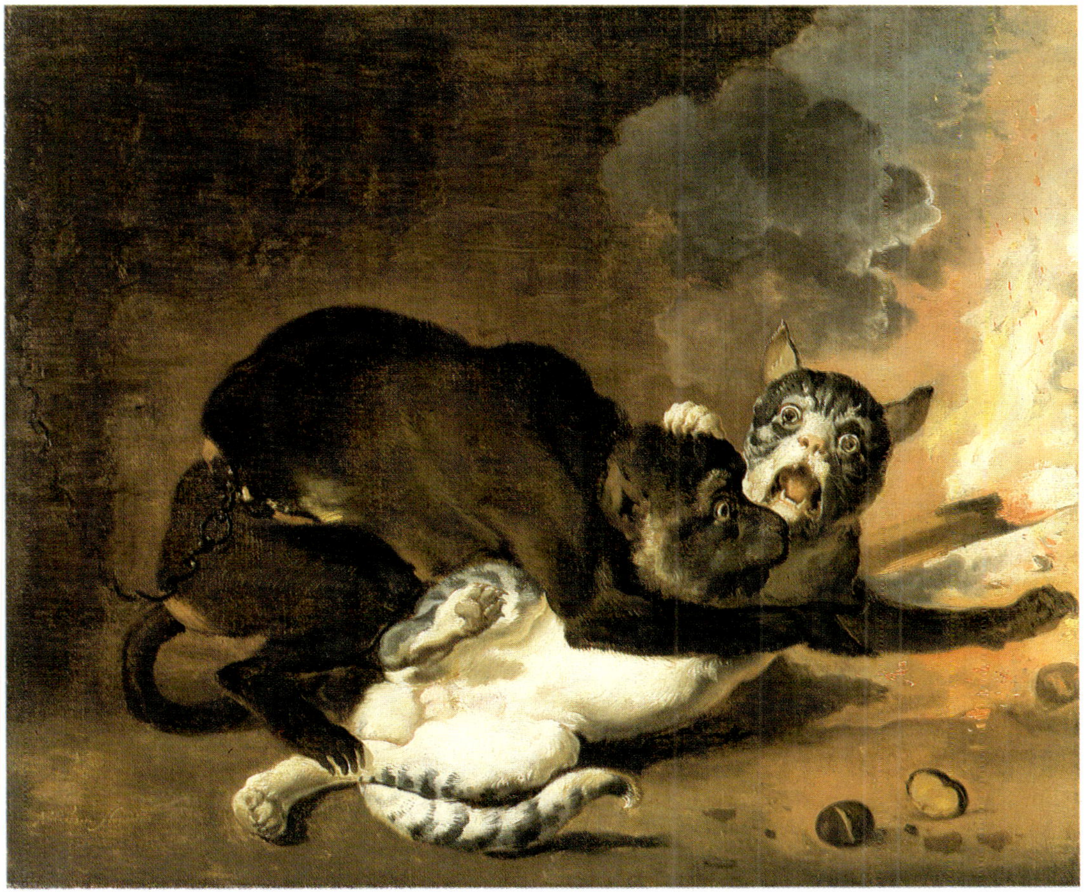

Der Affe und die Katze
Leinwand. 62 x 73 cm
Cleveland, Museum of Art

„Die Kastanien aus dem Feuer holen", versinnbildlicht einen selbstlosen, riskanten Einsatz für einen anderen, ohne selbst davon zu profitieren. Ihm liegt eine Fabel von Äsop zugrunde, die von einem Affen und einer Katze handelt, eine Fabel, die ganz selbstverständlich von La Fontaine wiederaufgenommen wurde (erste Ausgabe von 1671). Dem Affen gelingt es, die Katze von ihrer unnachahmlichen Fähigkeit zu überzeugen, die Kastanien aus dem Feuer zu holen. Die geschmeichelte Katze setzt ihr Talent ein, ohne den geringsten Vorteil davon zu haben, denn der Affe frißt die Kastanien sofort.

Genau dasselbe passiert auf dem Bild von Hondius – nur zeigt er, wie der Affe die Pfote der armen Katze in die Glut führt, um ans Ziel zu gelangen. Die Katze jault vor Schmerz. Dieses grausame Detail fehlt in der Fabel, entspricht aber dem Interesse Hondius' für manchmal barbarische Jagd- und Treibjagdszenen oder Tierkämpfe. Letztlich verschwinden die Fabel und ihr moralisierender Sinn von einer anatomischen und sogar psychologischen Studie der beiden Tiere. Vor allem berührt den Betrachter der fast menschliche Ausdruck des schmerzverzerrten Gesichts der Katze, der mit dem gierigen Blick des Affen kontrastiert, während die genau gemalten Kastanien, deren Schalen durch die Hitze aufgesprungen sind, auf dem Boden rollen.

É. F.-W.

JAN STEEN

Leiden, 1626–1679

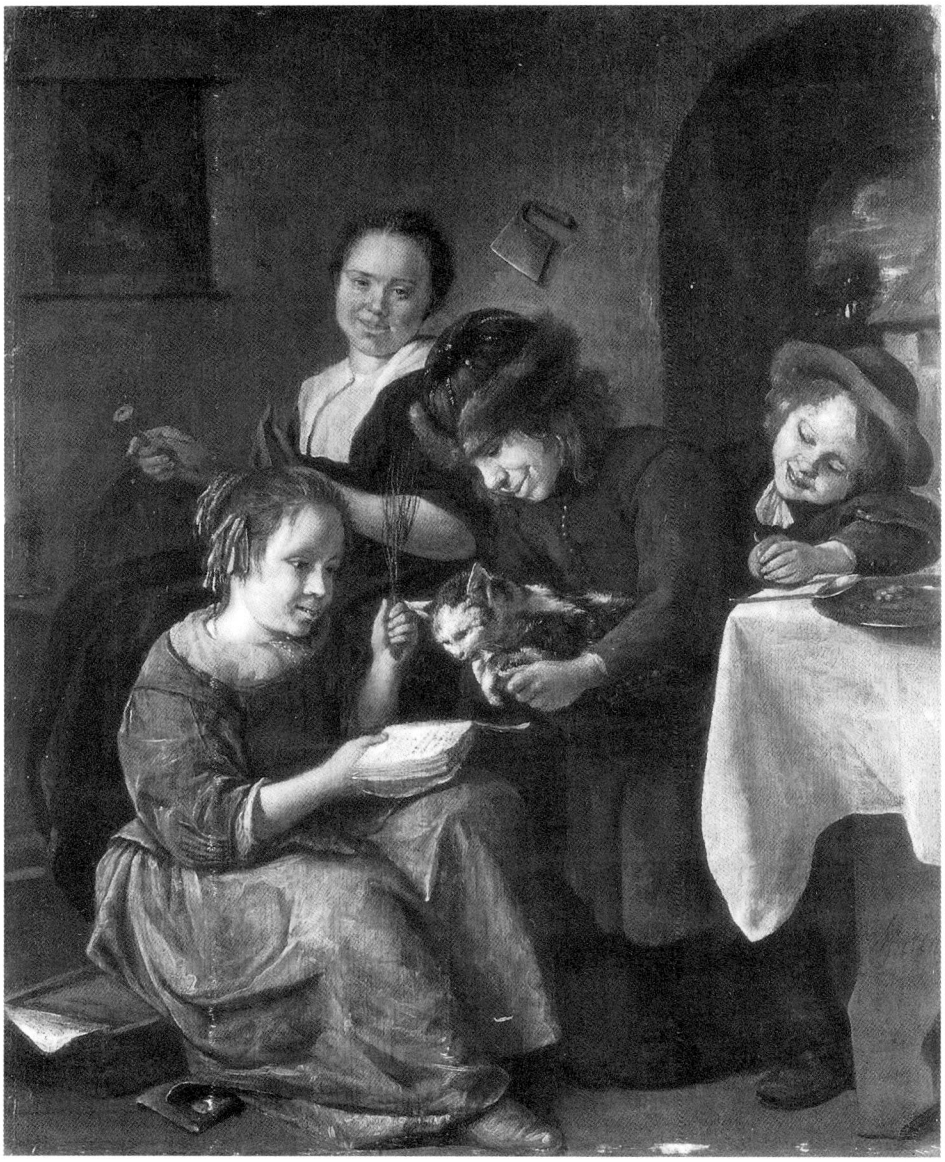

Die Lesestunde
Holz. 45 x 35 cm
Basel, Kunstmuseum

Unter den Augen einer jungen Magd gibt ein Mädchen mit einer Rute in der Hand in einer Küche eine Lesestunden zugunsten ihrer Katze, die als einzige das höchst pädagogische Unternehmen wenig zu schätzen scheint im Gegensatz zu einer Katze auf einem anderen Bild von Jan Steen, das als Pendant gewertet wird und heute in der Fine Art Society von San Diego hängt. Es zeigt die gleichen drei Kinder mit demselben Kätzchen, das sie mit einem Löffel mit Brei füttern, nachdem sie es zuvor wie eine Puppe bekleidet haben. Diesmal scheint das Tier überglücklich.

Einmal mehr geht von dieser Art Bildern eine eindeutige moralische Lektion aus: Die materiellen Sinnesfreuden, wie z. B. essen, sind leichter zu erreichen als die schwierige Geisteserziehung wie lernen, lesen, unterrichten. Wie Kinder eine Katze zu tanzen lehren, zeigt ein weiteres derartiges Bild im Rijksmuseum, Amsterdam.

In belustigenden Bildern, in denen Tiere menschliche Rollen spielen, verbirgt sich eine gewisse Ironie Steens, dem es Spaß macht, die Themen seiner eigenen Bilder zu parodieren: Man denke auch an ein Werk in der National Gallery von Dublin, in dem Steen einen Schulmeister zeigt, der sich gegenüber einem armen Schüler von derselben Strenge zeigt wie unser junges Mädchen ihrem „Schüler“, dem sie mit einer kleinen Rute droht.

É. F.-W.

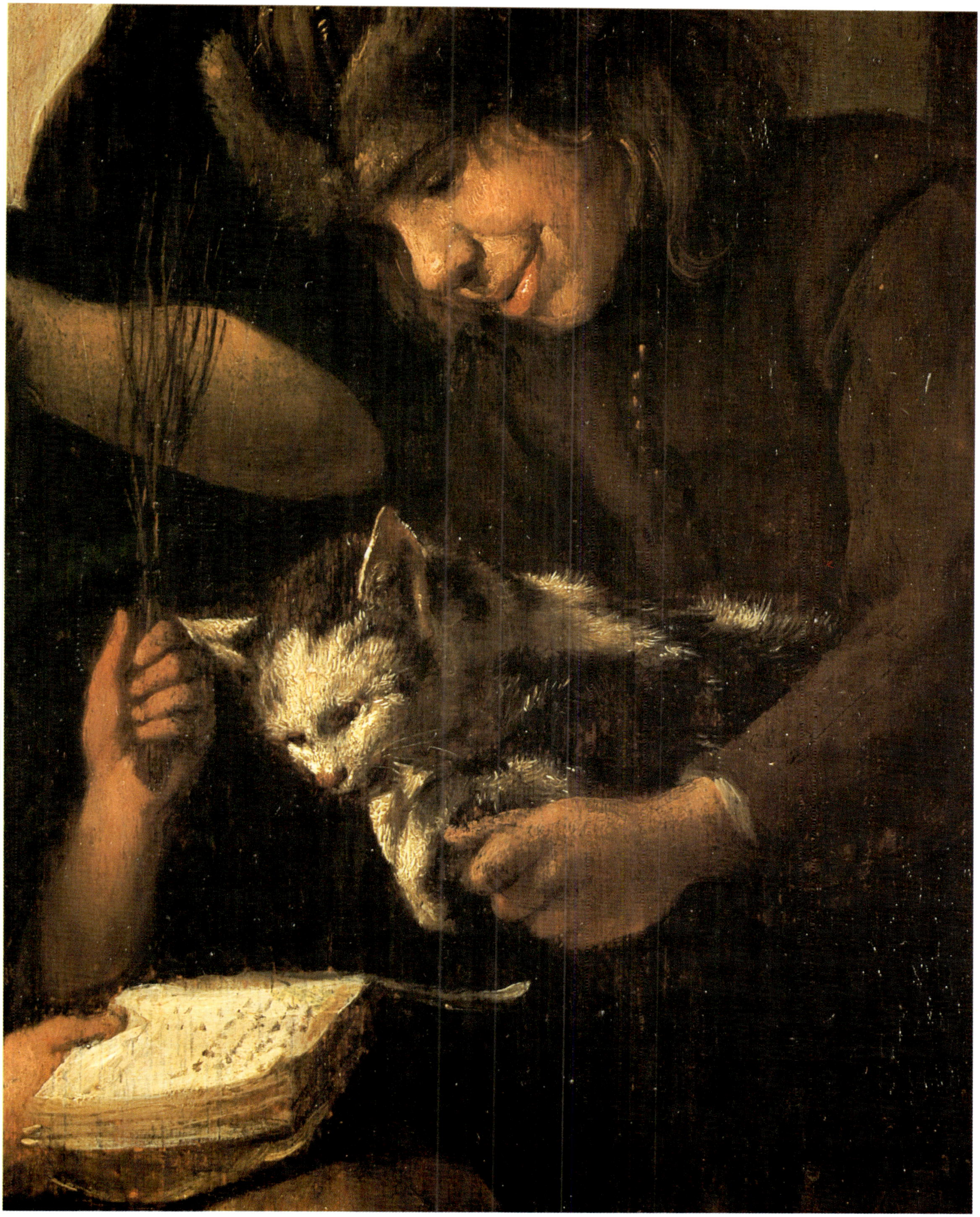

BARENT FABRITIUS

Midden-Beemster, 1624 – Amsterdam, 1673

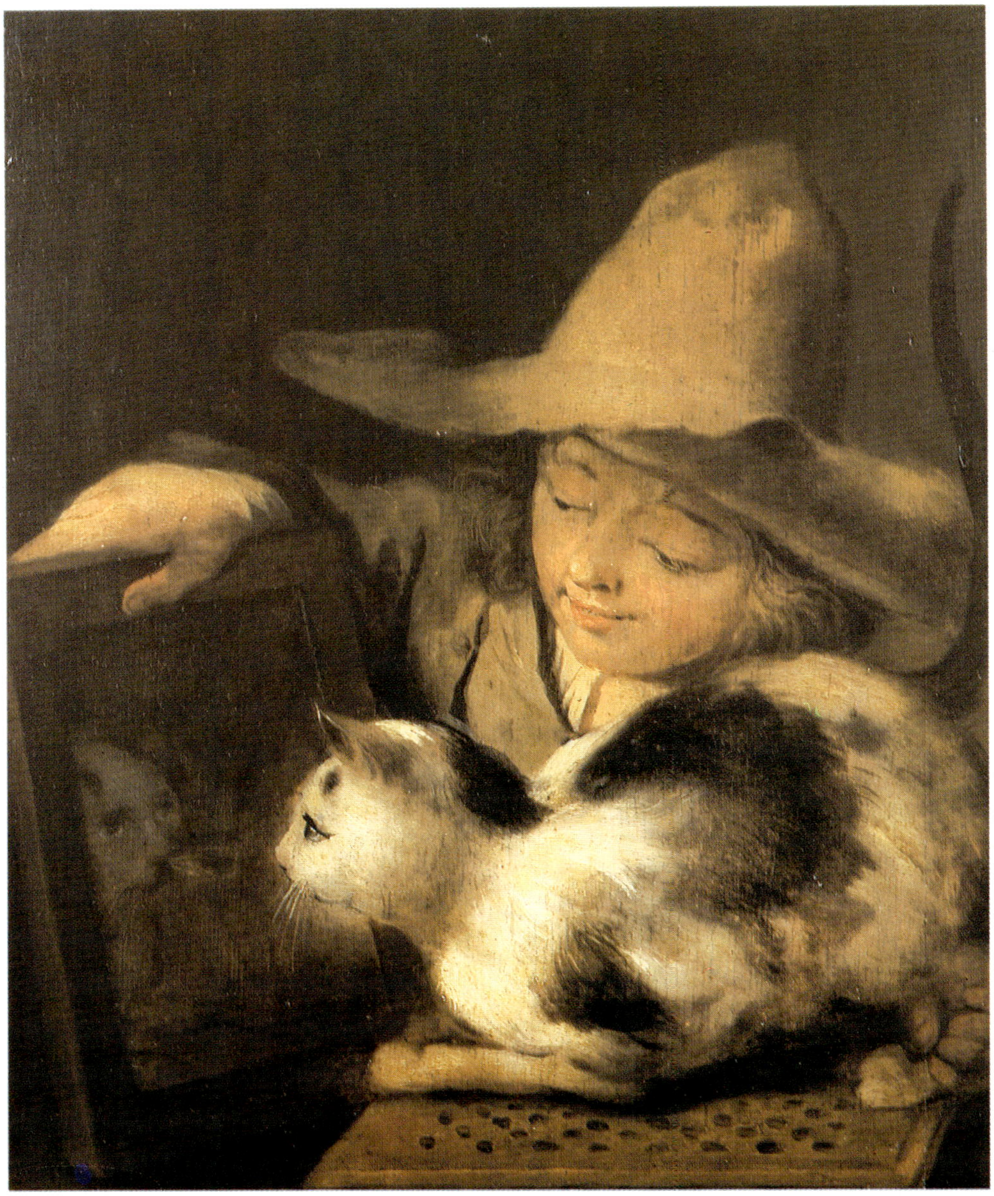

Die fünf Sinne, um 1666
Holz. 39 x 33 cm
Aachen, Suermondt-Ludwig-Museum

Jeder weiß, daß Katzen mit ihrem hervorragenden Sehvermögen sogar nachts gut sehen. Nichts ist also natürlicher, als daß sie in einer allegorischen Darstellung des Sehens erscheinen:

In dem berühmten Stich (S. 16) von Jan Saenredam nach Hendrik Goltzius (1616) betrachtet sich Venus in einem Spiegel, den Amor ihr vorhält, während eine Katze im Vordergrund schläft und sich gegenüber der Szene recht uninteressiert zeigt. Das hier abgebildete Werk gehört zu einer Reihe über die fünf Sinne (alle in Aachen). Fabritius läßt die Katze die Hauptrolle übernehmen. Es scheint, als sei die dreifarbige Katze mit ihrer spiegelbildlichen Erscheinung sehr zufrieden. Sie ersetzt die Venus der traditionellen allegorischen Bildsprache. Ein gut sichtbares Detail zeigt, wie ein Knabe das Tier fest an den Hinterfüßen hält. Jeder weiß, wie es sich auswirkt, eine Katze in einer Stellung zu halten, die sie nicht selbst gewählt hat.

É. F.-W.

EGLON HENDRIK VAN DER NEER

Amsterdam, 1634 – Düsseldorf, 1703

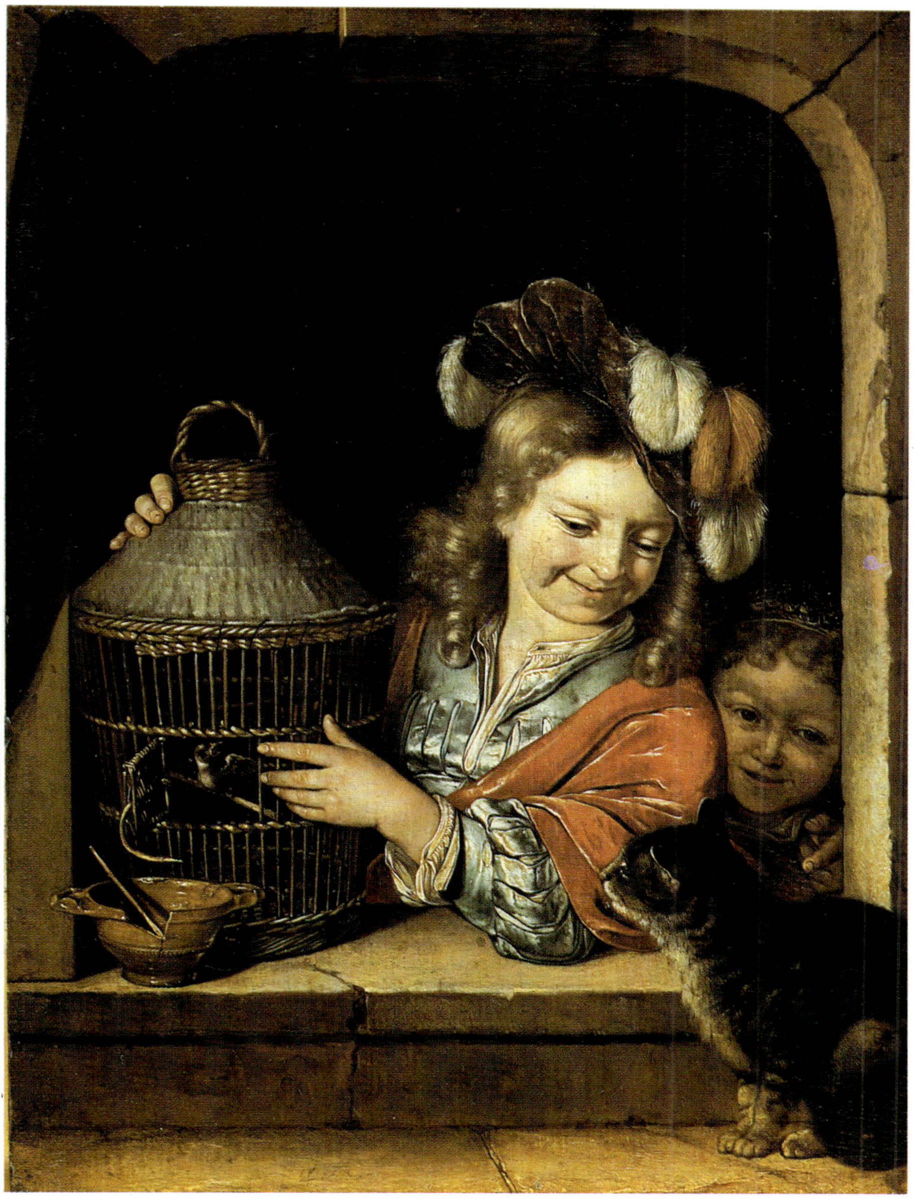

Kinder mit Vogelkäfig und Katze
Holz. 21 x 17 cm
Karlsruhe, Staatliche Kunsthalle

Van der Neers gemalte Szene stellt eine Art grausames Vergnügen dar, das von zwei bösen Kindern der guten Gesellschaft erfunden wurde und es wert wäre, in einer Erzählung der Gräfin von Ségur zu stehen. Der Vogel wird gerade aus seinem Käfig gelassen und so den tödlichen Krallen der Katze ausgeliefert. Wenn man sich auf ein Emblem von Daniel Heinsius (1615) bezieht, erhält dieser Vorgang eine ganz bestimmte Bedeutung:

Unter den Augen eines kleinen, mit seinen Pfeilern bewaffneten Amors wird eine Maus, die sich im Schutze einer halb geöffneten Mausefalle befindet, von einer Katze belauert. Als Legende steht ein Sonett von Petrarca, das wie folgt endet: „Wenn ich eingesperrt bleibe, lebe ich in Gefahr; bin ich frei, laufe ich in den Tod." Der Sinn wird deutlich: Ein Käfig bedeutet eine Anspielung auf die Liebe, die gefangenhält, aber der Gefangene (ob Maus oder Vogel), der entkommt, ist in seiner ganz neuen Freiheit einer noch viel schlimmeren Gefahr ausgesetzt, dem Tod, personifiziert durch eine eigentlich sehr sympathische Katze. Die von van der Neer gemalten Kinder zögern nicht, sie lächelnd auf ihre Beute zu hetzen. So lautet die Moral dieser Geschichte: Es gibt kein Heil außerhalb der Ketten von Cupido!

É. F.-W.

NICOLAES MAES

Dordrecht, 1634 – Amsterdam, 1693

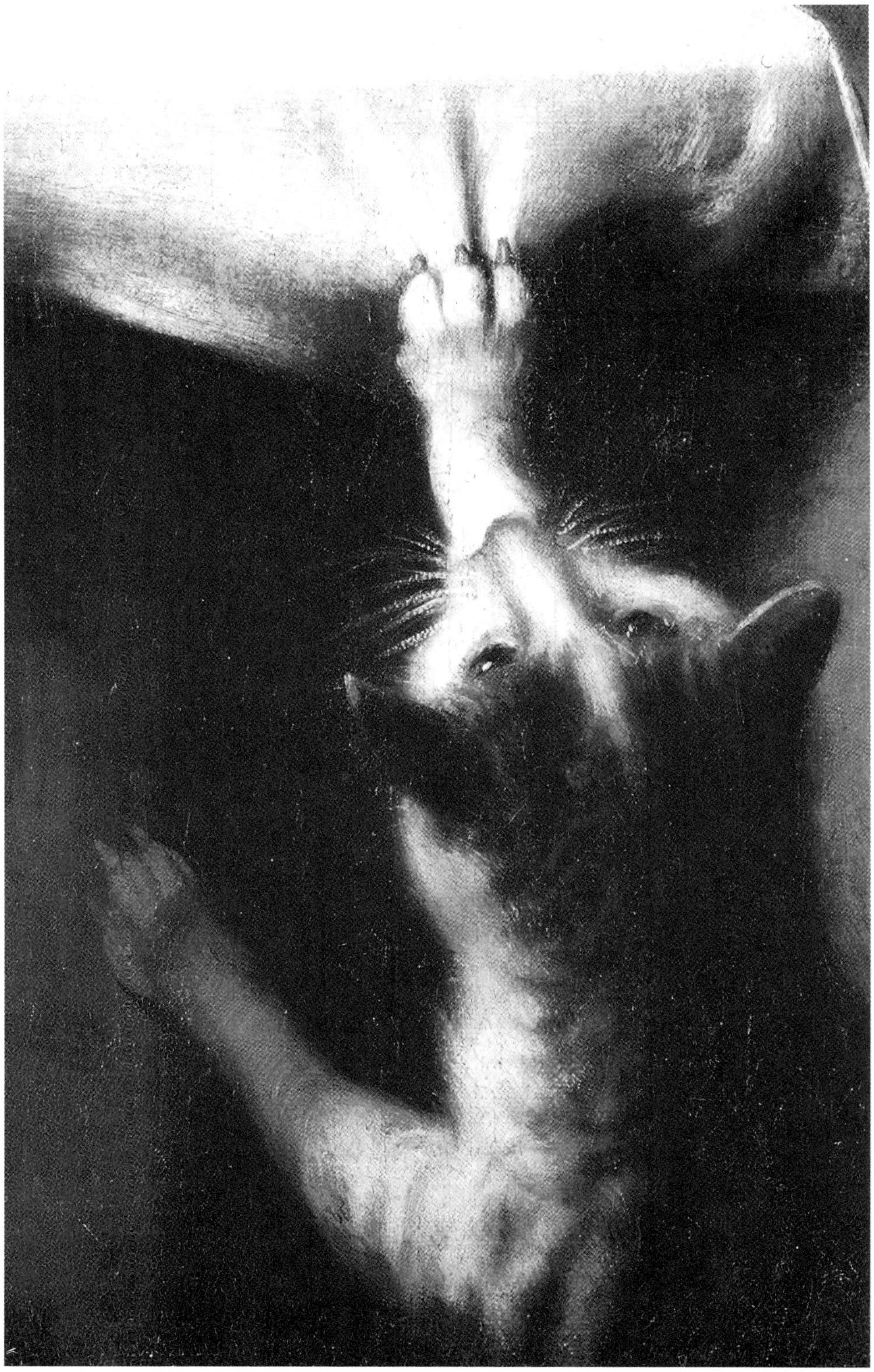

Die Stille dieser Szene voller Innerlichkeit ist durch die Gegenwart der schelmischen Naschkatze gefährdet, die sich keineswegs um den „Gottesfrieden" kümmert und mit den Krallen ihrer rechten Vorderpfote (sind Katzen „Rechtshänder" wie wir zumeist?) an der weißen Tischdecke zieht. Ist sie einzig und allein ein alltäglicher häuslicher Mitbewohner? Im allgemeinen sind Katzen zurückhaltender, um nicht von den „Tischgebeten" ausgeschlossen zu werden, sofern sie nicht eine zweideutige Rolle spielen, d. h., das Gleichgewicht der Dinge stören und den Fluß der Meditation hemmen. Nach Paul Claudel (in L'œil écoute, 1938, „Das Auge hört"), dem das Manöver der Katze nicht entging, ist in diesem Bild „Bewegungslosigkeit und Bewegung", ein Gleichgewichtszustand, in Gefahr, gestört zu werden – hier durch die begierige Pfote der Katze".

É. F.-W.

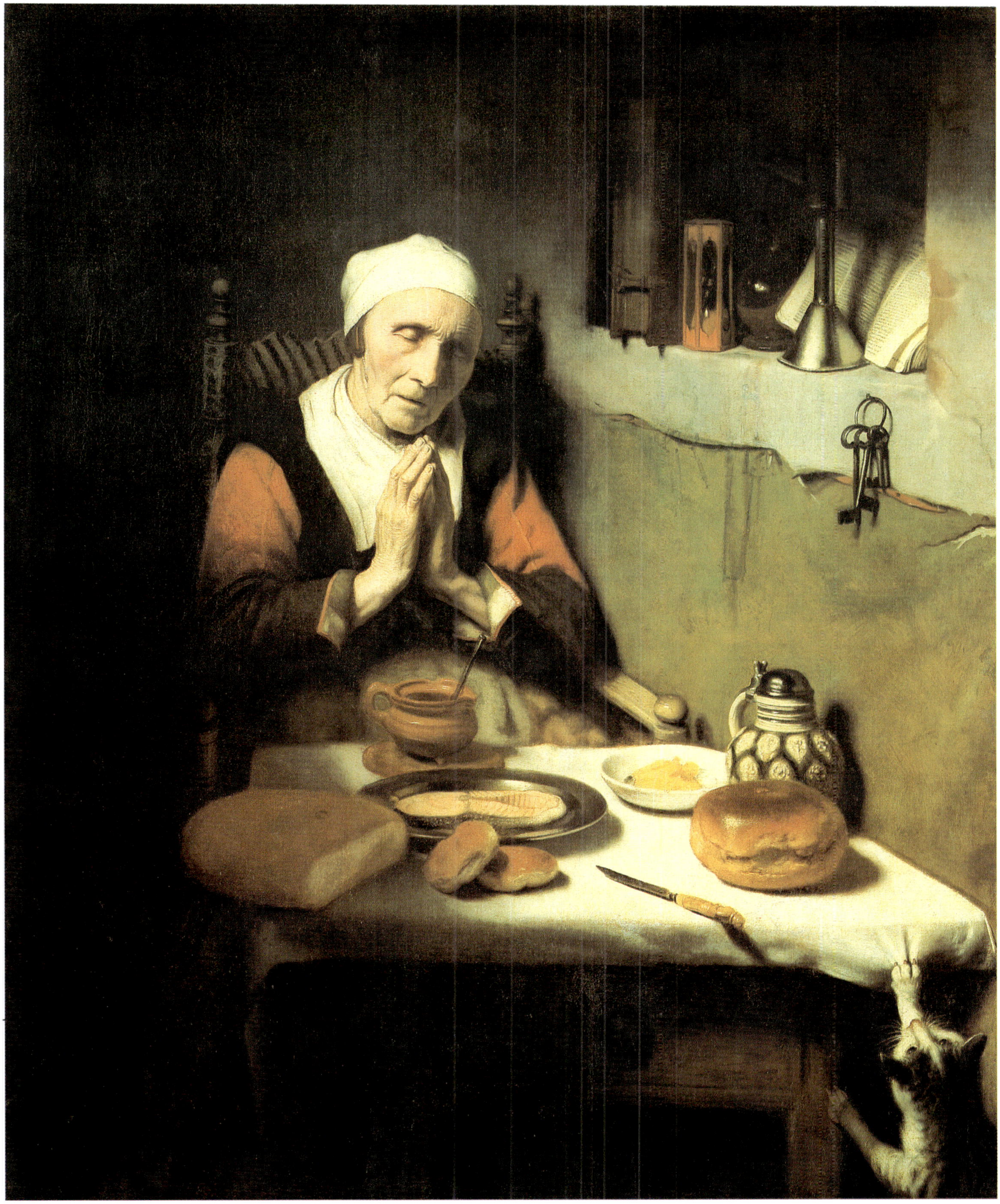

Das Tischgebet. Leinwand. 134 x 113 cm. Amsterdam, Rijksmuseum

WILLEM VAN MIERIS

Leiden, 1662–1747

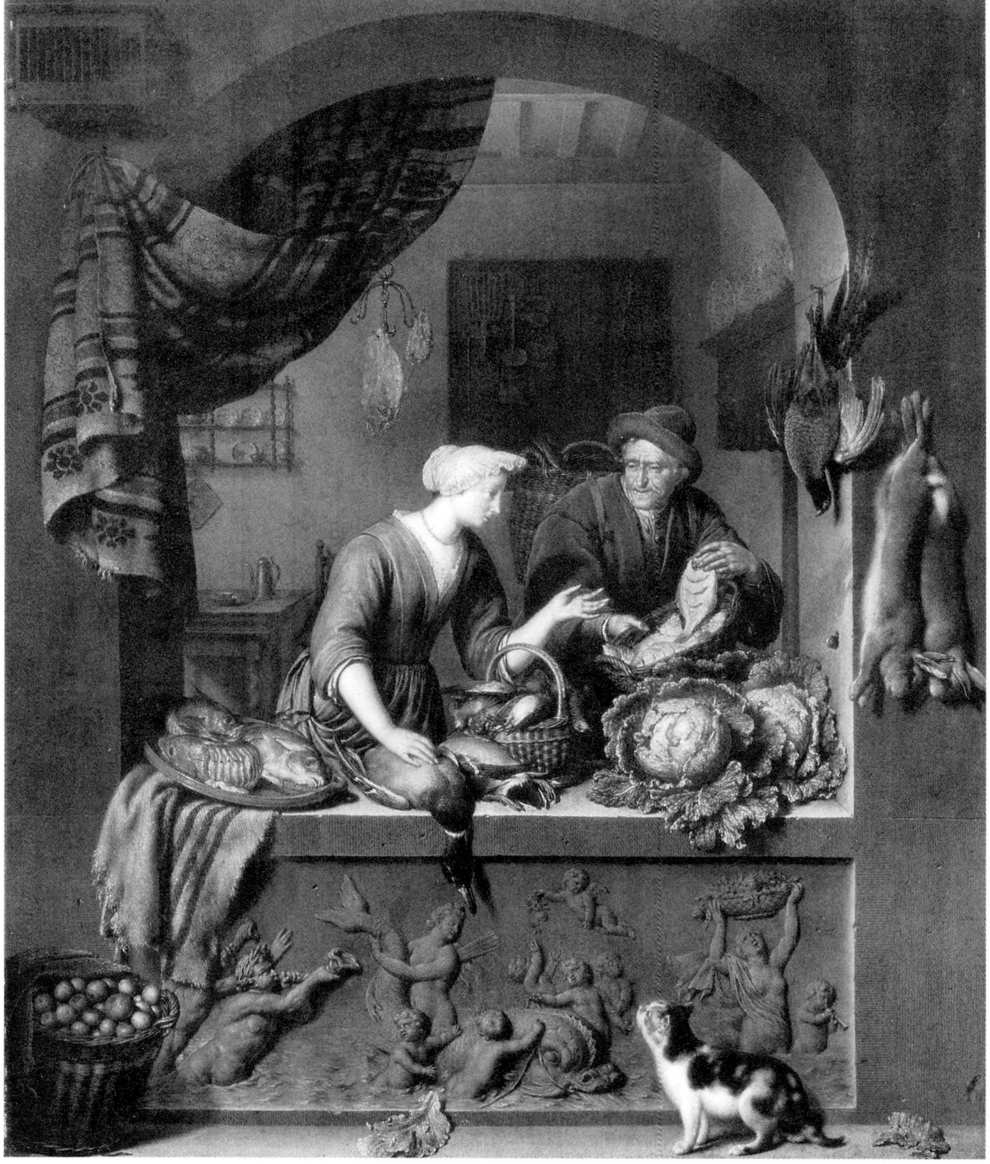

Eine Frau handelt mit einem Fischhändler,
1713
Holz. 49 x 41 cm
London, National Gallery

Ist diese dreifarbige Kätzin auf das in der Manier des Trompe-l'œil gemalte Basrelief hereingefallen, und hält sie vielleicht den herumfliegenden Putto für eine ganz neue Vogelrasse? Oder interessiert sie sich mit einem mehr praktischen Sinn für die über der Brüstung hängende tote Ente? Wie in anderen, sehr ähnlichen Bildern plaziert van Mieris vor dem gemalten Basrelief ein lebendiges Tier, das eher der Umgebung des Betrachters als der dargestellten Szene zugehörig erscheint. Er spielt hier mit dem Kontrast zwischen dem seidigen Glanz des Tierfells und dem kalten, glatten Stein. Ebenso macht sich unter unseren Augen in dem Bild *Die Köchin* (Louvre, Paris) eine Elster daran, auf den Boden gefallene Karotten aufzupicken, und in dem Bild *Der Laden des Kolonialwarenhändlers* (Mauritshuis, Den Haag) knabbert eine Ratte an den aus einem Sack gefallenen Körnern, und weder Elster noch Ratte sind in geringster Weise beunruhigt durch die Menschen, die ihren eigenen Geschäften nachgehen. É. F.-W.

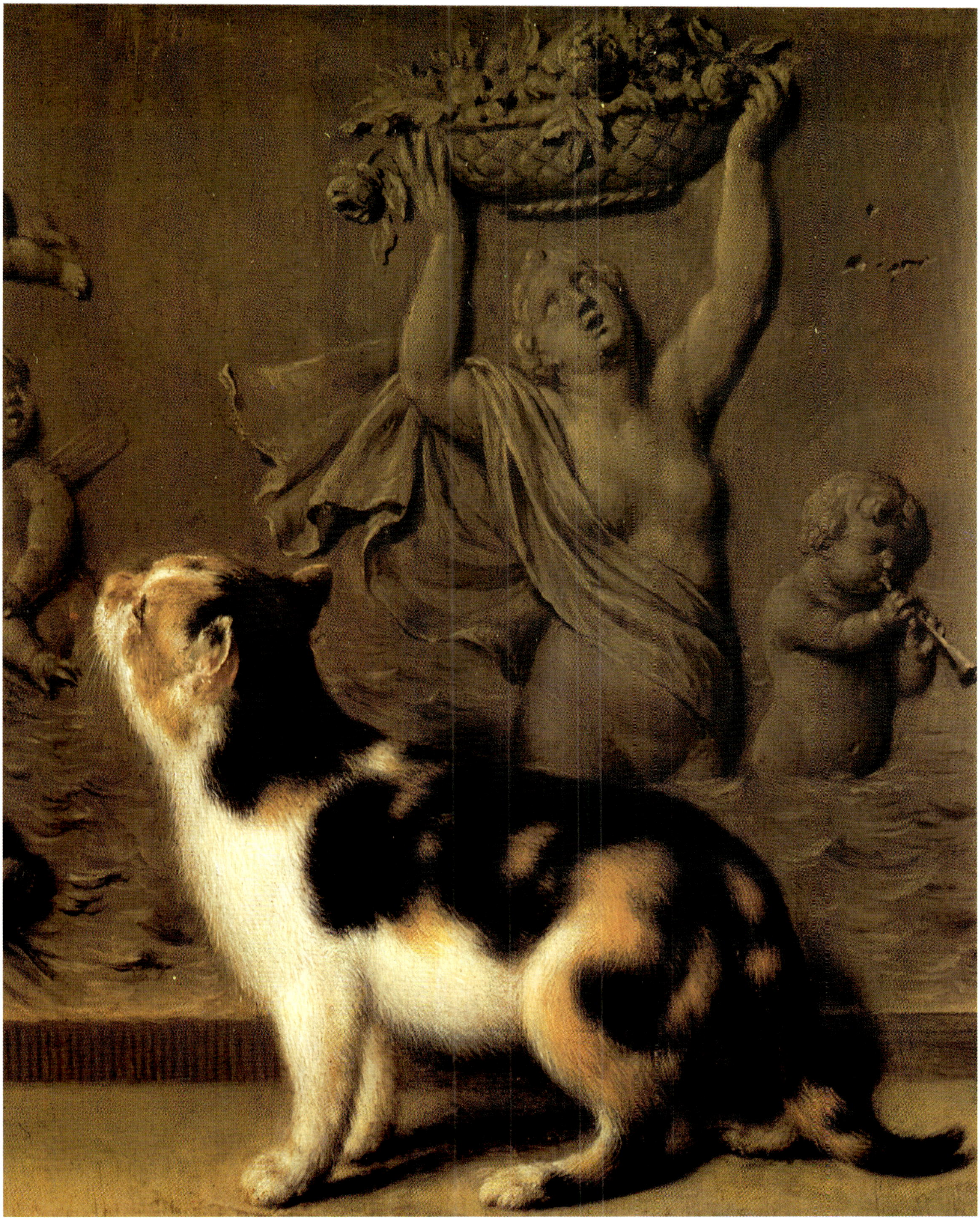

FRANÇOIS DESPORTES

Champigneulles, 1661 – Paris, 1743

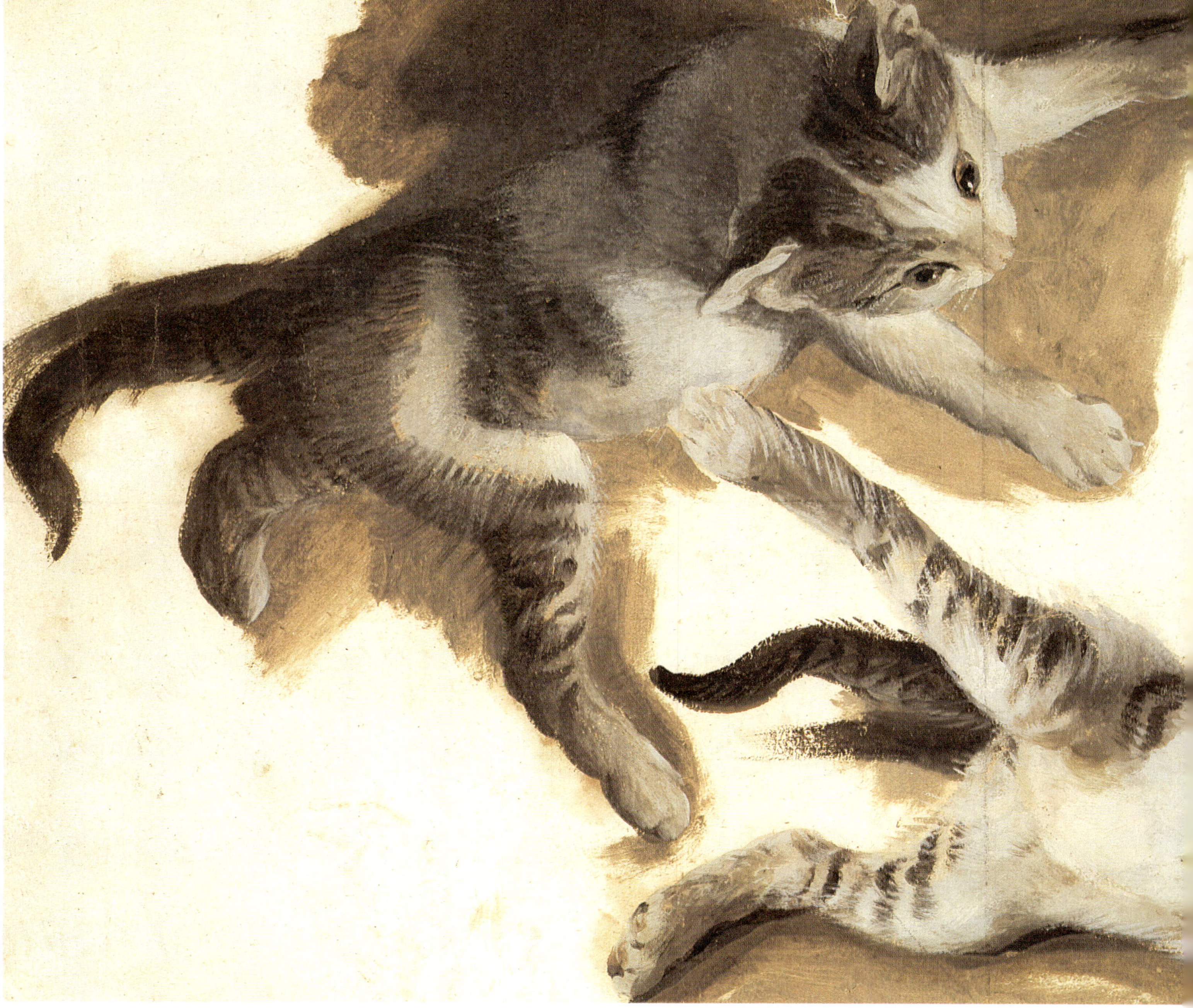

Zwei Studien einer jungen Katze
Öl auf Papier. 27 x 51 cm
Cambridge, Fitzwilliam Museum

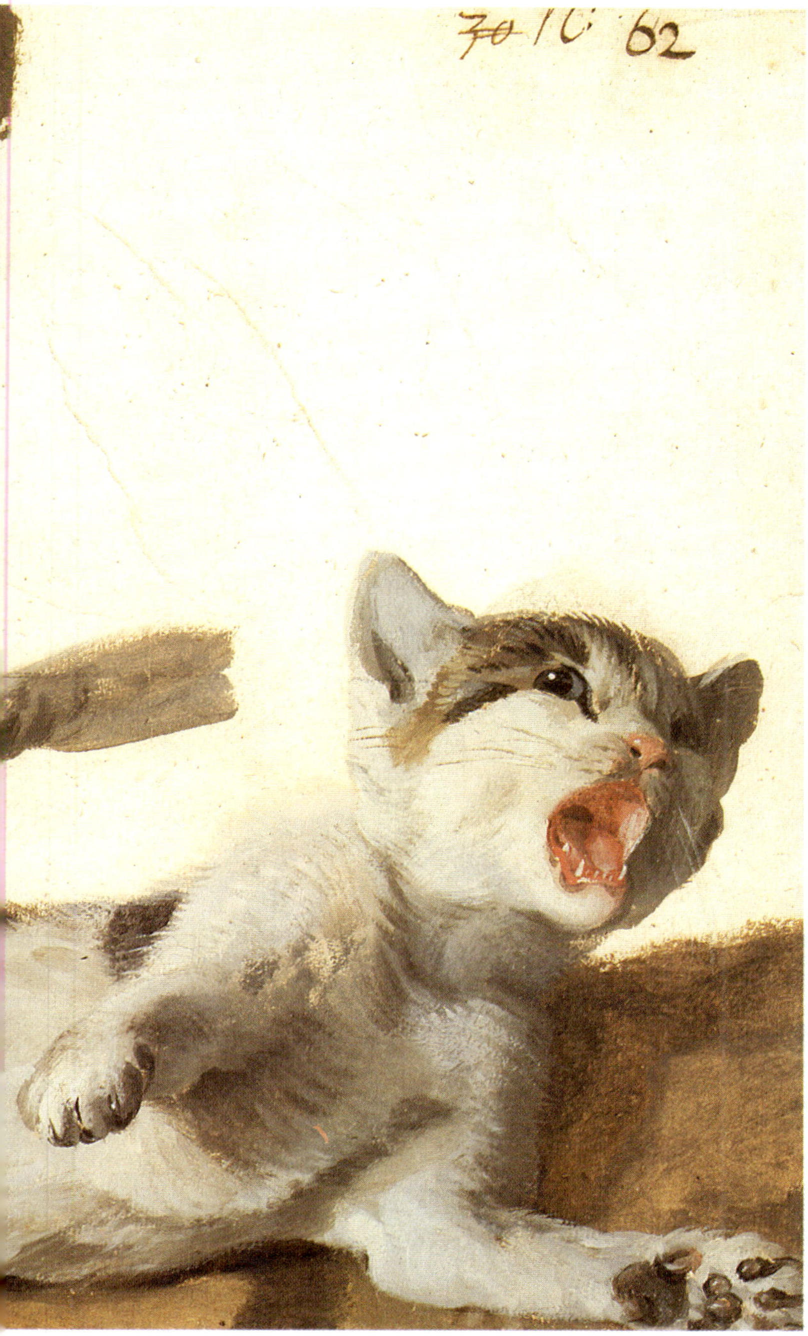

Im Jahre 1784 verkaufte Nicolas Desportes, der das Atelier seines Onkels geerbt hatte, alle Bilderstudien an den König. Der wesentliche Teil dieser Studien, meist von Tieren und Pflanzen, in der Regel in Öl auf Papier gemalt, verblieb im Besitz des französischen Staats. Nur wenige Blätter gelangten in andere Hände, unter ihnen die von Cambridge, die man lange Zeit Jean-Baptiste Oudry zuschrieb.

Desportes Wahrnehmung war sensibler als die eines Photographen, wenn es galt, die Bewegung der Katze zu erhaschen, die Stellung ihrer Tatzen, das Spiel ihrer Muskeln und ihren erschrockenen Ausdruck wiederzugeben (s. auch S. 105 und S. 118). Doch sind für Desportes Katzen nur ein Vorwand, in anderen Fällen schuf er ebensogut Wildschweine oder Windhunde. Seine Studien dienten ihm für manches seiner gemalten Wildstücke, und seine Beobachtungen sind so treffend, daß man über die dekorativen Möglichkeiten hinaus von seiner naturalistischen Virtuosität bezaubert werden kann.

P. R.

PIERRE SUBLEYRAS

Saint-Gilles-du-Gard, 1699 – Rom, 1749

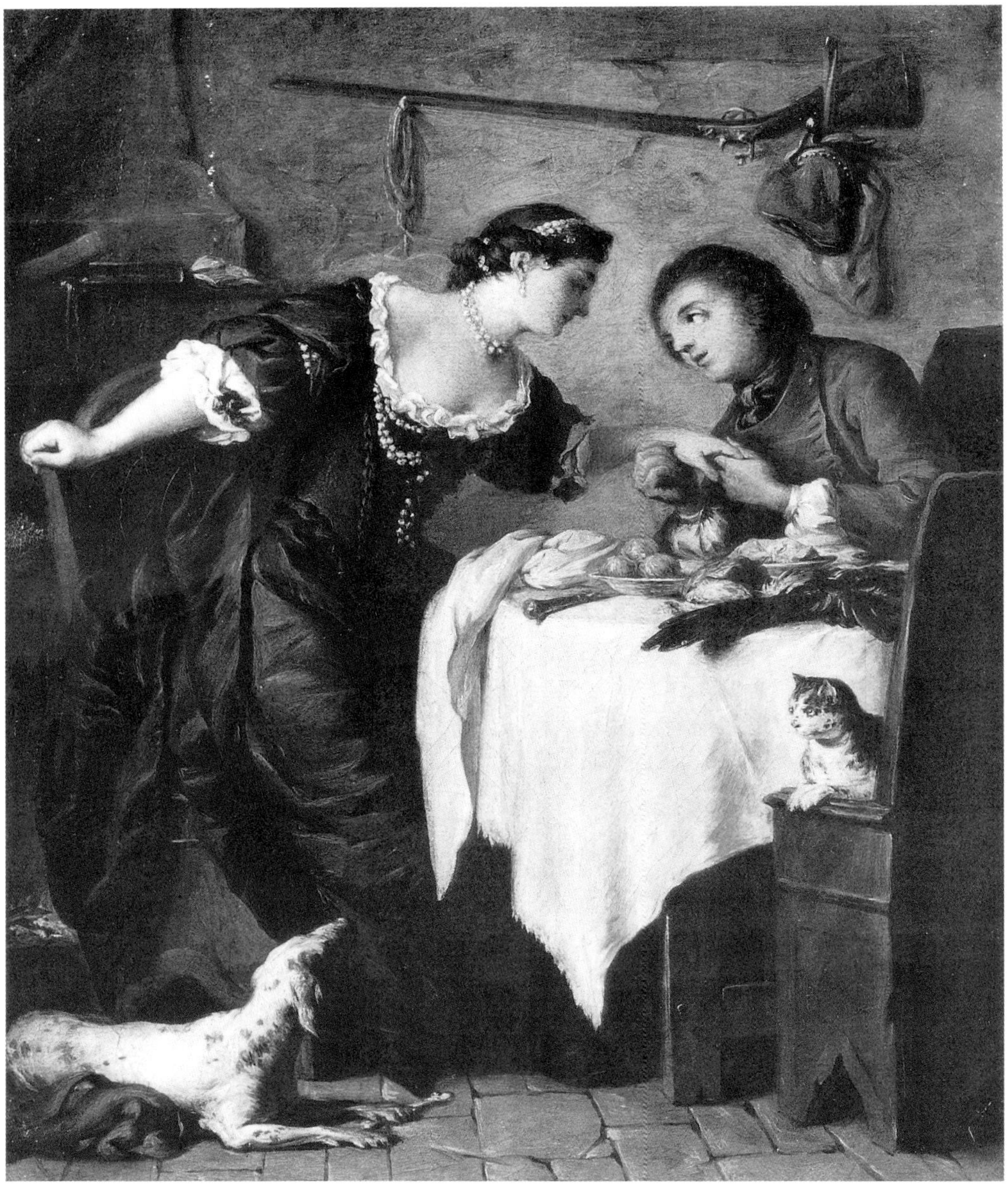

Der Falke, nach 1732
Leinwand. 35 x 28 cm
Paris, Louvre

Subleyras hat Katzen den Hunden vorgezogen. Er hat jedoch auch diese verstanden: Der an einem Knochen nagende Hund wendet sich seinem Herrn zu. An der Szene, von der berühmten Erzählung La Fontaines inspiriert, scheint er im ergreifendsten Moment teilzuhaben: Die junge Frau gewährt endlich dem schmachtenden Liebhaber ihre Hand, der ihr gerade sein höchstes Gut geopfert hatte, seinen Falken, dessen Reste noch auf der reinen weißen Tischdecke zu erkennen sind.

Auf einem Holzstuhl kauert eine getigerte, hübsch gefleckte Katze, die auch in dieses Bild gehört. Sie scheint am Geschehen uninteressiert. Ist sie es wirklich, oder hört sie, scheinbar teilnahmslos, der Liebeserklärung zu? Jedenfalls übersieht man sie nicht, und sie verleiht der Szene eine gewisse Zärtlichkeit. P. R.

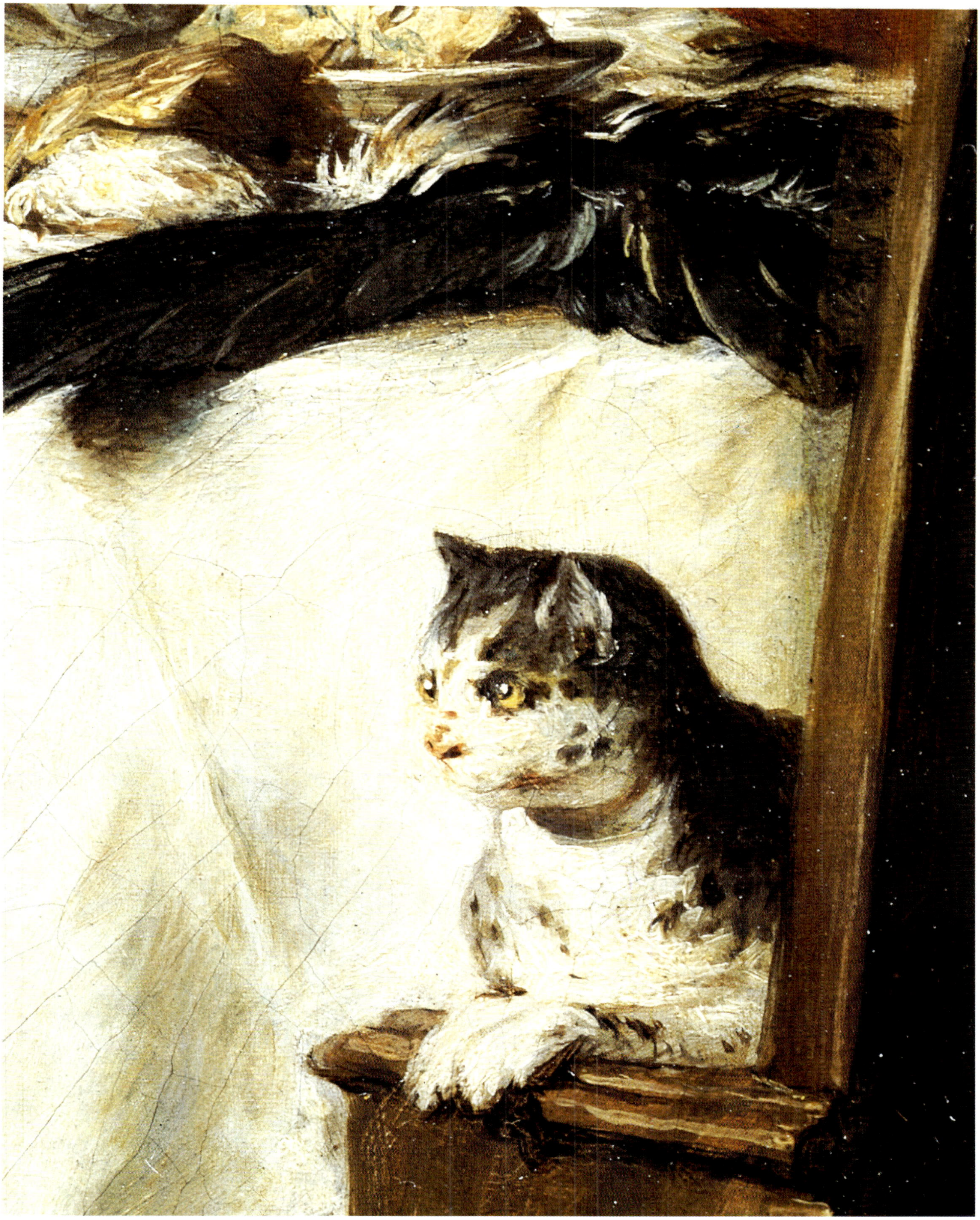

JEAN-BAPTISTE SIMÉON CHARDIN
Paris, 1699–1779

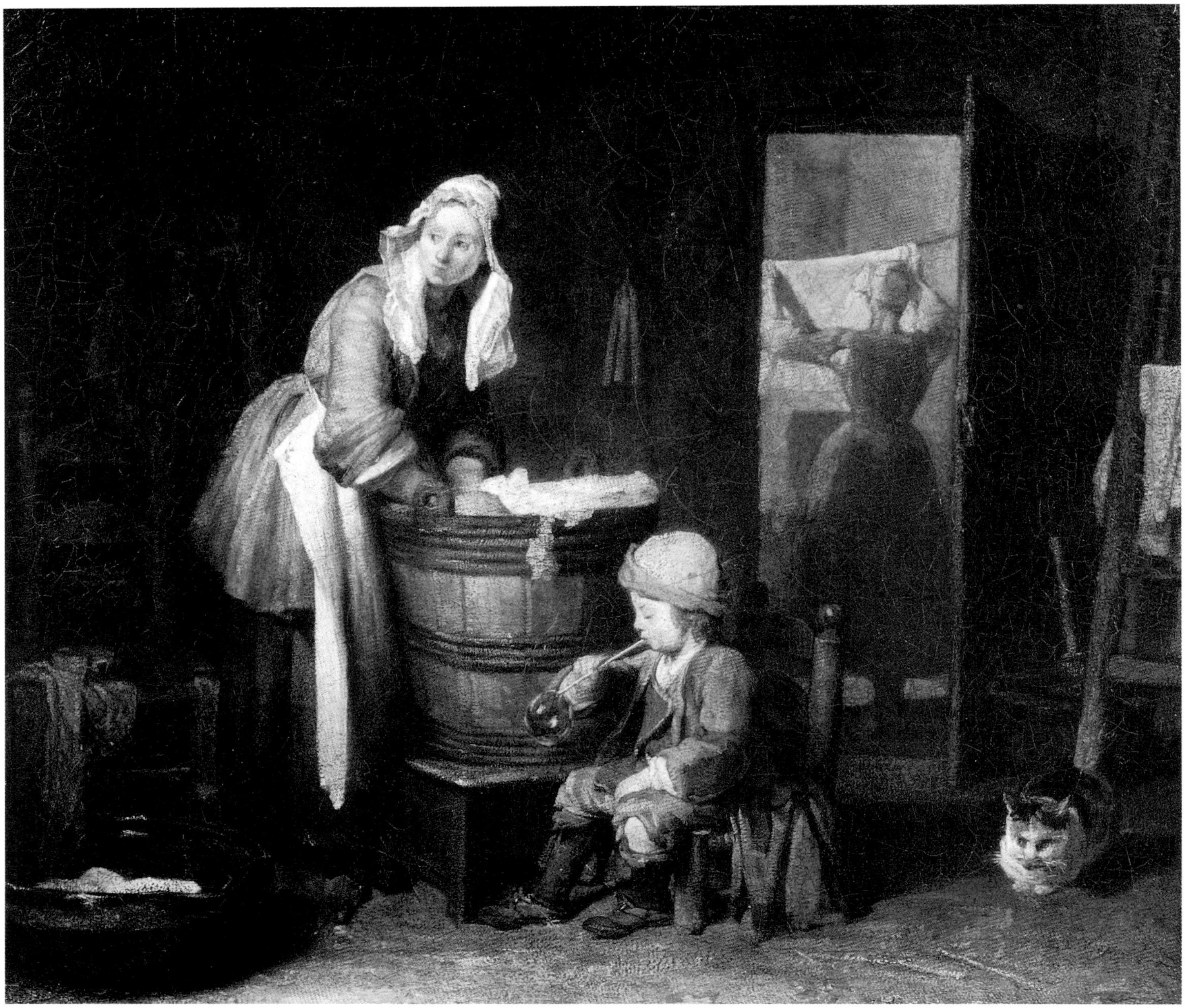

Die Wäscherin, um 1733
Leinwand. 37 x 42 cm
Stockholm, Nationalmuseum

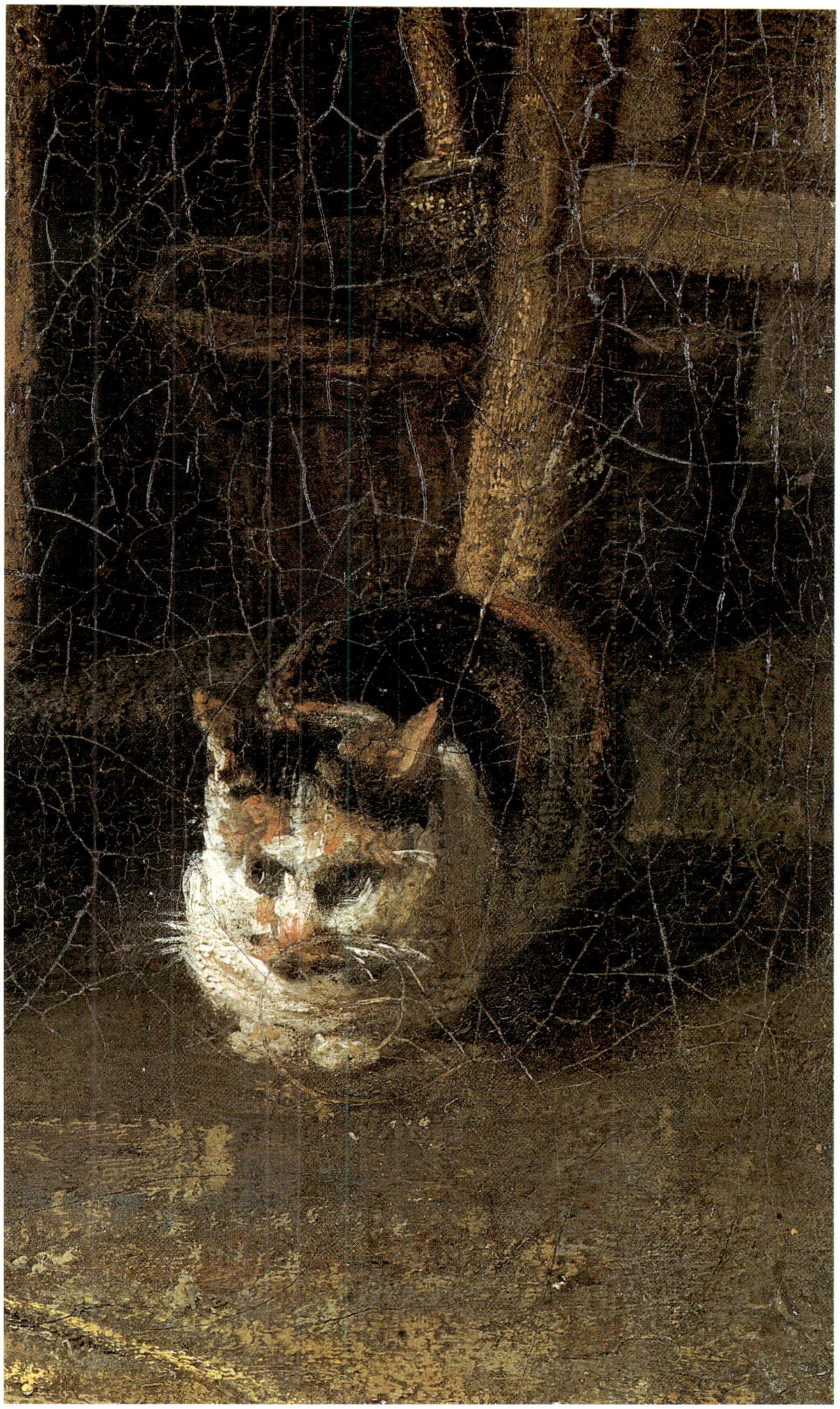

Nach seinen Bildern zu urteilen, war Chardin ein großer Katzenfreund, und man würde hier wohl eine Wiedergabe des berühmten *Küchenstillebens mit Rochen* aus dem Louvre, Paris, erwarten. Wir geben es ehrlich zu, daß uns die dort dargestellte Katze nicht so sehr am Herzen liegt. Das Tier dort ist wie ein Einbrecher in das prunkvolle Stilleben eingedrungen und weist noch eine viel zu große Nähe zu den flämischen Modellen des 17. Jahrhunderts auf, um dem Genie Jean-Baptiste Chardin ganz gerecht zu werden. Man möge uns dies nachsehen!

Wir haben ihr daher die dreifarbige Katze aus der *Wäscherin* von 1733 vorgezogen, von der wir wissen, daß sie schon 1728 Chardin gehört hatte. Wie der kleine, voll auf sein Spiel mit der Seifenblase konzentrierte Junge, wie die junge Frau am Waschtrog und die zweite Frau, die gerade Wäsche über die Leine hängt, ist auch die Katze im Zustand innerer Ruhe dargestellt. Die Menschen, die Katze, jedes für sich in seiner Welt, haben teil an einer diskreten, wunderbar zurückhaltenden, menschlichen Innigkeit, die Chardin poetisch gestaltet.
P. R.

CHARLES JOSEPH NATOIRE

Nîmes, 1700 – Castel Gandolfo, 1777

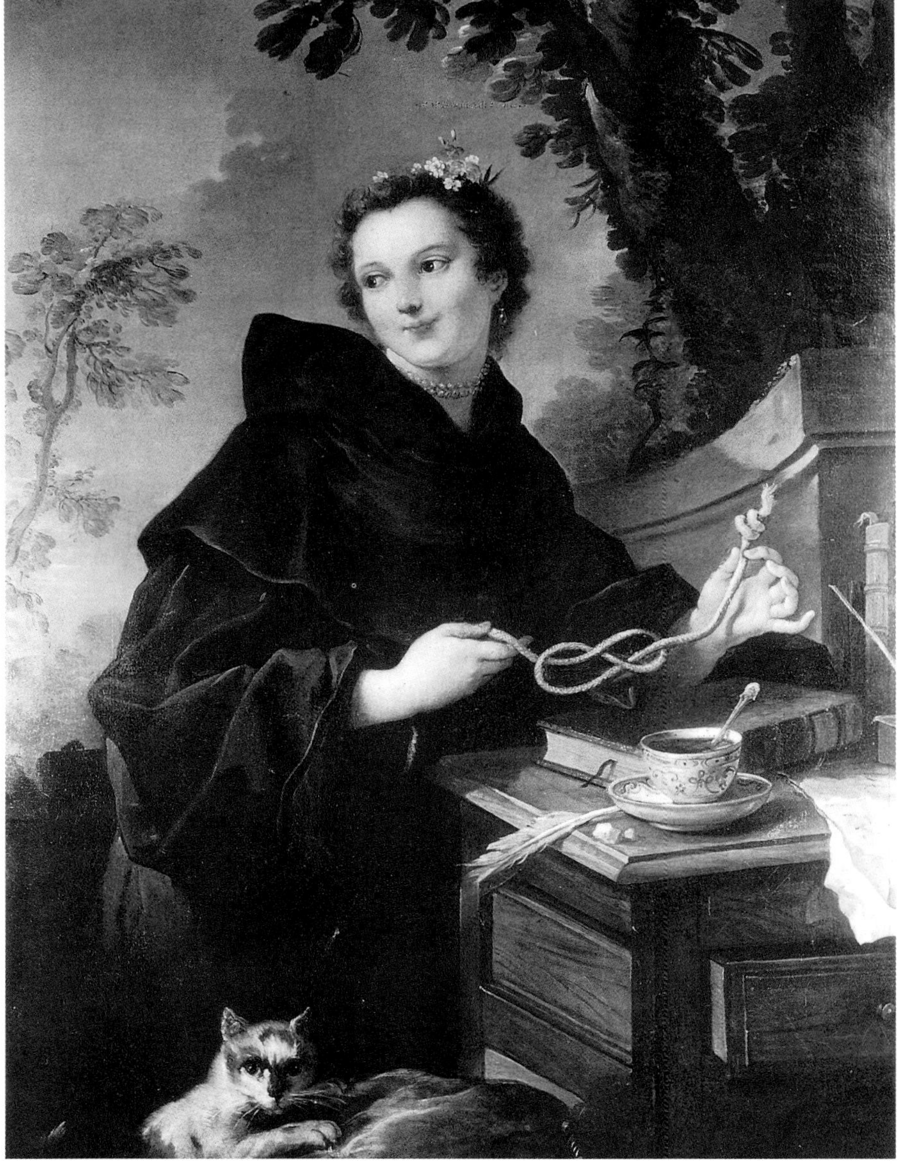

Porträt von Louise-Anne de Bourbon, genannt Mademoiselle de Charolais, nach 1730
Leinwand. 118 x 90 cm
Versailles, Musée national du Château

Mademoiselle de Charolais (1695–1758), eine Enkelin Ludwigs XIV. (ihre Großmutter stammte aus der Verbindung des Königs mit Madame de Montespan), machte am Hofe mit ihrem sehr bewegten Leben viel von sich reden, man sagte ihr jedoch auch gelegentliche Frömmigkeit nach. Vielleicht hat sie Natoire aus diesem Grund in einer Mönchskutte aus einer Kordel Knoten knüpfend dargestellt. Diese veranlaßte Voltaire zu folgenden Worten: „Bruder Engel de Charolais / sage mir, durch welches Abenteuer / dient die Kordel des heiligen Franziskus / der Venus als Gürtel?“ Allerdings macht der ironische Dichter keinerlei Anspielung auf die Katze, obwohl diese ohne Zweifel zur Szene gehört. Übrigens ist dieses kleine Tier noch das wirklichste und wahrhaftigste Detail in diesem reizvoll künstlichen Porträt, in dem sich Bücher, Papiere, Schreibfeder und Tasse in freier Natur befinden. Während die herausfordernd wirkende junge Frau ihre Knoten mit spielerischer Anmut knüpft und sich umwendet, um ihr galantes Opfer besser überrumpeln zu können, blickt die Katze direkt in die Augen des Betrachters. Ganz ungezwungen krallt sie sich in ein luxuriöses Kissen, das ihr wohl zu diesem Zweck überlassen wurde.

É. F.-W.

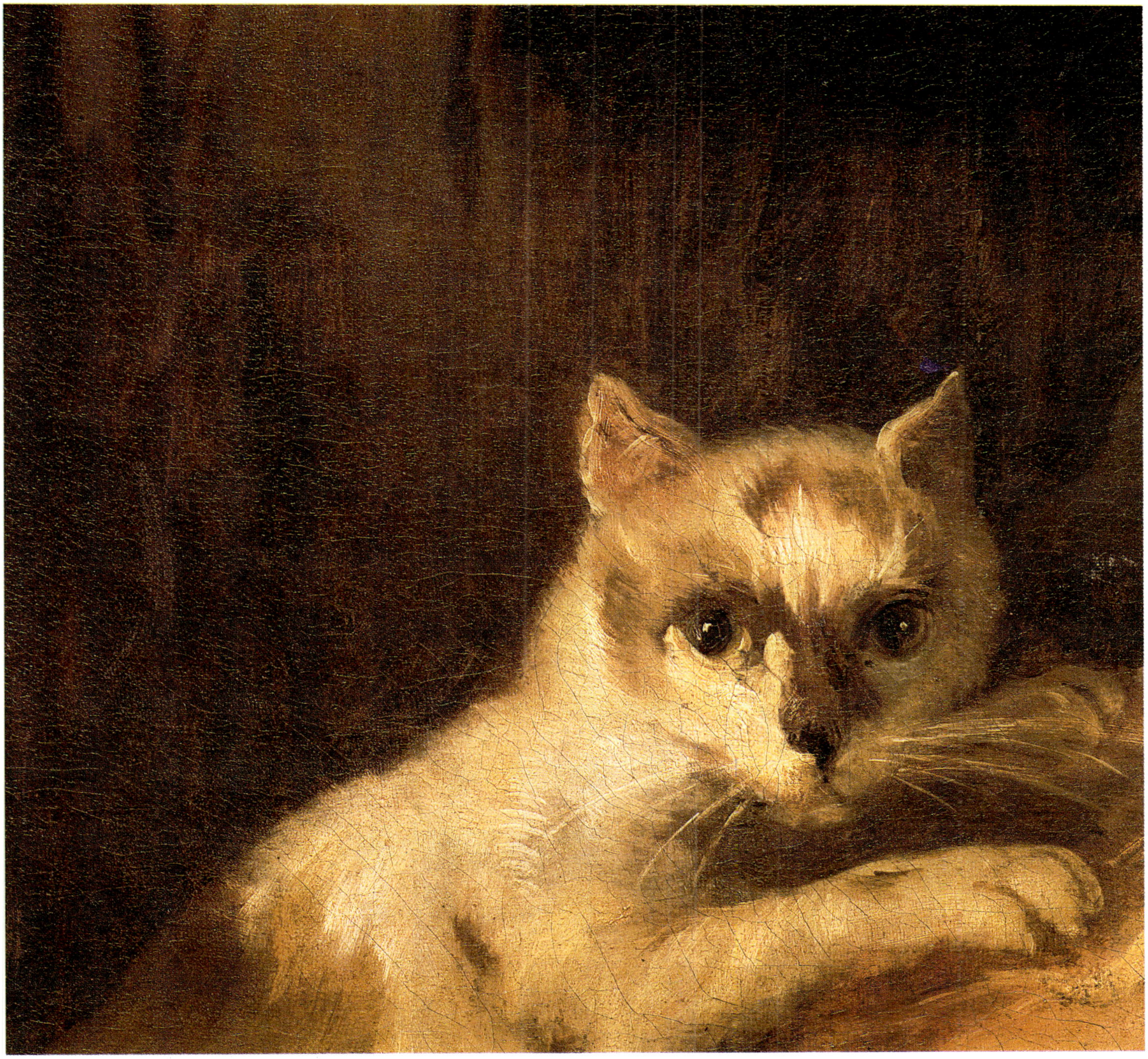

FRANÇOIS BOUCHER

Paris, 1703–1770

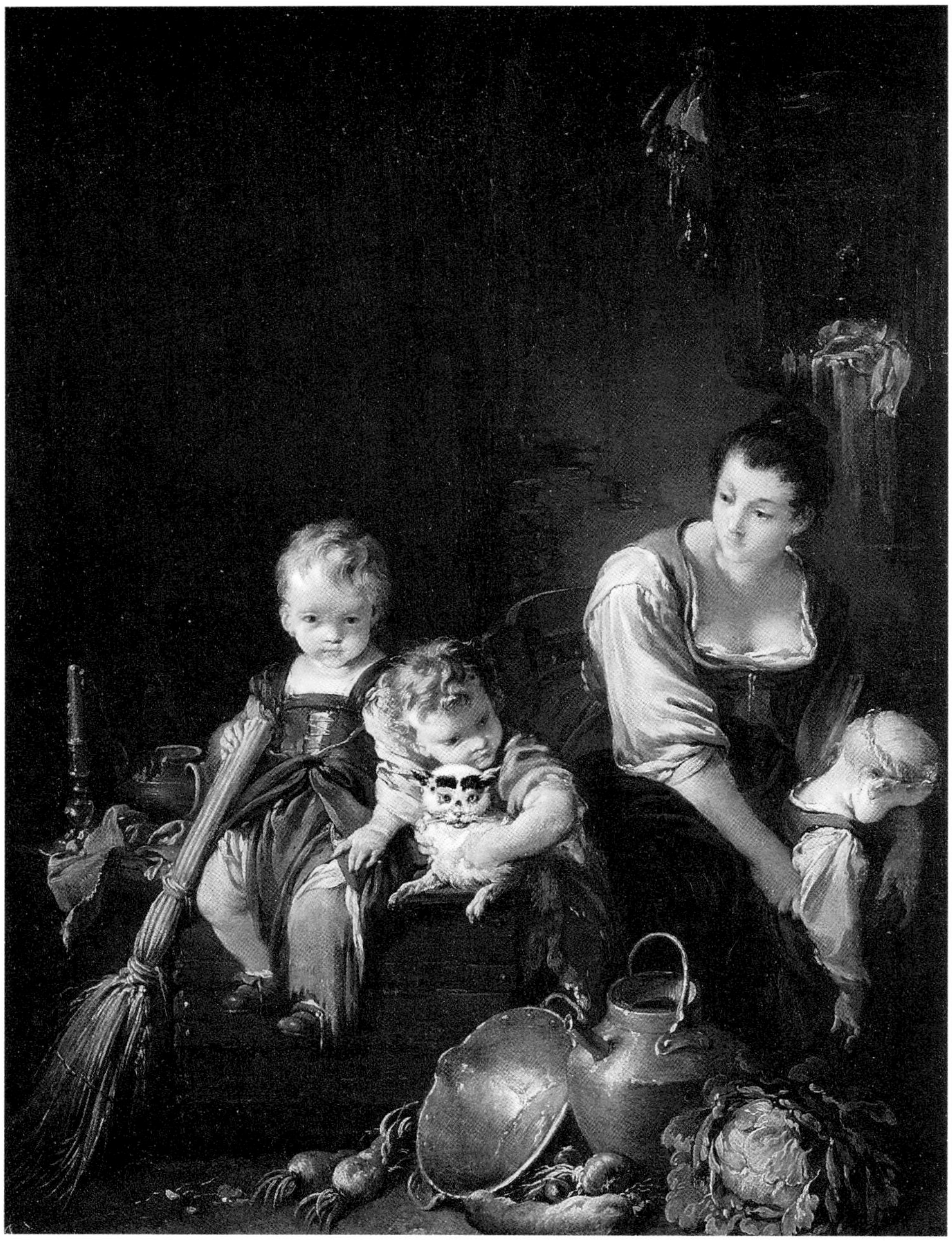

Die schöne Dorfbewohnerin
Leinwand. 41 x 32 cm
Pasadena, Norton Simon Collection

Die Boucher-Spezialisten werden ohne Mühe diese seltsame Katze mit ihren gefleckten Ohren, ihren eigenartig großen schwarzen Augenbrauen und dem Fleck auf der Nase wiedererkennen. Sie begleitete Boucher etwa zehn Jahre lang, und so kann man sie von einem Bild zum anderen wiedersehen. Am Anfang ist sie noch ganz jung (*Die Überraschung,* Museum of New Orleans), später größer, und schließlich sieht man sie altern. Eines Tages ist eine andere Katze da (*Die Toilette,* Lugano, Sammlung Thyssen).

Mit Hingabe hat der Maler den kleinen, träumerischen Jungen studiert, der mit seiner Katze spielt. Für den Künstler und seine Zeitgenossen hat die Katze nun keine symbolische Bedeutung mehr. P. R.

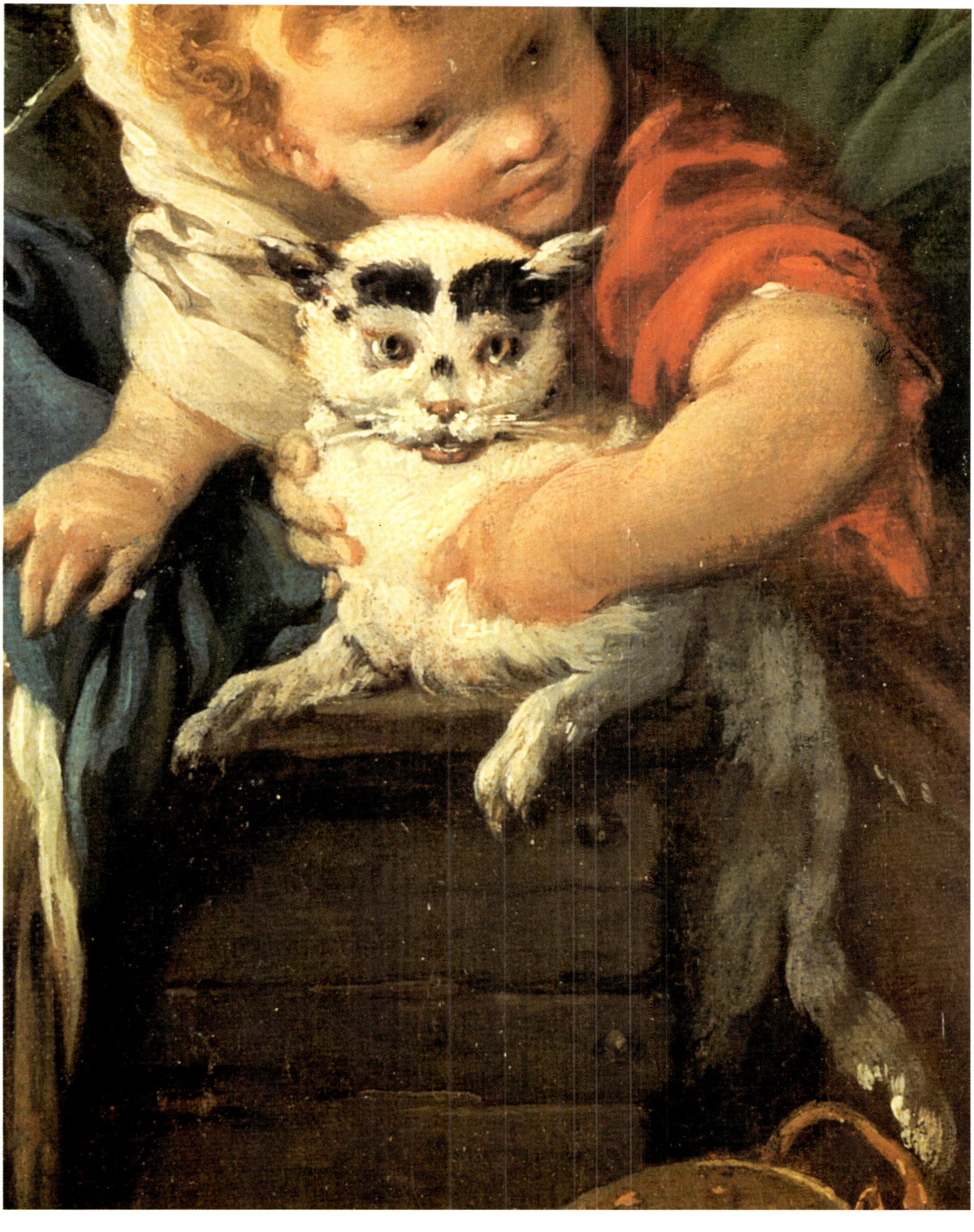

JEAN-JACQUES BACHELIER

Paris, 1724–1806

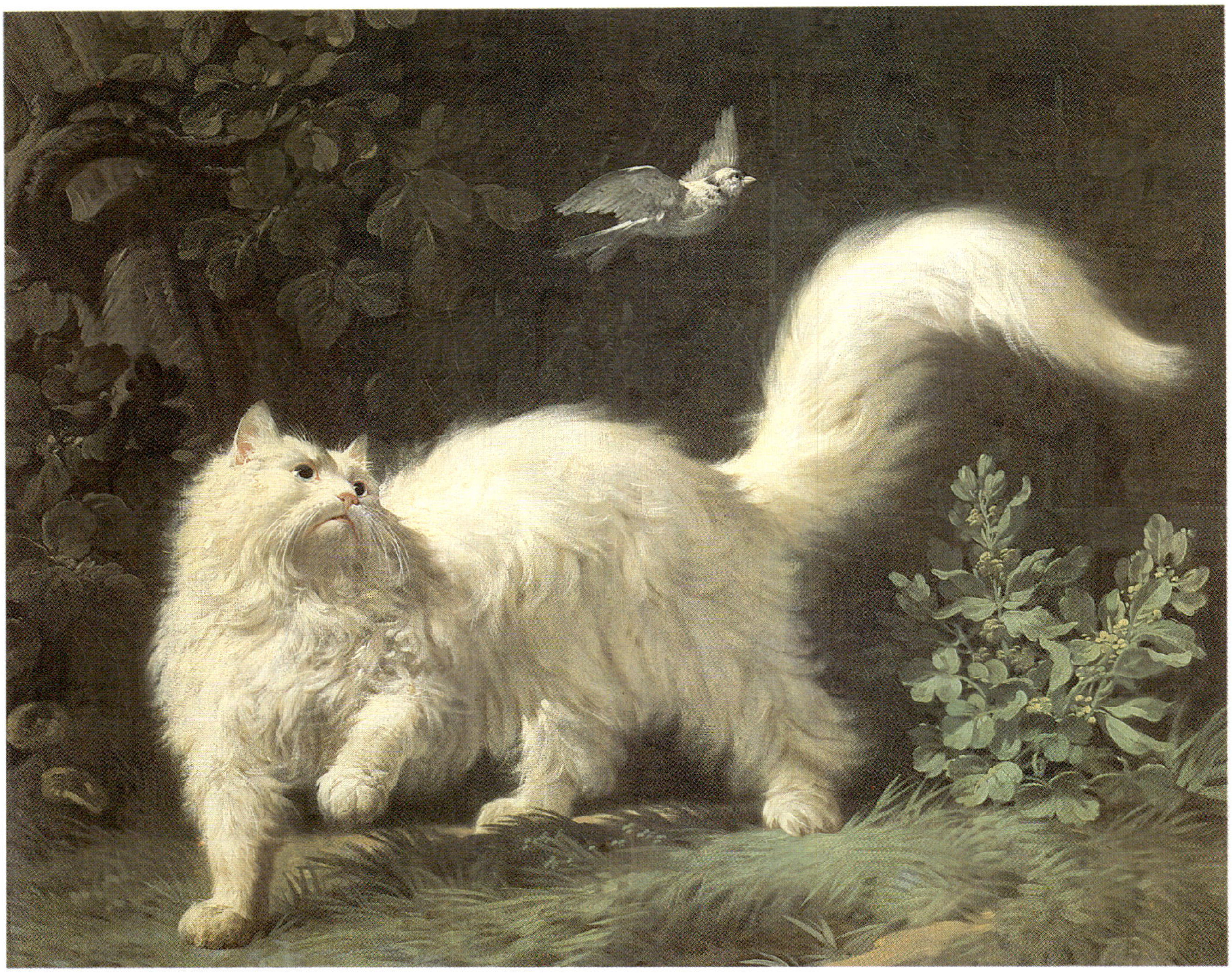

Angorakatze, um 1761
Leinwand. 72 x 90 cm
Paris, Privatsammlung

„Eine Angolakatze [sic!] lauert einem Vogel auf"; unter diesem Titel stellte Bachelier sein Bild im Salon von 1761 aus. Als Pendant malte er für den Architekten Soufflot einen dressierten Pudel. Einer der Kritiker bewunderte an der Katze „alles, bis hin zu der verstohlenen Freßgier, die ein Zeisig in ihr erregte, der sich zu nahe an sie herangewagt hatte, und ihre Beute zu werden droht".

Bachelier malte mit sichtbarem Vergnügen das seidige Fell der Katze, ihren langen, buschigen Schwanz und ihre üppigen, hängenden Schnurrhaare. Es sei daran erinnert, daß man Peiresc (1580–1637), einem großen Katzenfreund (Piere Humbert: *Un amateur, Peiresc...,* Paris, 1933, S. 148) aus Aix-en-Provence, die Einführung der Angorakatze in Frankreich verdankt. Man hatte ihm im Orient weiße Katzen versprochen, „mit langen Kräuselhaaren wie Pudel und einem Schweif, der, wenn er hochsteht, den schönsten Federbusch bildet, den man sich denken kann". P. R.

JEAN-BAPTISTE PERRONNEAU

Paris, 1715 – Amsterdam, 1782 oder 1783

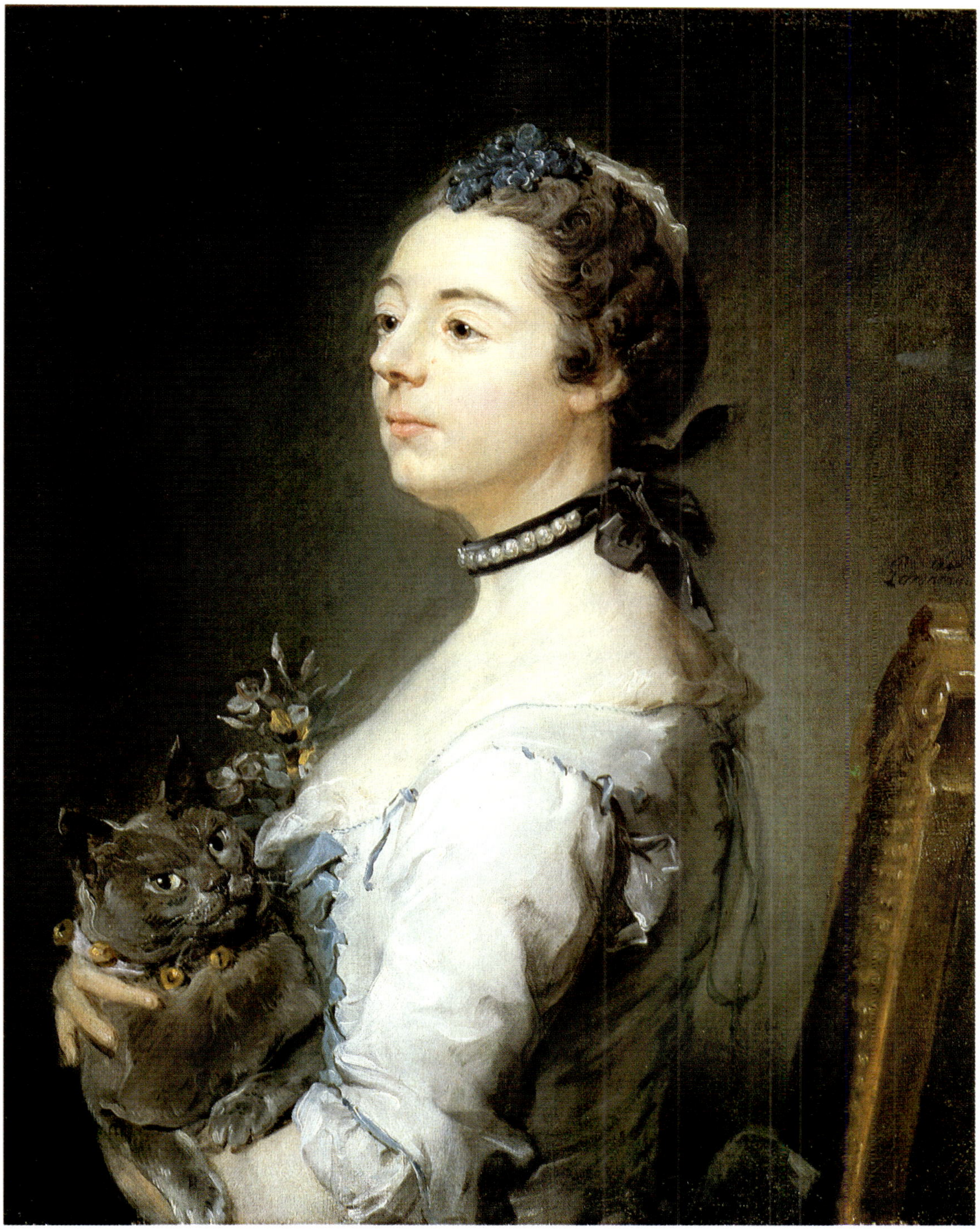

Die Frau mit der Katze, 1747
Leinwand. 65 x 52 cm
Malibu, The J. Paul Getty Museum

Macht das Glöckchenhalsband diese grimmig blickende graue Kartäuserkatze so wütend? Offenbar hat ihre Herrin Mühe, sie in den Armen zu halten. Perronneau wollte wahrscheinlich das Porträt der Katze genauso darstellen wie das ihrer Herrin, die ebenfalls ein Halsband trägt, jedoch eines aus Perlen. P. R.

JEAN-BAPTISTE GREUZE

Tournus, 1725 – Paris, 1805

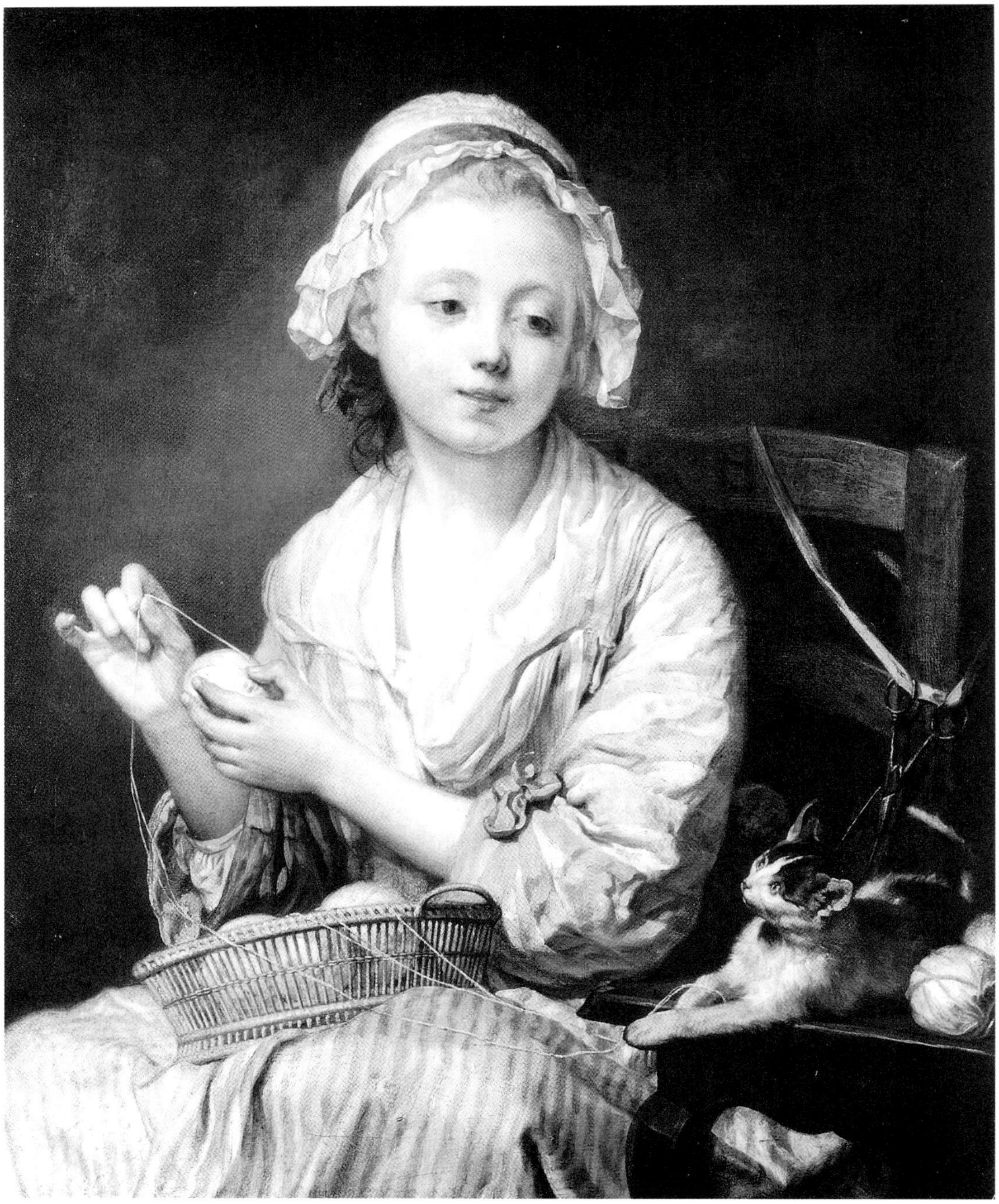

Die Garnwicklerin, 1759
Leinwand. 75 x 61 cm
New York, Frick Collection

Unschuldige Katze? Wer würde daran zweifeln, wenn er sie so aufmerksam die Bewegung ihrer Herrin beobachten sieht, die ein Knäuel Wolle wickelt? Aber wer Greuze kennt, fragt sich sicher nach den Absichten des Malers. Ein Kätzchen spielt mit dem Wollfaden. Es hindert das junge Mädchen daran, sich auf seine Arbeit zu konzentrieren. Das Mädchen scheint zu träumen. Wohin schweifen seine Gedanken? Symbolisiert diese Katze die Zerstreutheit junger Mädchen, die manchmal für die Tugend so schwerwiegende Folgen hat? P. R.

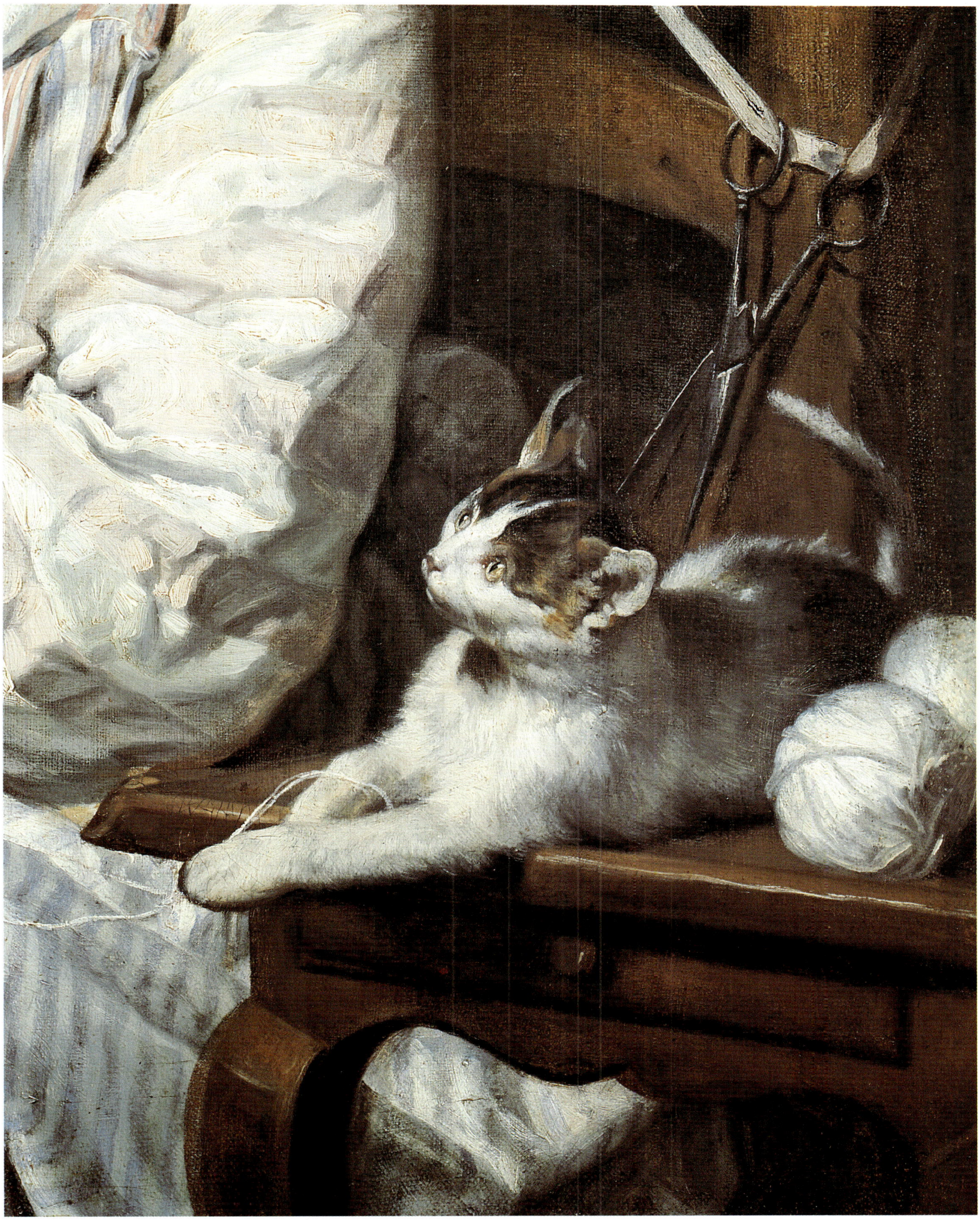

PHILIPPE MERCIER

Berlin, 1689 – London, 1760

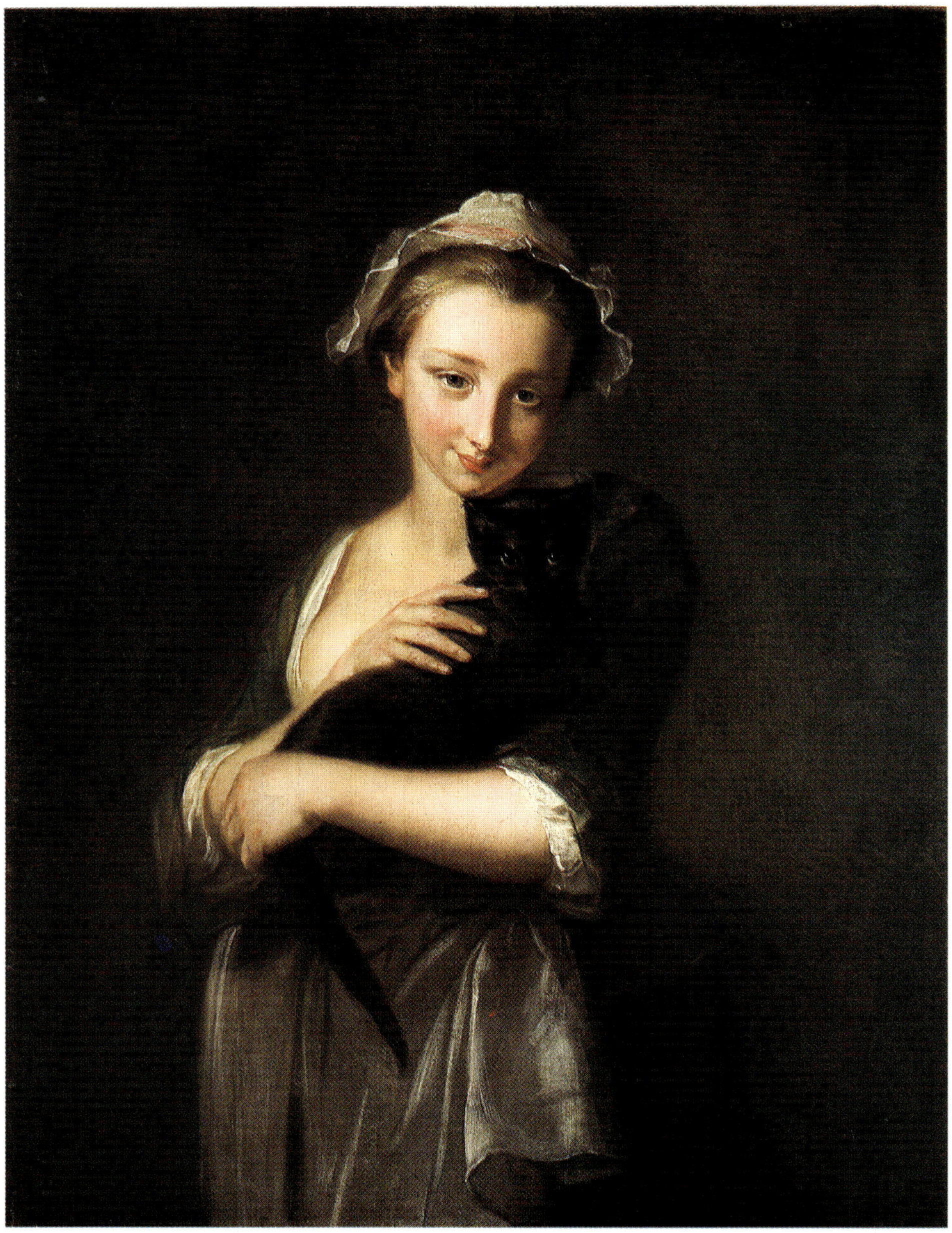

Mädchen mit einer Katze im Arm,
um 1745–1750
Leinwand. 91 x 70 cm
Edinburgh, National Gallery of Scotland

Die englische Malerei hat den Tieren einen besonderen Stellenwert eingeräumt, besonders den Katzen. Mit wenigen Ausnahmen (darunter ein bedeutendes Bild von Hogarth, s. S. 158) handelt es sich um Porträts junger Frauen oder Mädchen, die liebevoll ihre Katze in den Armen halten. Eine der ältesten dieser gefühlvollen Darstellungen verdanken wir einem französischen Maler, der ein weit entfernter Nachfolger Watteaus war. Er wurde in Berlin geboren und lebte in London. Trotz aller Vorurteile scheute sich Mercier nicht, eine schwarze Katze darzustellen. Die Komplizenschaft zwischen dem Mädchen und ihrem jungen Spielgefährten und eine vom Künstler betonte Ähnlichkeit der beiden geben diesem Bild seinen ganzen Reiz.

P. R.

JEAN-HONORÉ FRAGONARD

Grasse, 1732 – Paris, 1806

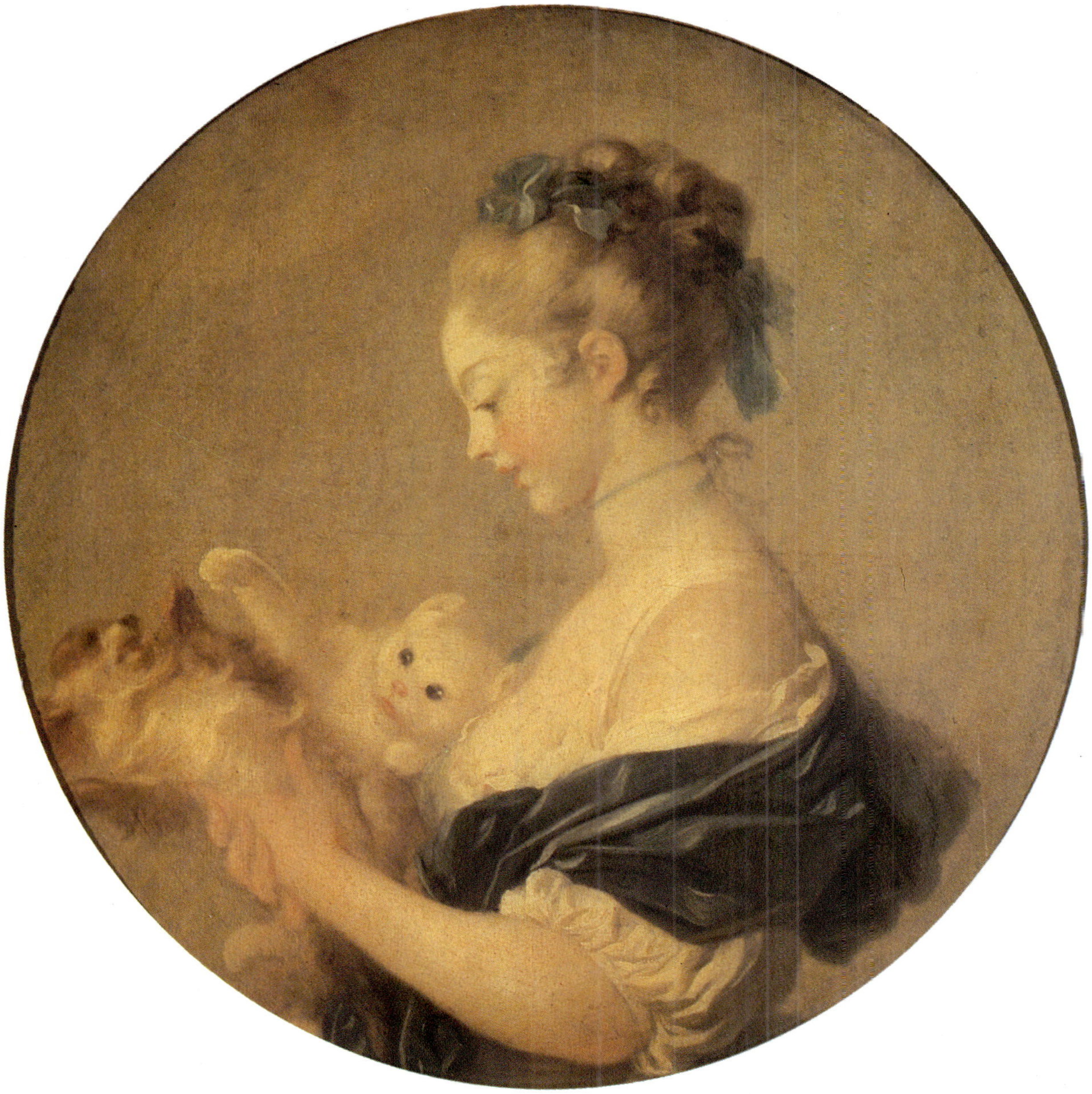

Junges Mädchen, mit Hund und Katze
Runde Leinwand. Durchmesser: 70 cm
Tel Aviv, Privatsammlung

In diesem Meisterwerk von Fragonard hat man das Porträt einer seiner drei Schwestern, Colombe, erkennen wollen. Sie war eine der Tänzerinnen, die um 1780 in Paris von sich reden machte. Ein junges Mädchen hält einen kleinen Hund und ein weißes Kätzchen mit blauen Augen im Arm, die miteinander balgen. Mit einem etwas widernatürlichen Interesse wartet das Mädchen auf den kommenden Hieb der Krallen.

Katzen finden sich nicht selten in Fragonards Werk. Er hat ihnen jedoch Stiere und Rassehunde vorgezogen und gewährt ihnen nur selten einen wichtigen Platz, so in der *Musikstunde* (Louvre, Paris) und vor allem in dem Bild *Die Schulmeisterin* (Wallace Collection in London). P. R.

JEAN-FRANÇOIS-GILLES COLSON

Dijon, 1733 – Paris, 1803

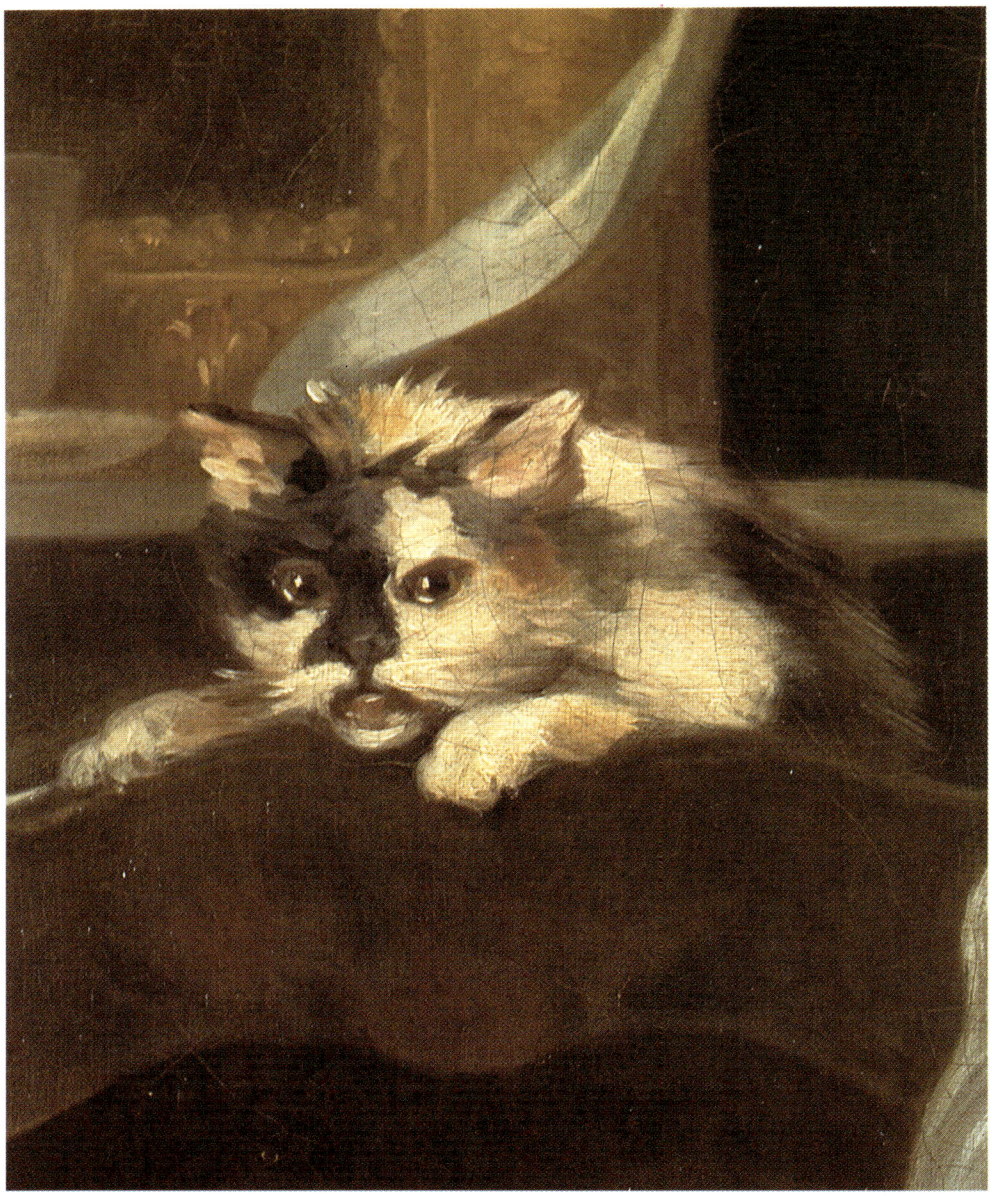

Der Schlaf, 1759
Leinwand. 93 x 75 cm
Dijon, Musée des Beaux-Arts

Ein eigenartig geflecktes Kätzchen hat einen Ofenschirm erklommen und wird in dem Moment überrascht, als es sich auf einen Zeisig stürzen will, den seine Herrin an einem Band gefangenhält. Dem ruchlosen Tier, das sich anschickt, die Unaufmerksamkeit des eingenickten Mädchens auszunutzen und den unschuldigen Vogel zu verschlingen, entspricht ein beherzter Spaniel, der seinem jungen Herrn beisteht, welcher im Spiel die Lunte einer Miniaturkanone zündet. Der Titel des Bildes *Der Schlaf* und der seines Pendants, *Die Aktion* (Privatsammlung), erscheinen eindeutig – sagen sie aber alles?

Eines ist klar, die Katze macht sich den Schlaf ihrer Herrin zunutze und mißbraucht ihr Vertrauen. Sie spielt keine ehrenvolle Rolle. Aber ist ihr der Maler deswegen gram?

P. R.

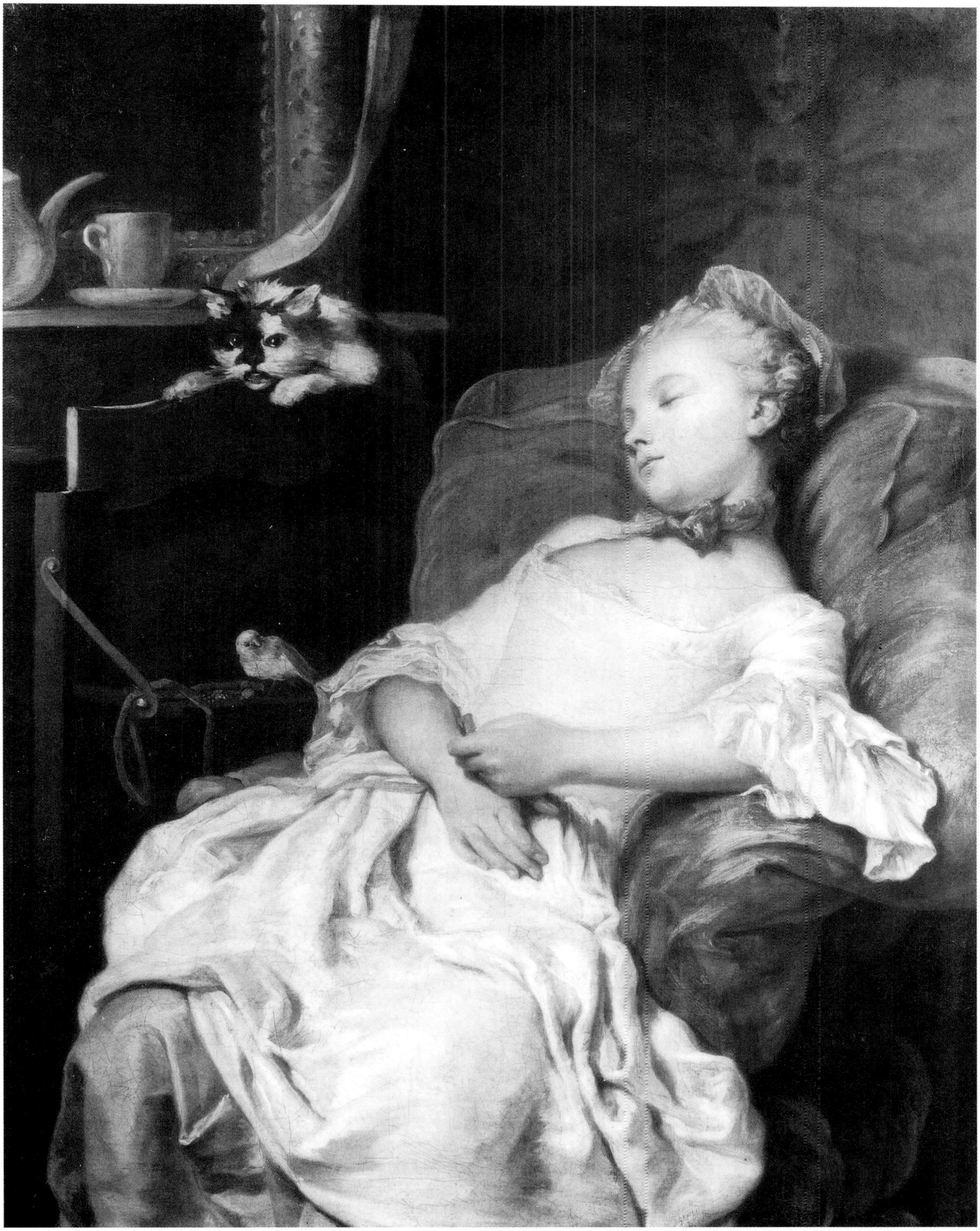

NICOLAS BERNARD LÉPICIÉ

Paris, 1735–1784

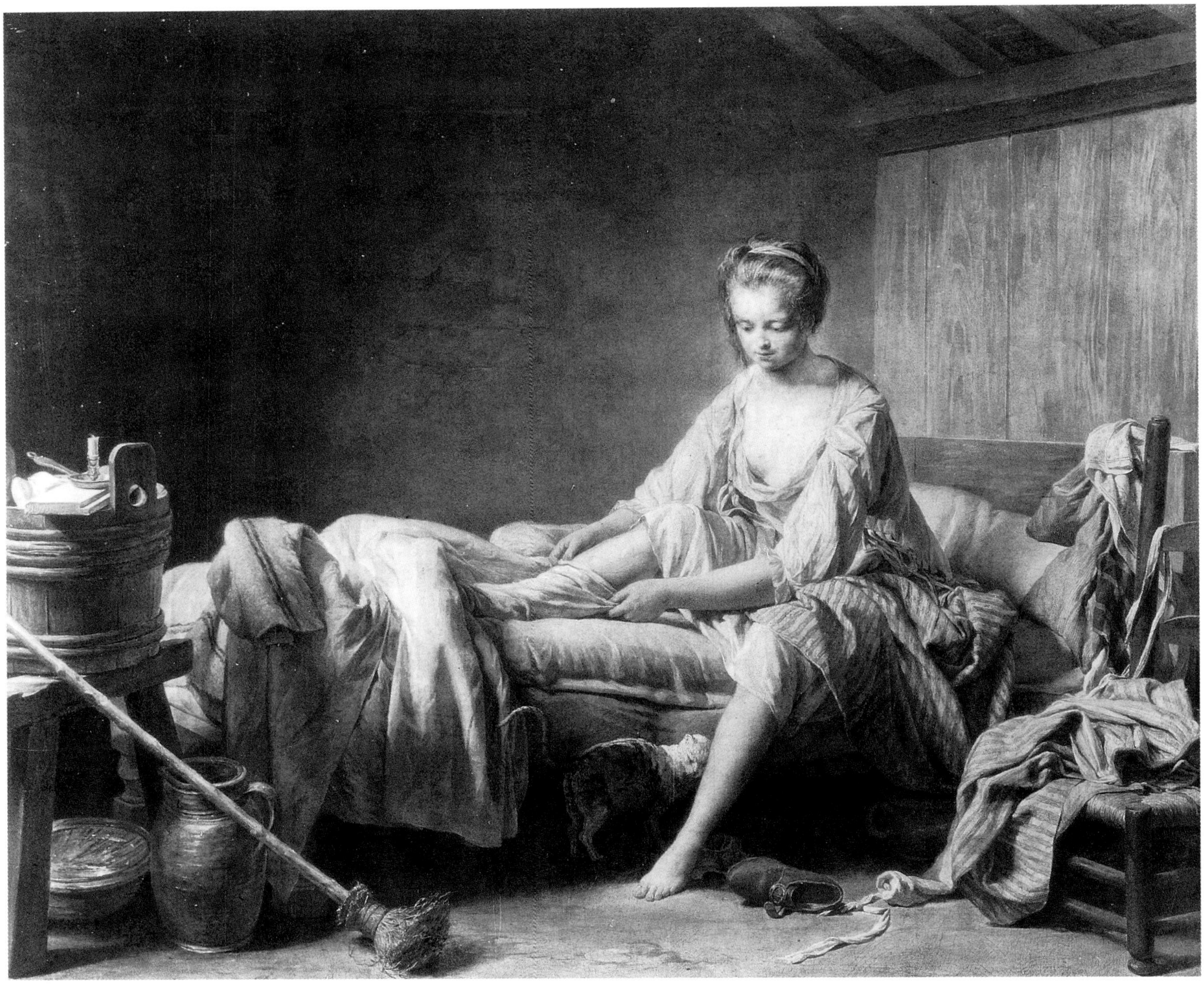

Fanchons Erwachen, 1773
Leinwand. 74 x 93 cm
Saint-Omer, Musée de l'Hôtel Sandelin

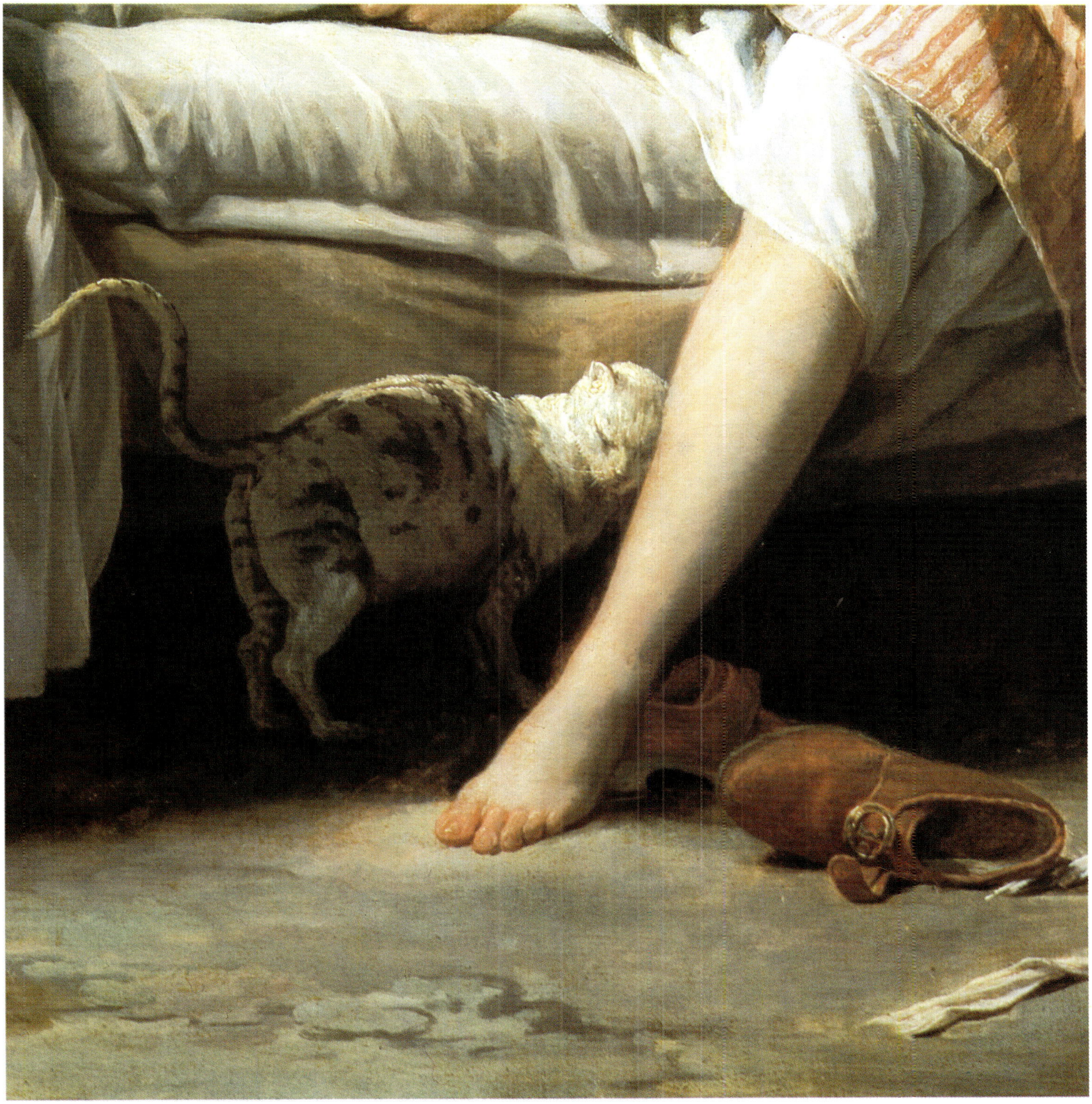

Den Schwanz zur Zickzacklinie geschwungen, begrüßt eine Katze ihre Herrin, die gerade aufgewacht ist und sich, auf ihrem Bett sitzend, einen Strumpf anzieht. Zärtlich schmiegt sich die Katze an ihr Bein.

Ist dies eine Szene, die ohne Umschweife das Zimmer einer Magd beschreibt, oder handelt es sich um ein anzügliches Bild, das sich mit Genugtuung an den Reizen einer jungen Frau aufhält? Die Doppeldeutigkeit, die die schmusende Katze noch unterstreicht, ist gewollt. Zutrauliches Tier oder Symbol der Unzucht? Jeder kann sich seine Gedanken machen! P. R.

FAUSTINO BOCCHI

Brescia, 1659–1741

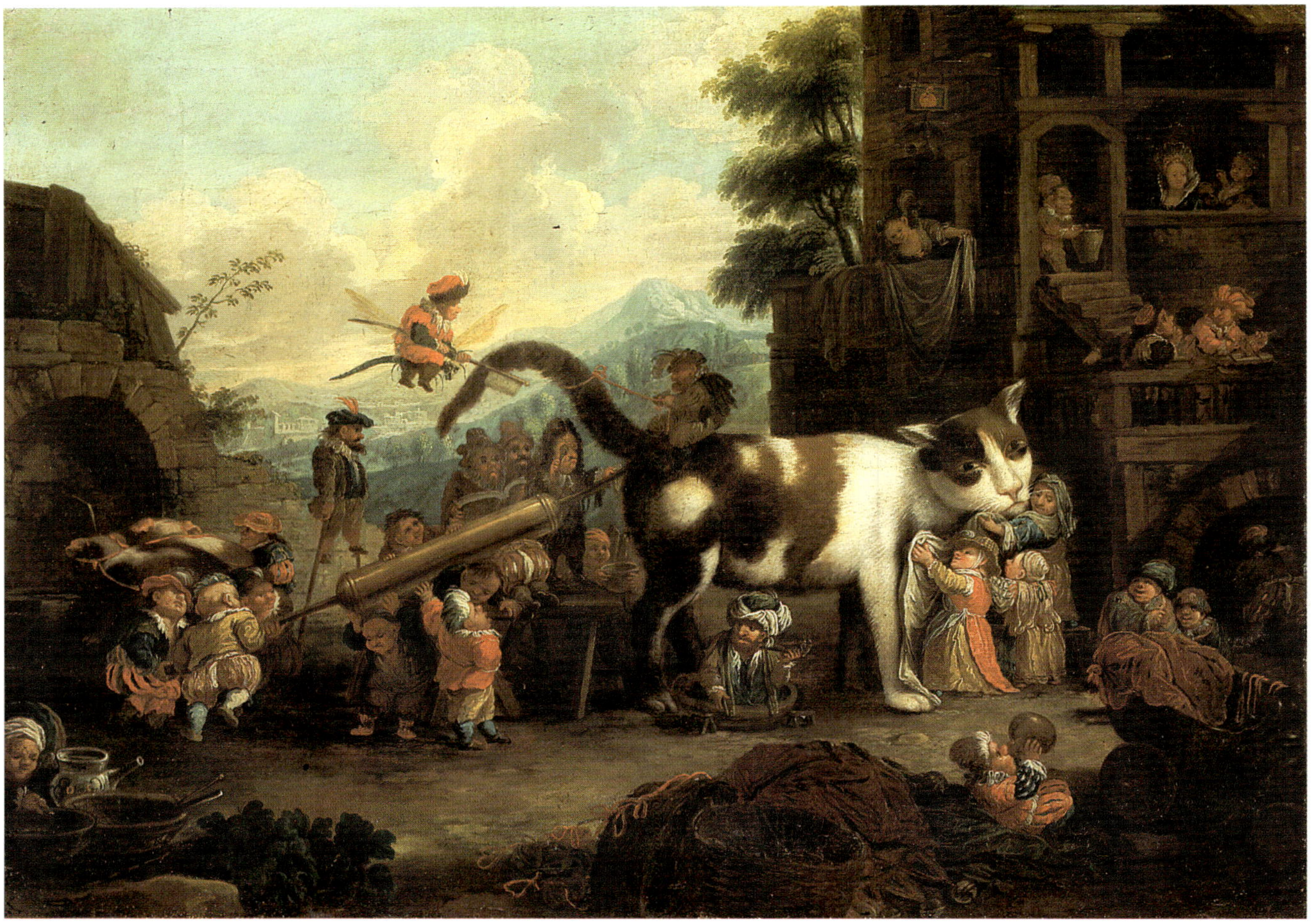

Zwerge pflegen eine Katze
Leinwand. 70 x 98 cm
Privatsammlung

Katzen fehlen nicht in der phantastischen und grotesken Welt Bocchis. Genauso wie Kaninchen, Hühner und Meerschweinchen werden sie in seinen Bildern gepeinigt. Ein Volk verkrüppelter oder auf Stelzen gehender Zwerge, viele davon mit Turban, macht sich um die Tiere zu schaffen. Hier wird einer sehr krank aussehenden Katze ein Einlauf gemacht. (Ein in Bocchis Werk häufig auftauchendes Instrument ist die Klistierspritze. Sie dient den Tieren gleichermaßen wie den Menschen.) Arzt und Apotheker mit Perücke, spitzem Hut und Brille sind auf einen Tisch geklettert und sparen, wie in einem Stück von Molière, nicht mit Ratschlägen. Sie helfen sich mit einem dicken Buch, das viel größer ist als ihre Gelehrsamkeit! Wir kennen ein anderes Bild Bocchis zum selben Thema (Italien, Privatsammlung). Dort ist eine kranke Katze zu sehen, die von Zwergen in einem Holzwagen zu der Büste einer antiken Gottheit (vielleicht Pan?) gezogen wird, um sie für deren Heilung zu beschwören. In all diesen Bildern handelt es sich um die gleiche Katzenart, weiß gefleckt, mit sehr traurigem, fast menschlichem Blick, einer zu lang geratenen Nase und herunterhängenden Mundwinkeln. Die Tiere sind ganz und gar eingespannt in die Häßlichkeit des bewußt allen Sittenregeln widersprechenden, ja absurden Universums von Bocchi, der sich ihrer bedient, um sich über Menschen lustig zu machen – und umgekehrt.

É. F.-W.

ITALIENISCHE SCHULE DES 18. JAHRHUNDERTS

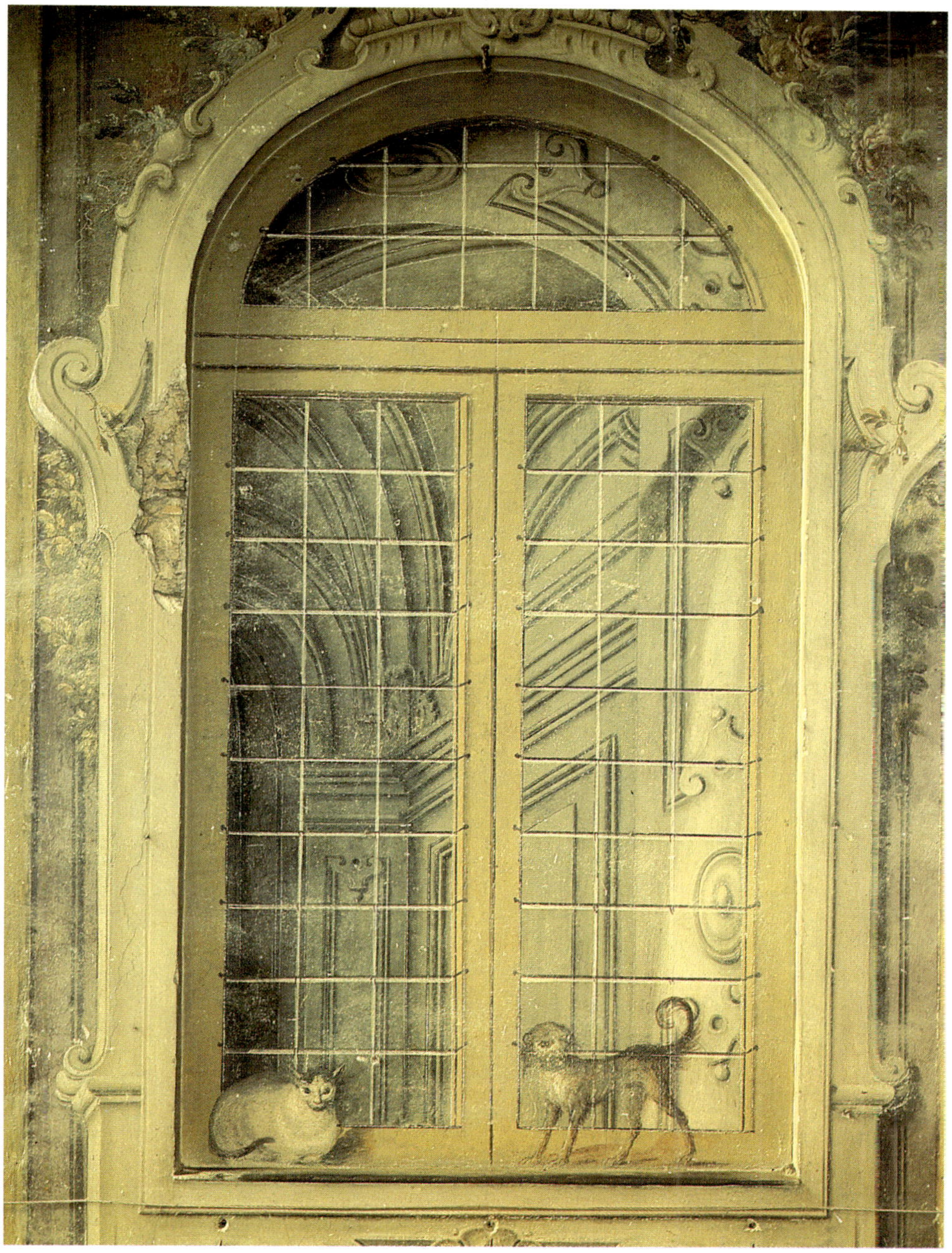

Hund und Katze im Fenster
Wandmalerei
Neapel, Kloster San Gregorio Armeno

Wir kennen den Künstler dieses außergewöhnlichen, als Trompe-l'œil gemalten Bildes nicht, das realisiert wurde, als man die Gestaltung des Klosters San Gregorio Armeno in Neapel vollendete. Giacomo del Po (1659–1726) hatte beinahe fünfzig Jahre zuvor für dieses Kloster die *Erhöhung des heiligen Benedikt* geschaffen. Dieses gemalte Fenster ist eine Täuschung, der Maler war anscheinend ein Spaßvogel. Er plazierte außen auf der Fensterbank des Blendwerkes ein wenig naiv, aber sehr drollig, eine Katze und einen Hund. Besonders die dicke Katze mit ihrem viel zu kleinen Kopf wirkt sonderbar. Das vorgetäuschte Fenster befindet sich links neben dem Kirchentor, ist aber durch den Kreuzgang vor den Unbilden des Wetters geschützt. Der Maler postierte die beiden Tiere wie Wächter, die beobachten, wer die Kirche betritt oder verläßt. Wie sind sie auf die Fensterbank gekommen? Sicher, Katzen können gut klettern – aber Hunde? Ohne Zweifel war das Fenster offen, um den beiden Kameraden zu ermöglichen, Luft zu schnappen. In jedem Fall scheinen sie sich bestens zu verstehen, zudem geben sie den Gläubigen ein gutes Beispiel für Harmonie, denn durch die Versöhnung von Hund und Katze können sie dazu angespornt werden.

É. F.-W.

GIUSEPPE MARIA CRESPI

Bologna, 1665–1747

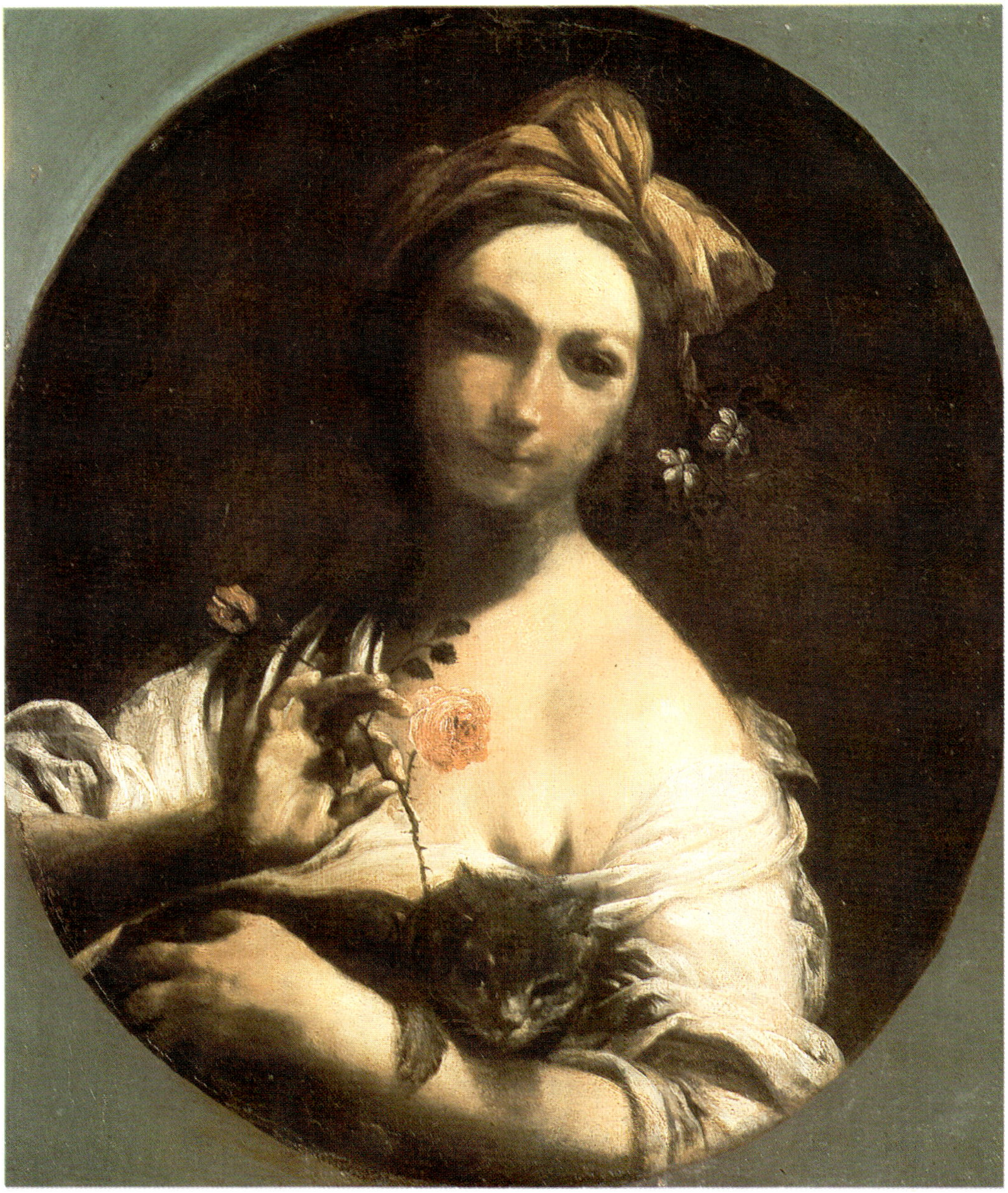

Junges Mädchen, das eine junge Katze mit einem Rosenzweig neckt
Leinwand. 66 x 56 cm
Bologna, Pinacoteca Nazionale

Dieses Bild soll als Gegenstück das Gemälde *Junges Mädchen mit Taube* in der City Art Gallery von Birmingham haben. Den Dornen der Rose und den gefährlichen Krallen der Katze im hier gezeigten Bild steht dort die sanfte Taube gegenüber. Crespi hat sich für Katzen wohl sehr interessiert, denn sie finden sich recht zahlreich in seinen Bildern, sei es in Genreszenen, sei es in religiösen Kompositionen. In seiner *Hochzeit zu Kana* im Art Institut von Chicago, beispielsweise, ist die direkte Beeinflussung durch das gleichnamige Bild Paolo Veroneses (s. S. 68) zu spüren. Wie Crespi die vertrauensvolle Hingabe der Katzen beschreibt, ihr Spiel, ihre scheue Unabhängigkeit, läßt den Katzenfreund im Künstler erahnen. Ihre Gegenwart wird niemals nur als dekoratives Element begriffen, sondern ist wesentliche Komponente seiner Bilder.

P. R.

GIACOMO CERUTI

Piacenza, 1691 – Brescia, nach 1760

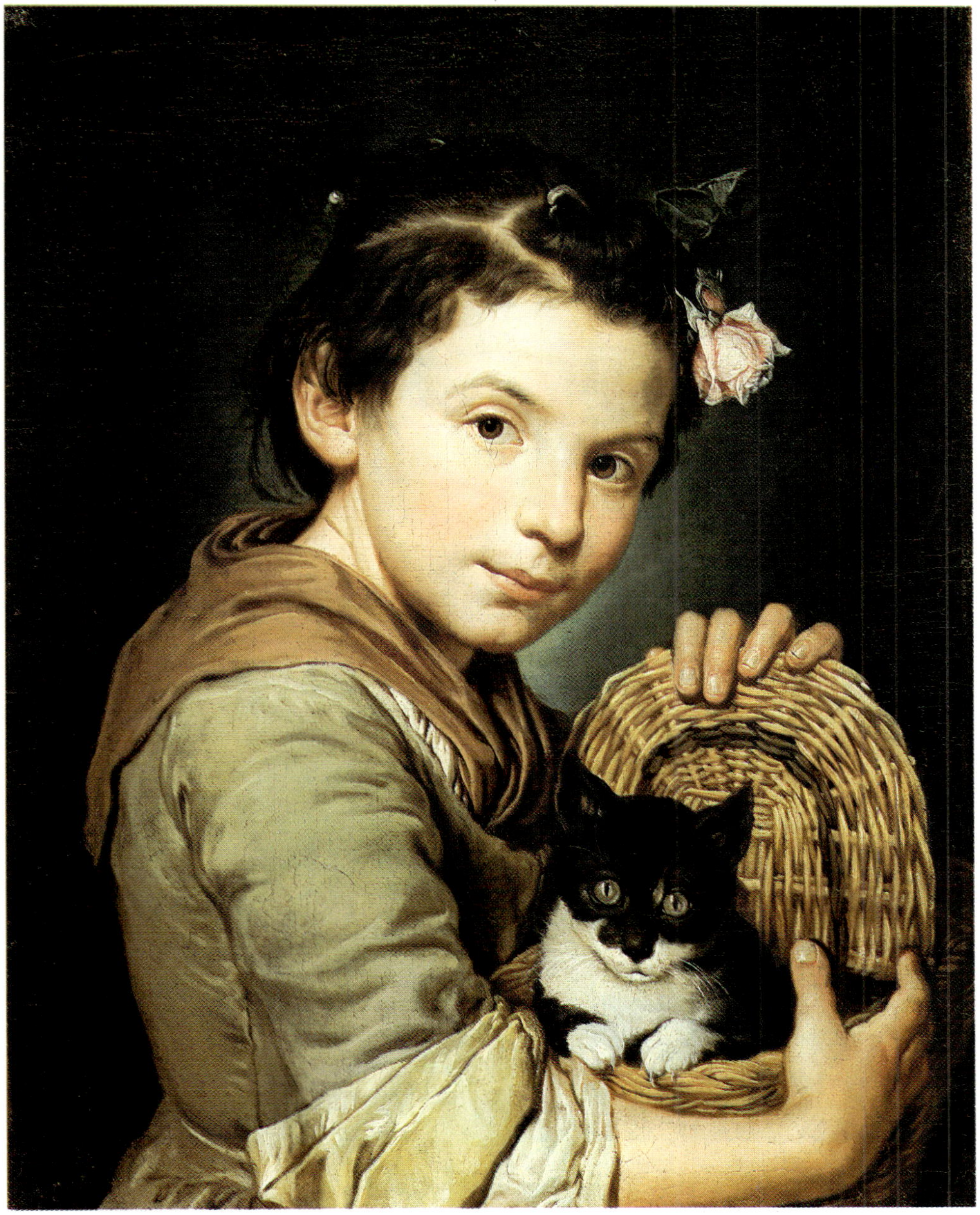

Mädchen, das eine Katze in einem Korb hält
Leinwand. 54 x 42 cm
London, Kunsthandel

Aus einem Weidenkörbchen schaut uns ein schwarzweißes Kätzchen an. An seinen gespitzten Ohren, seinem ängstlichen Ausdruck und den Krallen merkt man, daß es etwas verängstigt ist. Ein kleines Mädchen mit einer Rose im Haar öffnet halb den Korb, um uns ihren Freund zu zeigen. Als Pendant dazu hat Ceruti das Bild eines Jungen mit einem Dreispitz gemalt, der eine schwere Bulldogge in seinen Armen hält, die ihm zärtlich die Wangen leckt. Die Katzen werden oft als Begleiter der Armen dargestellt, Ceruti hat sie gerne und zahlreich so gemalt. Das berühmte, aber schreckliche Bild der Pinakothek von Brescia zeigt zwei Krüppel, von denen einer ein ganz kleines Käzchen im Arm hält – das einzige Zeichen von Zärtlichkeit in diesem harten Bild menschlicher Einsamkeit.

Hier hingegen lebt das junge Mädchen in einer anderen Welt, und Cerutis Gemälde will nichts anderes sein als ein Doppelporträt des Mädchens und ihres Spielgefährten. P. R.

GASPARE TRAVERSI

Neapel, 1732 – Zani, 1769

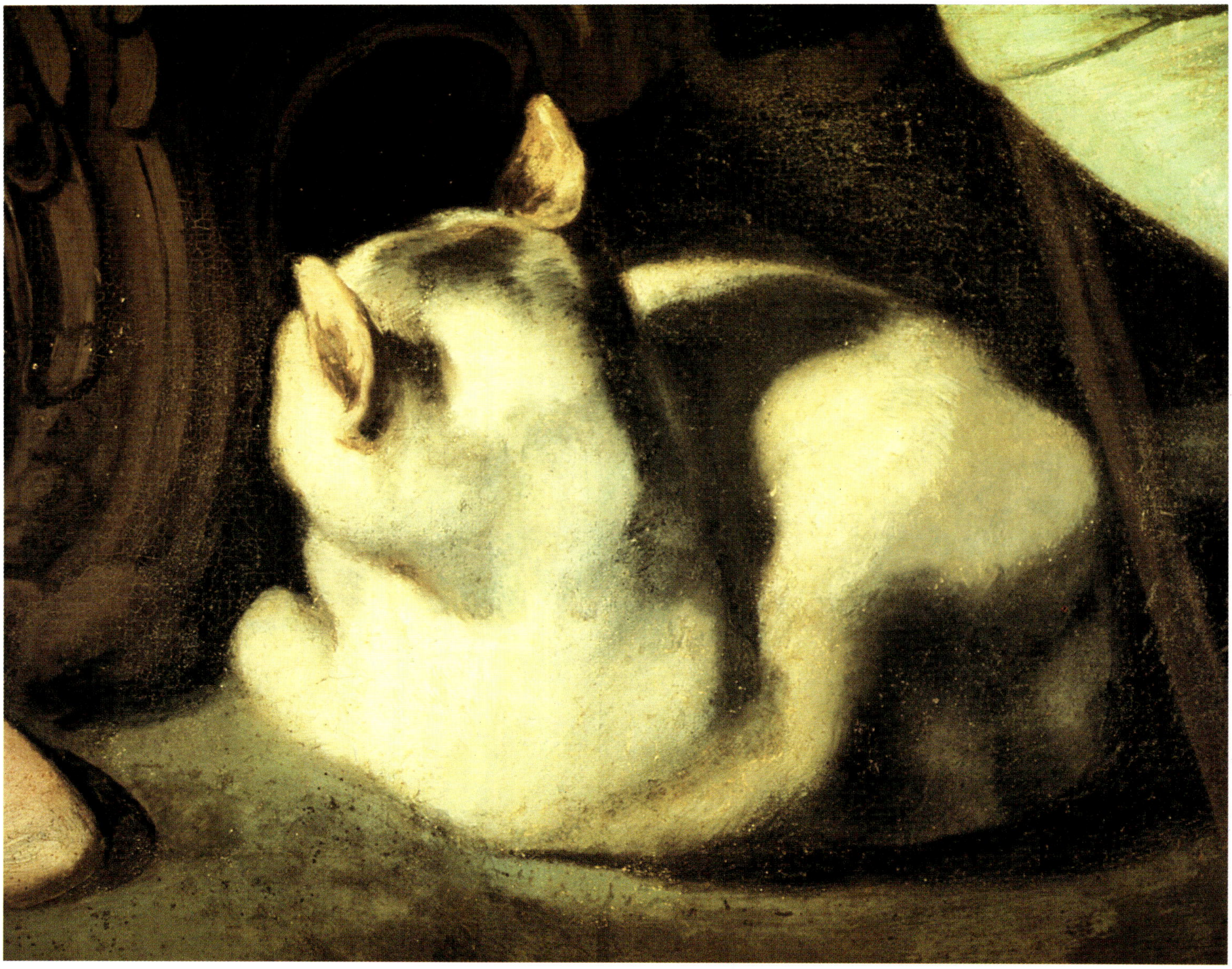

Die Katzen fehlen nirgends, und schon gar nicht in der neapolitanischen Malerei. Mehr oder weniger diskret haben sie sich eingeschlichen, sowohl in profane Werke als auch in religiöse Bilder von Giordano, Solimena (1657–1747), Francesco de Mura und anderen. Einen Ehrenplatz erhalten sie in den Bildern von Traversi. *Das Konzert* von Kansas City interpretiert der Künstler in seiner ihm eigenen karikierenden, bissigen, realistischen und zupackenden Weise. Eine mollige Katze hört mit aufgestellten Ohren einem Flötisten, einem Cellisten und einer jungen mißmutigen und hochnäsigen Cembalospielerin zu. Die Musikfreunde scheinen mehr Gefallen an der Interpretin gefunden zu haben als an der Musik.

Diese weißgrau gefleckte Katze muß ein Haustier Traversis gewesen sein, denn man entdeckt sie wieder in dem *Geheimen Brief* im Nationalmuseum von Capodimonte in Neapel. P. R.

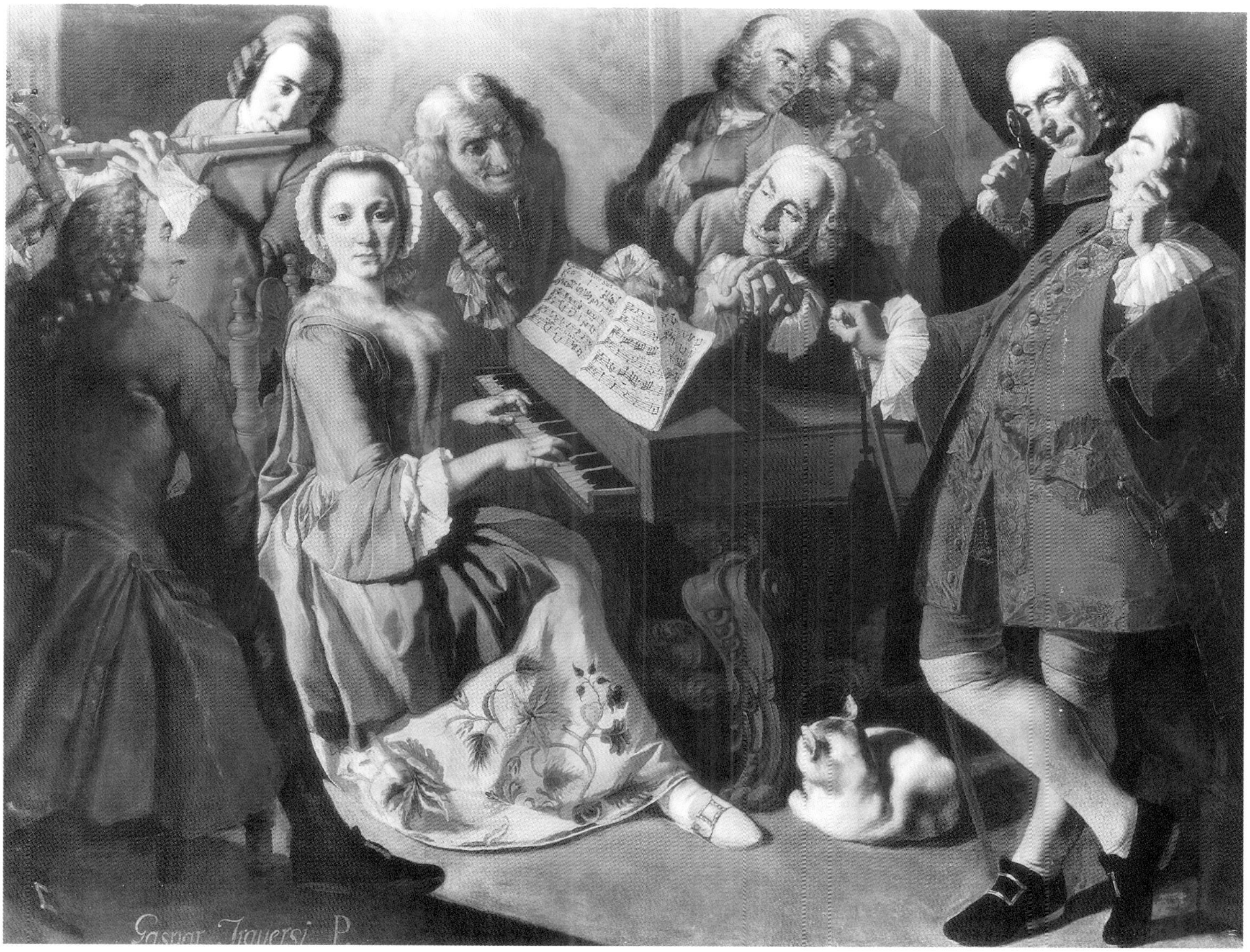

Das Konzert
Leinwand. 151 x 204 cm
Kansas City, Nelson Atkins
Museum of Art

JOSÉ DEL CASTILLO

Madrid, 1737–1793

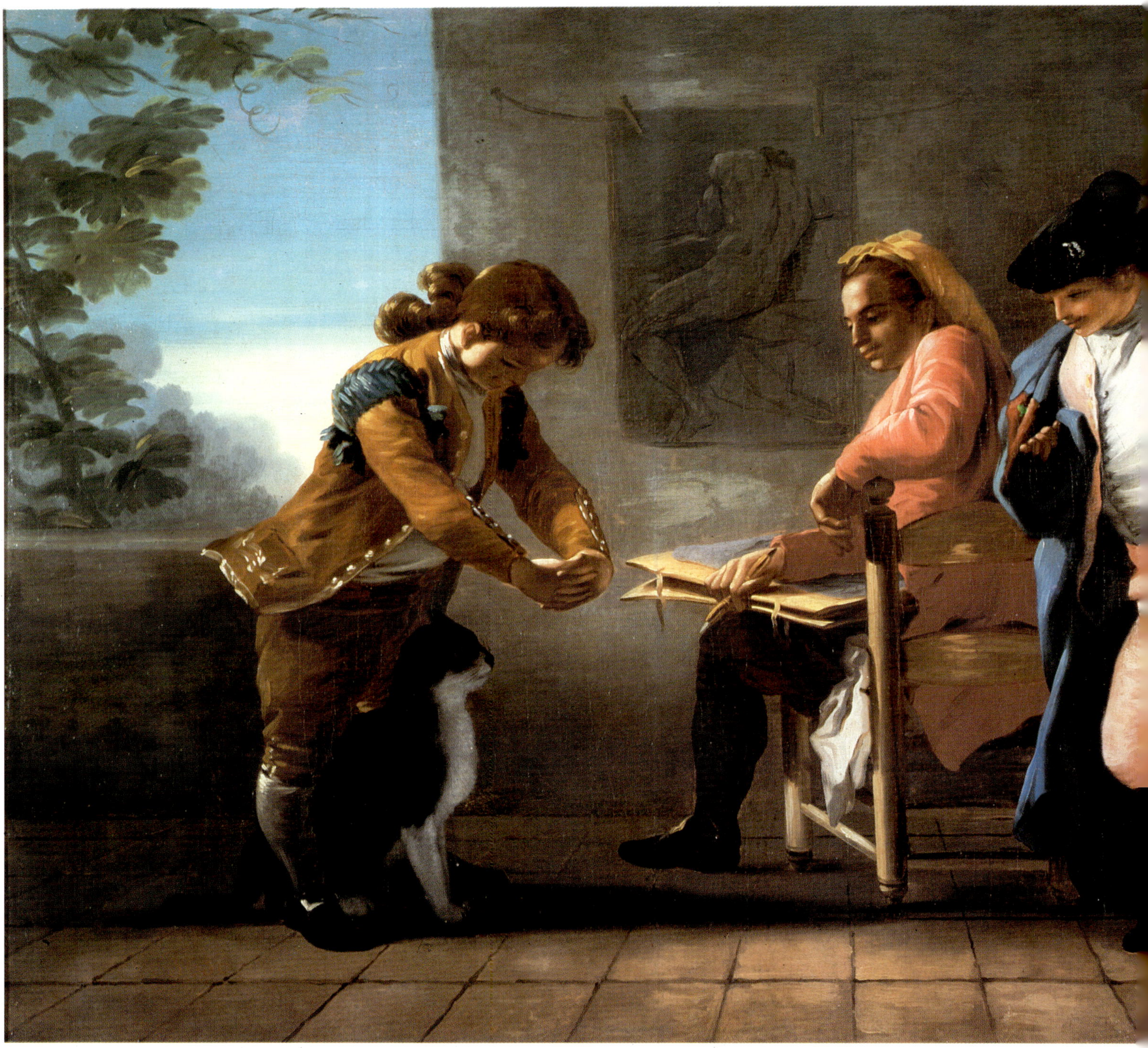

Das Atelier des Malers, 1780
Leinwand. 105 x 160 cm
Madrid, Prado

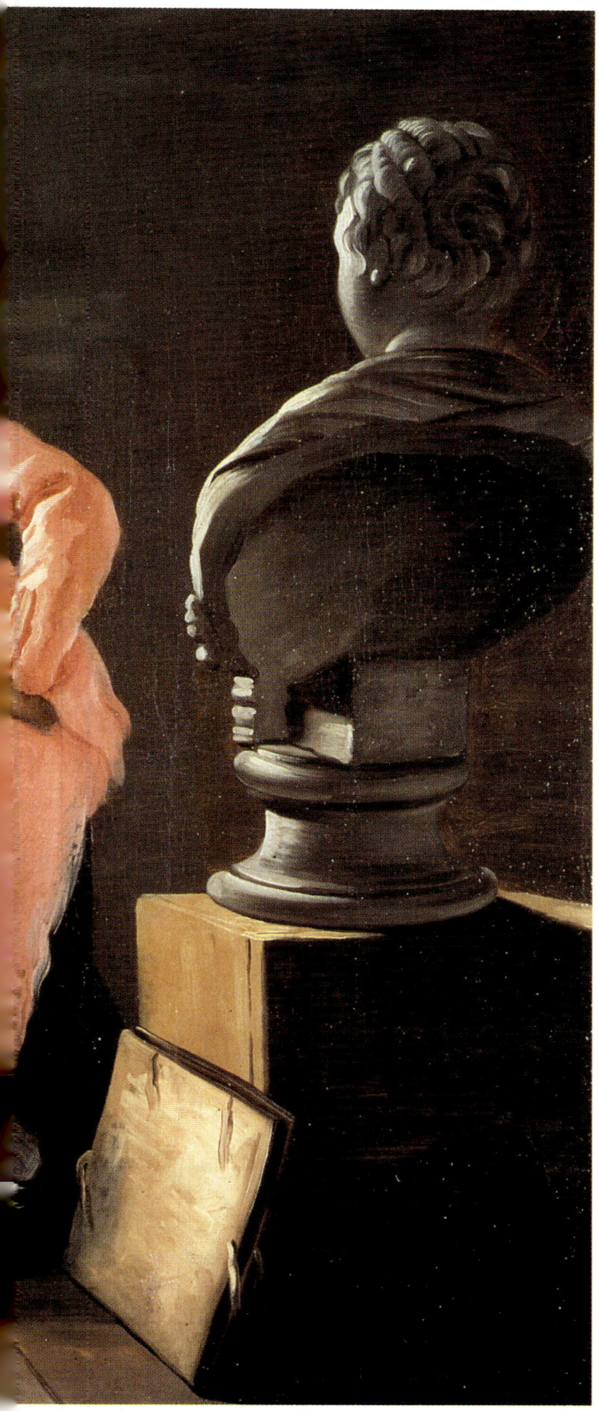

Katzen sind für ihre Disziplinlosigkeit und die damit verbundene Unabhängigkeit bekannt. Das Maskottchen dieses Malerateliers, wahrscheinlich das von Castillo selbst, ist ohne Zweifel außergewöhnlich, wenn es hier sogar bereit ist, den „Zirkushund" zu spielen. Es handelt sich um eine große dicke Katze, fast überproportioniert im Verhältnis zu dem mit ihr spielenden Knaben. Auf jeden Fall ist es ihr gelungen, die Künstler im Atelier von ihren Zeichenkartons abzulenken. So wird sie Thema eines Bildes, genauer gesagt, einer Kartonvorlage für einen Wandteppich des Appartements der Prinzessin von Asturien im Prado. Vielleicht hatte diese Katze die seltene Fähigkeit, so zu springen? Jedenfalls gerät dieser genau berechnete Moment des Sprungs zum willkommenen Blickfang in einem Bild, das eigentlich statische Ereignisse vorzieht. Wer je eine zum Sprung bereite Katze gesehen hat, wird hier seine eigene Beobachtung bestätigt finden.

É. F.-W.

FRANCISCO DE GOYA

Fuentetodos (Aragonien), 1746 – Bordeaux, 1828

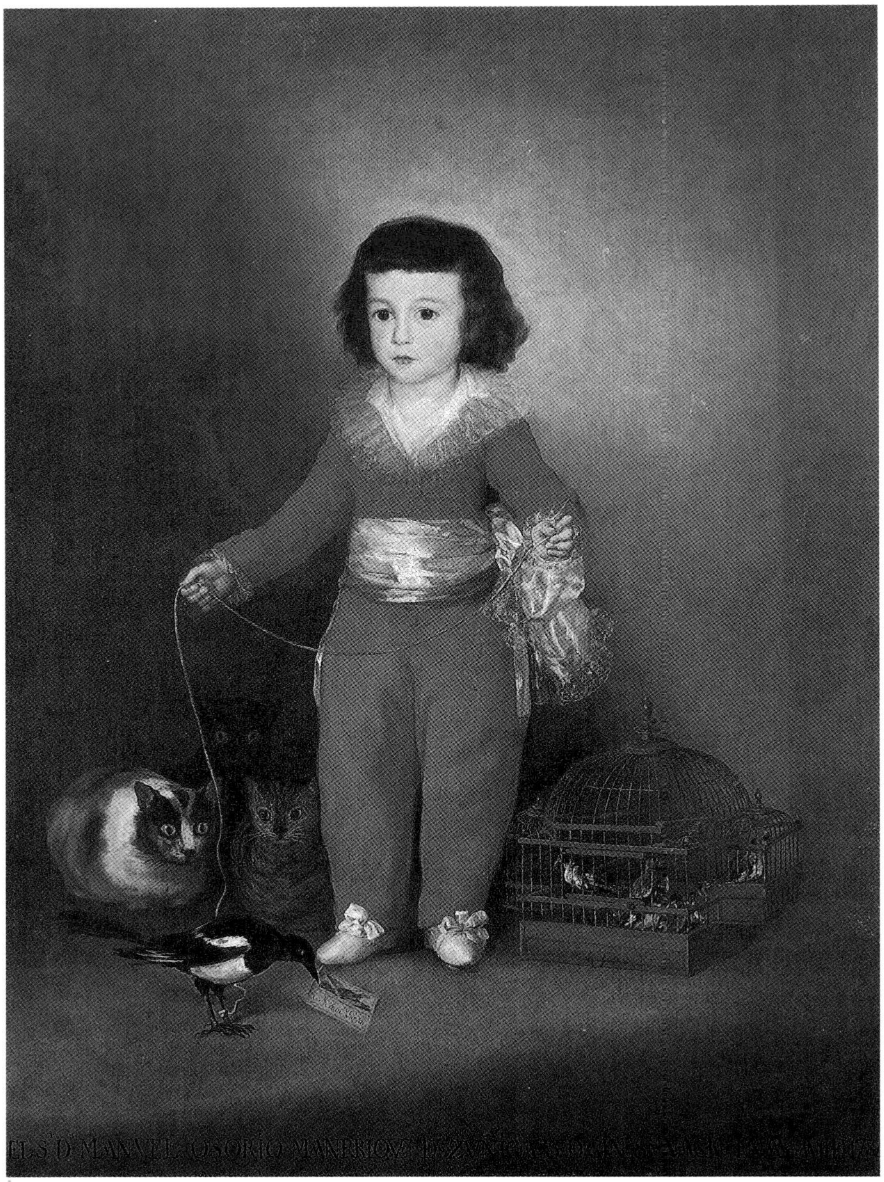

Porträt des Don Manuel Osorio Manrique de Zuñiga, 1788
Leinwand. 127 x 117 cm
New York, Metropolitan Museum of Art,
Jules Bache Collection

Drei dicke Katzen lassen eine Elster, die von einem Jungen an der Leine gehalten wird, nicht aus den Augen. Symbolisiert der Vogel die vom Teufel bedrohte Seele? Bedeuten die Distelfinken in dem wunderschönen grünen Käfig, der mit dem Rot der Kleidung des Jungen kontrastiert, die Unschuld? Stellt dieses Bild die Gefährdung der kindlichen Welt dar, die von den Kräften des Bösen heimgesucht werden kann? Hat Goya bewußt eine solche Auslegung gewünscht oder diese Deutung gewollt? Wir wissen es nicht.

Goya hat nur ausnahmsweise Katzen gemalt; die hier dargestellten zählen aber zu Recht zu den berühmtesten der Malerei. Seine drei verschiedenen Katzen: eine grau getigerte, eine schwarze, deren Augen im Halbdunkel blitzen, und eine dreifarbige, sind hervorragend und mit Humor beobachtet (die Visitenkarte des Malers, von der Elster gut sichtbar im Schnabel gehalten, bringt den Beleg). Als einfühlsamer Psychologe beschreibt Goya die grausame Lauer der Katzen, ihre zurückhaltende Wachsamkeit und ihre enttäuschte Freßlust. Aber man spürt seinen inneren Vorbehalt – er hat nicht viel für sie übrig!

P. R.

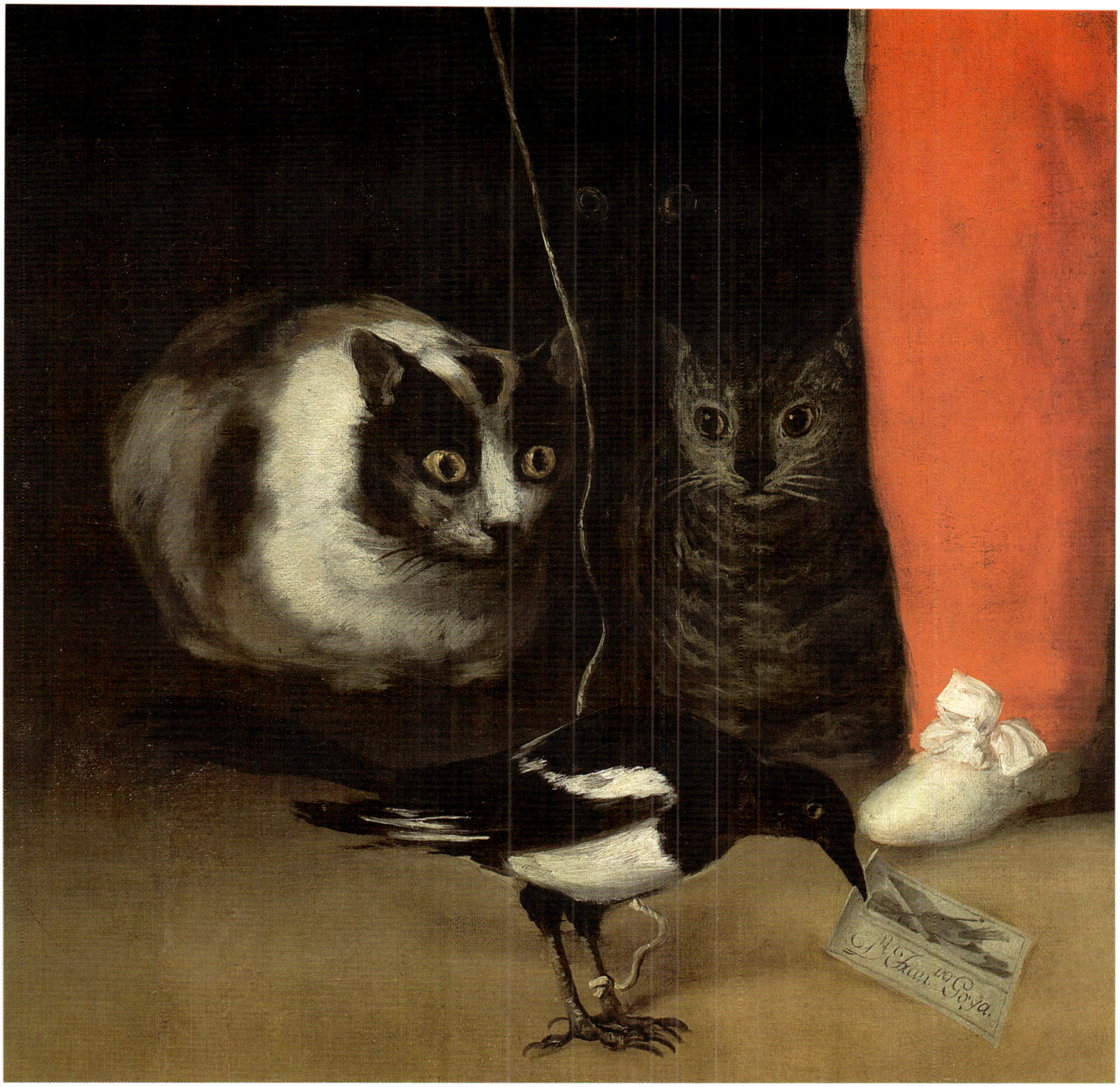
Dn Franco Goya.

WILLIAM HOGARTH

London, 1697–1764

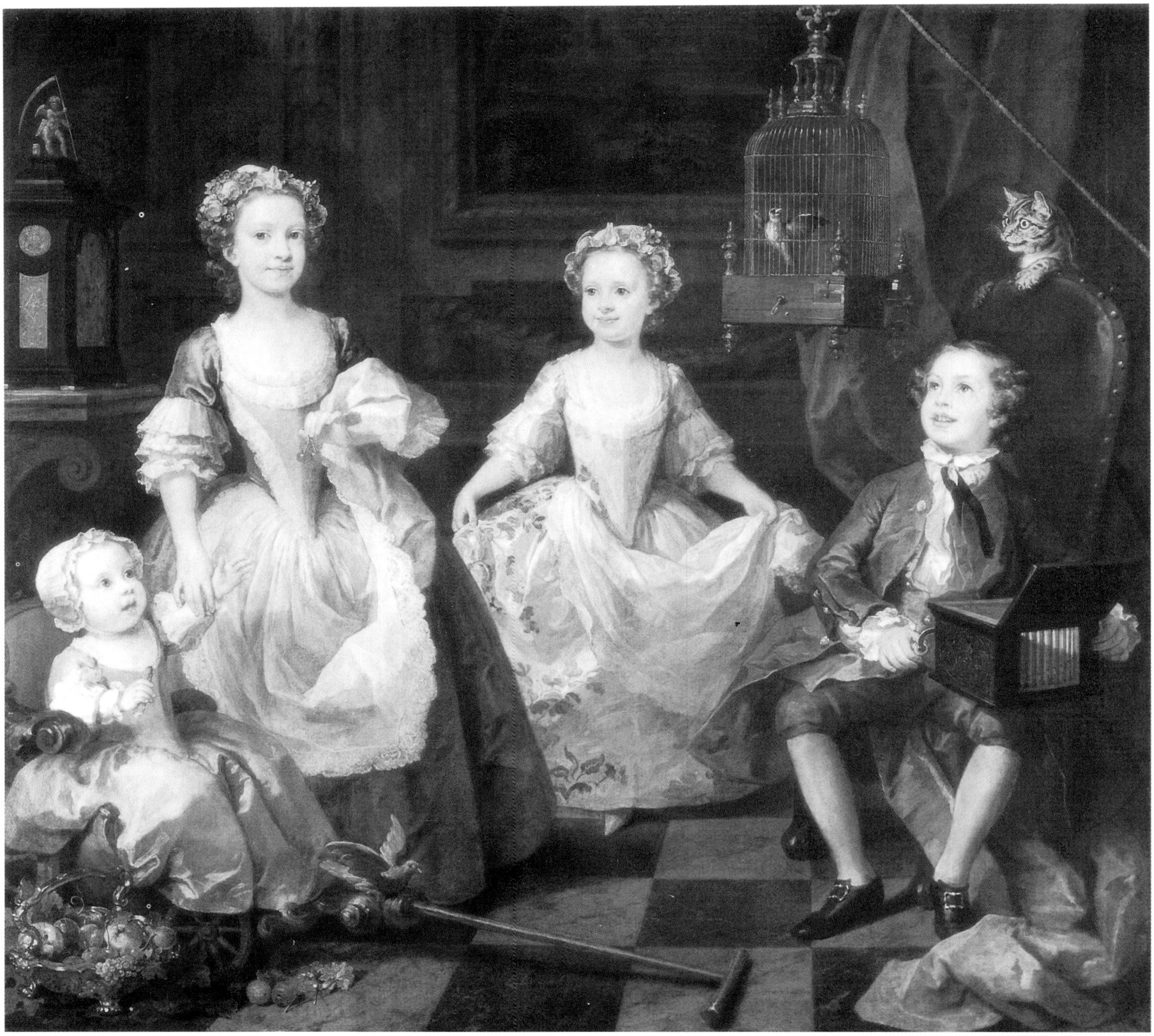

Die Graham-Kinder, 1742
Leinwand. 162 x 181 cm
London, Tate Gallery

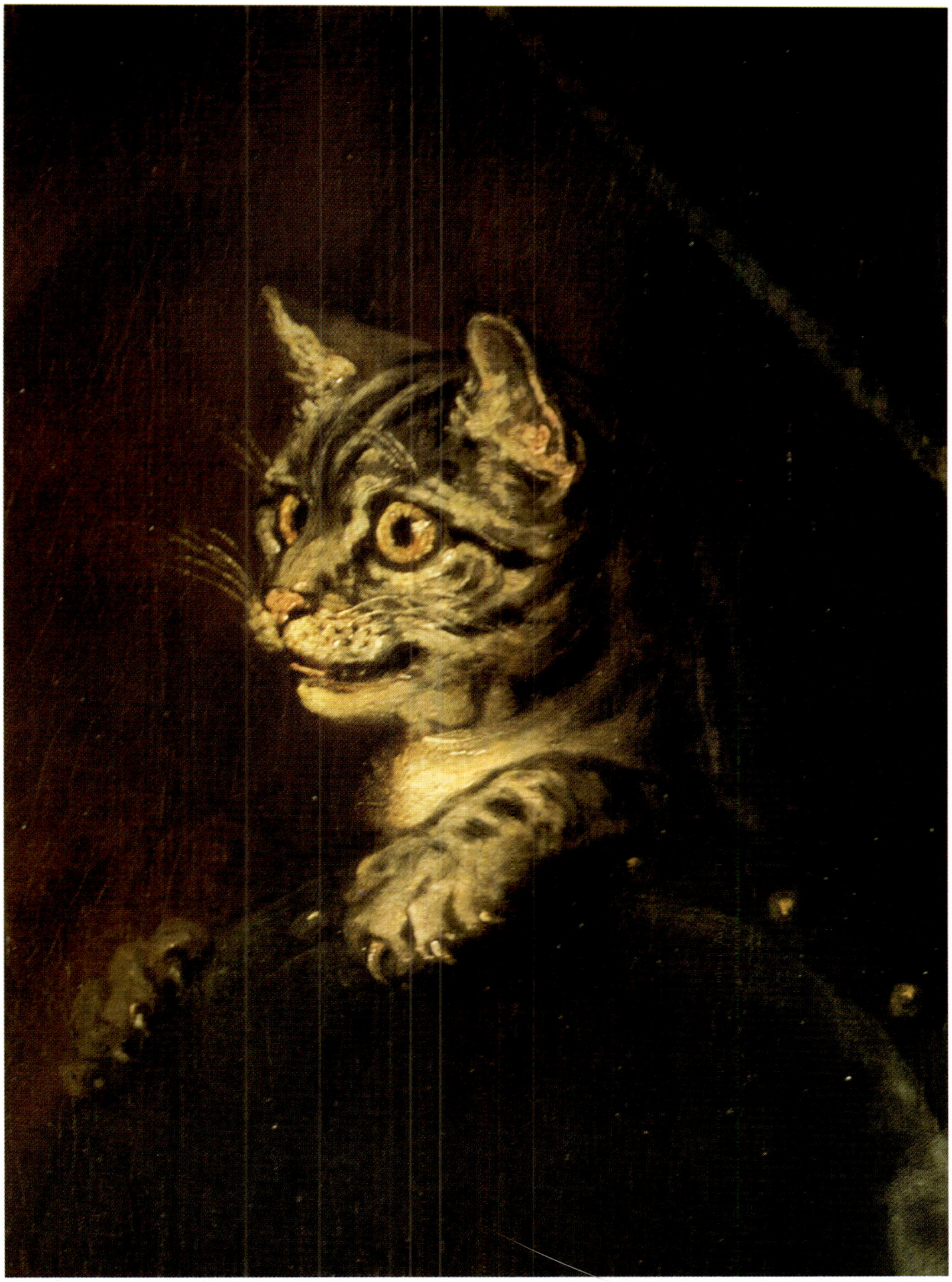

Langweilte es Hogarth, Kinder zu malen? Jedenfalls konzentriert sich bei diesem Bild seine ganze Aufmerksamkeit und Ironie auf die Tigerkatze, die sich in der Lehne des Sessels festkrallt und gierig auf den Vogel starrt, der aufgeschreckt in seinem Käfig umherflattert. Mit Schärfe und Humor hat der Künstler die vor Begierde glänzenden Augen der Katze beobachtet, den Schnurrbart und das halbgeöffnete Maul des Tieres, das seine Zunge und Fänge zeigt. Die ganze Aggressivität der Katze ist vergegenwärtigt, aber auch die Bissigkeit Hogarths gegenüber seinen Modellen – eine mit warmherziger Nachsicht durchflutete Ironie dieses so scharf beobachtenden Malers. P. R.

THOMAS GAINSBOROUGH

Sudbury (Suffolk), 1727 – London, 1788

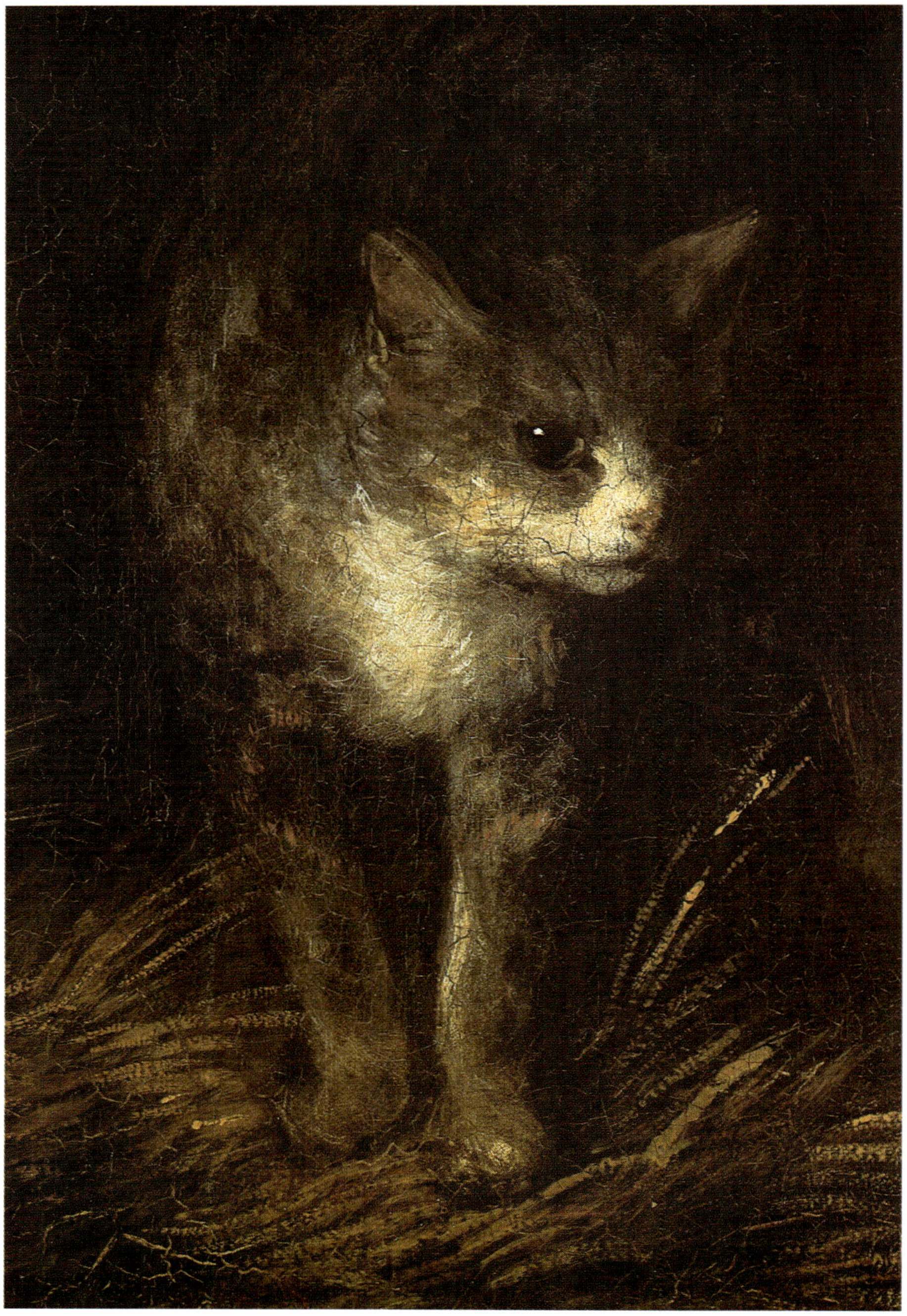

Junger Knabe mit einer Katze. Der Morgen, 1789
Leinwand. 150 x 120 cm
New York, Metropolitan Museum of Art,
Marquand Collection

Gainsborough hat viele Hunde, aber nur wenige, jedoch sehr schöne, Katzen gemalt. Kurz vor dem Tod des Malers entstand dieses Bild, das im Besitz des Metropolitan Museum in New York ist. Eine stattliche, dreifarbige Katze begleitet einen Jungen, der eben aufgewacht zu sein scheint und sich darüber wundert, in einem unbekannten Wald zu stehen. Warum hat der Maler diese Katze, die keine Hauskatze zu sein scheint, aber nichts Beunruhigendes an sich hat, dem Kind als Begleiter zugesellt? Wir wissen es nicht.
P. R.

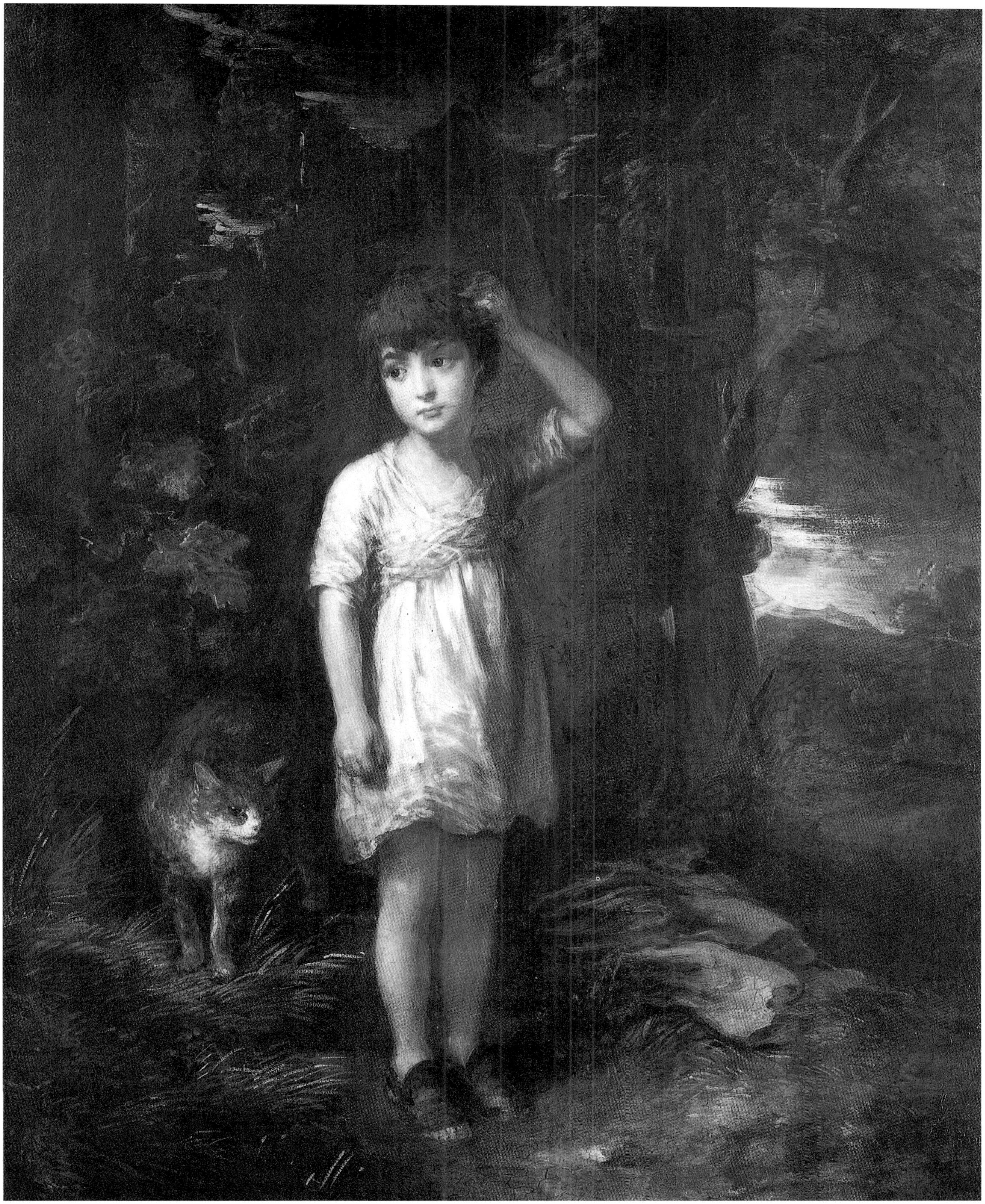

JOHN HOPPNER ZUGESCHRIEBEN

London, 1758–1810

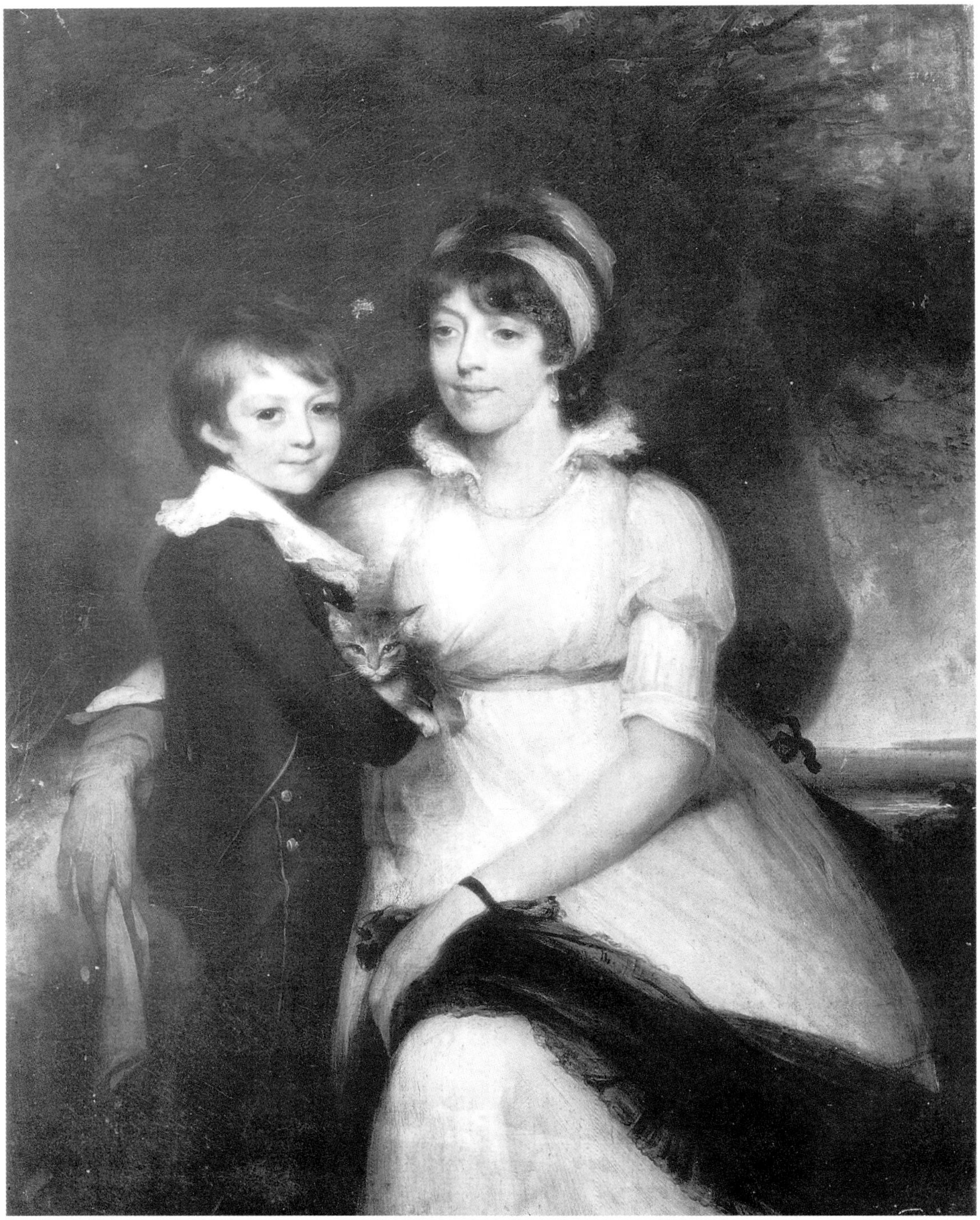

Junge Frau mit ihrem Sohn, der eine Katze in seinen Armen hält
Leinwand. 127 x 98 cm
Paris, Louvre

Die Zuschreibung dieses Bildes an John Hoppner wird manchmal bestritten. Sowohl die Ausführung als auch die Komposition zeigen gewisse Schwächen, die aber durch das Kätzchen ausgeglichen werden, das dem ganzen Werk einen zarten Unterton von Wärme verleiht und vor allem dem Künstler erlaubt, die Gefühle zwischen der jungen Mutter und ihrem Sohn erahnen zu lassen wie auch die den Katzen eigene behutsame Zurückhaltung.

P. R.

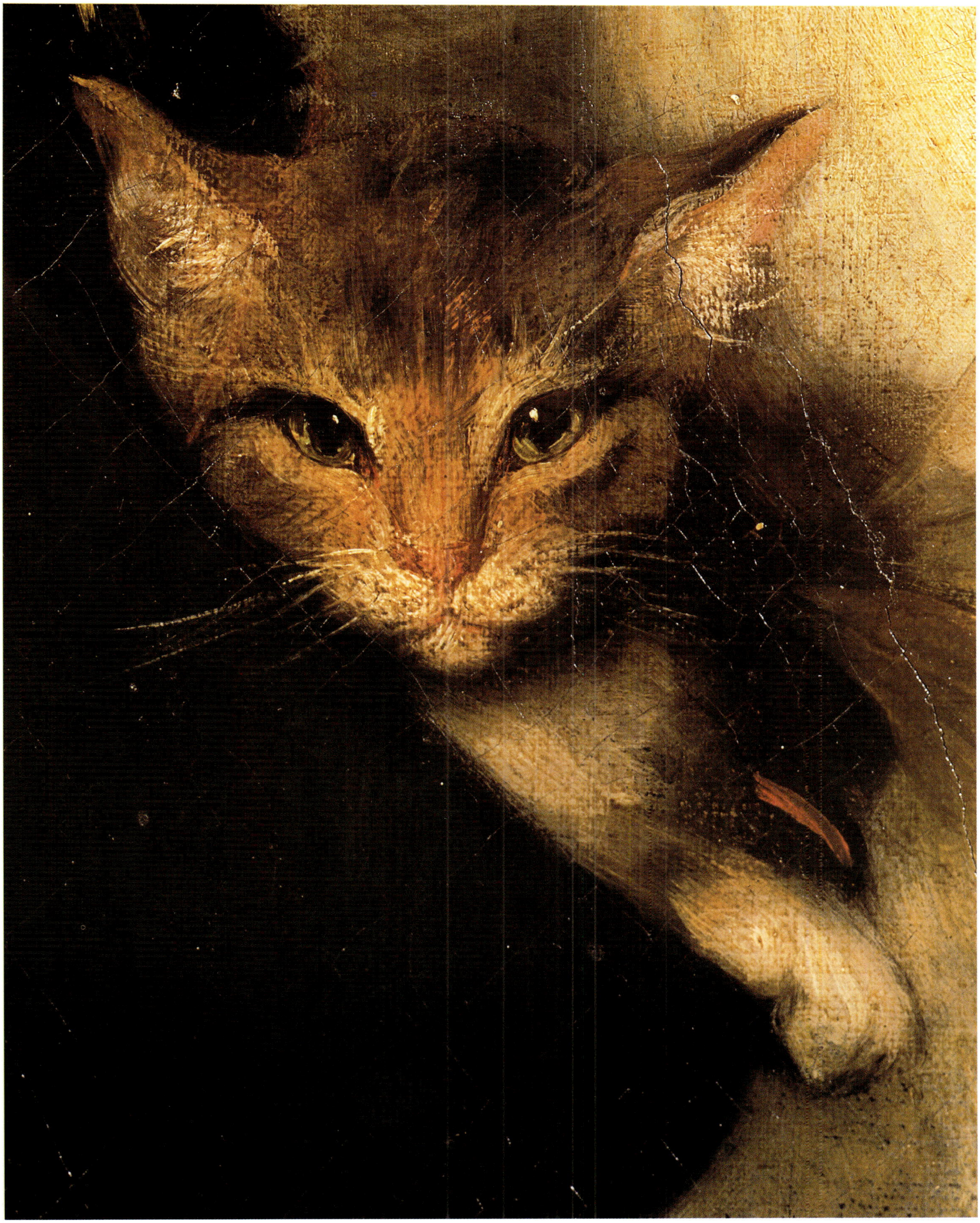

JOSEPH WRIGHT OF DERBY

Derby, 1734–1797

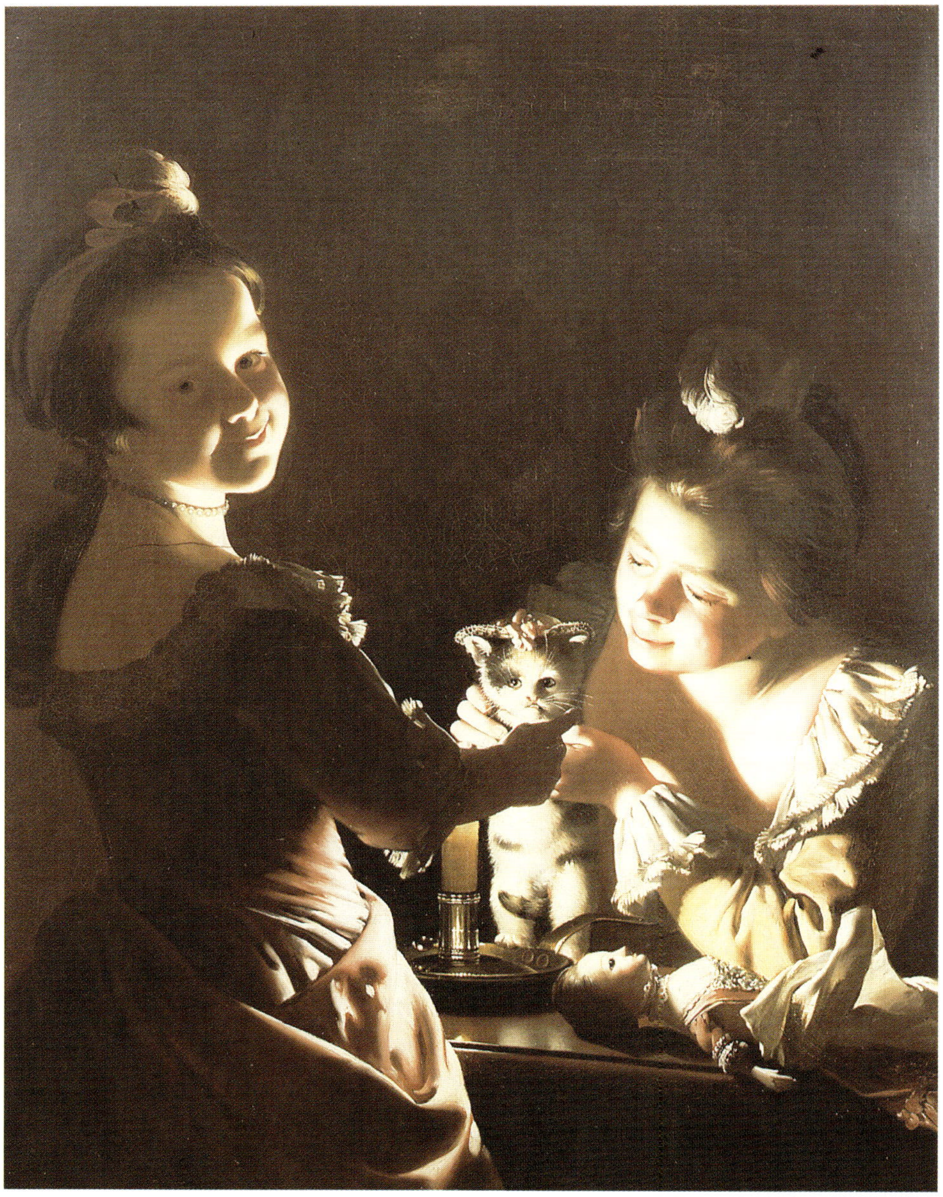

Ziehen wir das Kätzchen an!
Leinwand. 91 x 72 cm
Kenwood (London), Iveagh Bequest (Leihgabe)

Beim Schein einer Kerze schicken sich zwei kleine Mädchen an, einem Kätzchen die Kleider der auf dem Tisch liegenden Puppe anzuziehen. Die Beleuchtungseffekte des Bildes versetzen den Betrachter in Erstaunen, die Dekolletés und die Kleider der beiden Freundinnen erinnnern an caravageske Bilder der Schule von Utrecht. Die fast monochrome Farbgebung mit ihren rötlichen Mauvetönen und ihrer Skala von Brauntönen, die Transparenz des Lichtes, der Schimmer auf Wangen, Nase und Lippen der Kinder wurden schon bei Gerard van Honthorst (1590–1656) in vergleichbaren Szenen beobachtet.

Eine Katze, die man anzieht – ein erstaunlicher Vorgang – erlebte im 19. Jahrhundert einen Riesenerfolg. Allerdings scheint sich das Kätzchen nicht gerade wohl zu fühlen und weiß die Bemühungen, deren Gegenstand es ist, kaum zu schätzen. Gibt es für Wright außer der virtuosen Leistung (die an Nachahmung denken läßt) irgendeinen moralisierenden Hintergedanken? Werden sich diese beiden Mädchen bald anderen, viel gefährlicheren Spielen widmen?

P. R.

MARGUERITE GÉRARD

Grasse, 1761 – Paris, 1837

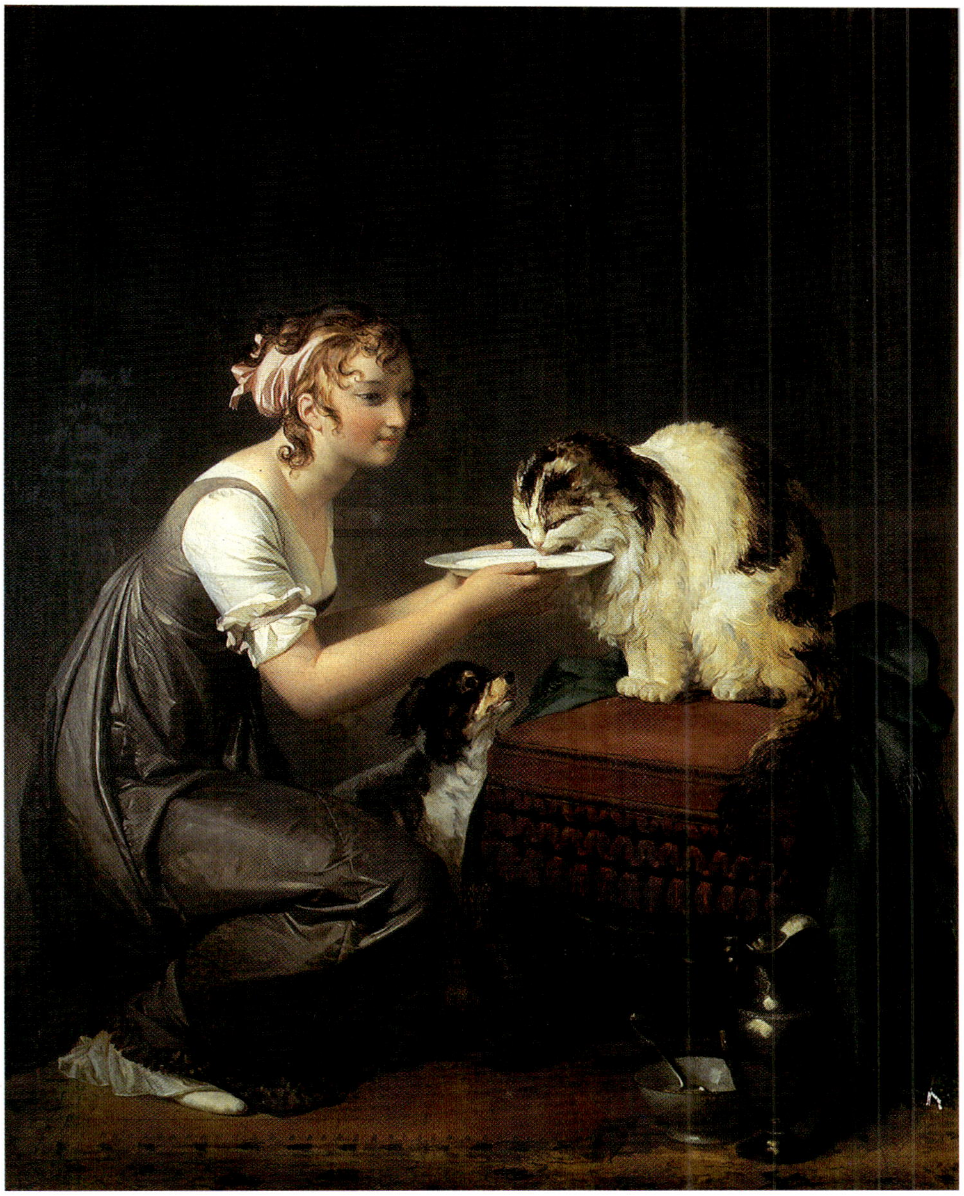

Das Frühstück der Katze
Leinwand. 61 x 50 cm
Grasse, Musée Fragonard

Fragonards Katzen sind nicht immer wohlgelungen, man denke beispielsweise an die in der „Leçon de musique" („Musikstunde") im Louvre, und scheinen ihm nicht sehr nahezustehen (s. S. 143), während sie bei seiner Schwägerin den ersten Platz einnehmen. Es gibt kaum ein Bild von der Hand Marguerite Gérards, vom *Triumph Minettes* bis zum *Vorspiel eines Konzerts,* in dem Katzen keine Hauptrolle spielen. Manchmal bilden sie das eigentliche Thema des Bildes, so auch hier. Unter den neidischen Augen eines Hundes hat sich die hübsche Herrin achtungsvoll vor die Katze hingekniet und reicht ihr die Schale mit der begehrten Milch. Verdient es eine so prächtige dreifarbige Angorakatze – eine damals in Frankreich wenig verbreitete Art –, so aufmerksam bedient zu werden? P. R.

MARTIN DROLLING

Oberhergheim (Elsaß), 1752 – Paris, 1817

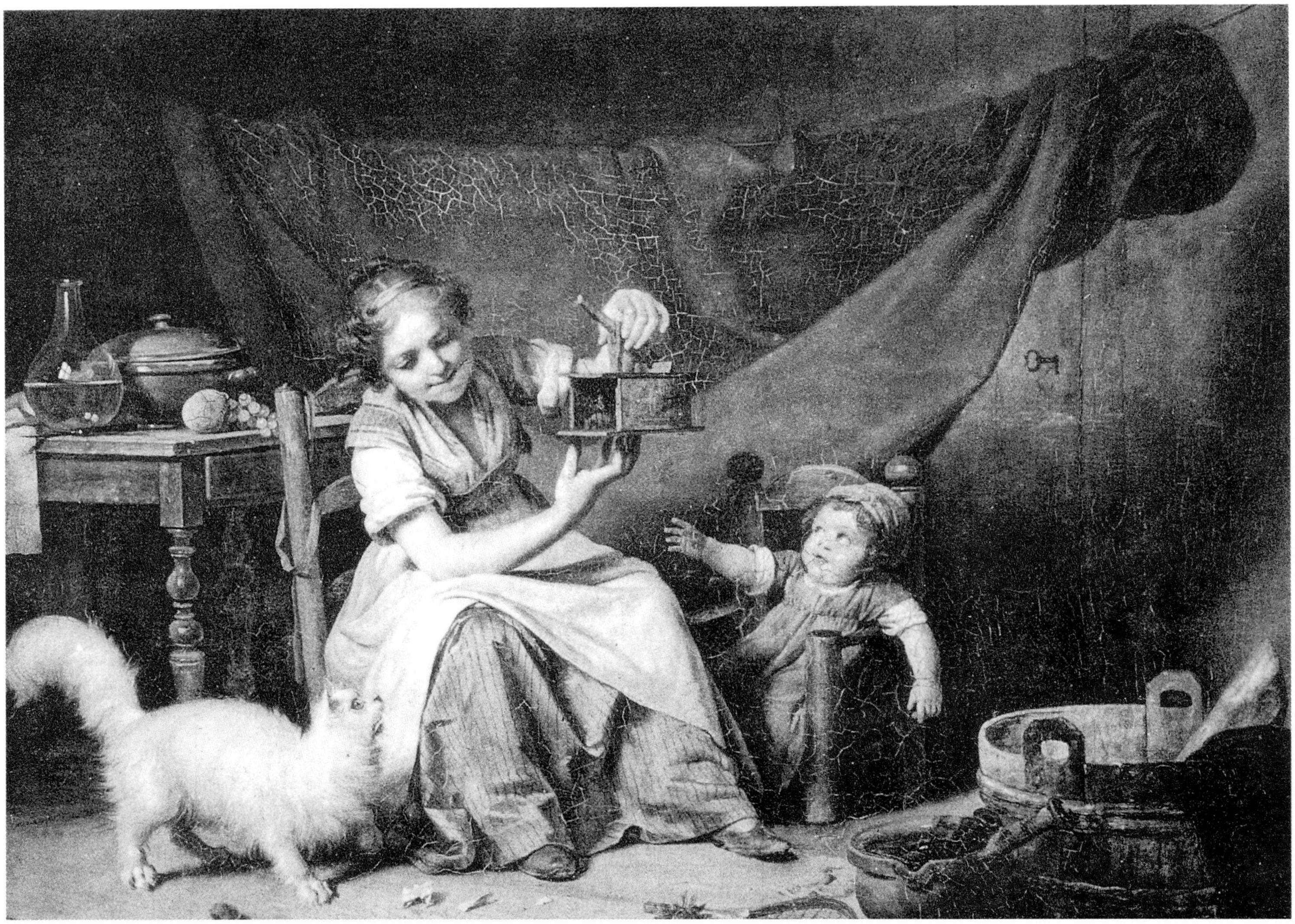

Die Frau mit der Mausefalle, um 1798
Öl auf Holz. 25 x 35 cm
Orléans, Musée des Beaux-Arts

Man ist überrascht, in dem bescheidenen Interieur eine weiße Angorakatze (eine andere ist auf Seite 138 abgebildet) zu finden. Begierig starrt sie auf die für sie unerreichbare Maus in einer Falle. Ebenfalls im Museum von Orléans befindet sich das Pendant, in dem ein Junge seinem Hund einen Knochen hinhält. Wenn man auch Drolling keine obskuren metaphysischen Gedanken oder unterschwelligen symbolischen Zusammenhänge unterstellen will, hat er doch in seinen Werken gemäß einem zu seiner Zeit verstandenen und aus der nordischen Malerei des 17. Jahrhunderts ererbten Kode die Frau der Katze zugesellt.

Genauso aufmerksam, aber machtlos, wie dieses prächtige Tier die Mausefalle nicht aus den Augen läßt, betrachtet auch das in seinem Stühlchen sitzende Kind das Geschehen. Wird die Katze die Maus als Belohnung erhalten, die ihr die junge Frau ironischerweise noch vorenthält? Jedenfalls wendet der Junge keinen Trick an, er gibt seinem Hund ohne Verzögerung das Fressen.
P. R.

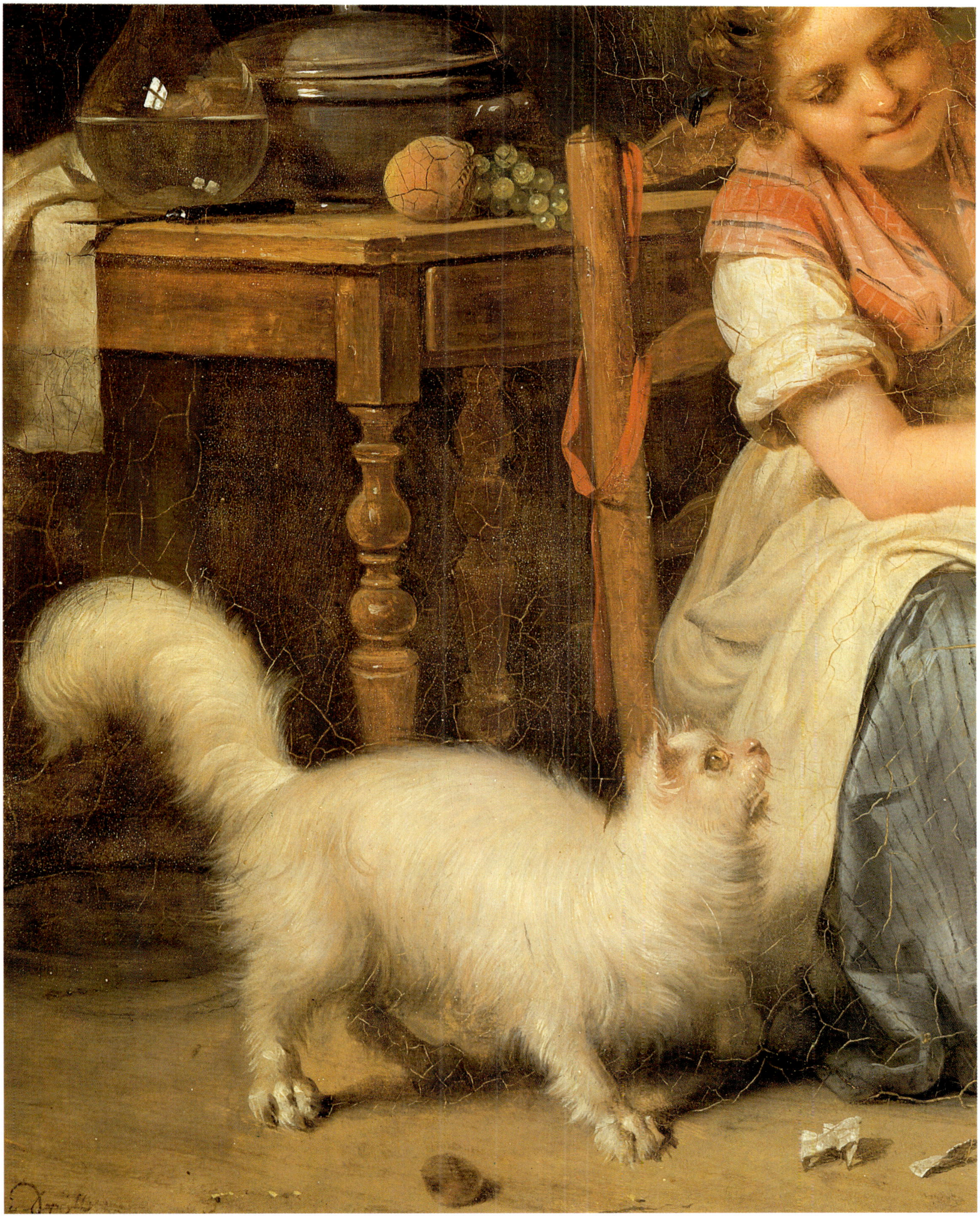

JEAN-FRANÇOIS GARNERAY

Paris, 1755 – Auteuil, 1837

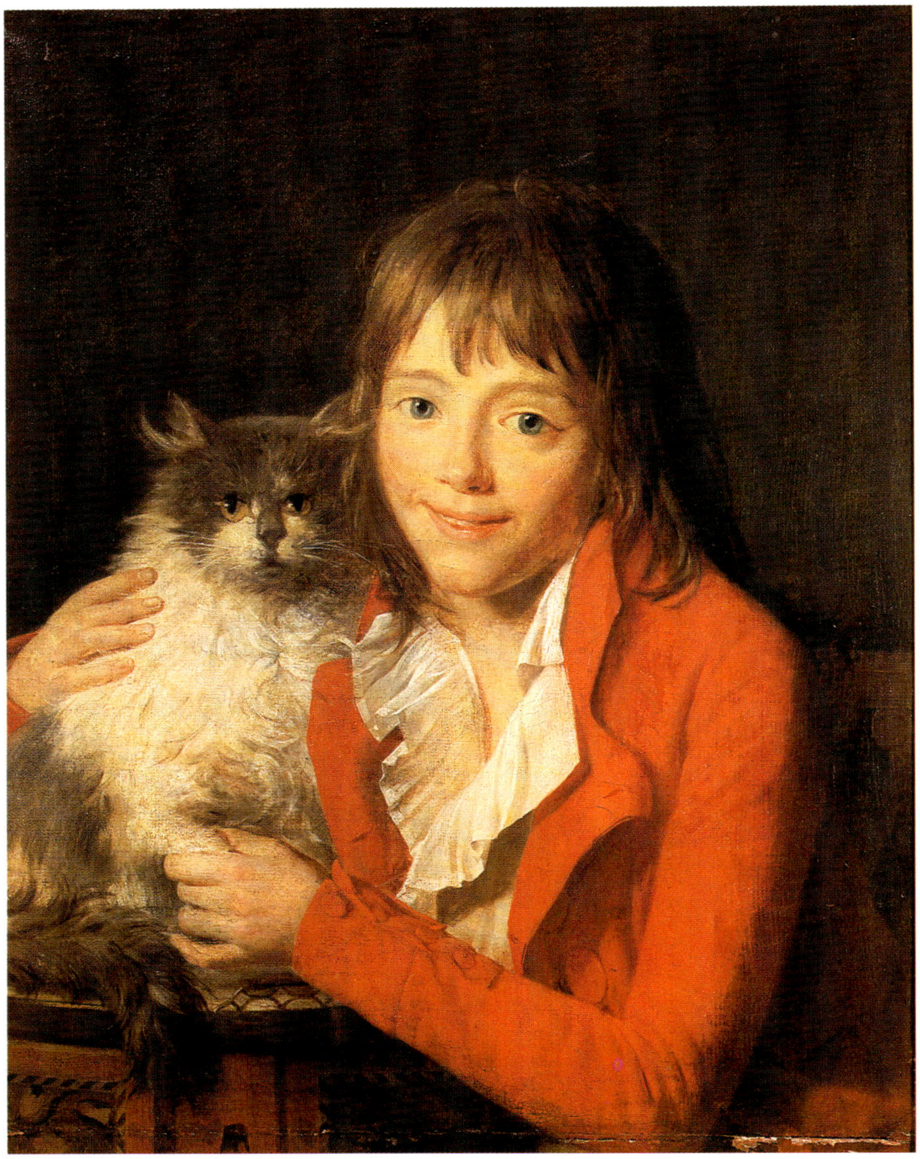

Porträt von Ambroise-Louis Garneray, Sohn des Künstlers
Leinwand. 67 x 53 cm
Versailles, Musée National du Château

Mit einer malerischen roten Weste bekleidet, umfaßt Ambroise-Louis Garneray (1783–1857) zärtlich mit seinem Arm eine schmucke weißgraue Angorakatze. Zugleich hält er ihre rechte Tatze. Ihre Haare sind fast so lang wie die des Knaben, sind aber geschmeidiger. Das Tier sitzt wie „in Pose" auf einem niedlichen Tischchen mit Einlegearbeiten, starrt den Betrachter an, und seine goldbraunen Augen strahlen einen gewissen Unwillen aus, ganz im Gegensatz zu dem heiteren Ausdruck der blauen Augen seines Herrn. Vielleicht ist es das Porträt, das im Salon von 1793 ausgestellt wurde? Dann wäre Ambroise-Louis hier im Alter von etwa zehn Jahren dargestellt, was nicht unmöglich erscheint. Das Bild muß vor 1796 gemalt worden sein, denn der junge Garneray verließ in diesem Jahr seine Familie, um sich auf einer Fregatte anheuern zu lassen und ein äußerst abenteuerliches Leben als Seemann zu beginnen. (Er erlitt später Schiffbruch, wurde gefangengenommen und begegnete dann Surcouf u.a .). Ungefähr 20 Jahre später gab er sein aufregendes Leben auf, kehrte nach Paris zurück, um Maler zu werden – natürlich von Marinestücken. Der Lebensweg seiner Katze verlief ohne Zweifel ruhiger. Erkennbar an ihrer kleinen grauen Nase, die sich vom Weiß des buschigen Fells abhebt, findet man sie wenig später in einem anderen Bild von Jean-François Garneray wieder, wo sie der Klavierstunde eines kleinen Mädchens beiwohnt.

É. F.-W.

LOUIS-LÉOPOLD BOILLY

La Bassée (Nord), 1761 – Paris, 1845

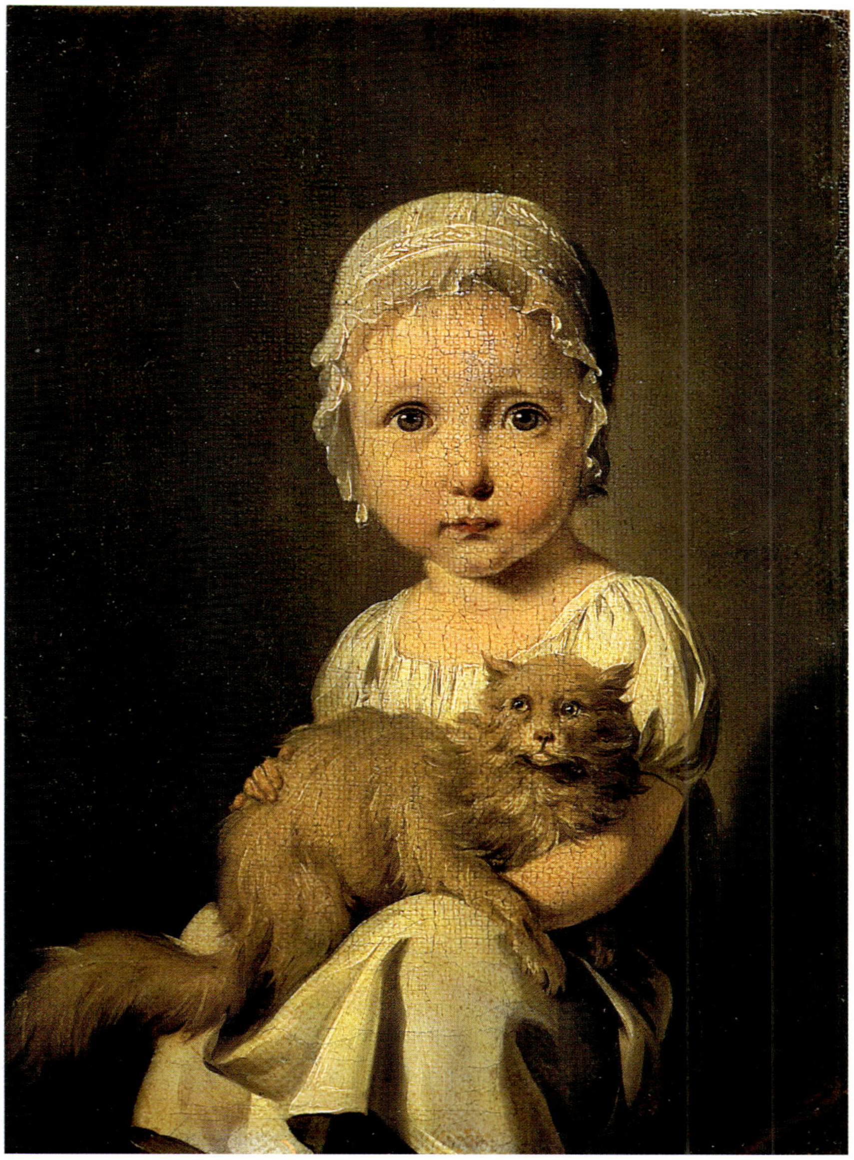

Porträt von Gabrielle Arnault als Kind
Leinwand. 21 x 16 cm
Paris, Louvre

Louis-Léopold Boilly hat die Verwandten des Schriftstellers und Sekretärs der Académie française, Vincent Arnault (1766–1834), gemalt. Arnault war ein Vetter seiner zweiten Frau. (Eine Nachfahrin überließ 1904 sieben Porträts von Mitgliedern der Familie Arnault dem Louvre.)

Aus unserem Bild ist Gabrielle, die spätere Madame Donat d'Ariès (1811–1872), Tochter des Schriftstellers, dargestellt. Eine wunderschöne braune Angorakatze schmiegt sich in die Arme des Kindes, ihr langes, seidiges, ein wenig zerzaustes Fell hebt sich angenehm ab von den nackten Ärmchen des Kindes, dessen glattes, rundes Gesicht unter einer enganliegenden Haube steckt, die nicht die kleinste Haarlocke entwischen läßt. Die etwas unruhig aussehende Katze erwartet ungeduldig das Ende der Pose. Sie blickt schräg nach oben mit genauso runden braunen Augen wie ihre Herrin. Beide Augenpaare glänzen, als wollte der Maler das Einvernehmen des Tieres mit dem Mädchen betonen. Die Katze hütet sich zu krallen, obwohl ihre Geduld, stillzuhalten, auf eine harte Probe gestellt wird.

Die Harmonie des Bildes ganz in Braun, Beige und Créme scheint völlig auf das Fell der Katze eingestimmt zu sein, die sozusagen den Ton angibt. Vergessen wir nicht, daß der ältere Bruder des Modells, Louis (1803–1885), einige Jahre vorher fast im gleichen Alter wie Gabrielle gemalt worden war, aber nicht mit einer Katze, sondern mit zwei Hunden, von deren großen, blitzenden Augen man sofort sagen könnte, sie seien „à la Boilly" gemalt (Louvre). Man wird nie erfahren, ob der Künstler bewußt eine angeborene Ähnlichkeit zwischen Mensch und Tier betont hat (man meint, das Mädchen mit seinem klaren, erstaunten Blick könne kein anderes Tier als eine Katze wählen mit kugelrunden Augen wie die seinen oder die seiner Puppe), oder ob Boilly einfach den vereinheitlichenden Stempel seines Stils ausdrükken wollte.

É. F.-W.

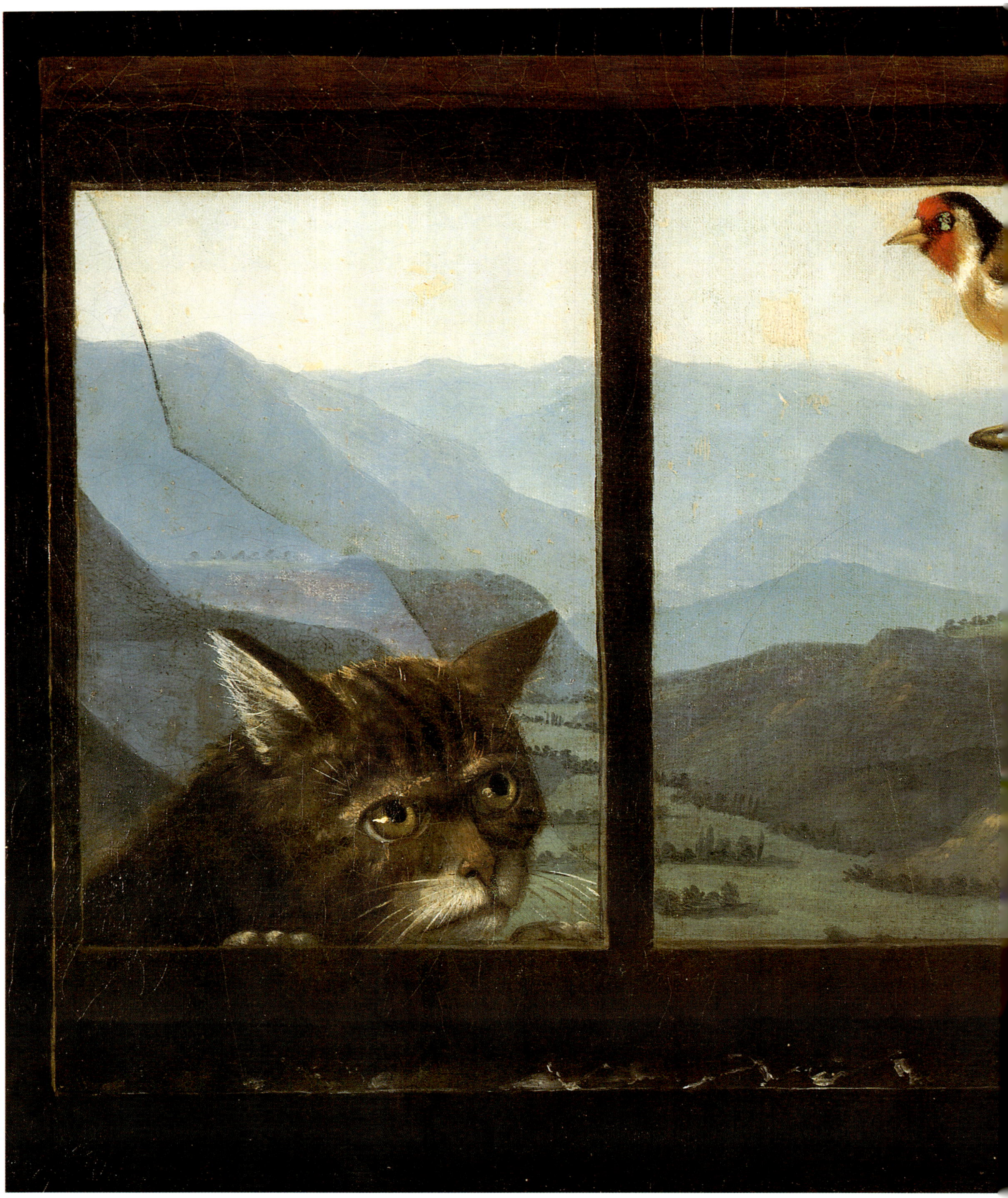

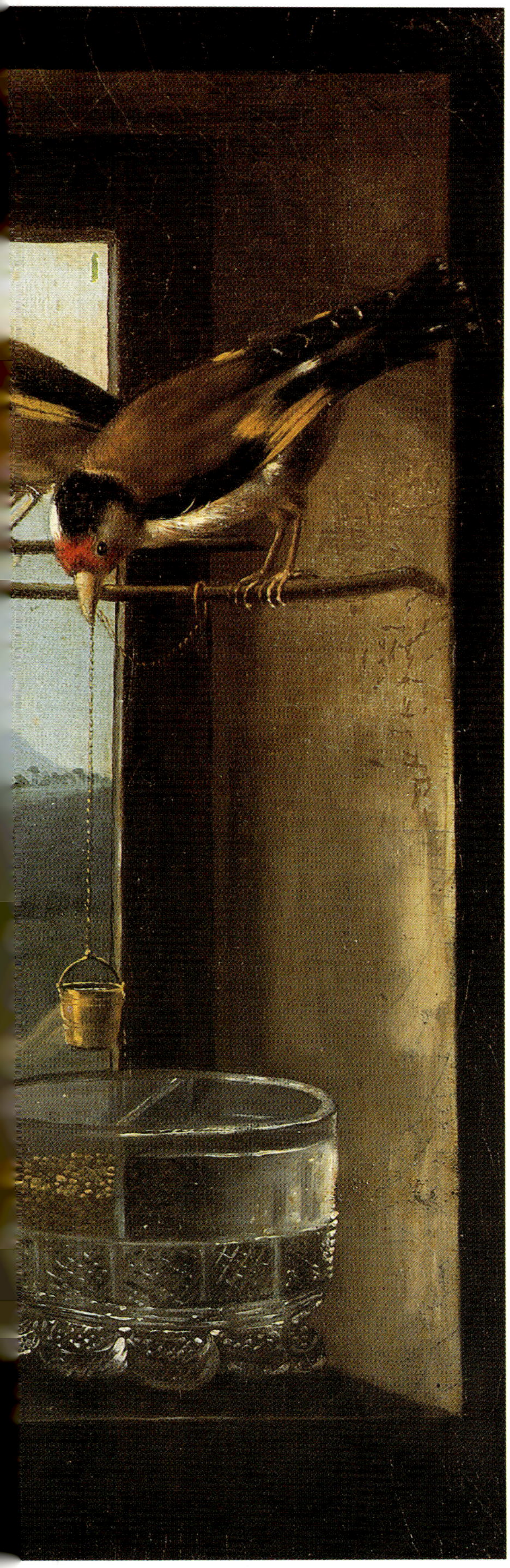

SCHWEIZER SCHULE (?), 19. JAHRHUNDERT

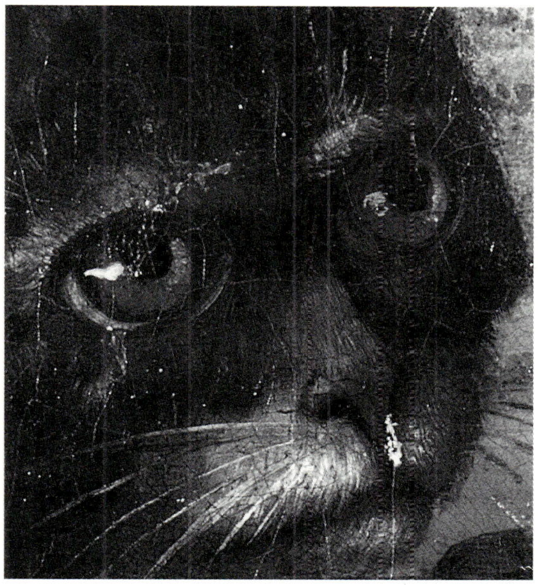

Die Katze und die Distelfinken
Leinwand. 37 x 46 cm
Rouen, Musée des Beaux-Arts,
Stiftung Baderou

Wieder einmal ist die Katze in Verbindung gebracht mit Distelfinken, diesen Vögelchen, die so häufig in Darstellungen der Jungfrau mit dem Kind als Präfiguration der Passion Christi zu finden sind. Hier aber gibt es keine christliche Symbolik, nur einen etwas naiven, dafür aber um so charmanteren Realismus. Mit bebendem Schnurrbart (ein gut getroffenes Detail für jeden, der schon Katzen auf der Lauer beobachtete) hat sich eine Tigerkatze an den Fenstersims herangeschlichen, hinter dem sie zwei zahme Distelfinken entdeckt hat. Mit einem kleinen Eimer scheint einer der beiden Körner zu schöpfen. Als Hintergrund des Bildes erkennt man eine alpine Landschaft, was auf einen schweizerischen Künstler schließen läßt. Vielleicht sind sich die Distelfinken mit ihren hübschen roten Köpfchen der Gefahr gar nicht bewußt, denn die Scheibe ist zerbrochen wie in einem Trompe-l'œil von Boilly, einem Interieur von Drolling oder von Duval Le Camus (1790–1854). Zweifellos ist es ein Kunstgriff des Malers, um zu zeigen, daß eine Scheibe da ist, denn die Durchsichtigkeit des Glases kann nicht anders dargestellt werden – und die Katze könnte mit ihrer behenden, unbarmherzigen Tatze hineingreifen. É. F.-W.

JOHANN FRIEDRICH OVERBECK

Lübeck, 1789 – Rom, 1869

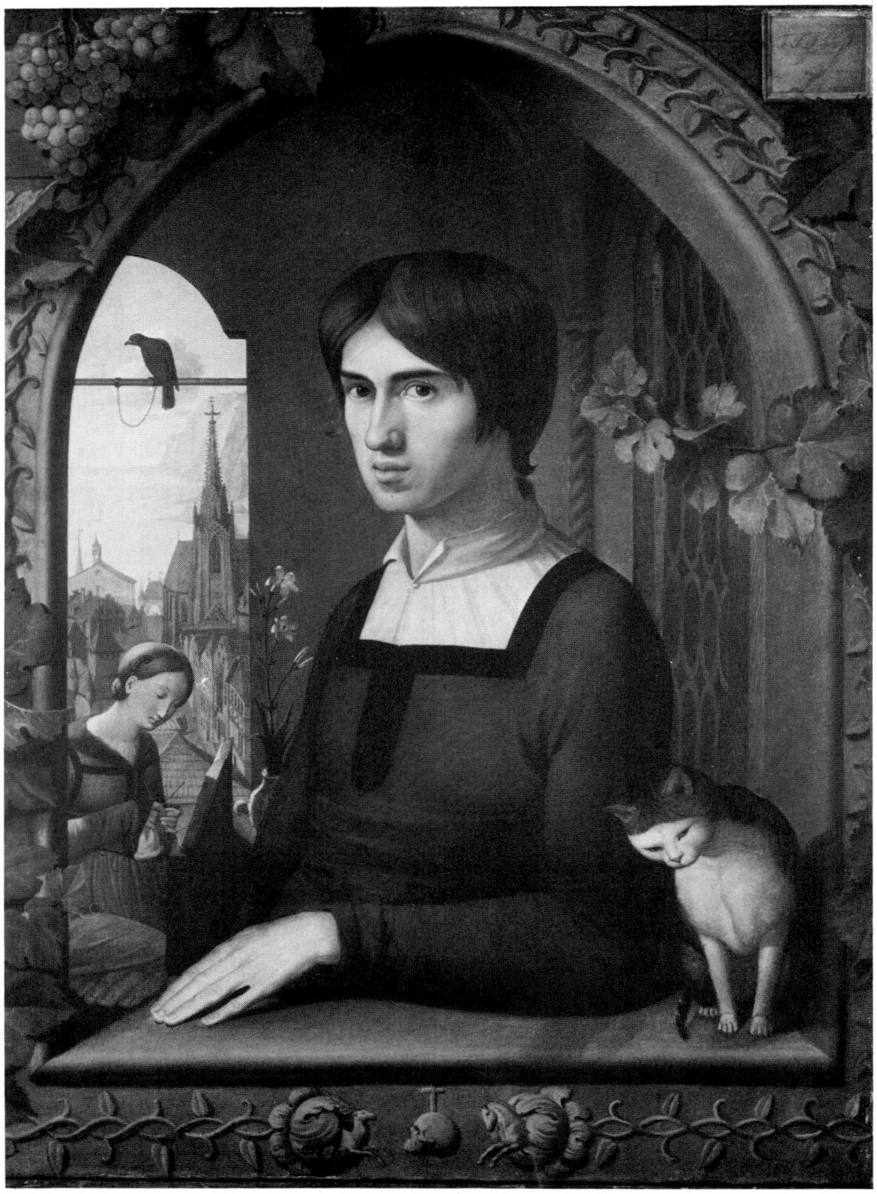

Porträt des Malers Franz Pforr, 1810
Leinwand. 62 x 47 cm
Berlin, Staatliche Museen
Stiftung Preußischer Kulturbesitz,
Nationalgalerie

In diesem „gotischen" Porträt, getreu dem bewußt archaisierenden Ideal Pforrs (1788 bis 1812), hat Overbeck der Katze eine überraschende Bedeutung verliehen. Durch ihre Stellung entspricht sie dem sanften Bogen des Fensters und ist Gegenpol zum gleichfalls nach vorne geneigten Kopf der jungen Frau (der Frau des Malers), die geradezu aus einer mittelalterlichen „Verkündigung" kommen könnte. Weil es sich hier um ein Ehepaar handelt, wird es wohl dessen Hauskatze sein. Alle Details des Bildes haben mehr oder weniger eine christliche Bedeutung. So verweist die „weinrote" Kleidung in Verbindung mit den Weintrauben auf die Eucharistie, und das unter dem Fenster eingemeißelte Emblem Pforrs, ein Totenschädel und darüber ein Kreuz, bedeutet die siegreiche Auferstehung vom Tode. Der zahme Falke ist den Kommentatoren zufolge ein Symbol der Hoffnung. In diesem Fall könnte auch die „nazarenisch" wirkende Katze, deren Zeichnung des Fells in einem künstlerischen Bogen verläuft und die mit aufmerksamem Blick aus dem Bild herausschaut (sie vertieft den Raum), mit einer traditionellen Ikonographie in Verbindung gebracht werden. Man hat in diesem Sinne von der „gatto della Madonna" gesprochen... Man weiß, daß Pforr dieselbe Katze bereits ein Jahr später wiederum in ein Bild mit religiöser Symbolik einbezieht, in das „altmeisterliche" Diptychon mit dem Titel *Sulamith und Maria,* das er seinem Freund Overbeck schenkt und in dem unsere Katze dem Bild der Jungfrau zugeordnet ist (Schweinfurt, Sammlung Schäfer).

É. F.-W.

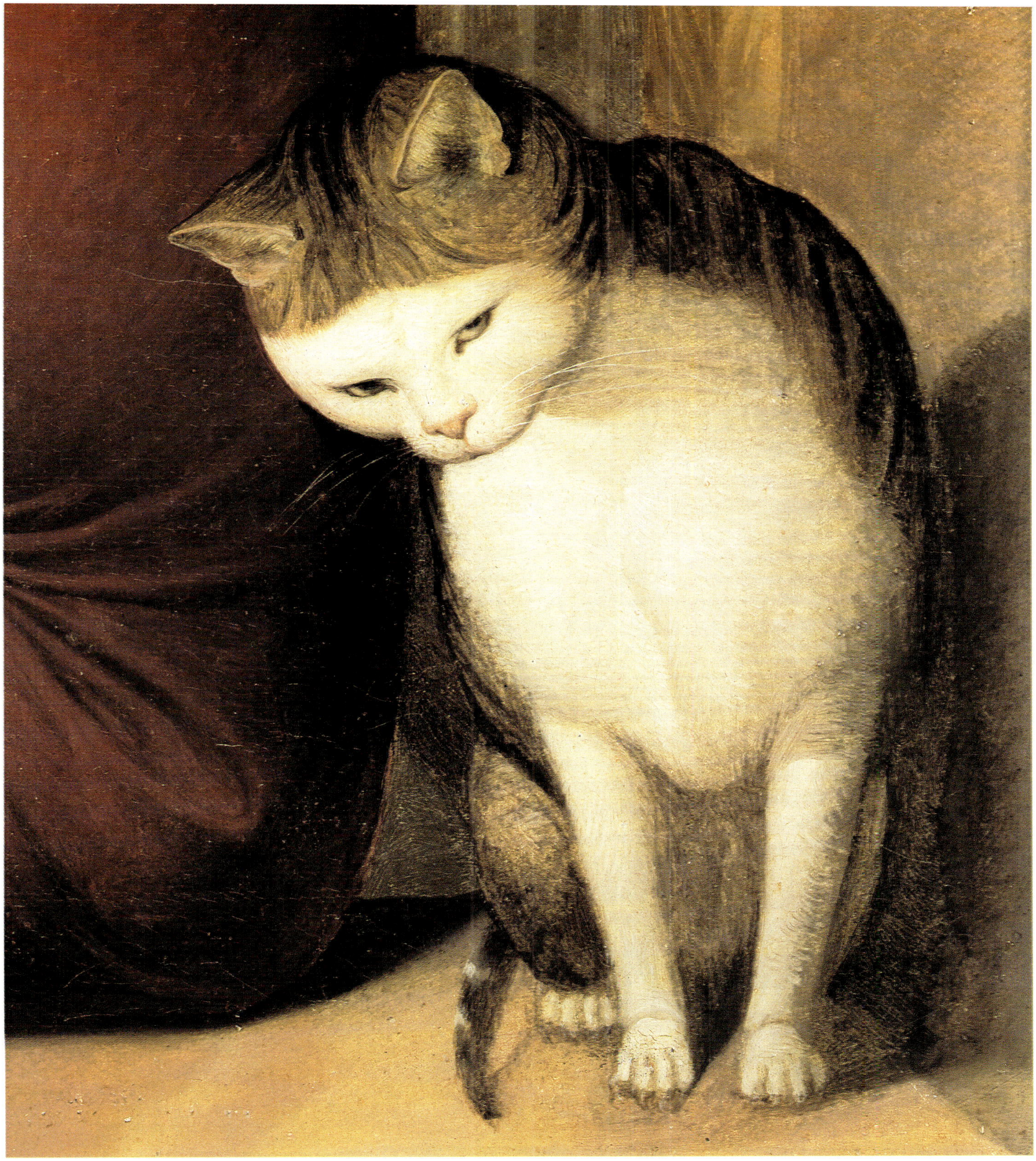

ALEXANDRE GABRIEL DECAMPS

Paris, 1803 – Fontainebleau, 1860

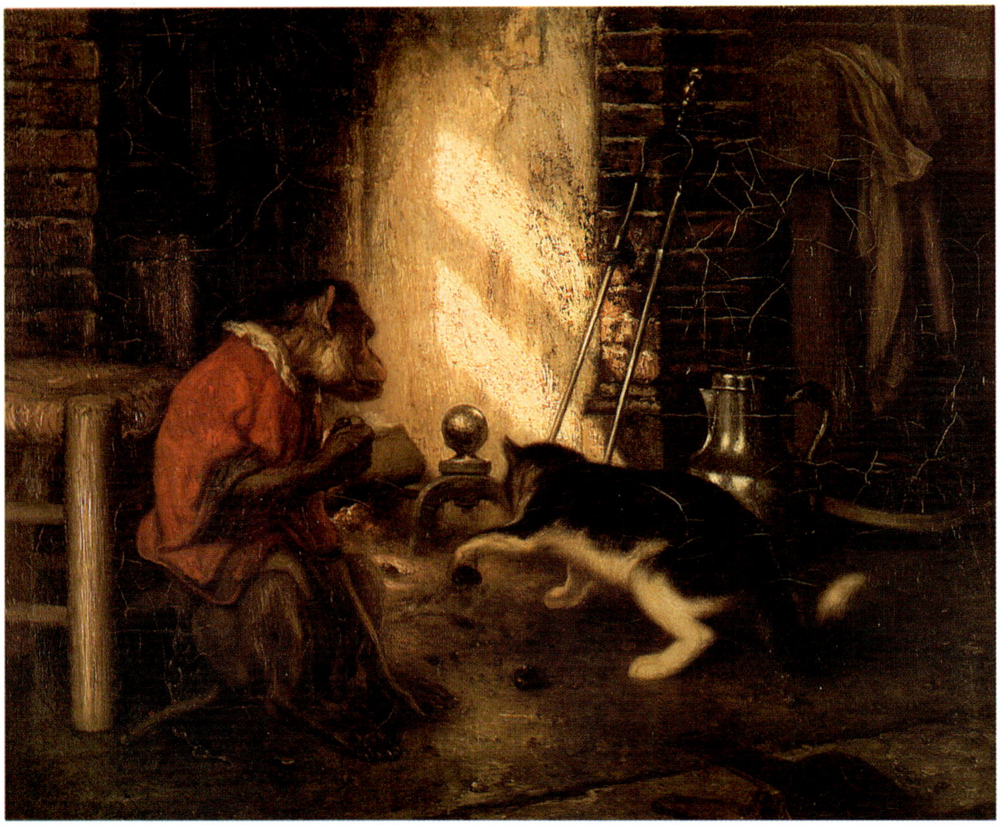

Bertrand und Raton, 1847
Leinwand. 38 x 46 cm
Château-Thierry,
Musée Jean de La Fontaine,
Leihgabe des Louvre

Wie sein Titel sagt, gibt das Bild getreulich La Fontaines Fabel wieder, wo, wie immer (zum Spott – in Anlehnung an Rat oder auch Rath), der Affe Betrand und die Katze Raton heißt. Die Szene hat nichts von der Grausamkeit eines Hondius (s. S. 119) oder eines Landseer (s. S. 175) und spiegelt den fälschlich gutmütigen Geist La Fontaines wider: Affe und Katze sind keine Feinde, sondern Komplizen in dummen Streichen, sie leben unter einem Dach, und je nach Gelegenheit ist einer gewitzter als der andere. Die von Decamps so vorzüglich beobachtete, zierliche Bewegung der Katze – auch er ist ein großer Tiermaler, vor allem von Hunden und Affen – entspricht genau dem Text der Fabel:

„[...] es schiebt mit ihrer kleinen Tatze / vorsichtigerweise unsre Katze / die Asche erst beiseit, sie zeiht die Pfoten dann / zurück, bringt wieder sie heran, / eine Kastanie erst, dann zwei, dann drei zu packen[...]“ [112]

Der wirklichkeitsgetreue Charakter der Szene wird verstärkt durch die unterschiedlichen Gegenstände rund um den Kamin, aber auch durch das tiefgehaltene Blickfeld. Es scheint, als befände sich der Betrachter auf allen vieren am Boden hinter den Tieren.

Auffallend ist die Eleganz des Affen mit seiner roten Weste mit weißem Kragen und das glänzende weiße Fell am Bauch der Katze, das auch durch die Asche nicht verschmutzt wird. Der tiefere Sinn dieses Bildes ist zweifellos eine Anspielung an die Moral der Geschichte, die sich aristokratisch (der Affe ist der König!) und recht aufrührerisch gibt: Mit einem Betrug dieser Art geben sich Prinzen ebensowenig zufrieden wie Katzen.

„Die, stolz, daß sie dazu ernannt, / die Finger oft in den Provinzen / für einen König sich verbrannt..“ [113]

É. F.-W.

EDWIN HENRY LANDSEER

London, 1802–1873

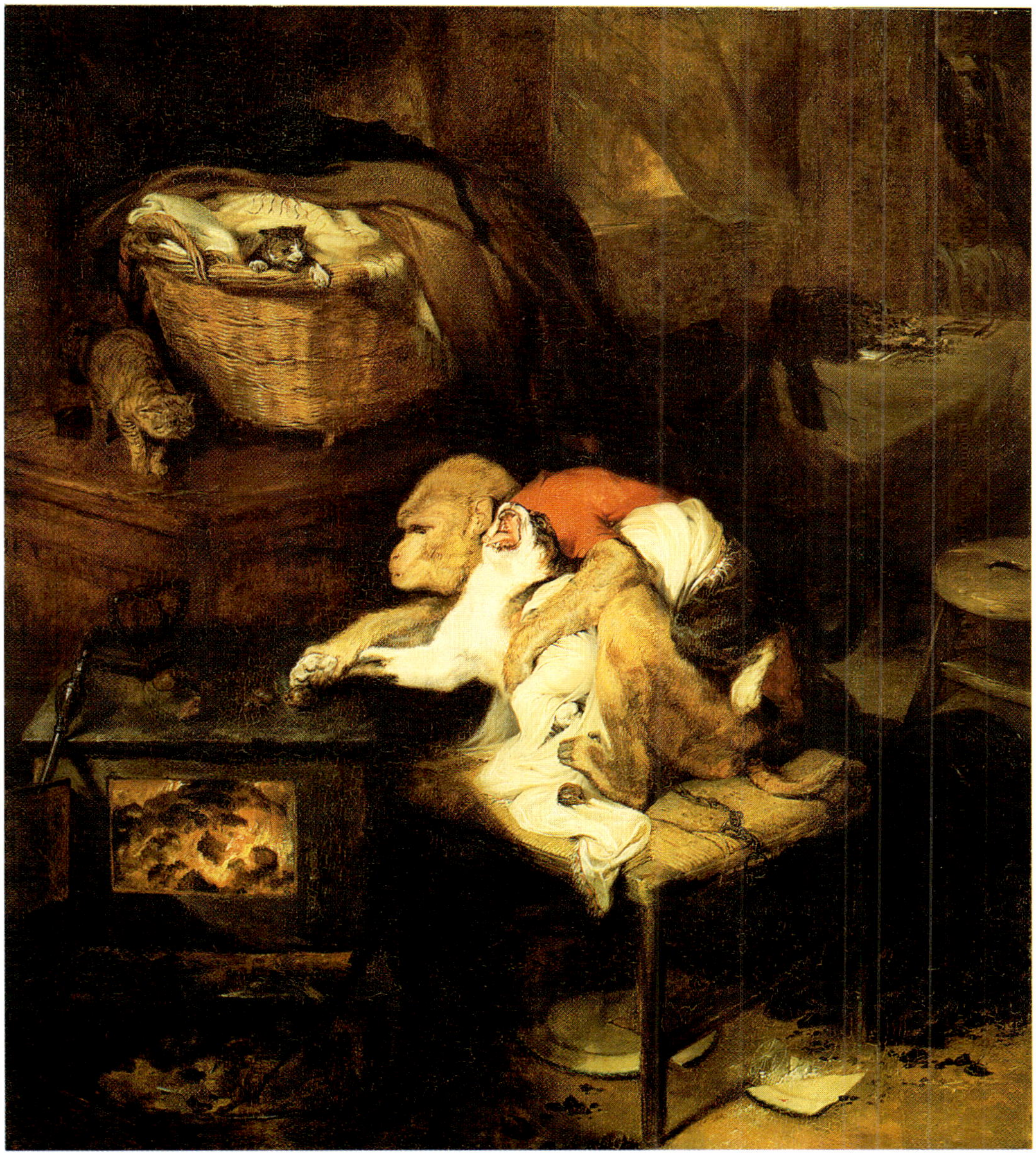

Der Tatzenhieb der Katze, um 1824
Leinwand. 75 x 70 cm
Privatsammlung

La Fontaines Fabel vom Affen, die Hondius (s. S. 119) zu einem Gemälde von grausamem Realismus inspiriert hatte, wird hier von dem englischen Maler Landseer, einem großen Tierspezialisten, wieder aufgenommen. Es geht in diesem Bild nicht um einen Zweikampf, sondern um eine beinahe theatralische Inszenierung. Der wie ein Männchen angezogene Affe und die in ein Tuch gewickelte Katze, das sie eher behindert als schützt, winden sich in einem höchst unordentlichen Gemach. Im Hintergrund weht ein Vorhang (nach den Kommentatoren wäre der einem Zirkus entkommene Affe durch das Fenster eingedrungen). Ein Bügeleisen steht auf dem Ofen neben den Kastanien, auf dem Boden liegen Scherben und eine Zitronenscheibe.

Zwei Kätzchen, sicher die Jungen der betrogenen Katzenmutter, setzen sich für sie ein – aber vergeblich. É. F.-W.

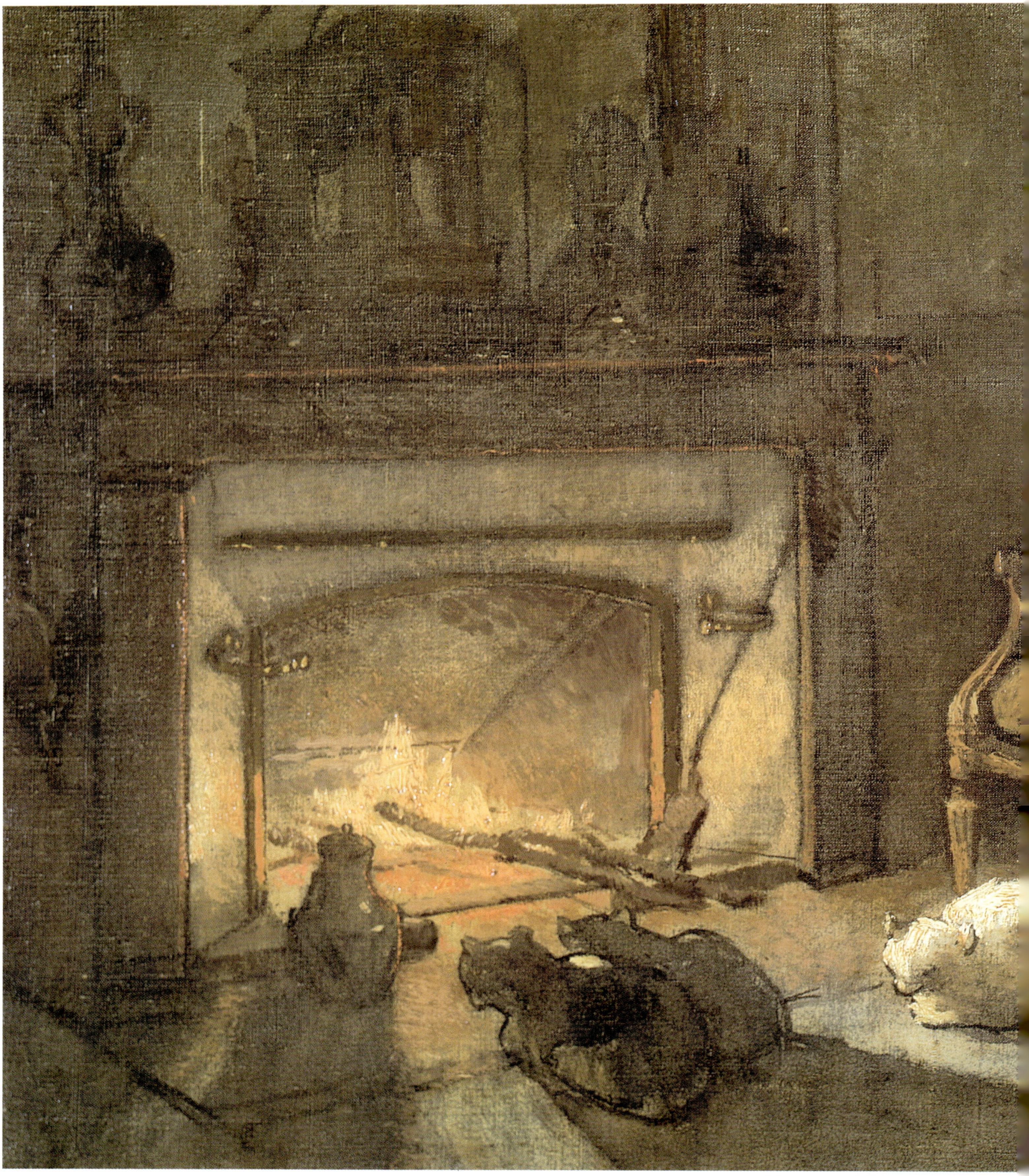

Katzen vor einem offenen Kamin. Leinwand. 46 x 60 cm. Compiègne, Musée National du Château

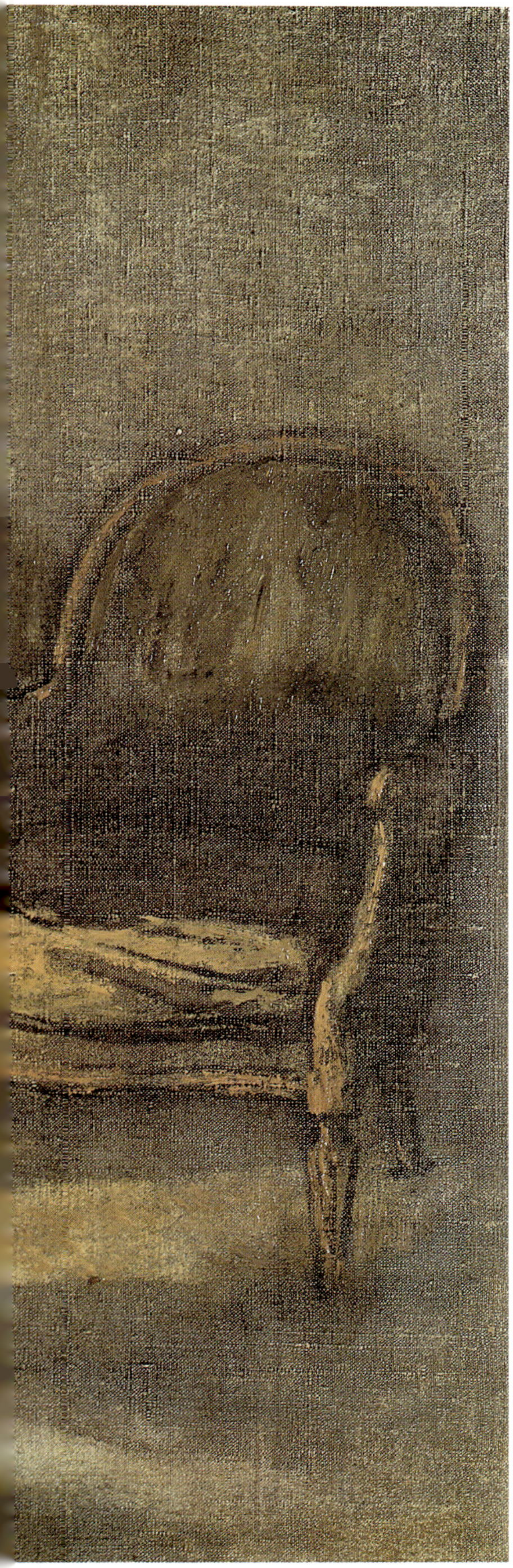

THOMAS COUTURE

Senlis, 1815 – Villiers-le-Bel, 1879

Diese reizvolle und sehr selten veröffentlichte Komposition aus dem Nachlaß des Malers Couture vermachte der Enkel des Künstlers, Kolonel Berteaux-Couture, 1954 den Museen Frankreichs. Wie die meisten Werke dieser Schenkung offenbart es einen weniger bekannten Couture, intimer und in jedem Fall in Opposition zu einem gewissermaßen schwülstigen Akademismus stehend, in dessen Nähe man ihn oft rücken wollte.

Nahe dem offenen Kaminfeuer in einer bürgerlichen Wohnung haben sich drei Katzen niedergelassen. Wahrscheinlich ist es die Wohnung des Malers in Senlis, wo er zwischen 1859 und 1869 gelebt hat, oder die in Villiers-le-Bel, seinem späteren Wohnort. Rötliches Licht taucht das Interieur des Raumes in schimmernde Brauntöne. Mit einer dunklen Linie sind die Katzen konturiert. Sie sind in derselben schnellen und kraftvollen Manier gemalt wie so manche pastos geschaffene Studie eines jungen Pifferaros oder Freiwilligen, der mit einer Kanone schießt. So werden sie zum rein malerischen Motiv wie der beleuchtete prächtige Sessel oder die senkrechten Innenseiten des Kamins. Die Silhouetten der Katzen könnte man fast mit dem hohen Gefäß seitlich des Feuers verwechseln; sie wirken vereinfacht, ja derart kühn, daß man von Wunderwerken sprechen würde, wenn es sich um eine Arbeit von Daumier (1808–1879) oder Edouard Manet, Coutures berühmtestem Schüler, handelte, deren Katzen in Wirklichkeit einzig dekorativ, weniger „modern" sind.

É. F.-W.

GUSTAVE COURBET

Ornans, 1819 – La Tour-de-Peilz (Schweiz), 1877

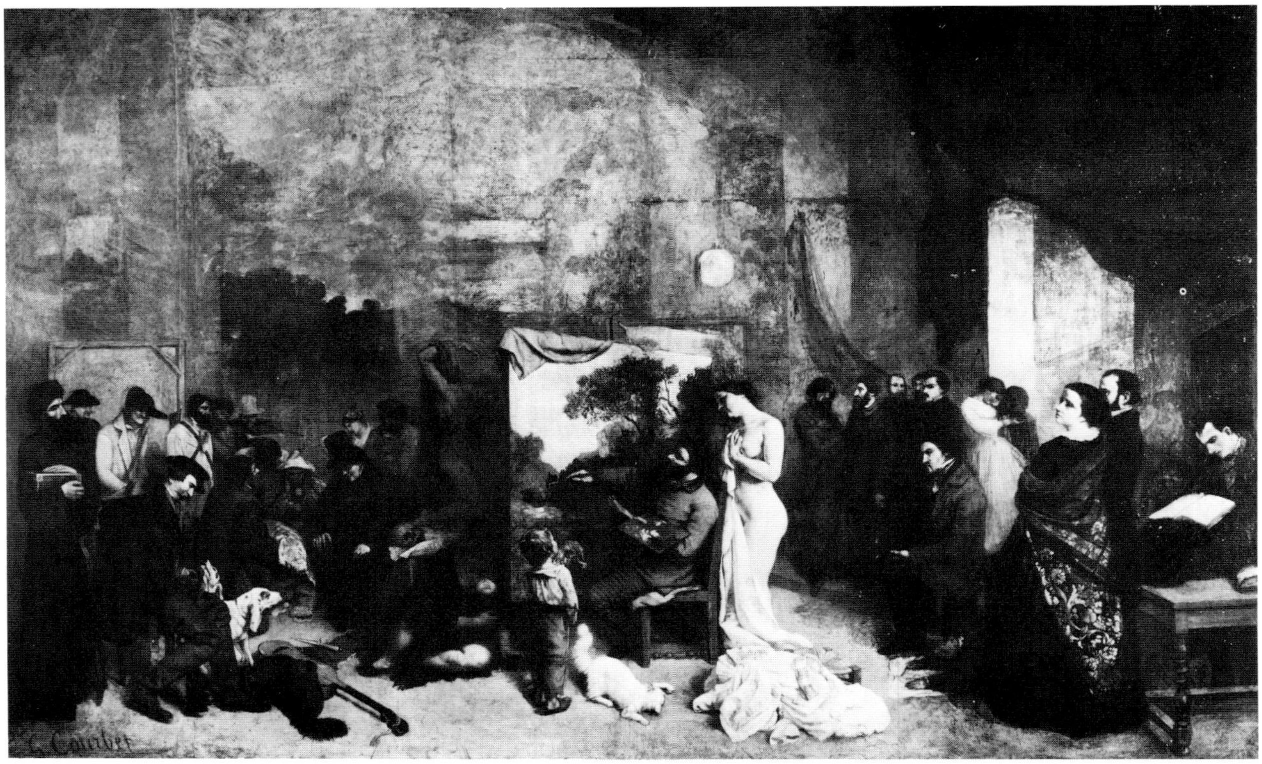

Das Atelier, 1855
Leinwand. 359 x 598 cm
Paris, Musée d'Orsay

Was hat Courbet bewogen, ins Zentrum seines Meisterwerkes, *Das Atelier,* eine herrliche weiße Angorakatze, die mit einem Maikäfer spielt, zu plazieren? Ist es überhaupt ein Maikäfer?

Als erste stelle Margaret Armbrust Seibert die heute so zahlreichen, irreführenden Lesarten des Werkes in Frage. Sie unterbreitet uns eine, ja sogar mehrere überzeugende Interpretationen. Als Beispiele nennt sie das bereits zwanzig Jahre zuvor begonnene und 1869 herausgegebene Buch *Die Katzen* von Champfleury, Schriftsteller, Kritiker und Freund Courbets, und eine Veröffentlichung von Cesare Ripa, für den die Katze ein Emblem des Gesichtssinns, der Hellsichtigkeit ist, weil sie im Dunkeln sehen kann. Außerdem erinnert sie daran, daß die Katze während der Revolution auch ein Symbol der Freiheit verkörperte. Immer muß die „Freiheit" weiß gekleidet sein, deshalb ist es kein Wunder, daß Courbet der Katze eine derart herausragende Sonderstellung einräumt.

So ist die keineswegs unschuldige Katze Courbets eines der Elemente der heute so modernen Interpretation des Ateliers. Es ist kaum verwunderlich, daß der Künstler seine Intentionen so gut zu verbergen wußte, daß er trotz seiner Absichten der Malerei nichts geopfert hat. Mit der Darstellung seiner Katze, deren Bewegung er so vollendet zu malen verstand und deren Spiel mit den Tatzen er so bewundernswert umsetzte, gelang ihm ein Meisterwerk seiner Art.

P. R.

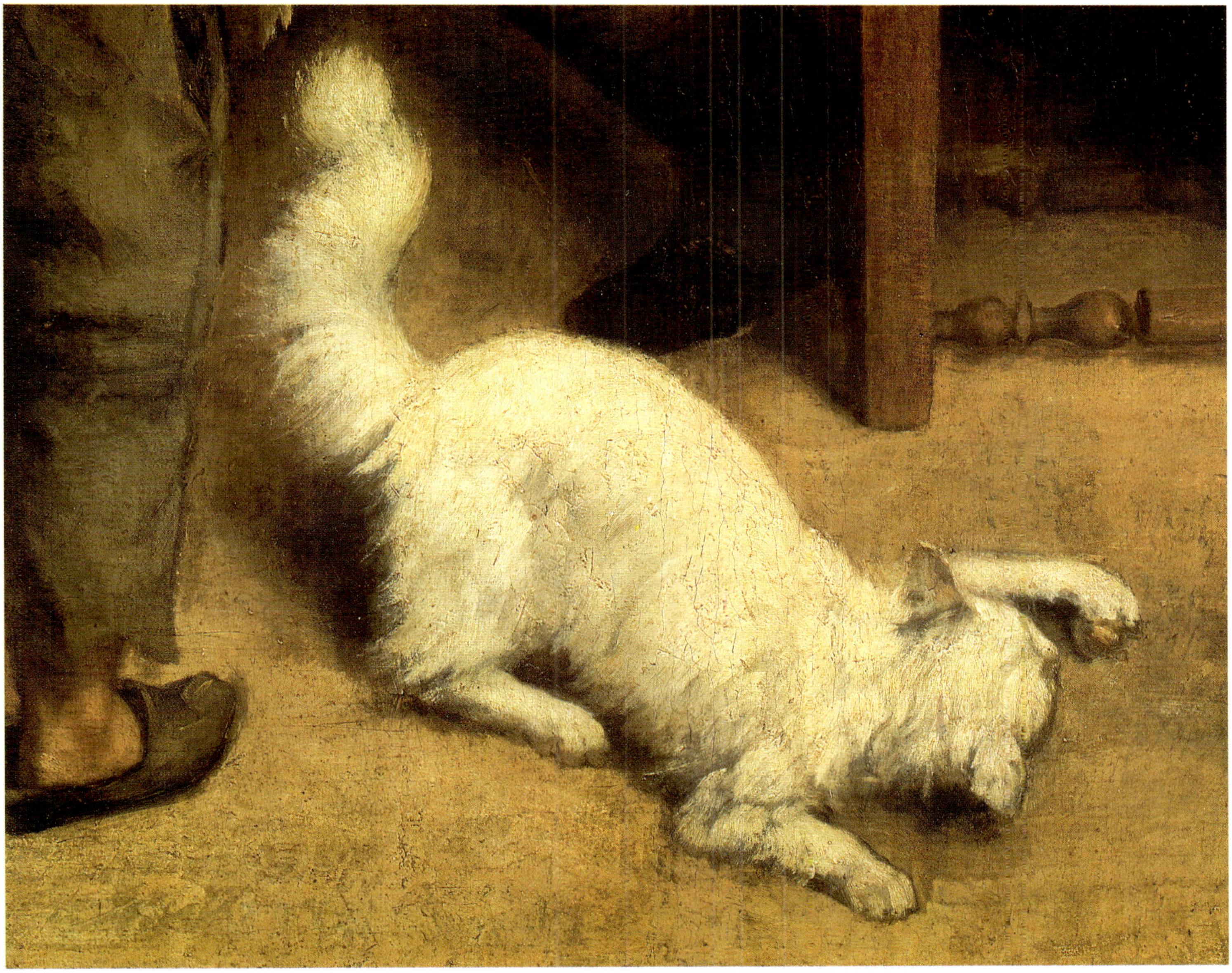

JEAN-FRANÇOIS MILLET

Gruchy, 1814 – Barbizon, 1875

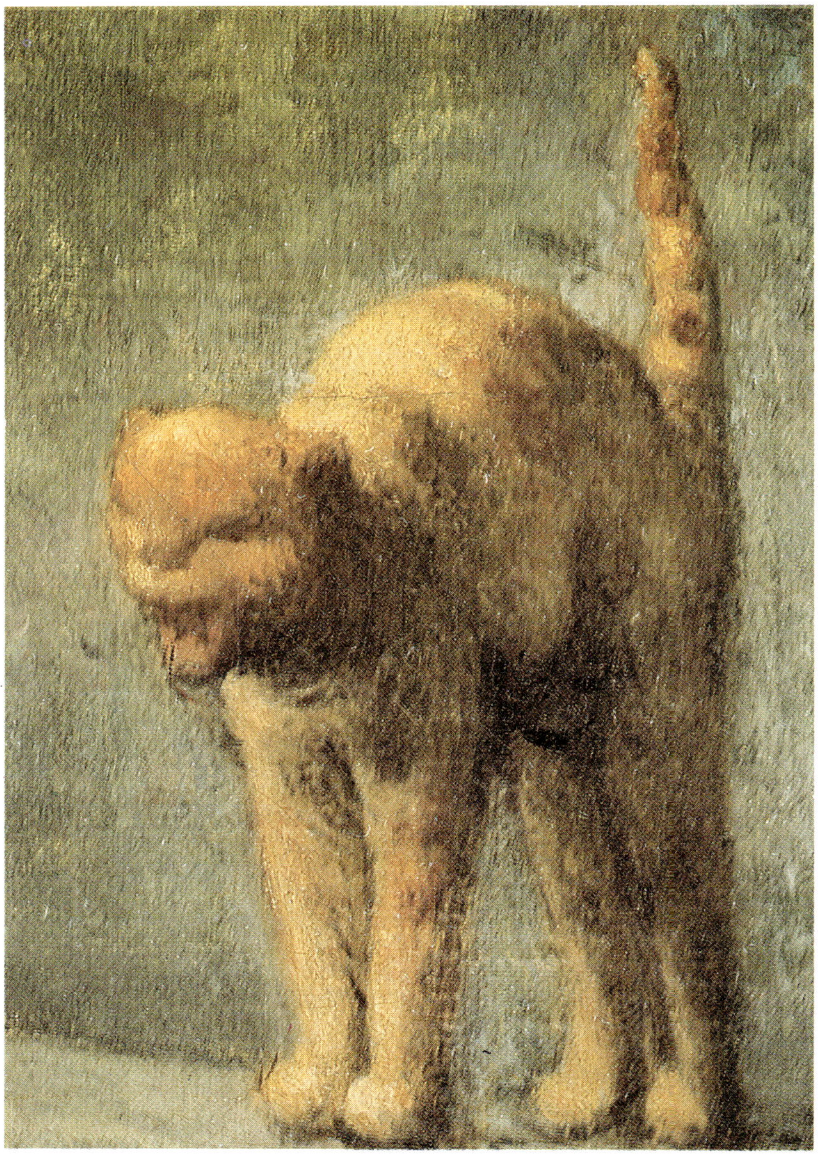

Glücklicherweise gibt der Katalog der Ausstellung des Salons von 1861, wo das Bild *Die Erwartung* gezeigt wurde, die Erklärung dieser eher bäuerlich als biblisch erscheinenden Szene. Es war Millets große Idee, eine biblische Geschichte in Holzpantinen zu schreiben. „Die Mutter des Tobias verließ alle Tage eilig ihr Haus, schaute in alle Richtungen und ging auf allen Wegen, auf denen sie hoffte, ihn bei seiner Rückkehr schon von weitem kommen zu sehen." Was hat nun mitten in dieser Szene zwischen der in die Ferne schauenden Mutter und dem blinden, stolpernden Vater, dem der junge Tobias das Augenlicht bald wieder zurückgeben wird, eine Katze zu suchen? Von ihr ist in dem biblischen Text natürlich nicht die Rede. Ist sie, wie André Fermigier sagt, „nur ein, offen gestanden anekdotisches und lächerliches, Detail"? Betrachten wir sie genau. Sie macht einen Buckel und faucht, als ob sie es mit einem Feind zu tun hätte – zum Beispiel mit einem Hund. In der Tat, Tobias kehrt in Begleitung seiner jungen Frau Sarah, eines Engels und seines treuen Hundes zurück; das Tier wird im biblischen Text ausdrücklich erwähnt. Ist es nicht er, den unsere Katze von weitem riecht und dem sie keinen guten Empfang bereiten wird? Dieses kleine Detail der Szene belegt Millets große Vertrautheit mit der Bibel. Wie dem auch sei, wesentlich ist, daß die Katze, hier als Dritte des Geschehens hervorragend beobachtet, sicherlich das aktivste, stärkste und durch ihren Blick und ihr Geschrei das gegenwärtigste Wesen darstellt.

É. F.-W.

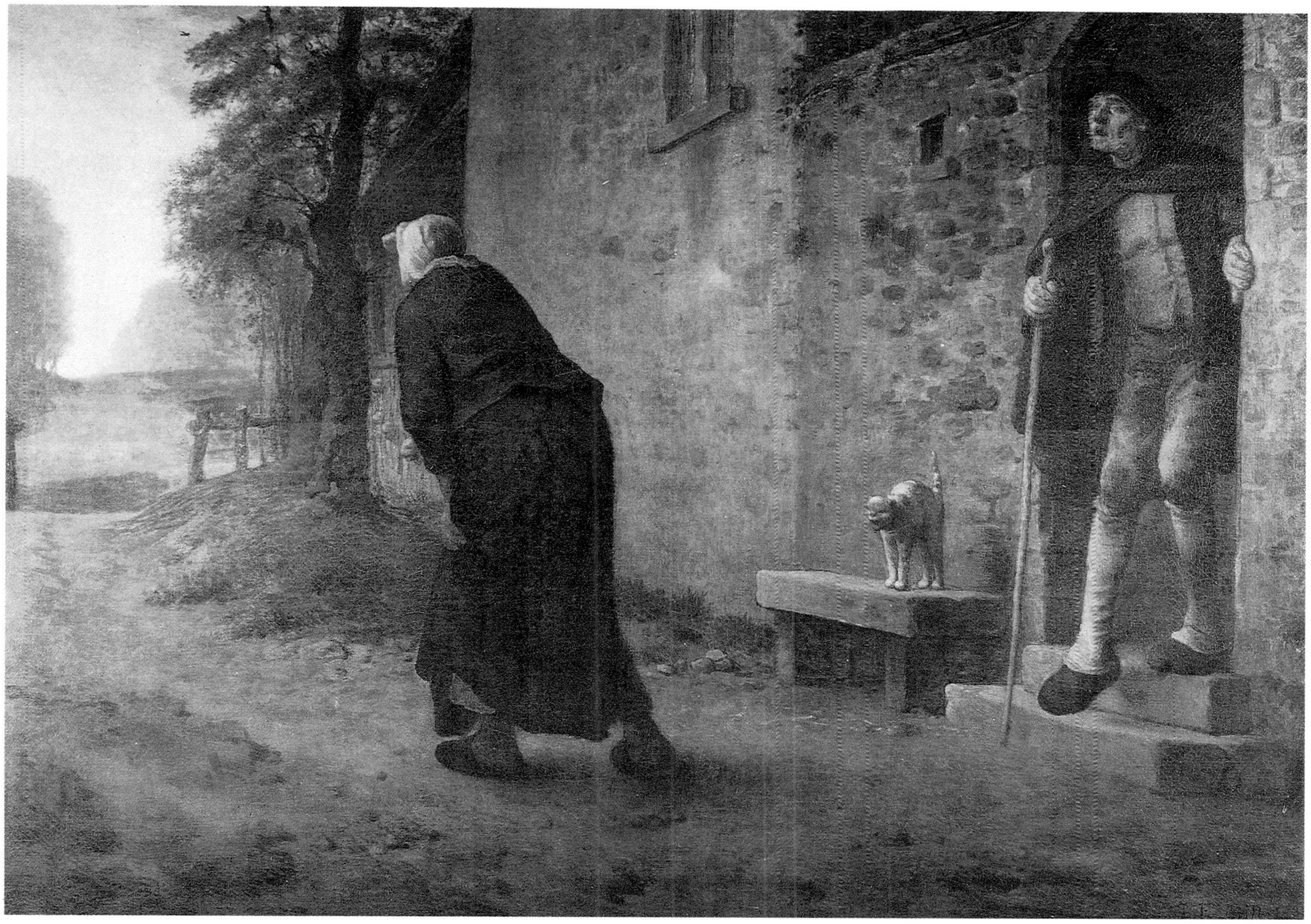

Die Erwartung, 1860/61
Leinwand. 84,5 x 121 cm
Kansas City, Nelson Atkins
Museum of Art

JOHN EVERETT MILLAIS

Southampton, 1829 – London, 1896

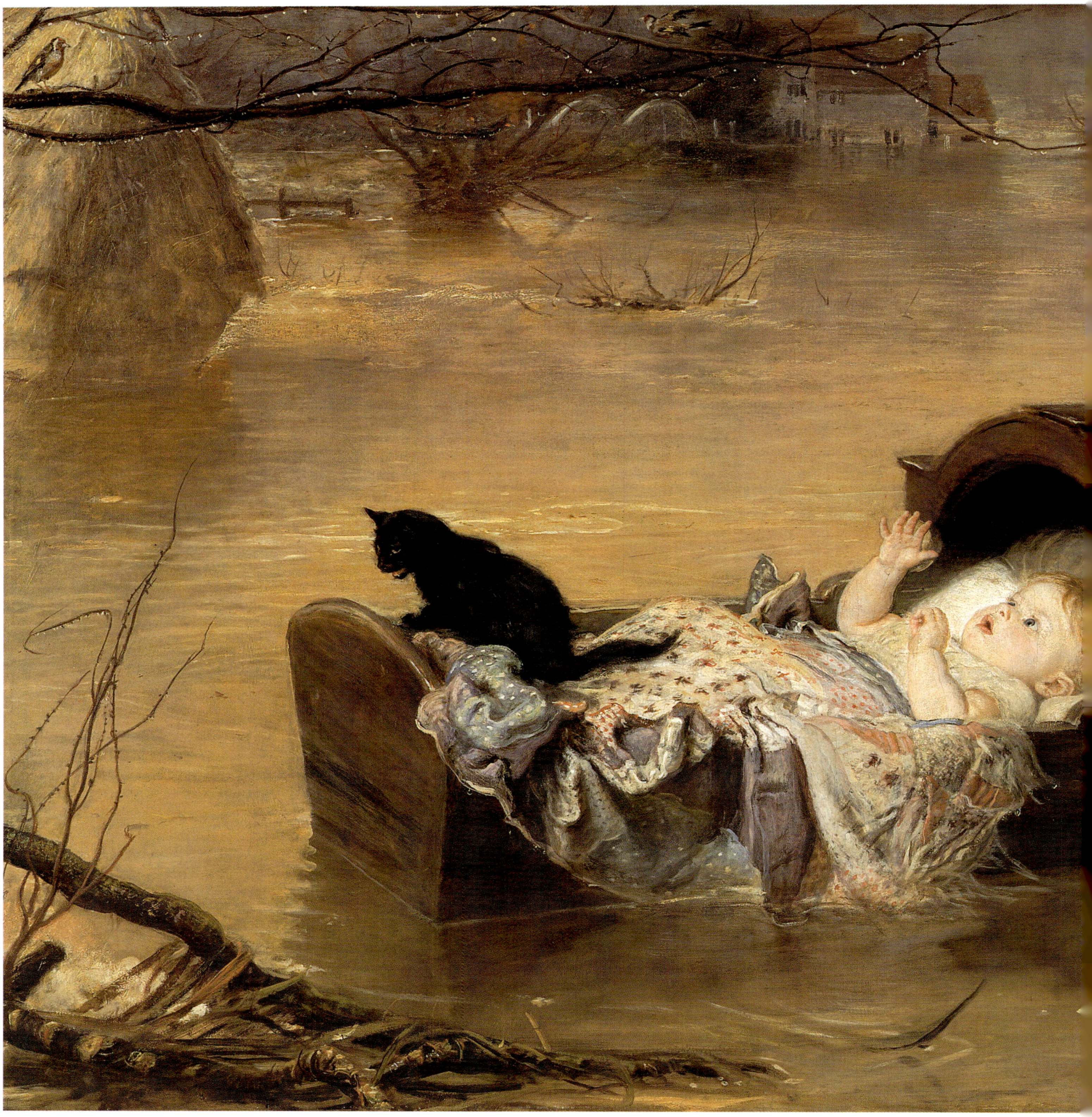

Eine Überschwemmung, 1870. Leinwand. 99 x 145 cm.
Manchester, City Art Gallery

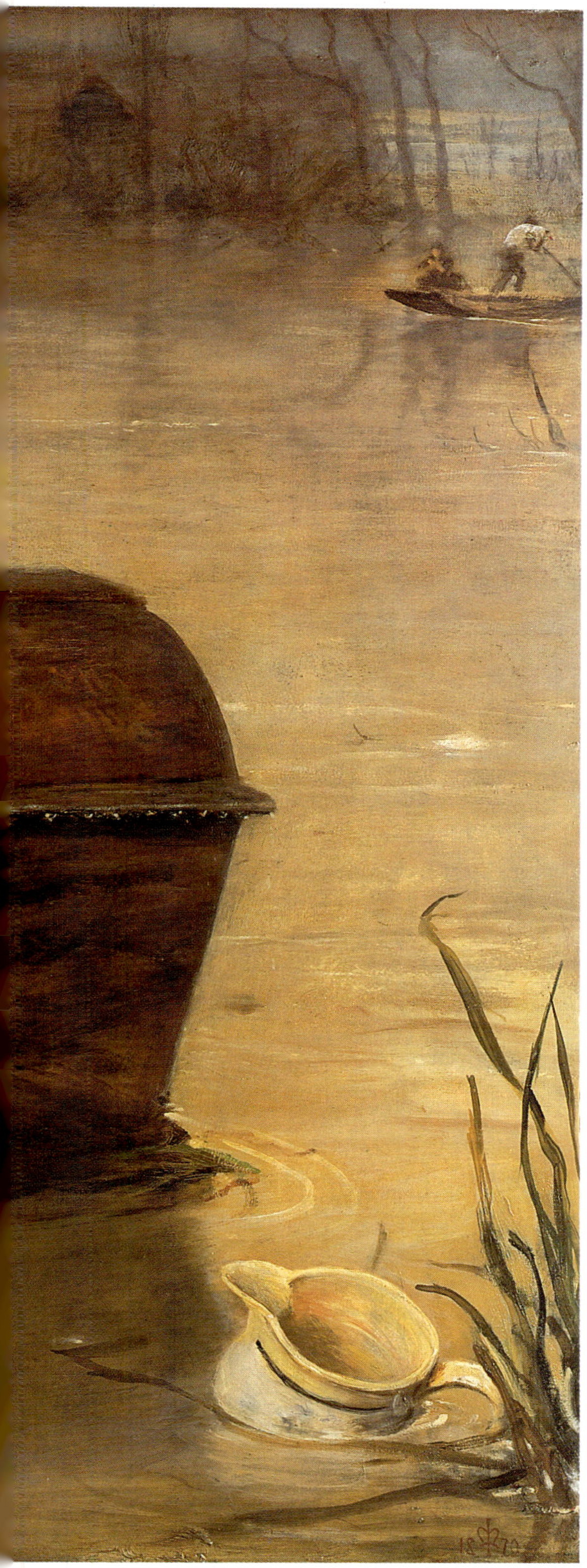

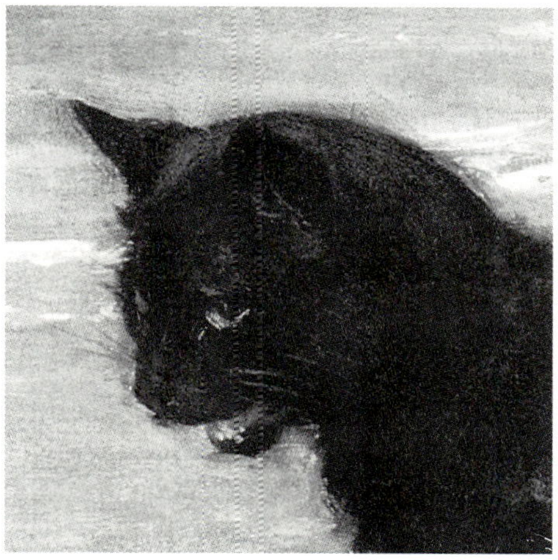

Fluten reißen ein ungewöhnliches Gefährt mit sich: eine Wiege mit einem Baby darin und einem schwarzen Kätzchen (dem zweiten Kleinen der Geschichte), einem unerwarteten Passagier, den die Gefahr an Deck brachte! Inspiriert wurde die Szene durch eine lokale Geschichte, die man sich in Sheffield erzählte. Nachdem dort ein Staudamm geborsten war, gab es eine Überschwemmung (auch Alma-Tadema malte zu diesem Thema ein Bild mit einer vor Furcht schreienden Katze). Unser „englischer" Moses ist sich seiner Bedrohung nicht bewußt, denn er beobachtet mit sichtlichem Vergnügen die kleinen Vögel auf den Zweigen über sich, während die Katze sie in ihrer Ängstlichkeit nicht wahrzunehmen scheint. Es sind Distelfinken, die sehr oft in Verbindung mit Katzen gebracht wurden und in Kompositionen als Präfiguration der Passion zu finden sind. Hat Millais dieser anekdotischen Szene eine symbolische Bedeutung geben wollen? Die Katze würde dann durch ihr kräftiges Miauen eine wesentliche Rolle spielen, denn sie könnte dadurch die rechts im Hintergrund in einem Boot auftauchenden Retter auf die Wiege aufmerksam machen. Die Modelle der beiden Teilnehmer des Dramas, das ein gutes Ende findet, sind bekannt: Das Baby ist Sophie, eine Tochter Millais', und die Katze gehörte seinem befreundeten Malerkollegen, Fred Walker (1840-1875). É. F.-W.

WILLIAM HOLMAN HUNT

London, 1827–1910

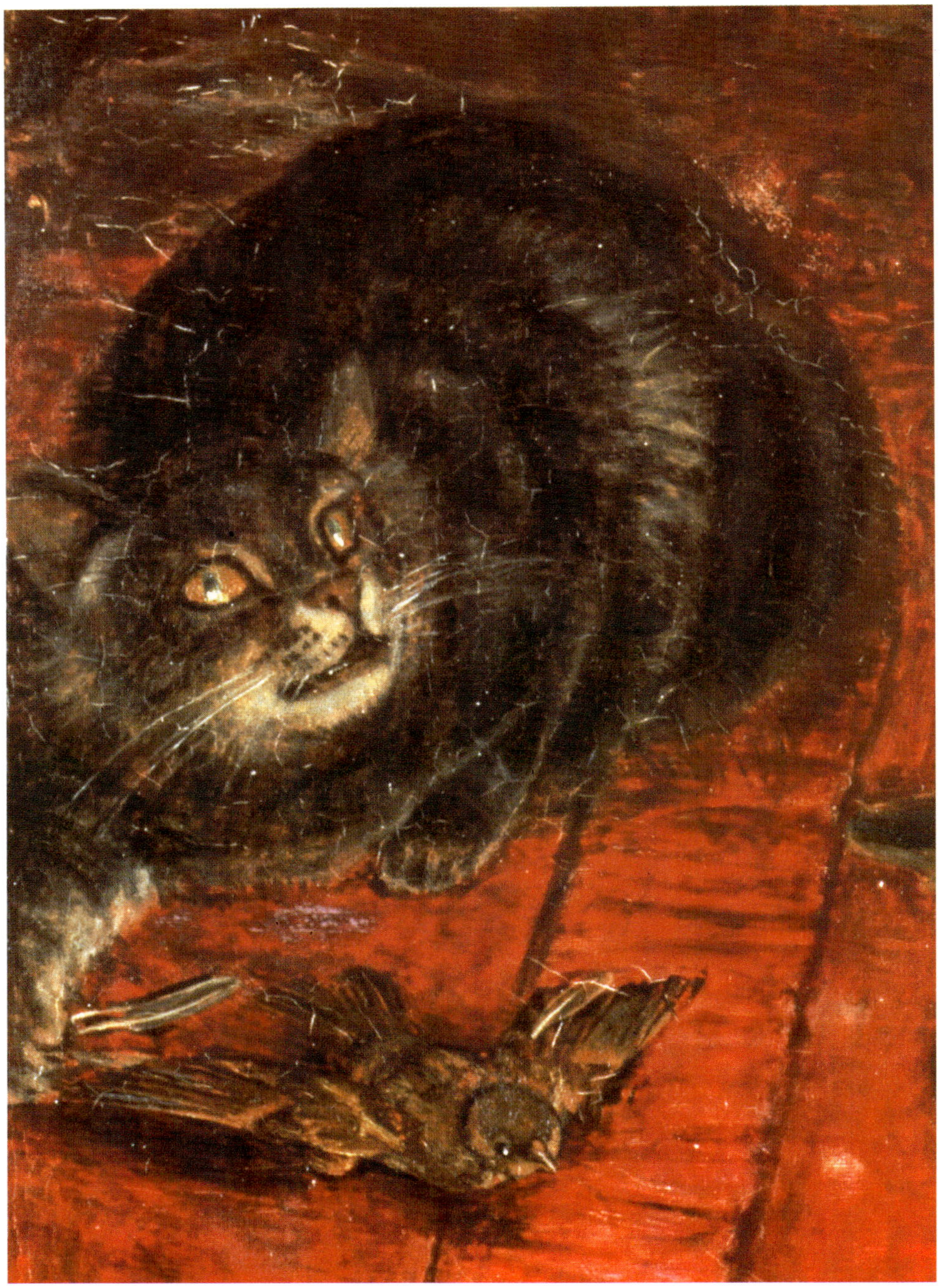

Das Gewissen erwacht, 1853
Leinwand. 76 x 60 cm
London, Tate Gallery

Das Bild hat ein moralisierendes Thema: Hunt wollte eine „gefallene“ junge Frau zeigen, der plötzlich das Gewissen schlägt. Mit starrem Blick erhebt sie sich vom Schoß ihres Liebhabers, als sei sie beseelt von einer göttlichen Stimme. Kein Detail der Szene ist dem Zufall überlassen. Was die Mätresse erwartet, versinnbildlicht der zerknüllte und auf den Teppich geworfene Handschuh: fallengelassen zu werden wie ein Objekt und den schlimmsten Erniedrigungen ausgesetzt zu sein. Die Bänder am Boden erinnern an Ketten, die die verlorene Seele fesseln, und auch der Zierat der Uhr unter ihrer Glasglocke mit dem Thema, wie die Tugend Amor gefangennimmt, spielt darauf an, während der über dem Klavier hängende Stich den vielsagenden Titel *Das Mißverständnis* trägt. Von all diesen vielen Zeichen im Raum ist jedoch das Mienenspiel der sich unter dem kleinen runden Tisch duckenden Katze am vielsagendsten. Im Gegensatz zu dem noch ahnungslosen Liebhaber hat sie die Bewegung der Frau bemerkt und läßt ihre Beute los. Schnell nutzt der Vogel die Situation und flattert davon, nicht ohne einige Federn in den Krallen seines Feindes zu lassen. Die Anspielung ist eindeutig: Wie der Vogel wird die von der Gnade berührte Seele ihre Freiheit wiedergewinnen und sich zu Gott aufschwingen. Hier spielt die Katze, wenn auch unfreiwillig, die Ehrenrolle.

É. F.-W.

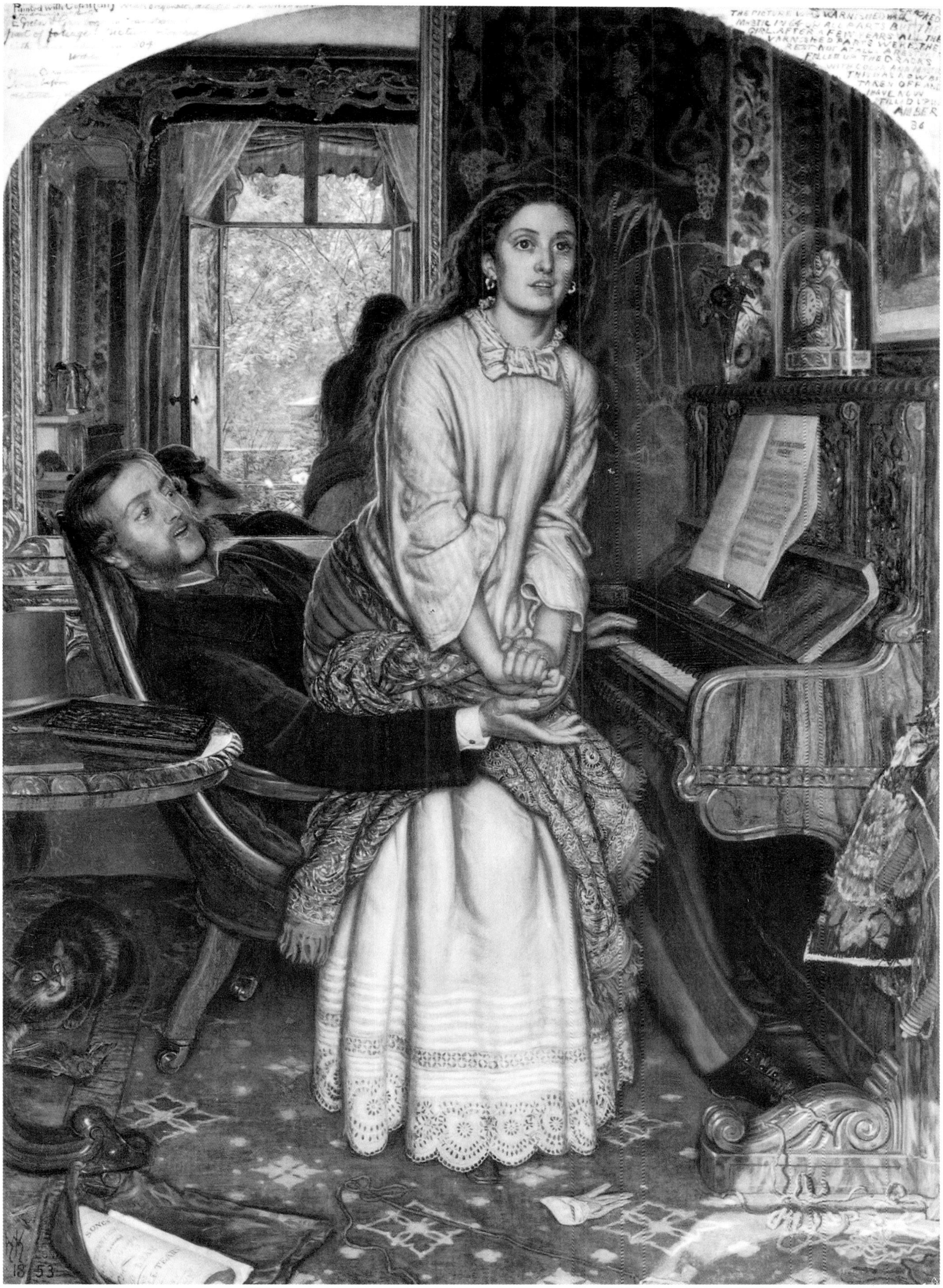
18 53

ÉDOUARD MANET

Paris, 1832–1883

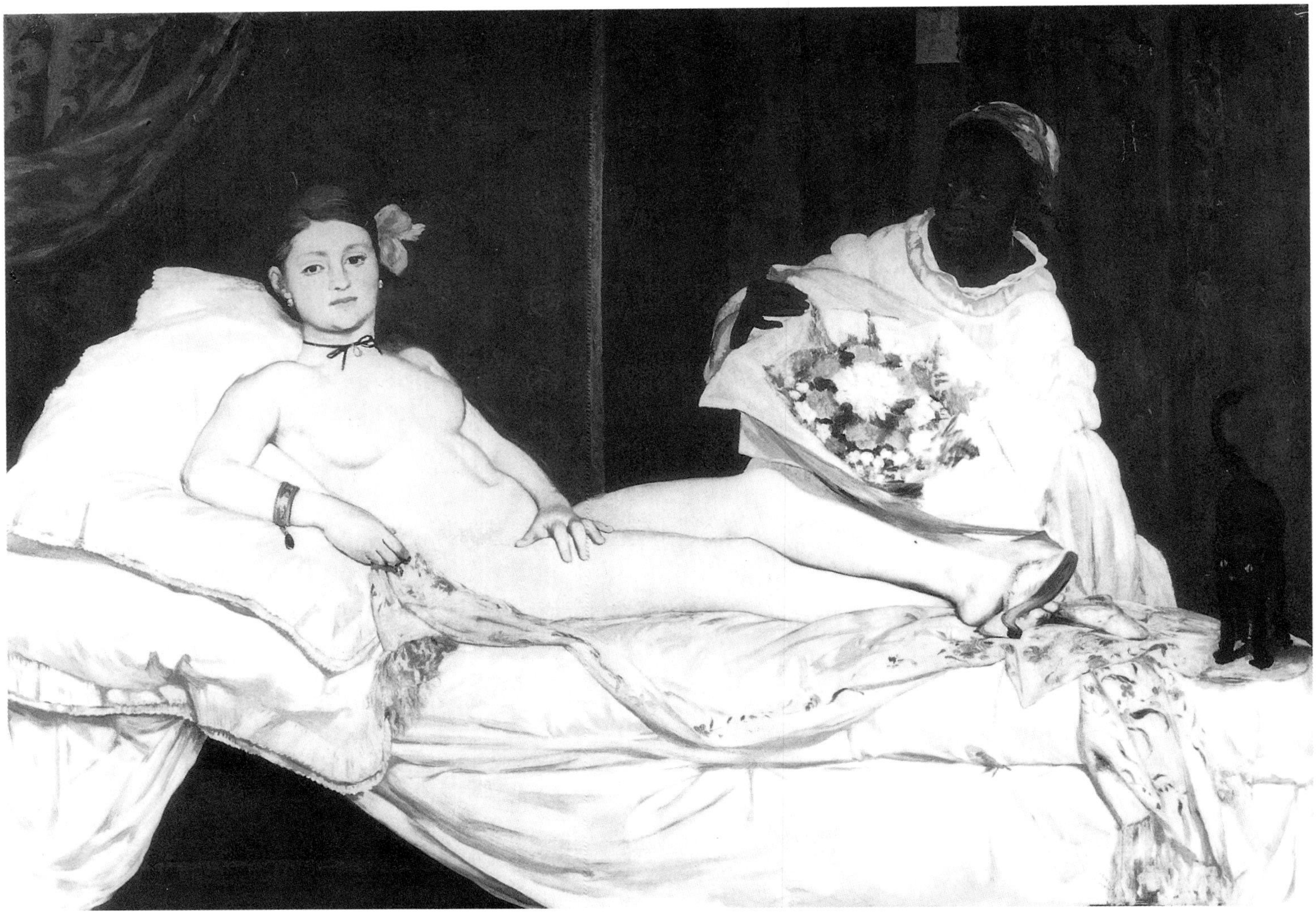

Olympia, 1863
Leinwand. 130 x 190 cm
Paris, Musée d'Orsay

Von allen Katzen in der westlichen Malerei ist sicherlich für die in Manets Bild *Olympia* am meisten Tinte verschrieben worden, ebenso schwarz wie diese. Es konnte nicht ausbleiben, daß dieses bedauernswerte Tier die abgedroschensten freudianischen Kommentare unserer Zeit auf sich zog. Hüten wir uns vor Übertreibungen und halten nur fest, daß die Zeitgenossen des Künstlers diese schwarze Katze als rein malerisches Motiv beschrieben, nicht aber als vierbeinigen Bedeutungsträger! Zola beispielsweise begnügt sich zu schreiben: „Sie brauchen schwarze Flecken, und sie haben in einer Ecke eine Negerin und eine Katze plaziert.“ Fügen wir dem noch hinzu, daß derselbe Zola sich etwa fünf Jahre später von Manet porträtieren ließ und als Hintergrund seines Bildes eine Reproduktion der Olympia wählte, die aber durch den Rahmen an der rechten Seite beschnitten und deshalb der Katze beraubt ist. In der Tat hebt sich besagte Katze schlecht ab vor dem dunkelgrünen Vorhang, der hier als Hintergrund dient, was in den Reproduktionen besonders deutlich wird. Sowohl für die Karikaturisten als auch für die Künstler, die sich damit vergnügten, das Bild zu parodieren, blieb sie jedoch nicht unbemerkt. So zeigt der Amerikaner Larry Rivers (1970) zwei Olympias übereinander, eine davon ist eine Schwarze, begleitet von einer weißen Dienerin und einer Katze mit schneeweißem Fell (Paris, Musée national d'Art moderne). Was Manet betrifft, so spielt er einige Jahre später mit der Gegenüberstellung von Schwarz und Weiß, bleibt diesmal aber im „Reich der Katzen“: In seinem Plakat *Das Rendezvous der Katzen,* 1868 geschaffen anläßlich der Veröffentlichung des Buches *Die Katzen* seines Freundes Champfleury, setzt er zwei Katzen auf den Dächern von Paris in Szene, eine weiße, die andere, eine schwarze, scheint mit ihrem fragezeichenförmigen Schwanz geradewegs aus dem überladenen und gepolsterten Appartement der Olympia zu kommen.

É. F.-W.

PIERRE AUGUSTE RENOIR

Limoges, 1841 – Cagnes-sur-Mer, 1919

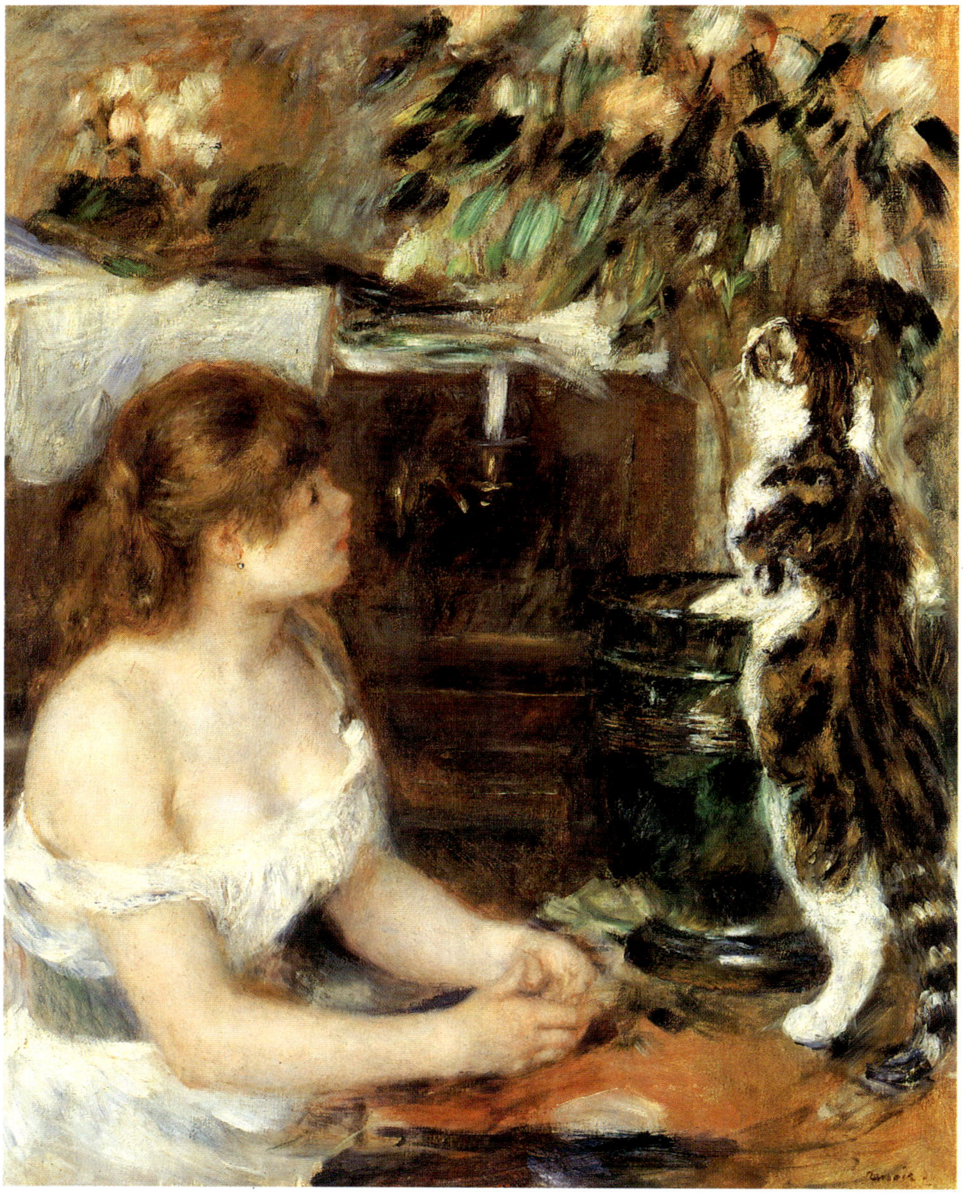

Junge Frau mit Katze
Leinwand. 99 x 82 cm
New York, Privatsammlung

Katzen finden sich in vielen Werken Renoirs, und sie sind immer gemäß der Tradition des 18. Jahrhunderts mit der Frau in Beziehung gesetzt. Hier legt die Katze ihre Vorderpfoten auf den Rand eines Übertopfes, als wollte sie an den weißen und roten Blüten eines Strauches schnuppern. Die in einem Bild des Clark Institute von Williamstown dargestellte, sich auf dem Schoß eines lasziv schlafenden Mädchens ausstreckende Katze ist zweifellos Renoirs berühmtestes Katzenbildnis.

„Renoir kann alles, was er will. Haben Sie schon einmal eine mit bunten Wollknäueln spielende Katze gesehen?“ schreibt Ambroise Vollard. Und nach Arsene Alexandre soll Degas vor einem Bild des Künstlers ausgerufen haben: „Man könnte meinen, es sei von einer Katze gemalt!“ Spielte er auf das Metier des Malers an, als sei das Bild „gekratzt“, oder dachte er mehr an die Geschmeidigkeit der Materie, an ein genüßliches Thema? P. R.

CECILIA BEAUX

Philadelphia, 1863 – New York, 1942

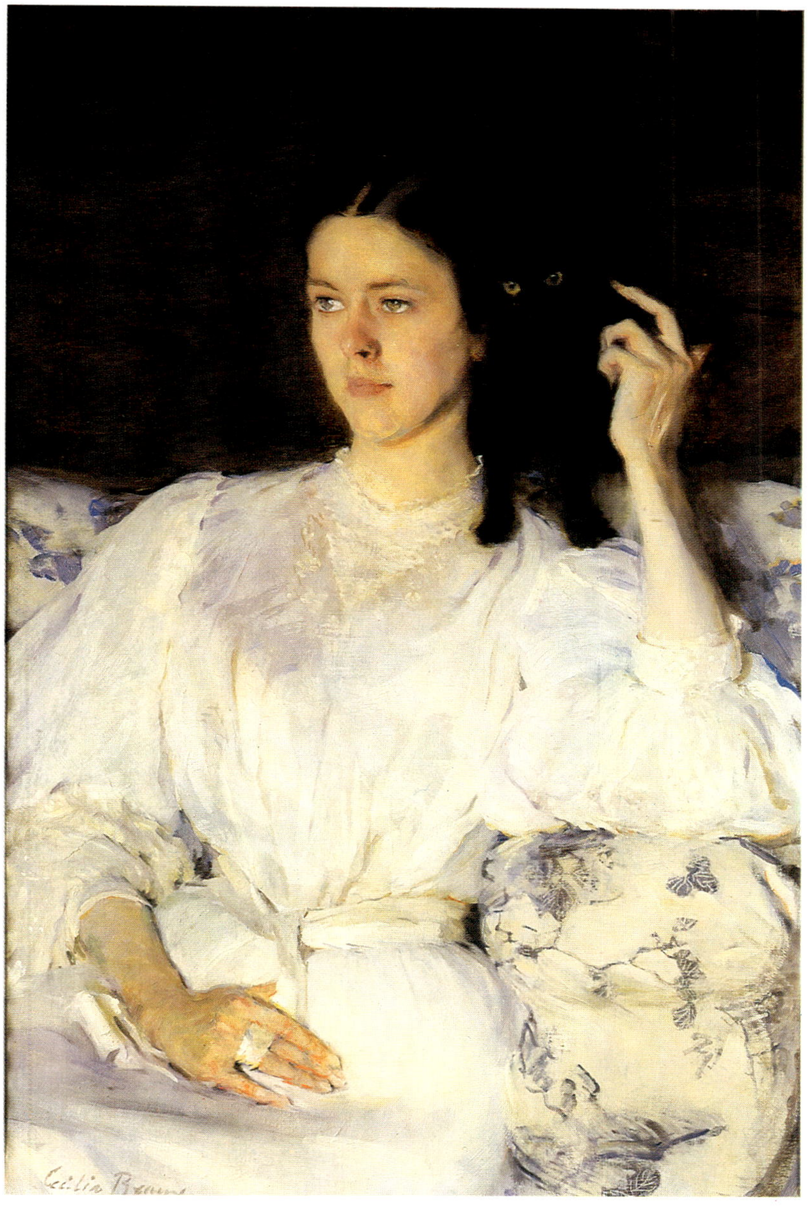

Sita und Sarita, 1896
Leinwand. 94 x 63 cm
Paris, Musée d'Orsay

Eine Verwandte der Malerin, Mrs. Turle, geborene Sarah A. Lewitt, genannt Sarita, posierte für dieses Porträt mit ihrer Katze Sita. Zufrieden mit ihrem Werk, schuf die amerikanische Künstlerin später noch einmal eine Version des gleichen Bildes (Washington, Corcoran Gallery of Art). Cecilia Beaux verstand es, aus einem alltäglichen Porträt ein anziehendes und leicht geheimnisvolles Bild zu malen, indem sie dem Modell eine zärtliche schwarze Katze hinzugesellte. Dominierend an der Katze sind ihre Augen mit herrlicher, goldbrauner Iris in gleicher Höhe wie die graugrünen Augen der ganz in Weiß gekleideten Dame. Ihr Blick erscheint abwesend, während die Katze den Betrachter anstarrt. Verdankt Sita die Ehre, in einem Bild einen wichtigen Part zu übernehmen, ihrem Bruder in dem Bild *Olympia* (s. S. 187)? Wir lassen jedwede Vermutung offen. P. R.

ANDREW L. VON WITTKAMP

Amerikaner, 19. Jahrhundert

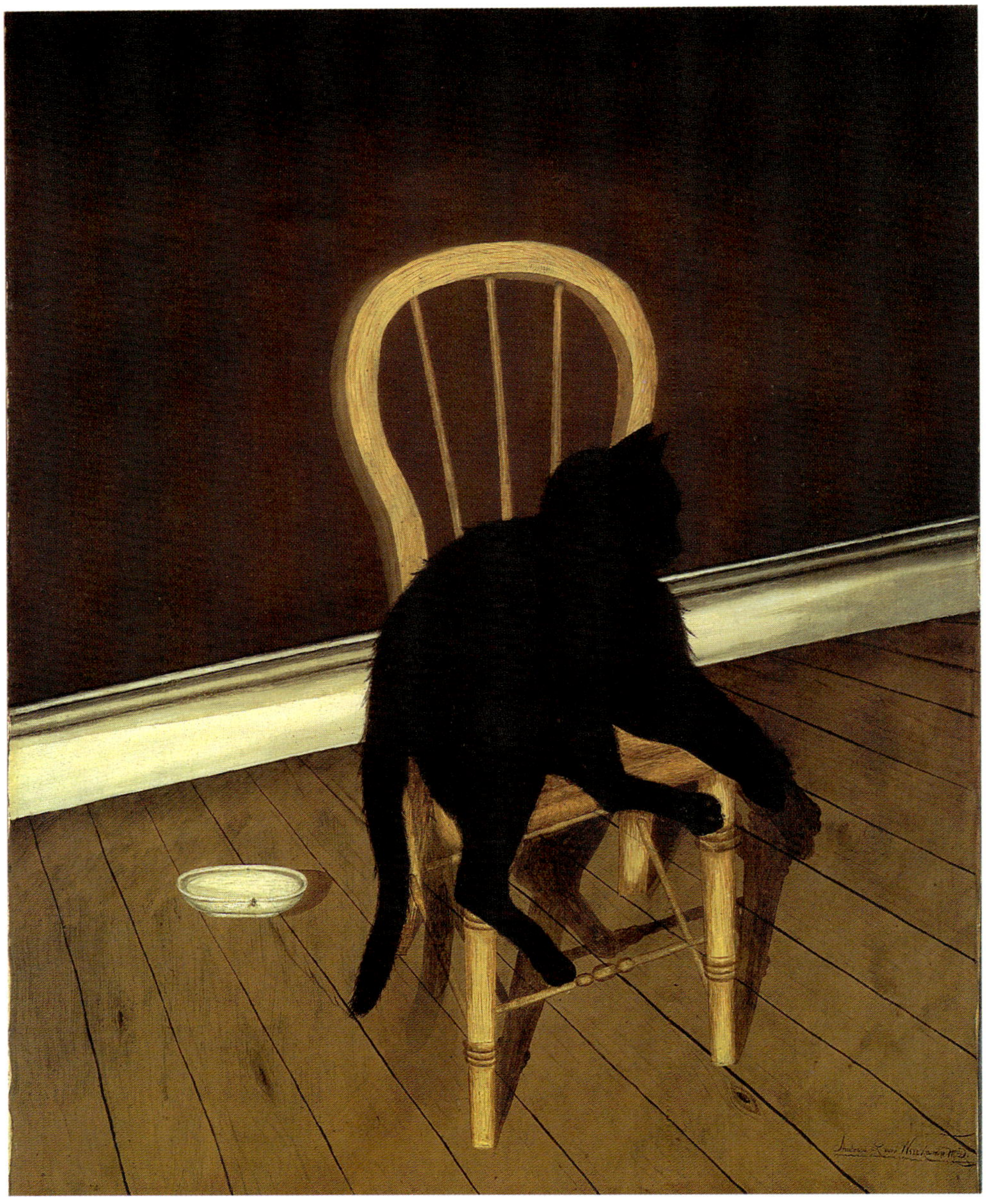

Auf einem Stuhl liegende Katze, 1850–1860
Leinwand. 91,5 x 74,5 cm
Boston, Museum of Fine Arts,
Mr. and Mrs. Karolik Collection

Man weiß nichts über den Künstler namens Wittkamp, der dieses Bild signiert hat, doch hält man ihn für einen Amerikaner. Die Aufteilung des Werkes gibt sich kühn. Eine tiefschwarze Katze liegt auf einem nüchternen Stuhl und hebt sich als Silhouette von der dunklen Wand des Zimmers ab. Nur die weiße Milchschale und das Weiß der Holzleiste hellen die Komposition auf. Der Versuch, das Bild sorgfältig als Trompe-l'œil aufzubauen mit Details wie das „Auge" im Parkett und die Fliege auf dem Rand der Milchschale, der erkennbare Wille, den Raum mit Hilfe klar gezeichneter Diagonalen zu konstruieren, sowie die amüsante Andeutung der Schatten des Stuhles und des Katzenschwanzes verraten den Amateur. Der alleinige Protagonist des Bildes, die schwarze Katze, ist eher drollig oder amüsant als rätselhaft oder unheimlich. P. R.

PAUL RANSON

Limoges, 1861 – Paris, 1909

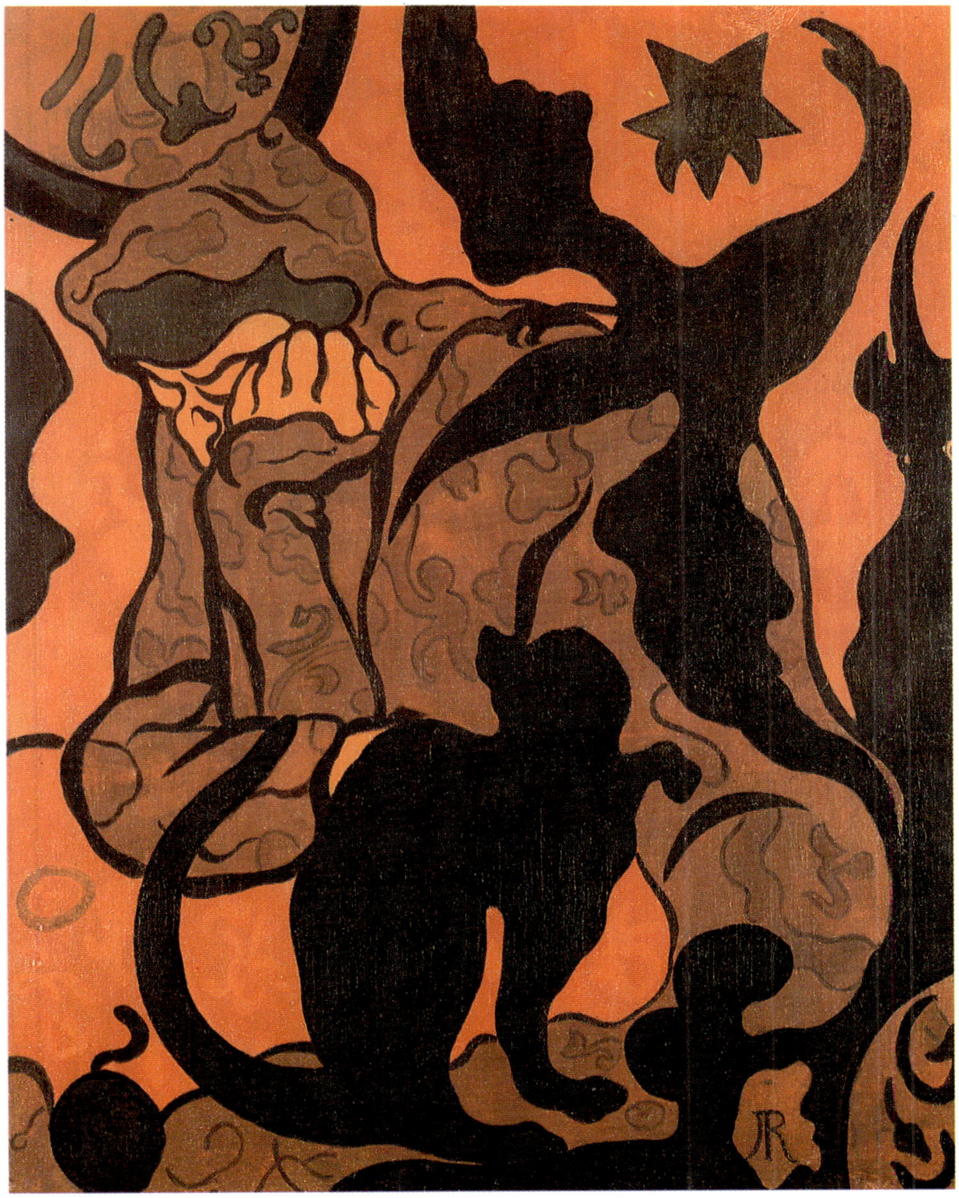

Die Hexe und die Katze, 1893
Leinwand. 90 x 72 cm
Privatsammlung

Paul Ranson liebte Katzen, genau wie seine Ehefrau, die der Maler Maurice Denis etwa zur gleichen Zeit teetrinkend dargestellt hat, während ihr eine getigerte Katze Gesellschaft leistet (Saint-Germain-en-Laye, Musée du Prieuré). Daher ist hier nicht die Rede von einer traditionellen Darstellung der Katzen als schrecklichen Unheilbringern, wie sie in den Hexenbildern eines Magnasco herumspuken. Die schwarze Katze hier (schwarz und rot gehören zum Sabbat) streckt ihre Pfote freundlich einem schwarzen Vogel entgegen, der viel unheimlicher wirkt als das ebenfalls schwarze Ungeheuer rechts. In Gedanken versunken kümmert sich die Hexe um das ganze Treiben.

Ranson wollte vor allem ein dekoratives Bild in Rot und Schwarz schaffen, in dem sich flache Formen von weichen Linien abheben, die dem dekorativen Denken des Jugendstils nicht fremd sind. Kaum bemerkt man die verschiedenen, sich hier einschleichenden esoterischen Symbole, wie zum Beispiel das als Kreis mit einem Kreuz über der Hexe schwebende und leicht zu erkennende astrologische Zeichen Merkurs. Rechts oben lassen sich in einem Stern, der durch einen nach unten zeigenden Halbmond ergänzt ist, verschachtelte hebräische Buchstaben (in der Reproduktion kaum sichtbar) erkennen.

Auf jeden Fall nimmt die bewundernswert stilisierte Katze mit ihrem Schwanz, der einen Bogen zeichnet, in der Kompositon den Ehrenplatz ein.

É. F.-W.

ÉDOUARD VUILLARD

Cuiseaux, 1868 – La Baule, 1940

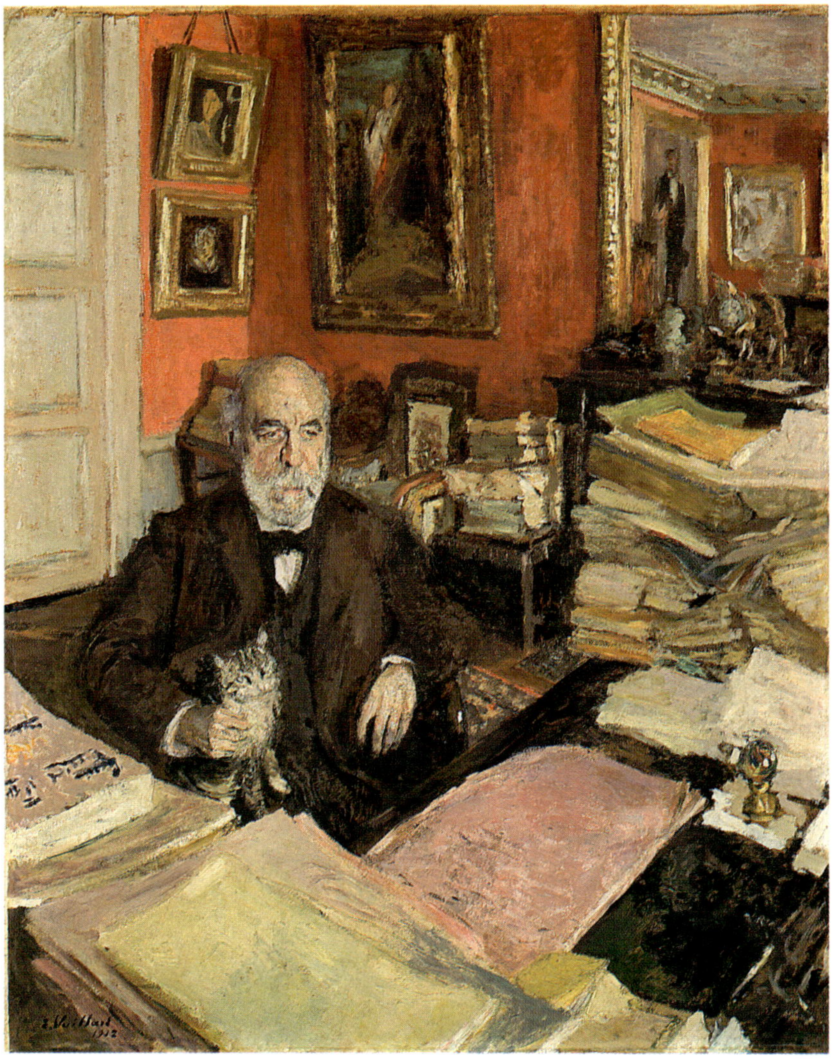

Porträt von Théodore Duret, 1912
Karton. 95 x 75 cm
Washington, National Gallery of Art, Chester Dale Collection

Théodore Duret (1838–1927) wurde oft gemalt. Er war republikanischer Journalist, Freund Zolas, Kunstkritiker und Verteidiger von Courbet und Manet sowie Sammler von Werken aller Maler der Avantgarde seiner Zeit, besonders auch von Degas, Cézanne, Monet. Der Verkauf seiner Kunstsammlung im Jahre 1894 war eine Sensation. Er saß Modell für Whistler (New York, Metropolitan Museum), für Manet (Paris, Petit Palais) und nicht zuletzt für Vuillard. Inmitten seiner Bücher und seiner neuen Sammlung, etwa seinem Porträt von Whistler, einem Tiepolo (1696–1770) und einer Zeichnung von van Gogh, hat ihn der Meister der Gruppe Nabis in Gesellschaft der Tigerkatze Lulu gemalt, die auf seinem Schoß sitzt. Man darf die Rolle Lulus in der Komposition nicht unterschätzen. Offensichtlich ist sie die einzige Gefährtin des Schriftstellers und Sammlers. Die Welt der Katze und die ihres Herrn ergänzen sich zu einer harmonischen Einheit. Das glückliche Einvernehmen zwischen dem betagten Kritiker und seiner Gefährtin ist perfekt, und Vuillard hat dies mit Geschick und Feingefühl zu zeigen gewußt. P. R.

PIERRE BONNARD

Fontenay-aux-Roses, 1867 – Le Cannet, 1947

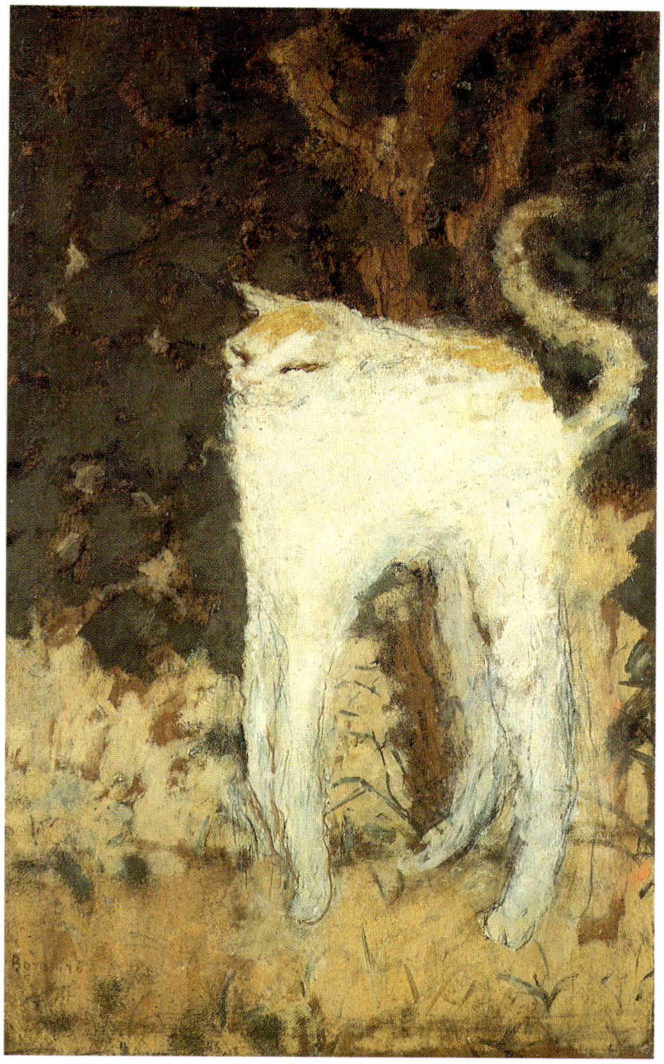

Die weiße Katze, 1894
Karton. 51 x 33 cm
Paris, Musée d'Orsay

Ebensowenig wie die anderen Katzen, die viele Bilder Bonnards bevölkern, hat auch unsere weiße Katze ihren Namen nicht hinterlassen, während man seine Hunde kennt: den Spaniel Black, die Bassets Ubu und Poucette und, nicht zu vergessen, Bella und Ravageau, die Hunde seiner jüngeren Schwester, wie man durch Antoine Terrasse, einem Großneffen des Malers, weiß.

Aber die natürliche Geschmeidigkeit des Katzenkörpers mußte einen Bonnard reizen. Sie lieferte ihm einen formalen Ausgangspunkt, der sich als fruchtbar erwies. Bonnard hat für *Die weiße Katze* mit ihrem übertriebenen Buckel eine charakteristische Haltung gewählt und das Tier fast zu einer Karikatur deformiert. Das Studium der zwei vorbereitenden Skizzen für das Bild ist sehr aufschlußreich, denn sie entstanden vor dem lebenden Modell und sind demzufolge naturgetreu, während in der endgültigen Komposition die „japanisierende" Stilisierung dominiert. Der Kopf des Tieres ist fast in den Körper eingezogen, die Augen sind zusammengekniffen, die Beine überlang, und der Schwanz bildet ein großes „S".

Die erstaunliche weiße Katze braucht keinen Namen, sie ist keine wirkliche Katze, sondern ein drolliges, humorvolles Wesen, das dem genialen Pinselstrich seines Meisters entstammt, der sie so gut zu beobachten und zu verstehen wußte.

É. F.-W.

BRUNO LILJEFORS

Uppsala, 1860 – Stockholm, 1939

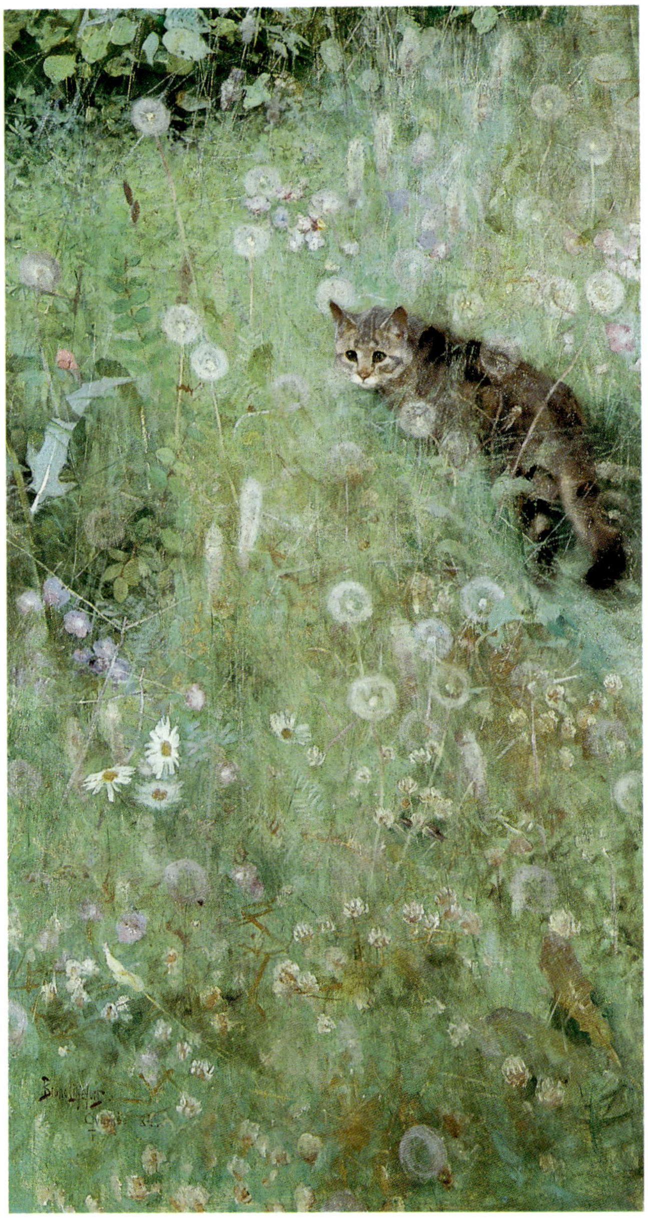

Jeppe in einer Blumenwiese, 1884
Leinwand. 123 x 65 cm
Privatsammlung

Es wurde gern und oft behauptet, Liljefors höre das Gras wachsen, so sehr liebte er es, die Natur zu betrachten. Hätte man nicht Lust, dem hinzuzufügen, man glaube, die Katze hier durch den Löwenzahn und den blühenden Klee streichen zu spüren. Die Katze ist also „Jeppe", die Liljefors gerade in Quarnbo in der nähe von Uppsala kennengelernt hatte, wo er den Sommer 1884 verbrachte und die er am Ende seines Aufenthaltes mit nach Hause nahm. Als Maler bewunderte er die Farbabstufungen ihres grau getigerten Fells, und mit Kaffeebohnen verglich er die schwarzen Zehenballen unter ihren Tatzen.

Hier malte Liljefors anstelle von Wildtieren oder Vögeln der skandinavischen Küste seinen neuen, ein wenig einsamen und furchtsamen Freund inmitten der großen, bunten Sommerwiese, wie er sich durch die Gräser und Blumen schleicht. Ein sensibel beobachtetes Verhalten der Katzen in freier Natur, in die sie sich nicht ohne Bedenken wagen. É. F.-W.

JOHN SLOAN

Lock Haven (Pennsylvania), 1871 – Hanover (New Hampshire), 1951

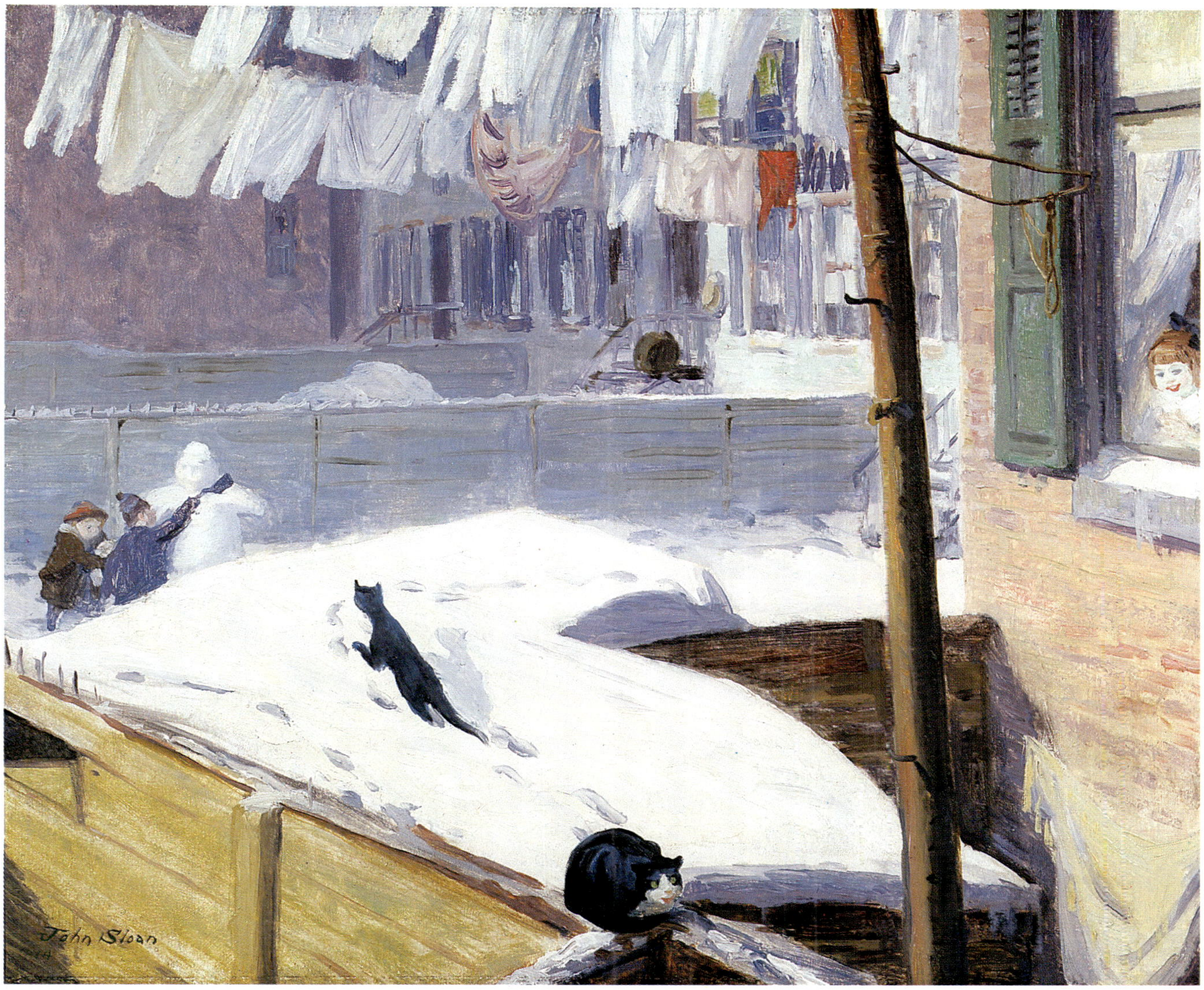

Hinterhof in Greenwich Village, 1914
Leinwand. 26 x 32 cm
New York, Whitney Museum
of American Art

In einem öden Hinterhof bauen zwei Kinder einen Schneemann; ein drittes, ganz rechts, betrachtet vom Fenster aus zwei Katzen. Die eine schleicht sich vorsichtig über ein Schuppendach, ihr Gefährte hat sich fröstelnd eingerollt. Sloan, ein wichtiger Vertreter der Ashcan-School („Mülleimerschule") malte vorzüglich Szenen des täglichen Lebens, aus den Armenvierteln und in den Straßen von New York. Die zwei Katzen genügen nicht, den traurigen Wintertag in dem verlassenen Hinterhof aufzuhellen. Als grauer Schatten hebt sich ihr schwarzes Fell vom Schnee ab. Ihr Dasein, ihre Bewegungen, ihre Wesensart sind ausgezeichnet beobachtet und wiedergegeben. Sie gehören zur Beschreibung der armseligen Umgebung und bedürfen keiner symbolischen Auslegung. P. R.

GEORGES ANTOINE ROCHEGROSSE

Versailles, 1859 - El Biar (Algerien), 1938

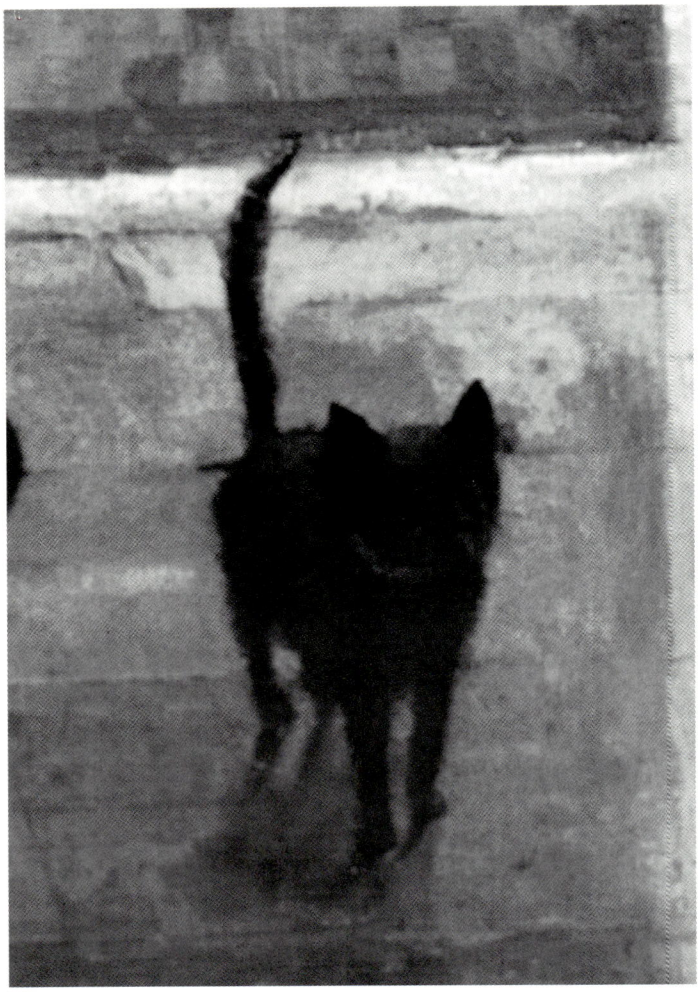

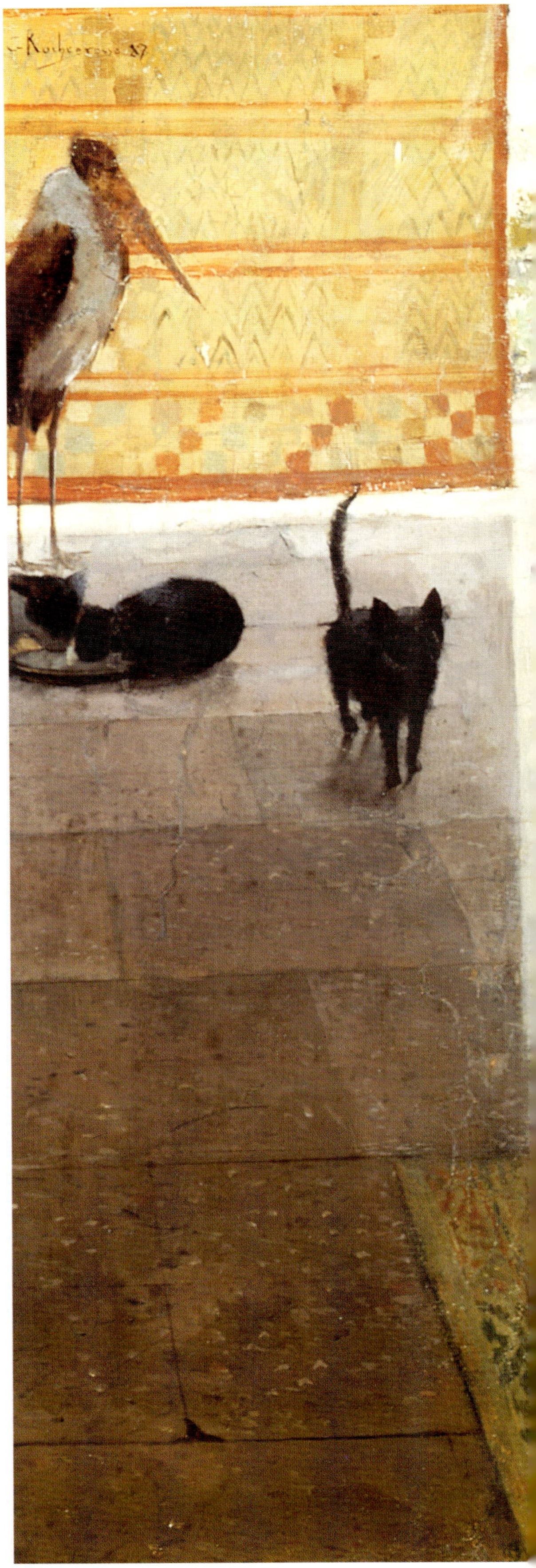

Rochegrosse war ein Maler imaginärer und konventioneller orientalischer Szenen. In seinen zahlreichen, durch die Kunst des alten Ägypten inspirierten Werken darf die Katze, in westlichen Augen ein wichtiges symbolisches Tier dieser Religion, nicht fehlen. Hier streichen vier Katzen umher, die nicht den Eindruck erwecken, einem göttlichen Schicksal geweiht zu sein. Im Hintergrund fressen zwei Katzen, eine schwarzweiße und eine ganz schwarze zu Füßen eines Stelzvogels, der seinerseits die beiden in keiner Weise beachtet. Eine andere schwarze Katze läuft mit erhobenem Schwanz, offenbar gesättigt, zu dem Paar im Zentrum des Bildes, wohl zu dem Kätzchen, das sich von der jungen, in sich versunkenen Prinzessin auf deren Schoß streicheln läßt. Sowohl das stilvolle Mobiliar, die Kostüme und die typischen Gegenstände am Boden als auch die Katzen verleihen dieser Genreszene so etwas wie „Lokalkolorit". Ihre erzählerische Darstellung weist auf die historische Rekonstruktion, die gewissermaßen die Zeit der Kostümfilme vorwegnimmt. Der Orientalist Rochegrosse legt den Akzent darauf, er will wahrheitsgetreuer sein als die Geschichte selbst. É. F.-W.

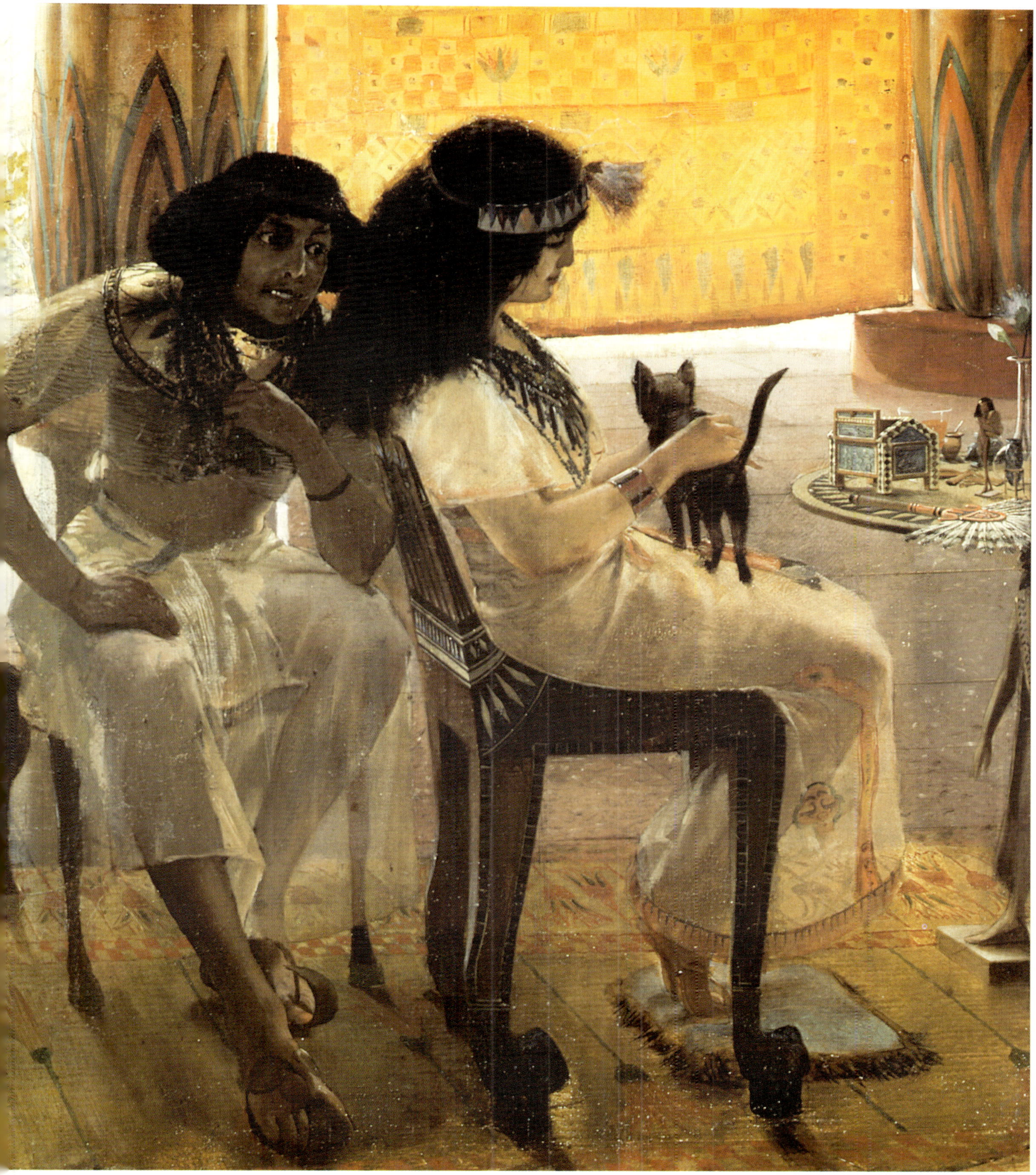

Zur Zeit der Pharaonen, 1887
Leinwand. 58 x 74 cm. Gent, Museum voor Schone Kunsten

PAUL GAUGUIN

Paris, 1848 – Atuona auf Hiva-Oa (Marquesasinseln), 1903

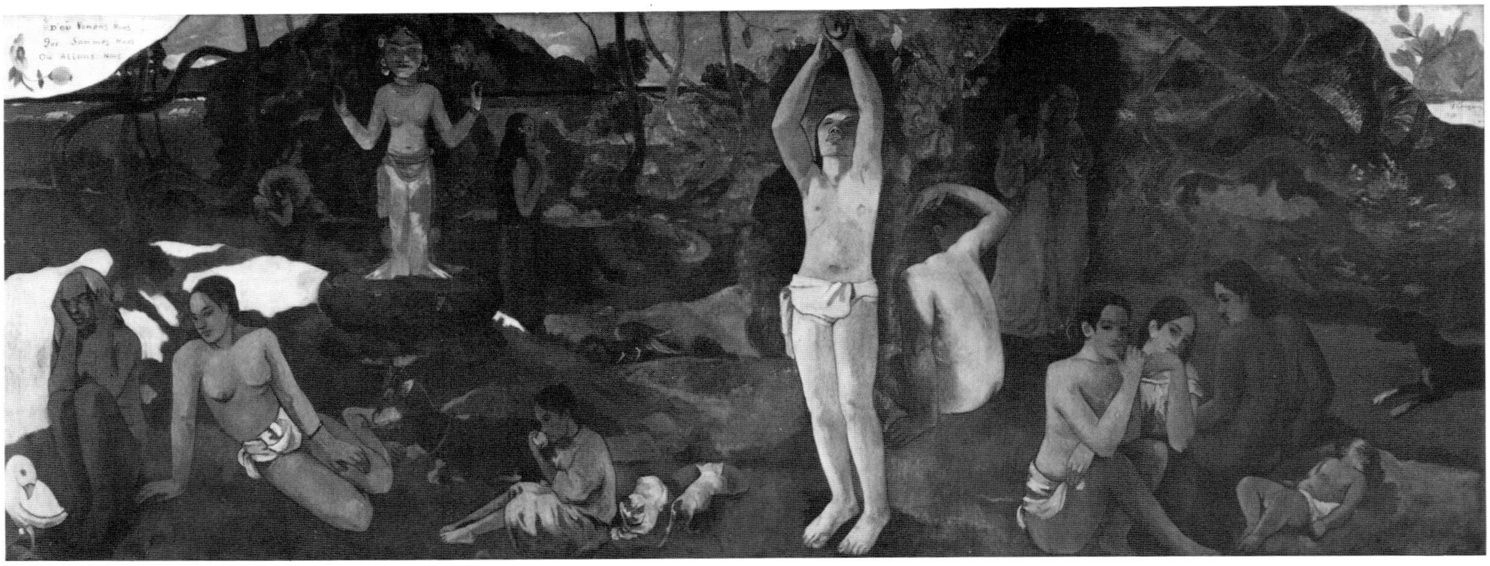

Woher kommen wir? Was sind wir? Wohin gehen wir? 1897
Leinwand. 139 x 374 cm
Boston, Museum of Fine Arts

Was hat Gauguin wohl bewogen, in die Mitte seines Meisterwerkes zwei Katzen zu plazieren? Dies müßte all jene neugierig werden lassen, die den mehr oder weniger bewußten Intentionen des Künstlers größere Bedeutung beimessen als dem Werk im allgemeinen. In diesem Fall wissen wir aber von Gauguin selbst, daß der Mensch im Zentrum seines Bildes über die Bedeutung seiner Existenz an sich nachdenkt. Er streckt die Arme aus nach der Frucht vom Baum der Erkenntnis. Die rechte Hälfte des Bildes spielt auf die Vergangenheit der Menschen an, und die linke Hälfte weist in deren Zukunft.

Sind die zwei Kätzchen – eines döst mit untergeschlagenen Pfoten, das zweite greift nach einer Schale – rein ornamental gedacht oder wollte Gauguin ihnen eine höhere Bedeutung zumessen? Bedeuten sie – ebenso wie der kleine Junge, der ihnen den Rücken kehrt – die Unschuld?

Bewundernswert ist die Farbkomposition der grün und grau gefleckten Felle, und man kann die offensichtliche Sympathie Gauguins für die Tiere mitempfinden. P. R.

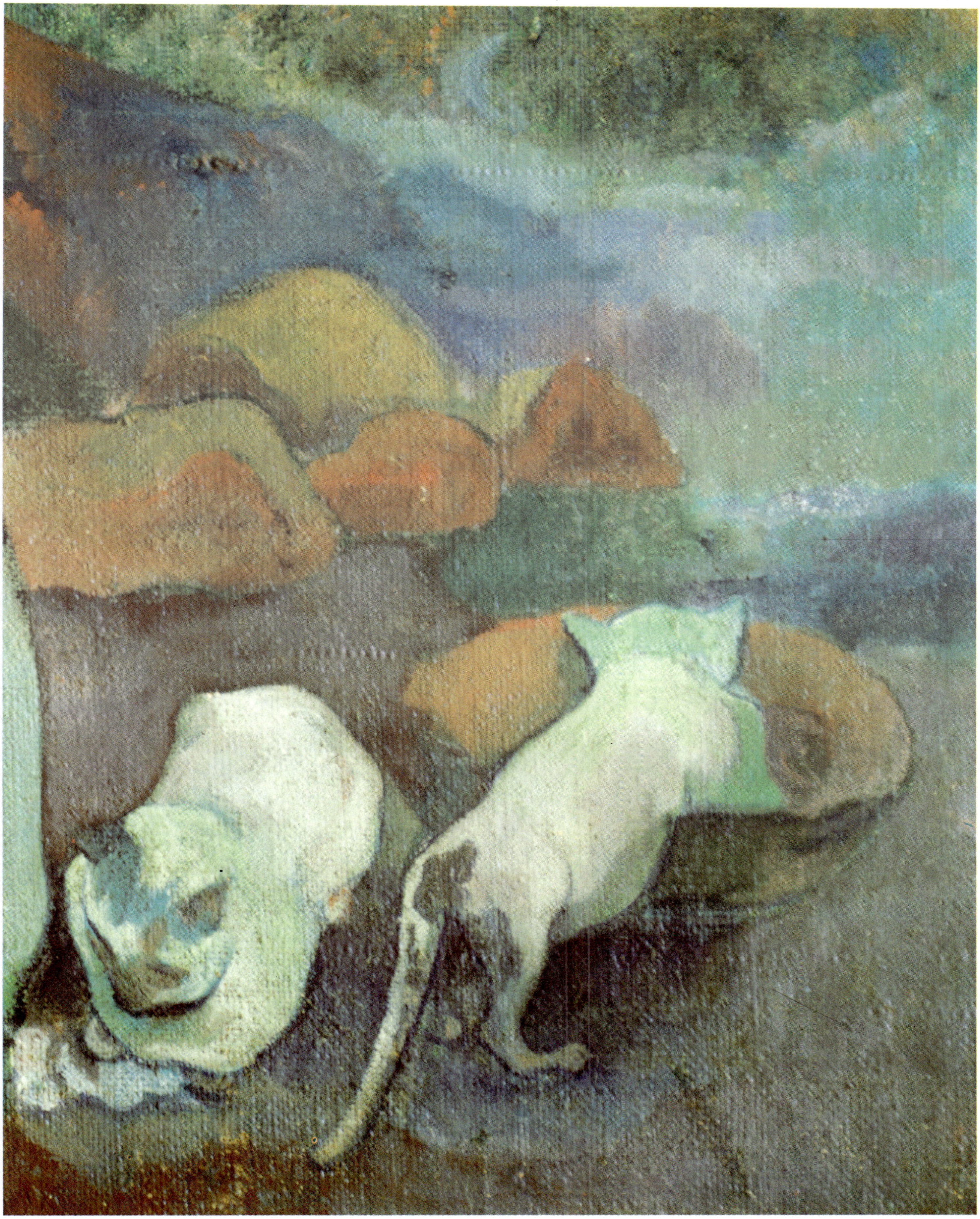

PAUL SIGNAC

Paris, 1863–1935

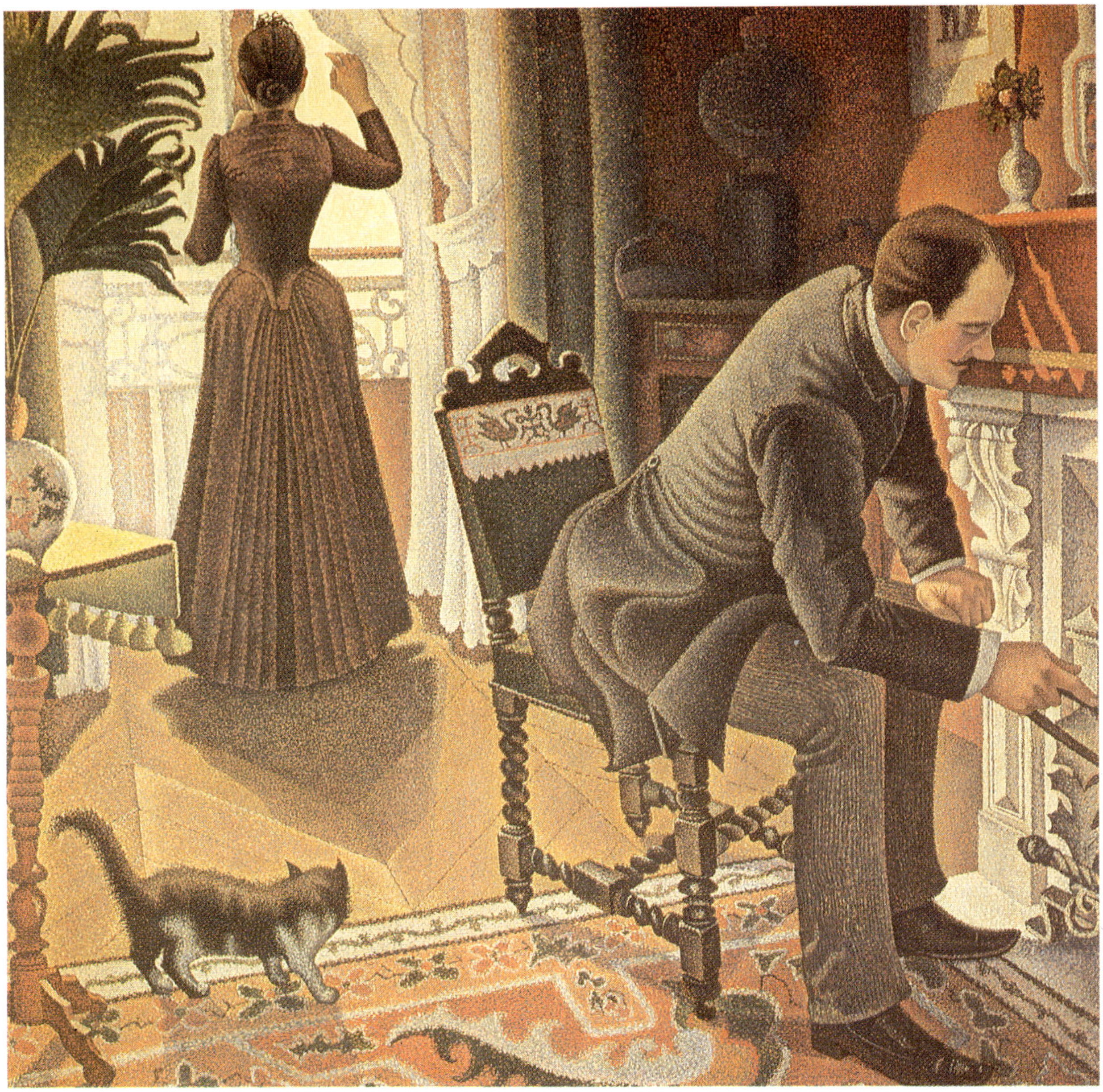

Pariser Sonntag, 1888–1890
Leinwand. 150 x 150 cm
Paris, Privatsammlung

Es ist bewundernswert, wie Signac „die bürgerliche Langeweile in einem Dekor von Grünpflanzen und Sesseln im Stil Henri II beschrieb. Während der Mann gelangweilt im Kamin herumstochert, kehrt ihm die Frau am Fenster den Rücken zu. Sie scheint von besseren Tagen zu träumen, und ihre Sehnsucht hat einen Hauch von ‚Bovary der Vorstadt', der nicht ohne Poesie ist." (Françoise Cachin: *Paul Signac,* 1971).

Das absichtlich sentimentale Bild könnte auch den Titel tragen: „Jeder für sich allein". Selbst die Katze scheint dem Familienleben fern. Signac malt sie als Silhouette, die sich von dem glänzenden Parkett abhebt. Mit aufgerichtetem Schwanz steht sie mit leichten Pfoten auf dem Teppich und wendet sich dem Fenster zu. P. R.

MAURICE DENIS

Granville, 1870 – Saint-Germain-en-Laye, 1943

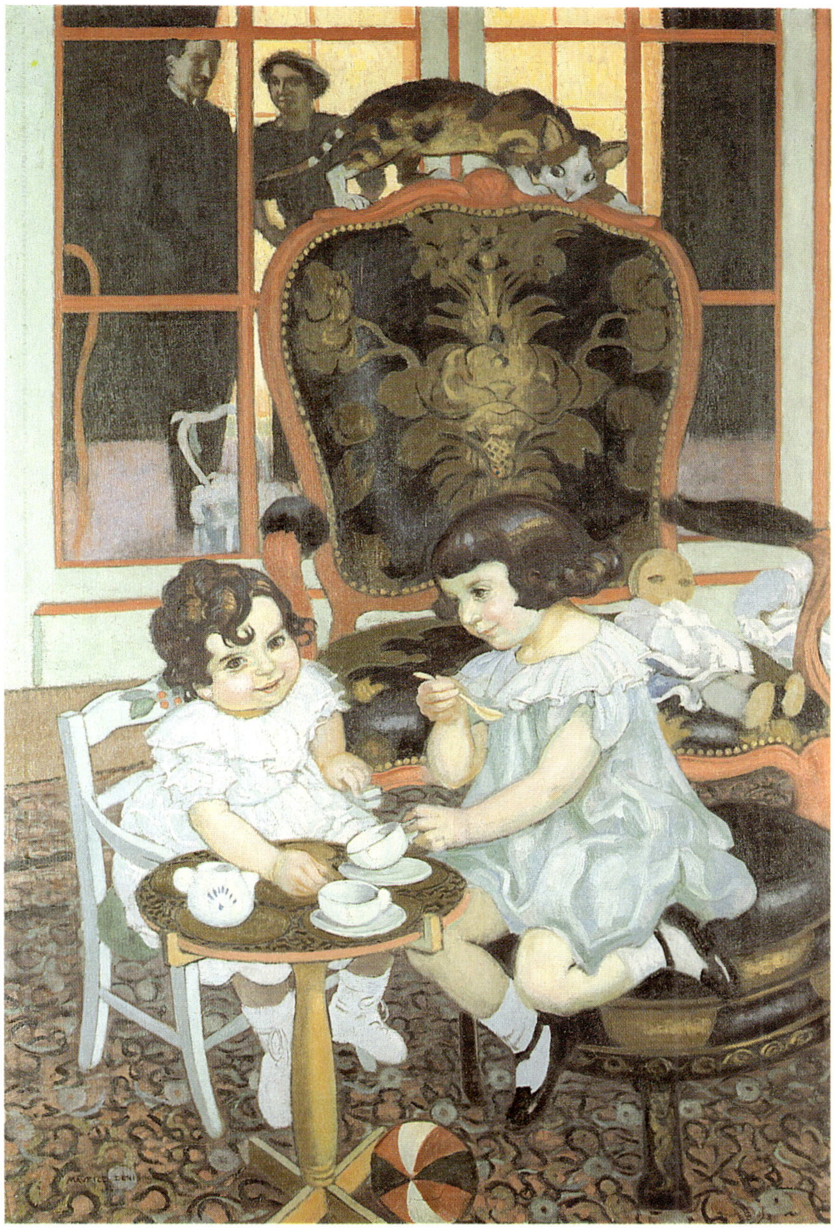

Porträt der Kinder Kapferer
oder *Die Nachmittagsschokolade,* 1919
Leinwand. 130 x 90 cm
Genf, Petit Palais

Es ist recht eigenartig, einen geschwungenen Lehnstuhl zu sehen, dessen Rückenlehne die Silhouette einer Katze mit den biegsamen Linien einer Jugendstilskulptur formt. Doch es ist eine wahre Katze, die einen nicht ungefährlichen Balanceakt ausübt, um sich an die beiden Schokolade trinkenden Kinder von hinten anzuschleichen.

Nicht alle Katzen in den Bildern von Maurice Denis sind so kühn wie dieses Tier, doch sind sie oft präsent. So auch eine unerwartete kleine Tigerkatze am Fuße der Staffelei in der ernsten *Hommage an Cézanne* (Paris, Musée d'Orsay). Von manchen gemalten oder gezeichneten Katzen ist sogar der Name der Nachwelt überliefert (Musée du Prieuré de Saint-Germain-en-Laye und verschiedenen Privatsammlungen). So kennt man eine Tigerkatze „Pilou", eine schwarze, die „Symbolo" hieß, und „Gomonénou", eine große bretonische Tigerkatze, die als Backbordmarkierung am Eingang des Hafens von Perros-Guirec verewigt ist, an jenem Ort also, wo der Maler und seine Familie in der berühmten Villa „Silencio" ihre Ferien verbrachten (Dominique Denis, der Sohn des Künstlers, hat uns dies überliefert). É. F.-W.

ANDRÉ DERAIN

Chatou bei Paris, 1880 – Garches, 1954

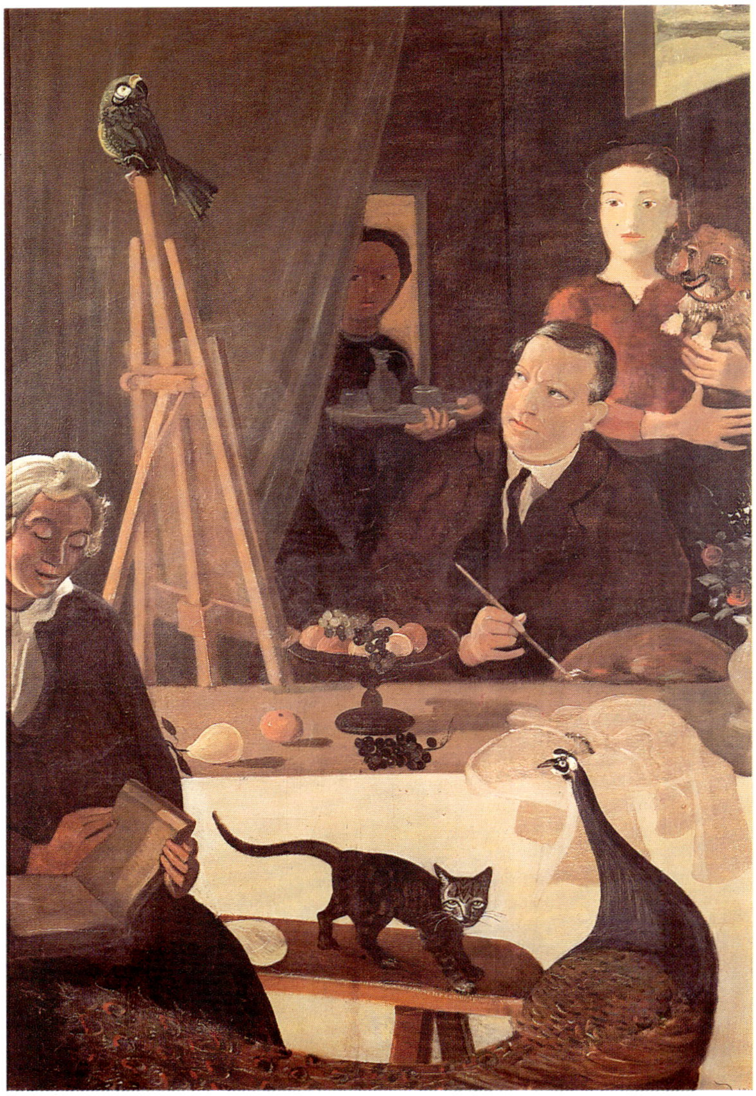

Der Maler und seine Familie, um 1939
Leinwand. 176 x 123 cm
London, Tate Gallery

Derain hat sich mit dem Pinsel in der Hand in seinem Haus in Chambourcy inmitten der Seinen dargestellt: Im Vordergrund des Bildes sitzt seine Frau und liest ein Buch, hinter ihm steht seine Nichte Geneviève, und im Hintergrund seine Schwägerin Suzanne mit einem Tablett. Sogar die Tiere haben Namen. Das Hündchen heißt „Finette“ und die Katze „Pitou“. Nur die beiden Vögel sind anonym geblieben. In dieser gewollt monumentalen Komposition haben der Pfau und der Papagei sicherlich nicht nur eine dekorative Funktion – sie tragen zu dem ungewöhnlichen Charakter des Ganzen bei, vor allem durch ihre sehr lebendigen, weißumrandeten Augen. Die Katze Pitou, nicht weniger unheimlich und merkwürdig aktiv, blickt als einziges Wesen geradewegs in die Augen des Betrachters, während all die unbeweglichen Personen sozusagen abwesend wirken, vertieft in eine Art geheimnisvolles, poetisches Schweigen. É. F.-W.

GUSTAVE DE SMET

Gent, 1877 – Deurle-sur-Lys, 1943

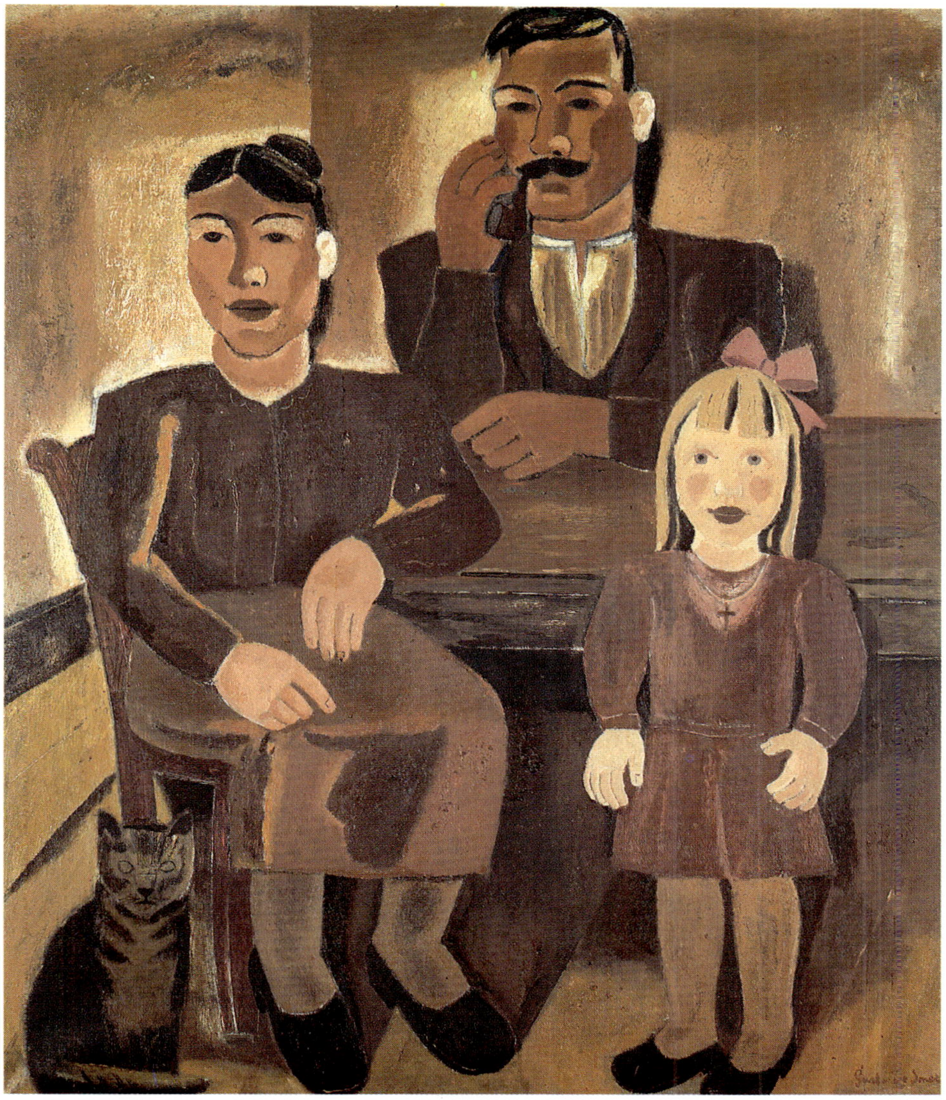

Die Familie, 1933
Leinwand. 132 x 116 cm
Brüssel, Musée d'Art Ancien

Die Katze erscheint hier als vollwertiges Mitglied der Familie. „Auch sie hat willig ihre Pose eingenommen" – so die Analyse von M.-J. Chartrain Hebbelinck – „offensichtlich ist sie sich bewußt, Bestandteil dieser Menschengruppe zu sein." De Smet hat ihr auf jeden Fall dieselbe Bedeutung zugemessen wie seinen Personen, die, wie damals häufig, von vorne dargestellt sind, mit ihren breiten Schultern ziemlich massiv wirkend, ihr Gesicht ein wenig naiv stilisiert. Wie das Mädchen blickt die Katze direkt in die Augen des Betrachters. Die Eltern dagegen lassen ihren Blick abschweifen, wohl um eine gewisse Abwechslung zu schaffen und um die Welt der Erwachsenen gegen die der Kinder abzugrenzen. Die Katze verbindet sich hier mit der Welt der Kinder, denn sie ist die Spielgefährtin des Mädchens. In der Tat ist das Verhältnis Katze und Kind zeitlos gegenüber den Verantwortung tragenden Eltern, die ihre Tätigkeit unterbrochen haben, um dem Maler Modell zu sitzen. Statt einfach erzählerisches Element zu sein, ist die Katze Bestandteil der ganz in Ocker- und Brauntönen gehaltenen, ein wenig schwermütigen Strenge dieses monumentalen Porträts, das Gustave de Smet zu einem der besten Vertreter eines gemäßigten flämischen Expressionismus der dreißiger Jahre macht.
É. F.-W.

MARIUS BORGEAUD

Pully (Schweiz), 1861 – Paris, 1924

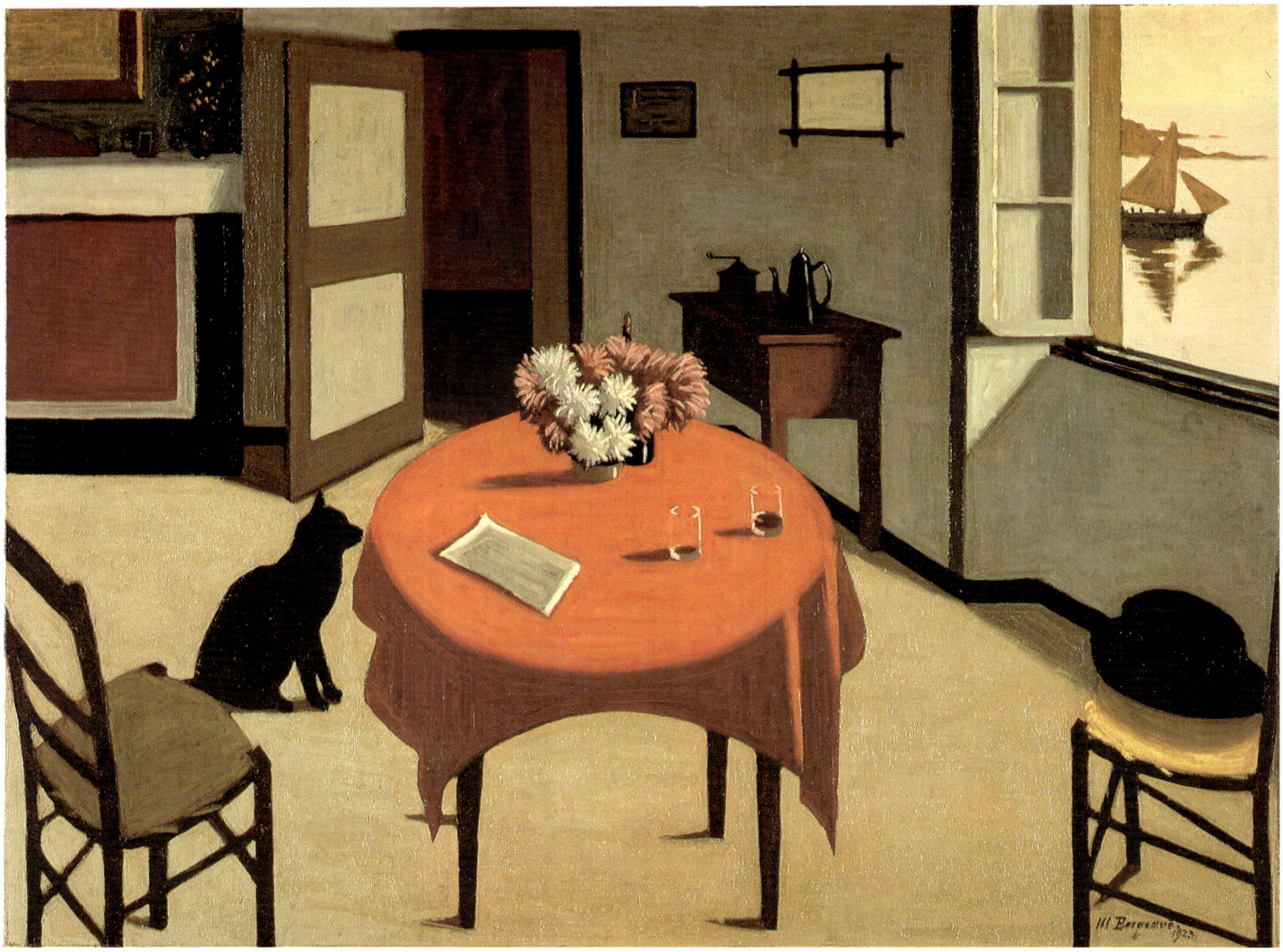

Interieur mit zwei Gläsern, 1923
Leinwand. 97 x 130 cm
Lausanne, Musée cantonal des Beaux-Arts

Dem Schweizer Maler Marius Borgeaud wird in der Geschichte der Malerei unseres Jahrhunderts nicht der Platz eingeräumt, den er verdiente, wie dieses Bild jedenfalls belegt.

Unser Blick richtet sich auf einen Tisch mit einer roten Decke. Zwei leere Gläser, ein Briefumschlag und ein Dahlienstrauß sind darauf verteilt. Das in Sonnenlicht getauchte Zimmer schmücken zwei Stühle und ein Beistelltischchen mit einer Kaffeemühle und einer Kaffeekanne darauf. Das Fenster gibt den Blick frei auf das Meer oder einen See, wohin die tiefschwarze Katze blickt. Nur ein schwarzer Hut, der auf einem Stuhl liegt, erinnert an die Gegenwart des Menschen. In dem Spiel der Farben Rot, Ocker, Braun und Schwarz, in dem harmonischen Rhythmus der Linien und Kurven hat die Katze eine nicht unbedeutende Rolle. Sie nimmt dem Bild seinen Schematismus und verleiht ihm Leben. P. R.

SUZANNE VALADON

Bessines-sur-Gartempe (Haute-Vienne), 1867 – Paris, 1938

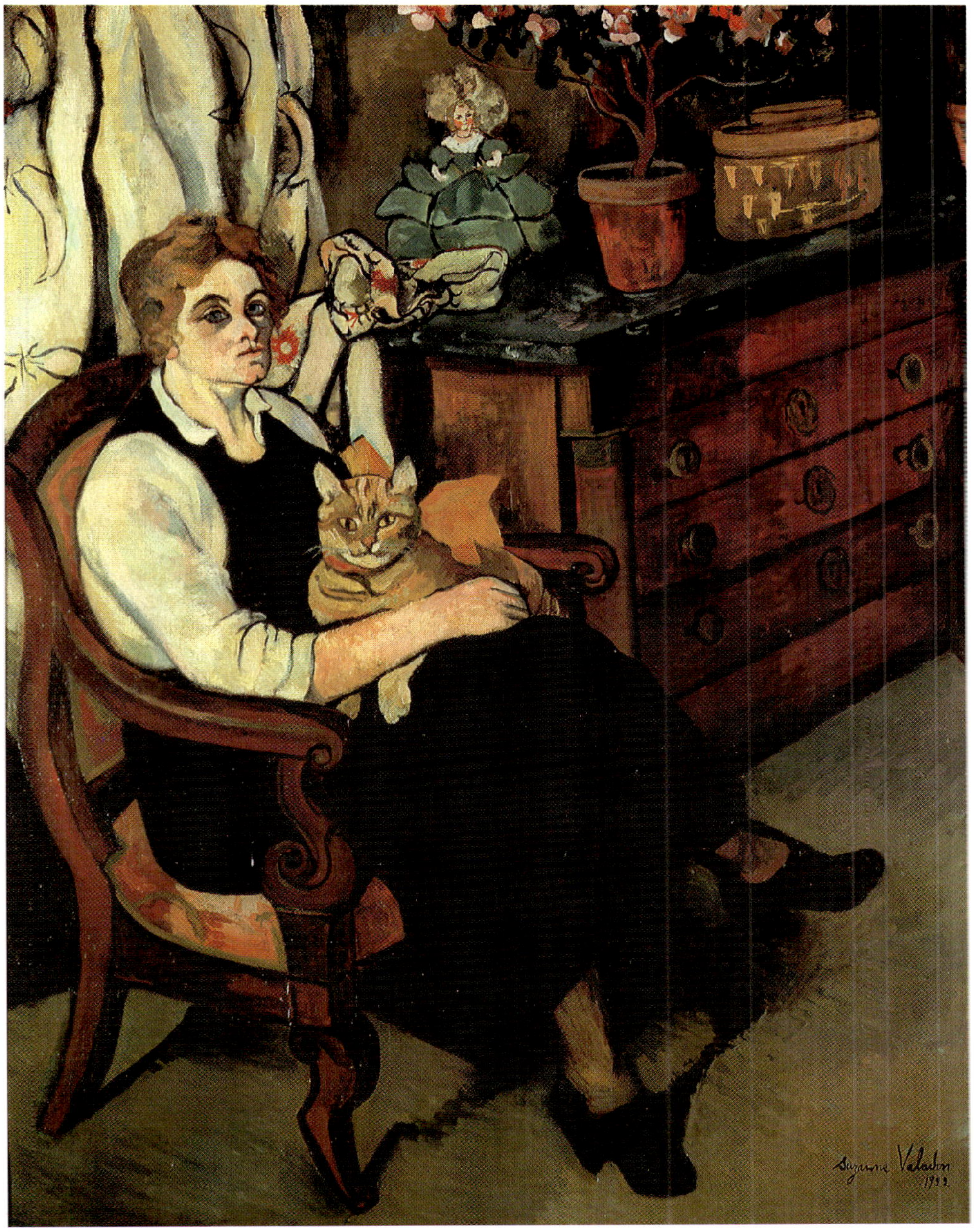

Porträt von Miss Lily Walton mit Raminou, 1922
Leinwand. 100 x 81 cm
Paris, Musée National d'Art moderne, Centre Georges Pompidou

Miss Walton, damals Hausdame bei der Familie Valadon-Utrillo, sitzt Modell im Atelier in der Rue Cortot in Paris. Auf dem Schoß hält sie ein keineswegs unwichtiges Mitglied dieser Künstlerfamilie: Raminou, ausgezeichnetes Modell und zugleich eine der berühmtesten unter eigenem Namen bekannten Katzen der modernen Malerei. Suzanne Valadon hat sie mehrfach porträtiert. So zum Beispiel 1920 in den Armen von Lison, im selben Jahr zweimal allein auf einer Decke und schließlich, 1932, auf einem runden Eisentisch. Die große Katze mit ihren gelben Augen und ihrem rötlich getigerten Fell könnte nicht besser zu den so geliebten warmen Farbtönen der Palette ihrer Herrin passen. Auch zu den Haaren von Miss Walton steht das Fell in perfektem Einklang. Bemerkenswert ist auch die Übereinstimmung des Ausdrucks. Fast könnte man vergessen, daß es einmal der Blick einer Hausdame aus gutbürgerlichem Hause ist und einmal der einer schönen Hauskatze – so sehr stehen die beiden Wesen auf einer völlig gleichberechtigten Ebene. É. F.-W.

FRANZ MARC

München, 1880 – Verdun, 1916

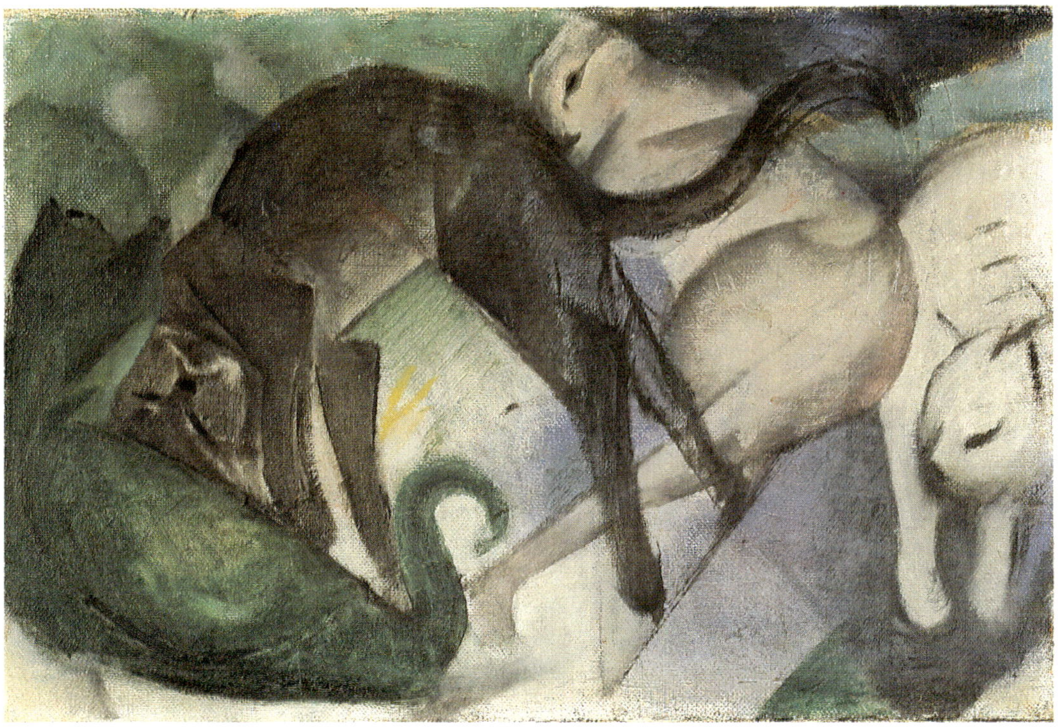

Vier spielende Katzen, 1913
Leinwand. 44 x 66 cm
Stuttgart, Staatsgalerie

Franz Marc suchte in der Malerei eine „Animalisierung" der Kunst, eine Art pantheistischer Vereinigung von Natur und Tier. Mehr als der Mensch entspricht für ihn das Tier dem Ideal von Schönheit und Reinheit. Man weiß, daß Pferde und vor allem auch Rehe seine Lieblingsmotive waren; er malte und zeichnete zwischen 1908 und 1913 aber auch öfters Katzen. *„Vier spielende Katzen",* diesen Titel gab der Künstler selbst diesem Bild. Franz Marc benannte seine Werke sehr sorgfältig, und er hilft damit der Nachwelt, auch ein Bild richtig zu lesen, das an sich nicht einem besonders verständlichen, figurativen Realismus zuzuordnen ist.

Die stark geometrisch wirkenden und durch gebrochene Linien angedeuteten Katzenkörper verschränken sich – den sich kreuzenden Diagonalen entsprechend – ineinander und erwecken in großartiger Weise die Vorstellung von Bewegung. Nur die Schwänze formen weiche Arabesken. Zwei Katzen sind weiß, eine ist grau und die vierte grün. Ganz wie das Reh in anderen Bildern mit den Fichten des deutschen Waldes verschmilzt, so fügt sich die Katze in ihre Umgebung ein und paßt sich deren Farbe an. Noch sind die Motive sichtbar, aber man spürt schon den Beginn der Abstraktion. Im Gegensatz zu van der Leck, der im selben Moment seiner Entwicklung hin zur Abstraktion eine wie erstarrt wirkende Katze malte (s. S. 208), entkörpert oder zerstört Franz Marc gar die Form durch schräge Bewegungen. Damit schließt er an die Untersuchungen der Futuristen und eines Robert Delaunay an, deren Werke ihn einige Monate zuvor anläßlich eines Aufenthaltes in Paris sehr beeindruckt hatten. É. F.-W.

FERNAND LÉGER

Argentan, 1881 – Gif-sur-Yvette, 1955

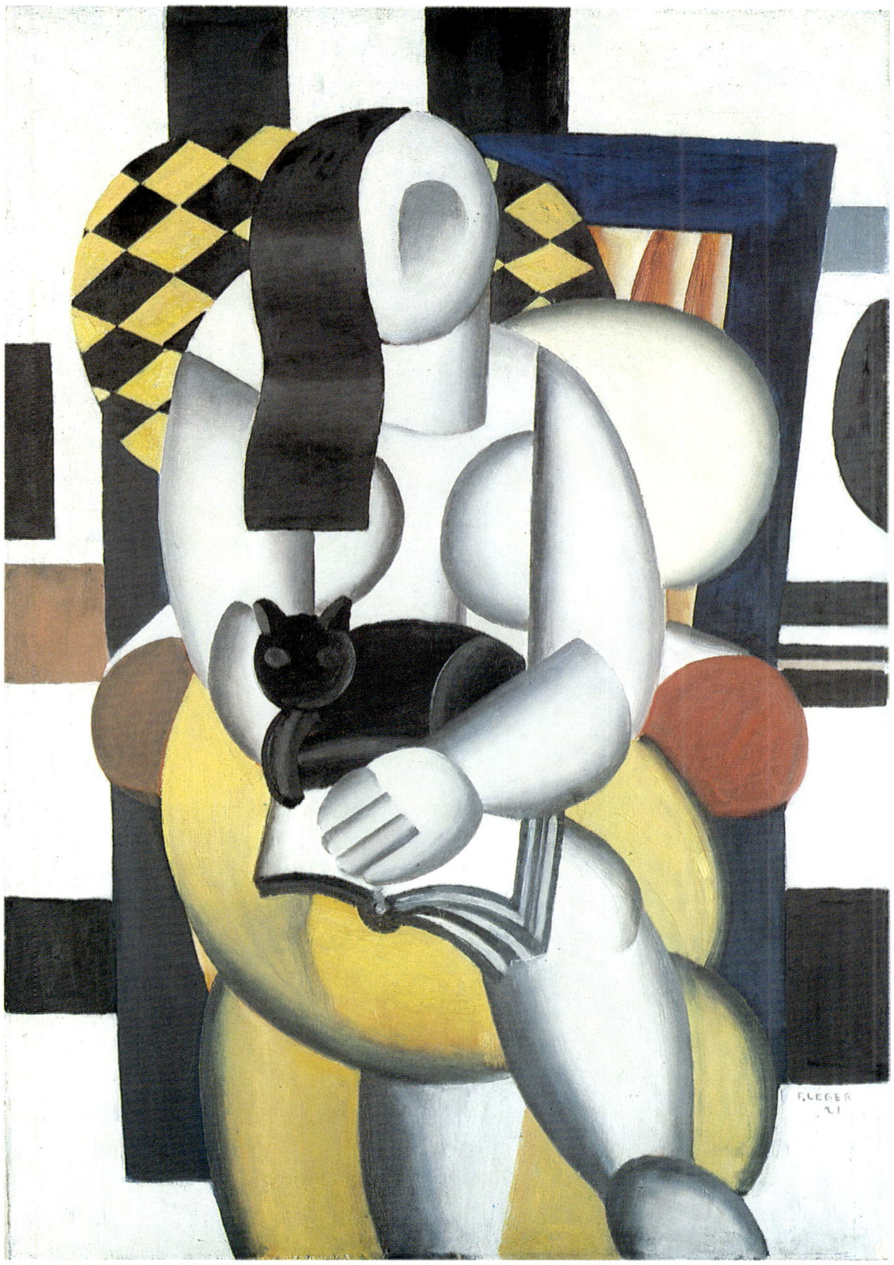

Frau mit Katze, 1921
Leinwand. 92 x 65 cm
Hamburg, Kunsthalle

Seit es Bücher gibt, werden Katze und Buch immer wieder in Verbindung gebracht. Es ist interessant zu sehen, wie Léger als Maler der Moderne dieses Thema fomuliert. (Von dem Bild in Hamburg gibt es noch eine größere Fassung, die sich früher in der Sammlung Reber in Lausanne befand.)

Auf den Schoß ihrer Herrin schmiegt sich eine schwarze Katze und lauscht mit gespitzten Ohren. Ihre Silhouette bildet das Gleichgewicht zur schwarzen Haartracht der jungen Frau. Es mag überraschen, daß eine Katze in einem nachkubistischen Meisterwerk einen solch dominierenden Platz einnimmt. Diese kleine, bestimmt absichtliche Herausforderung ist Léger aufs Beste gelungen. P. R.

BART VAN DER LECK

Utrecht, 1876 – Blaricum, 1958

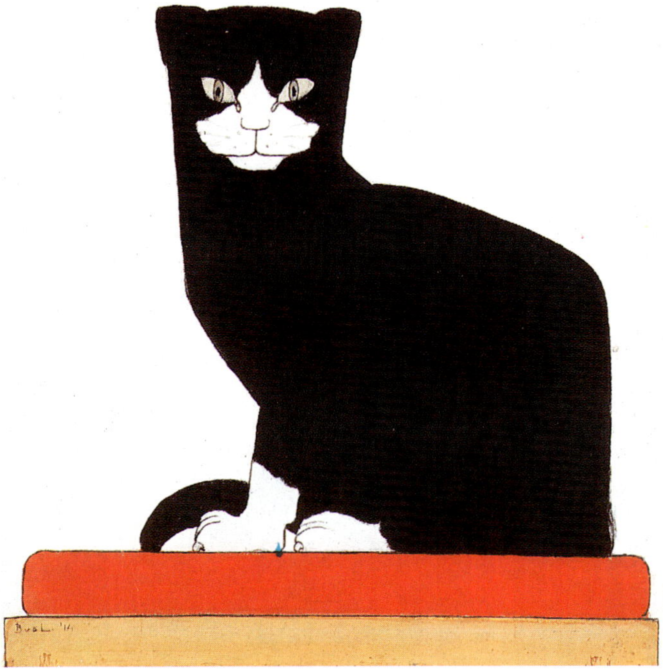

Die Katze, 1914
Kasein auf Asbestzement.
37 x 29 cm
Otterloo, Rijksmuseum Kröller-Müller

Wenn man an die natürlichen, geschmeidigen Bewegungen der Katzentiere denkt, ist es ein gewagtes Unternehmen, eine Katze in fast geometrischer Weise in ihrer großartigen Symmetrie einschließlich der weißen Schnauze zu malen und absichtlich jede Andeutung von Volumen oder Bewegung in Abrede zu stellen. Der Maler behandelt sein Modell genauso wie Jäger, Feuerwehrleute und Maurer, die seine gleichzeitig entstandenen Bilder bevölkern. Wie er selbst sagt, ist diese Stilisierung wohl in der ägyptischen Kunst zu suchen, die er einige Jahre zuvor im Louvre „entdeckt" hatte. Im Gegensatz zu den Menschen, deren Gesicht er im Profil und deren Körper er für gewöhnlich von vorne malte, dreht van der Leck hier das Prinzip der Darstellung um: Den Körper der Katze zeigt er im Profil und den Kopf von vorne, als habe er nicht auf die faszinierendste Eigenart der Katze verzichten wollen: auf ihren eindringlichen Blick. Ein amüsantes, ja bedeutsames Vorgehen ist es bei ihm, daß er die dem Menschen näherstehenden Hunde in anderen Bildern immer ganz im Profil dargestellt hat. Der geheimnisvolle Blick der Katze steht im Gegensatz zur sehr stark reduzierenden Geometrisierung des Körpers, der in keiner Weise das Gefühl eines Felles vermittelt. Der schwarze Körper hebt sich linear ab vor einem neutralen weißen Hintergrund, ohne Materie und Ausgangspunkt, schon abstrakt. Diese feierliche – um nicht zu sagen: hieroglyphische – Katzengestalt, so ganz verschieden von den dynamisch wirkenden Tieren Franz Marcs (s. S. 206), gefiel Helene Kröller-Müller, der Frau des großen Sammlers und niederländischen Mäzens, so gut, daß sie das Bild sofort kaufte. Im selben Jahr begann Bart van der Leck seine großen Dekorationsarbeiten für die Firma des Sammlers.

É. F.-W.

FÉLIX VALLOTTON

Lausanne, 1865 – Paris, 1925

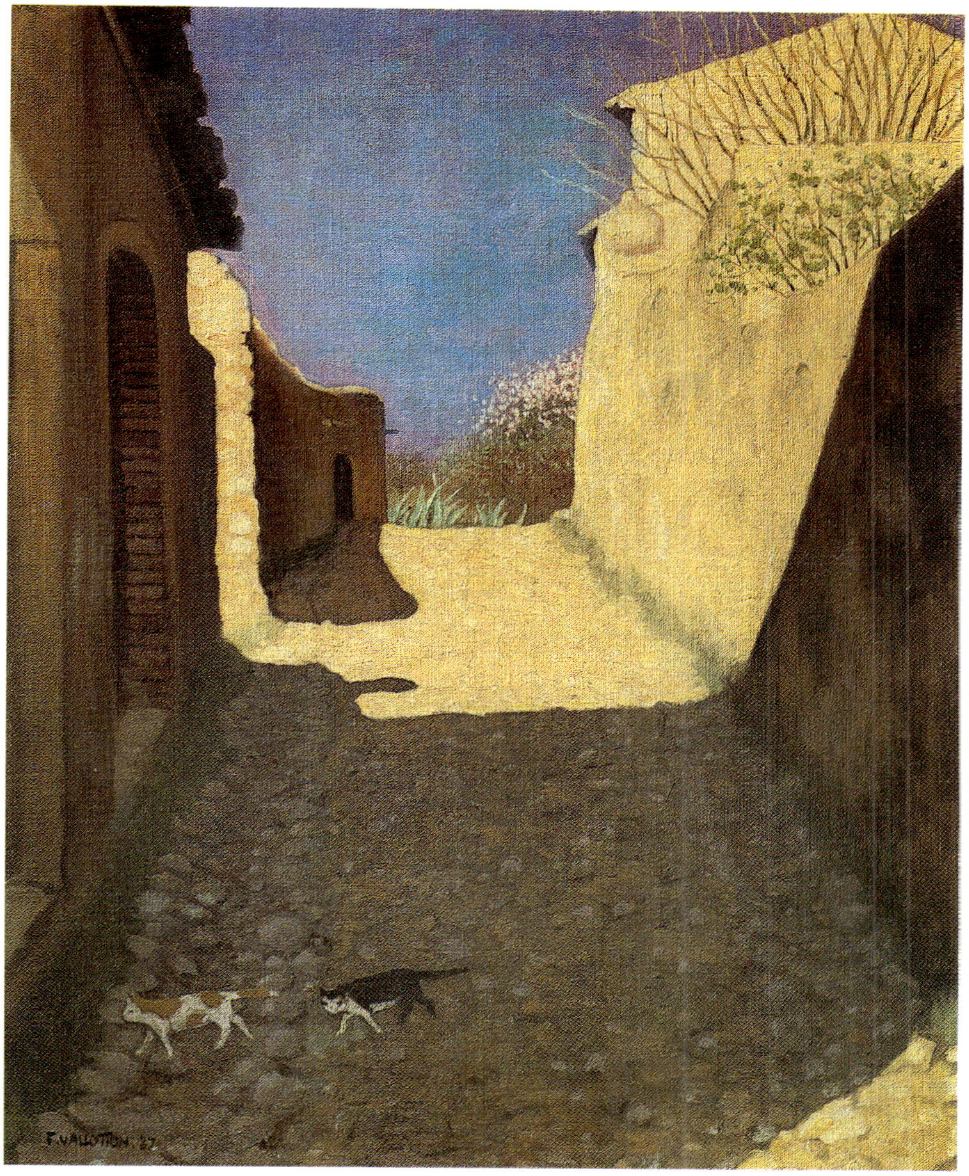

Zwei Katzen streichen vorüber
Leinwand. 66 x 55 cm
Schweiz, Privatsammlung

Vallotton ist einer der großen Katzenmaler unseres Jahrhunderts, mehr noch als Chagall oder Balthus, auch mehr als Bonnard und in jedem Fall viel großartiger als sein Schweizer Landsmann Steinlen. Ein hervorragendes Beispiel ist seine wunderbare Holzskulptur einer weißen Katze mit dem Titel *Die Faulheit,* ein Werk, das aus dem Jahre 1896 stammt.

In drückendheißer Mittagshitze spazieren ohne Eile zwei Katzen hintereinanderher durch die menschenleere Gasse eines Dorfes, wahrscheinlich Cagnes. Die beiden, eine rot-weiß gefleckte und eine schwarze mit weißem Bauch und Kopf sind die Helden des Bildes. Sie sind auch die Herren des Dorfes.

Vallotton verstand es wunderbar, die kontrastreichen Schatten des Sommertages zu malen, die verlassene Dorfstraße in der Stille der Siesta und die beruhigenden Katzen, denen die schlecht gepflasterte Gasse gehört. P. R.

GEORG SCHRIMPF

Lockhausen bei München, 1889 – Berlin, 1938

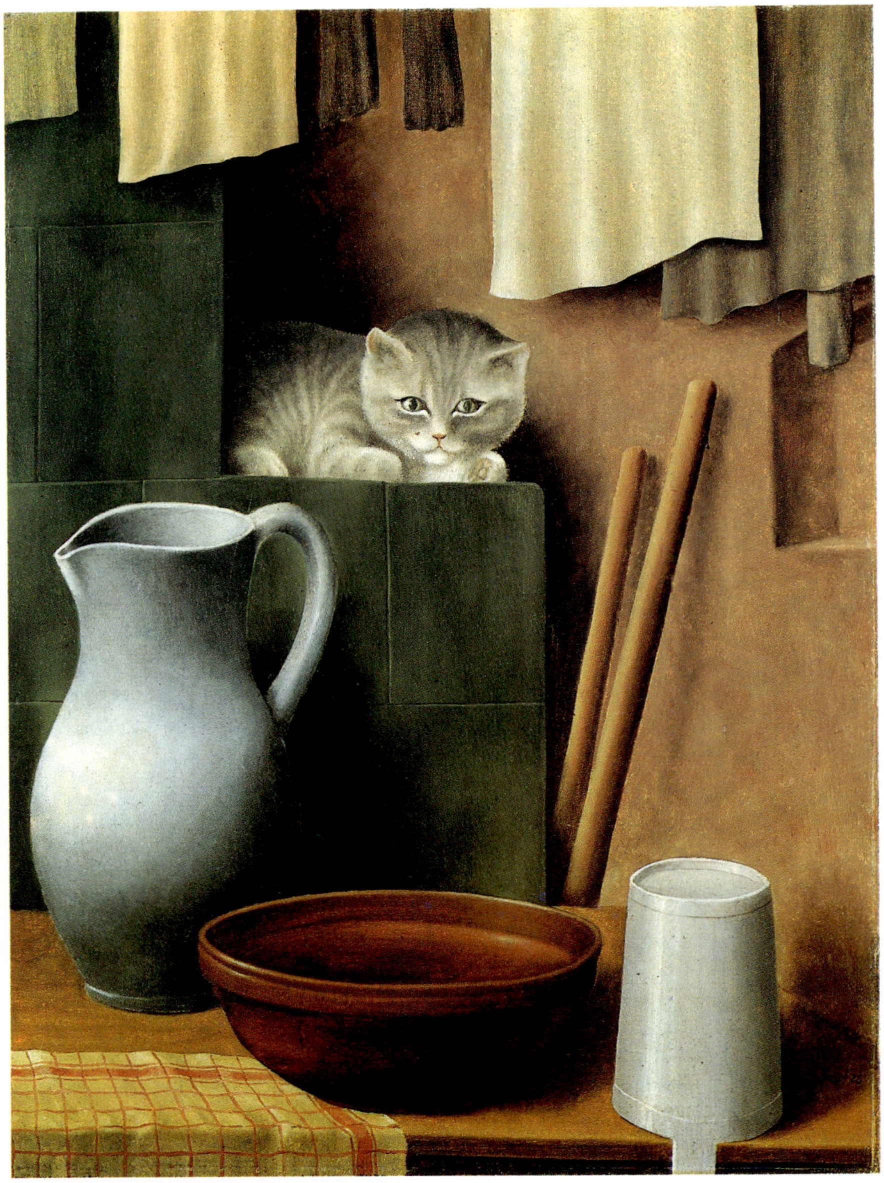

Stilleben mit Katze, 1923
Leinwand. 60 x 45 cm
München, Bayerische
Staatsgemäldesammmlungen

Dieses ruhige Stilleben, in dessen Mitte ein putziges Kätzchen dargestellt ist, hat nichts von dem aggressiven Realismus, der im allgemeinen die „Neue Sachlichkeit" charakterisiert, diese oft grausame, provozierende Stilrichtung in der deutschen Malerei zwischen den beiden Weltkriegen. Die armseligen Motive des Bildes – ein Tonkrug, eine Waschschüssel, ein Schöpfbecher und trocknende Wäsche – werden aufgewertet, um nicht zu sagen transzendiert durch die Behandlung des Stoffes. Nicht ihre Funktion als Gebrauchsgegenstände ist hier von Bedeutung, vielmehr erhalten die verschiedenen Gefäße durch ihre glattpolierten Flächen eine nahezu klassische Monumentalität. Die graue Tigerkatze, kleiner als der glänzende Krug im Vordergrund, kontrastiert durch ihr samtweiches, kurzes, kräftiges Fell mit der beinahe immateriellen Kälte der Gegenstände. Unbeweglich und wachsam sitzend, zieht sie alle Blicke auf sich wie ein kleines Plüschtier, das man streicheln möchte. In der Tat entgeht allein sie dieser unerbittlichen Versteinerung der Motive, die Schrimpf als Folge seiner Reise nach Italien im Jahre 1922 in Stilleben und Figurenbildern entwickelte.

É. F.-W.

KEES VAN DONGEN

Delfshaven bei Rotterdam, 1877 – Monte Carlo, 1968

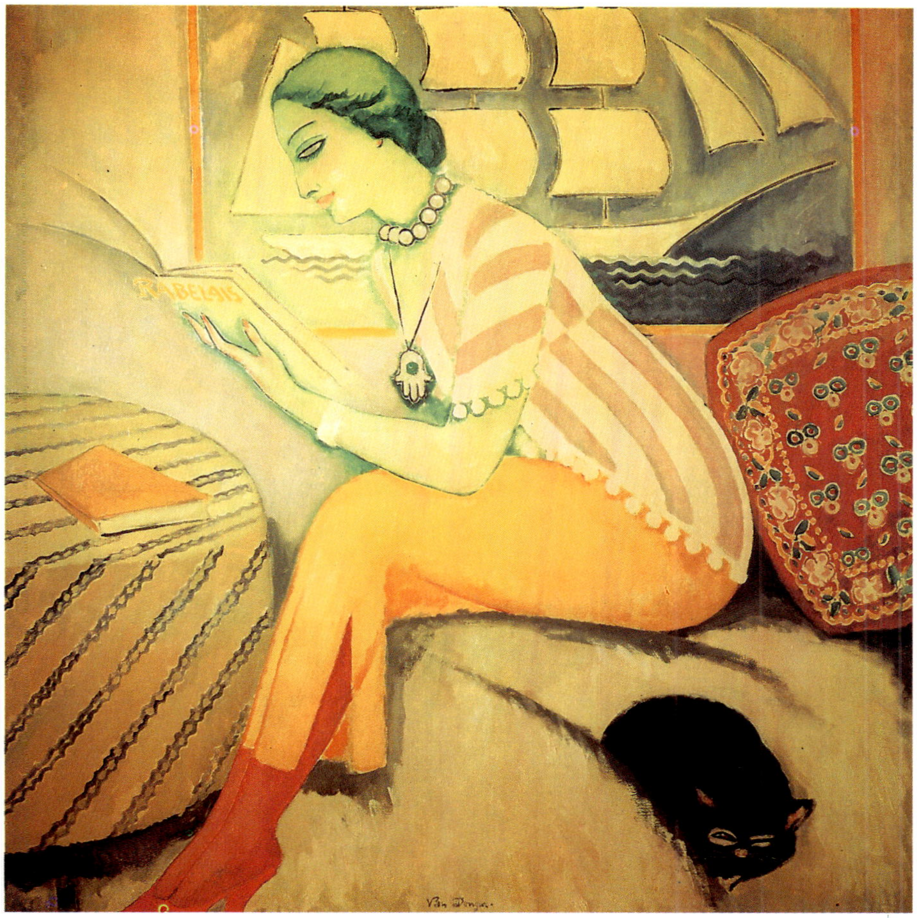

Die Lektüre, 1911
Leinwand. 145 x 145 cm
Paris, Privatsammlung

Nach Angaben der Tochter des Malers, Dolly van Dongen, wurde das Bild 1911 im Atelier ihres Vaters in der Rue Saulnier Nummer 6 in Paris gemalt. Die junge Frau, in einem Buch von Rabelais lesend, ist Gus van Dongen, geborene Augusta Preitinger, die der Künstler 1901 geheiratet hatte. Während Derain und Valadon, Zeitgenossen van Dongens, ihre gemalten Katzen namentlich benannten, wissen wir von van Dongens Katze keinen Namen.

Linearer stilisiert als übliche Werke Kees van Dongens und nicht ohne Rivalität mit dem Schematismus eines Matisse, sollte diesem Leinwandbild eine dekorative Bestimmung zukommen. Es schmückte die Eingangshalle des Hauses, in dem van Dongen von 1915 bis 1921 lebte (29, Villa Said in Paris), und hing neben einer Buddhastatue und über einer als Schirm- und Stockständer dienenden Vase aus dem Fernen Orient. Besonders interessant in Beziehung zu den gleichsam gestanzt wirkenden Segeln des Schiffes in dem Bild an der Wand ist die Linienführung der Streifen auf der Bluse des Modells und der Tischdecke. Auch die kleine schwarze Katze ist sehr vereinfacht dargestellt. Zu Unrecht hält man die Falte des Bettüberwurfs, auf dem das Tier liegt, auf den ersten Blick für seinen Schwanz. Ihre halbgeschlossenen Augen sind mandelförmig wie auch das „ägyptisch“ geschminkte Auge ihrer Herrin und aller weiblichen Figuren van Dongens. Erneut fasziniert der Maler durch die Darstellung der Augen – jener der Frau und jener der Katze.
E. F.-W.

HENRI ROUSSEAU

Laval, 1844 – Paris, 1910

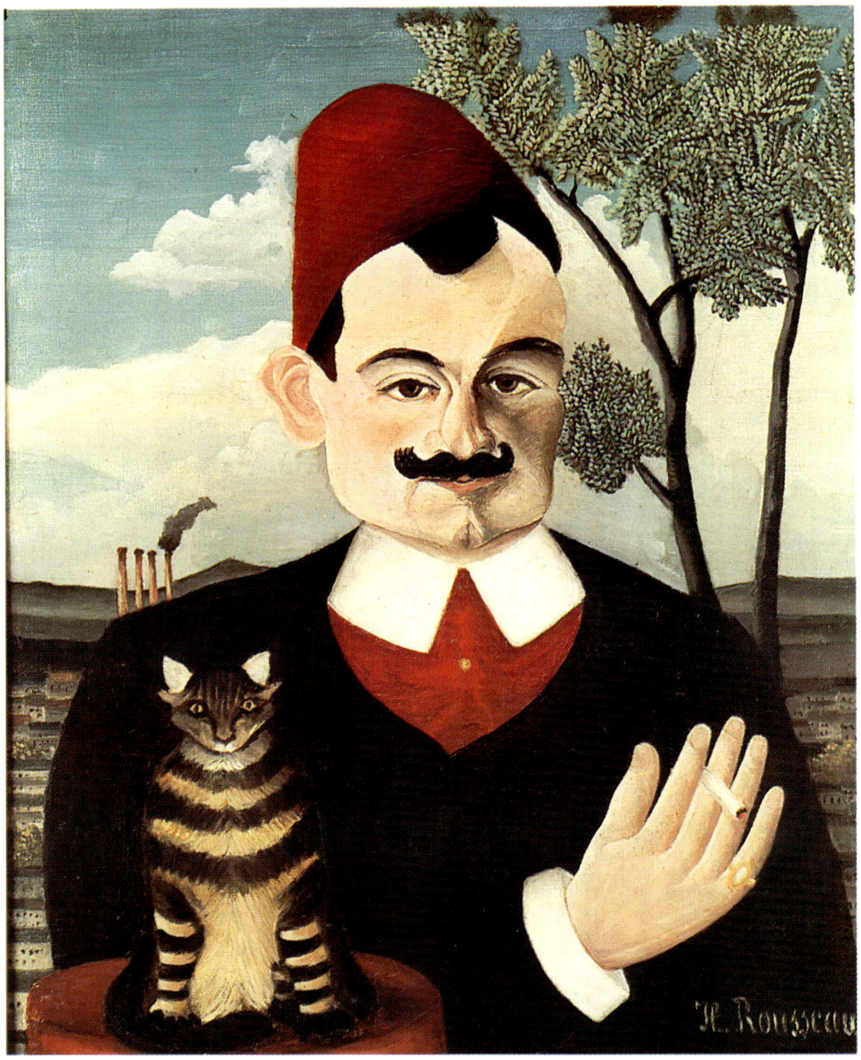

Porträt (früher Pierre Loti), wahrscheinlich Edmond Achillle Frank darstellend, vor 1906
Leinwand. 61 x 50 cm
Zürich, Kunsthaus

Zeigt Rousseau in diesem Bild Pierre Loti oder Edmond Achille Frank? Durch die nicht zu leugnende Ähnlichkeit des Porträts mit dem Marineoffizier und Schriftsteller Pierre Loti (1850–1923), seine bekannte Vorliebe für exotische Kleidung, hier einfach ein Fes, glaubte man lange Zeit, es stelle ihn dar. Und natürlich die Katze; Loti war so vernarrt in sie, daß er sogar Visitenkarten für sie drucken ließ: „Madame Moumoutte, Oberkatze, weiß, bei Monsieur Pierre Loti, 141, Rue Chanzy, Rochefort-sur-Mer". All diese Hinweise schienen überzeugend. Bis im Jahre 1952 ein gewisser Edmond Achille Frank, Schriftsteller von Beruf, behauptete, das Modell des Bildes zu sein. Die von ihm vorgelegten Beweise und von François Le Targat nach Henri Certigny zusammengefaßt, können schwerlich angezweifelt werden. (Dennoch zögern die Rousseau-Spezialisten, sie anzuerkennen.) Frank präzisierte außerdem, er habe sein Porträt zerstört, und das Bild in Zürich sei in Wirklichkeit nur eine Replik, die Rousseau für das „Museum der Scheußlichkeiten" von Courteline, dem ersten Besitzer des Werkes, geschaffen habe. Bleibt die große Tigerkatze „zu meiner Rechten, deren Brust von gradlinigen Streifen gezeichnet ist" (Frank, 1952), zu erwähnen. Wenn Rousseau auch vergessen hat, ihr im Gegensatz zum männlichen Modell, einen Schnurrbart zu malen, so hat er doch wunderbar verstanden, ihre hieratische Haltung wiederzugeben, ihren eindringlichen Blick und vor allem ihre lebendige Gegenwart. Rousseau, ein naiver Maler? P. R.

HENRI MATISSE

Le Cateau-Cambrésis, 1869 – Cimiez (Nizza), 1954

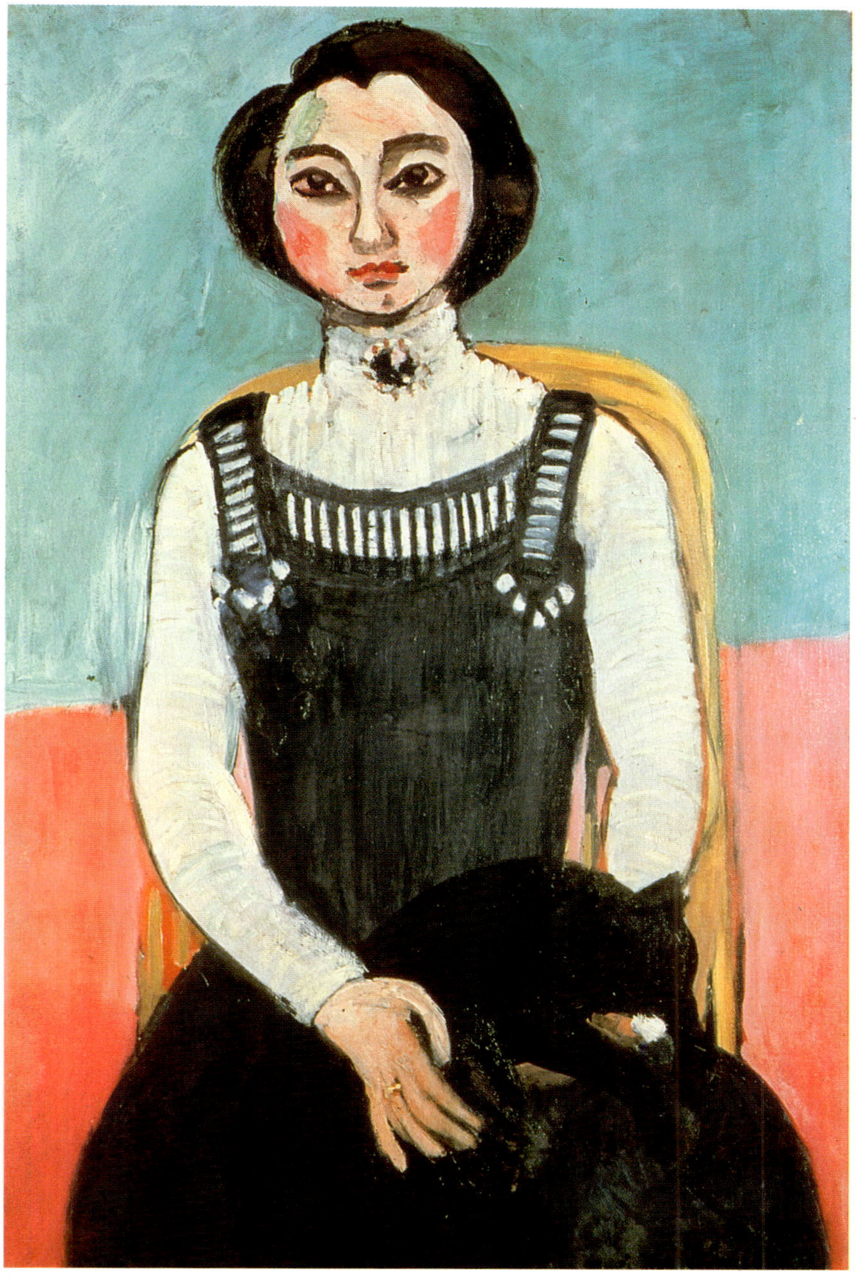

Marguerite mit schwarzer Katze, 1910
Leinwand. 84 x 64 cm
Paris, Privatsammlung

Mit Ausnahme von Goldfischen kommen Tiere im Werk von Matisse kaum vor, obwohl er stets Hunde und Katzen besaß und Vögel in Volieren hielt. Eine schwarze Katze hat sich auf dem Schoß von Marguerite, der Tochter des Künstlers und späteren Madame Georges Duthuit, ausgestreckt und schläft friedlich. Für Matisse ist dies mehr als eine psychologische Studie der Beziehung zwischen dem Tier und seiner jungen Herrin; die Katze ist integraler Bestandteil eines geschickt rhythmisierten Werkes, in dem sich Linien und Farben harmonisch entsprechen. Die beiden bedeutendsten Maler unseres Jahrhunderts, Matisse und Picasso (s. S. 218), gewähren in ihren Werken der Katze nur eine bescheidene Nebenrolle. P. R.

JOAN MIRÓ

Montroig (Barcelona), 1893 – Palma de Mallorca, 1983

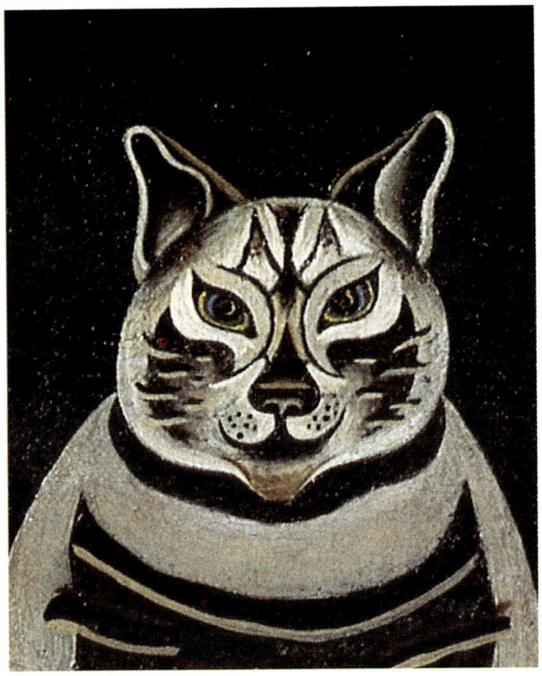

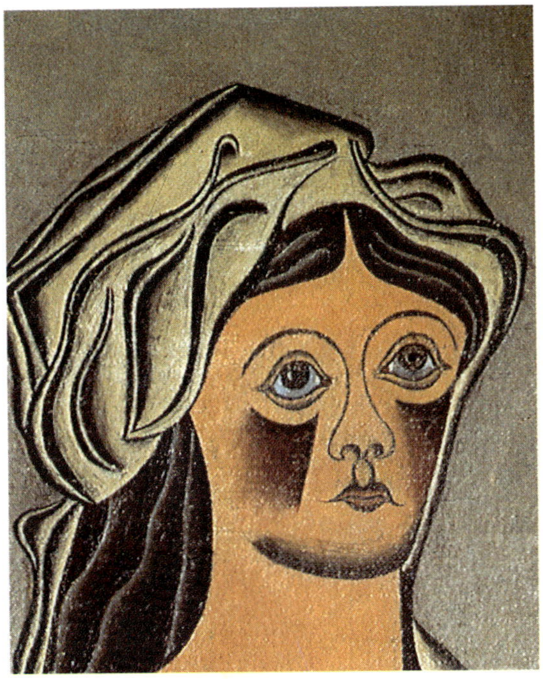

Die Bäuerin, 1922/23
Leinwand. 81 x 65 cm
Paris, Privatsammlung

Eine Bäuerin mit riesigen Füßen hält an den Hinterläufen einen Hasen hoch. Sein Kopf baumelt jämmerlich. Die Katze hingegen schnurrt behaglich – eine komische Katze, schwarzweiß gezeichnet, wie man wohl nie eine antrifft. Nach ihrer Gewohnheit wärmt sie sich am Ofen und lächelt – sarkastisch oder ironisch? Miró fehlt es nicht an Humor, was niemand überraschen wird. P. R.

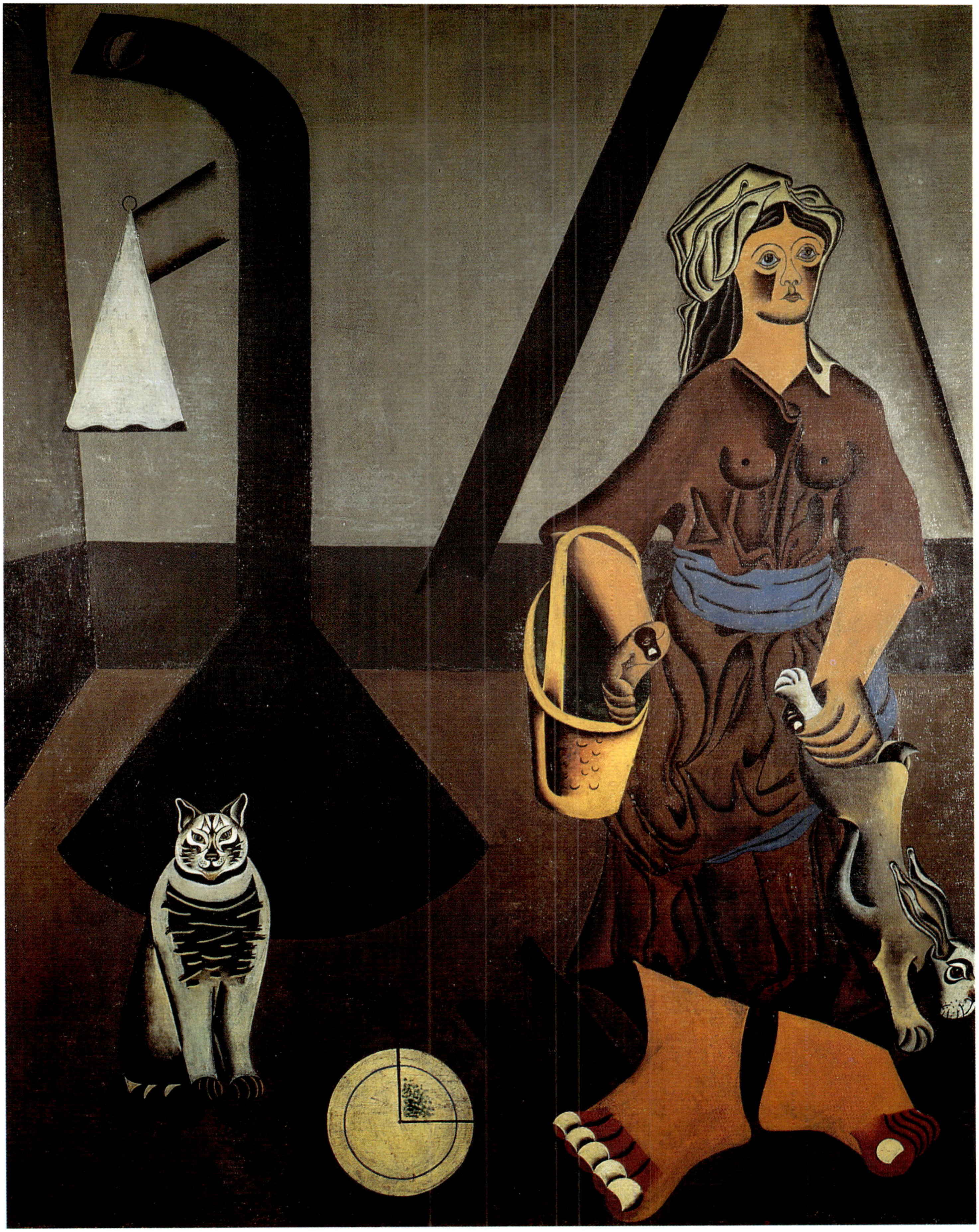

MARC CHAGALL

Liosno bei Witebsk, 1887 – Paris, 1985

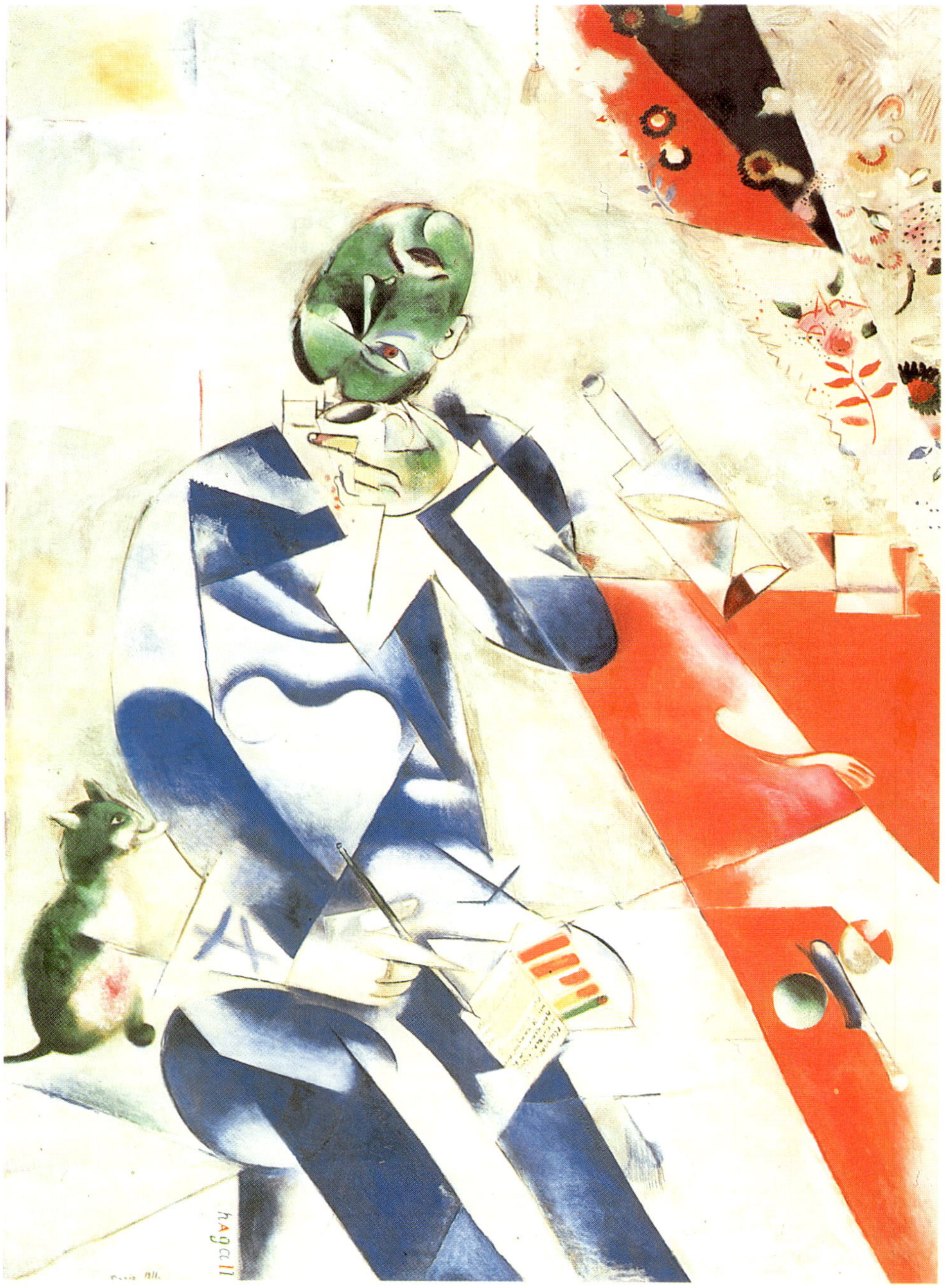

Halb vier, der Poet, 1911
Leinwand. 196 x 145 cm
Philadelphia, Philadelphia Museum of Art

Eine Katze leckt am Anzug des Dichters – eine grüne Katze. Der Kopf des Poeten, umgedreht, ebenfalls grün: ganz die Welt Chagalls. Abgesehen von irgend welchen symbolischen Bedeutungen oder Anspielungen auf die Gabe der Vorsehung, die der Katze, dem Tier mit dem durchdringenden Blick, zugesprochen wird, versucht Chagall vor allem, die Lehre der Kubisten zu destabilisieren.

Die lebhaften Farben, die Katze mit ihrer spitzen Zunge und ihren hörnerartigen Ohren, weisen darauf hin, daß er, selbst wenn er geometrische Formen verwendet, bei dem bleibt, was seine Kunst charakterisiert. P. R.

PAUL KLEE

Münchenbuchsee bei Bern, 1879 – Muralto bei Locarno, 1940

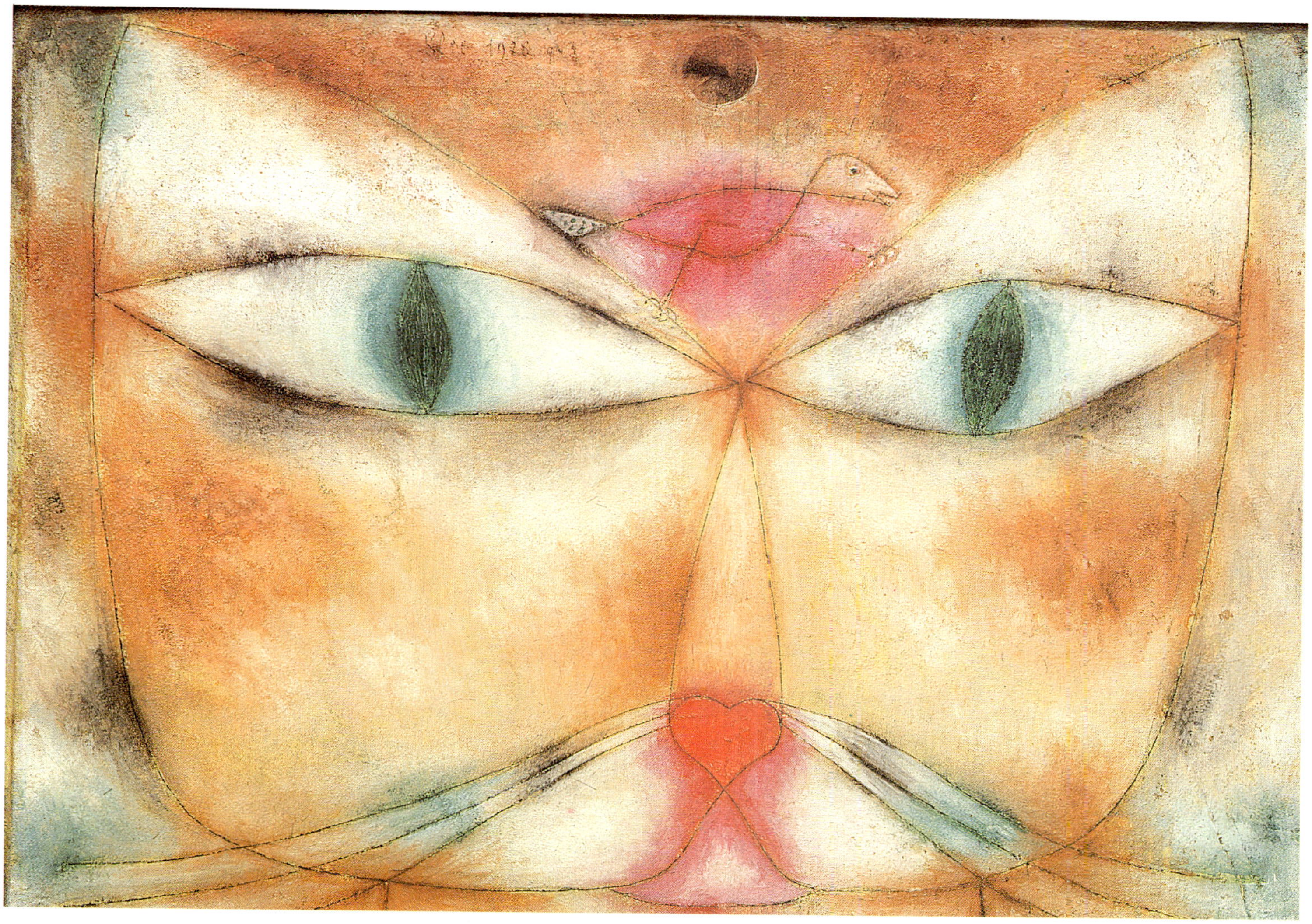

Katze und Vogel, 1928
Öl und Tusche auf Leinwand. 38 x 53 cm
New York, Museum of Modern Art

Klees Katze träumt von dem Vogel, den sie fressen möchte. Der Künstler hat mit einem Zug ihren Kopf, der die gesamte Bildfläche einnimmt, umrissen und mit wenigen Linien ihren Schnurrbart gezeichnet. Ihr Blick ist leer, anderswo, sie denkt an ihre Beute. Die Farben – smaragdgrün, fuchsienrot – erhöhen noch die Rätselhaftigkeit, die Poesie des Bildes. Klees Katze träumt, weit ab von aller Wirklichkeit, von ganz Alltäglichem.

P. R.

PABLO PICASSO

Málaga, 1881 – Mougins, 1973

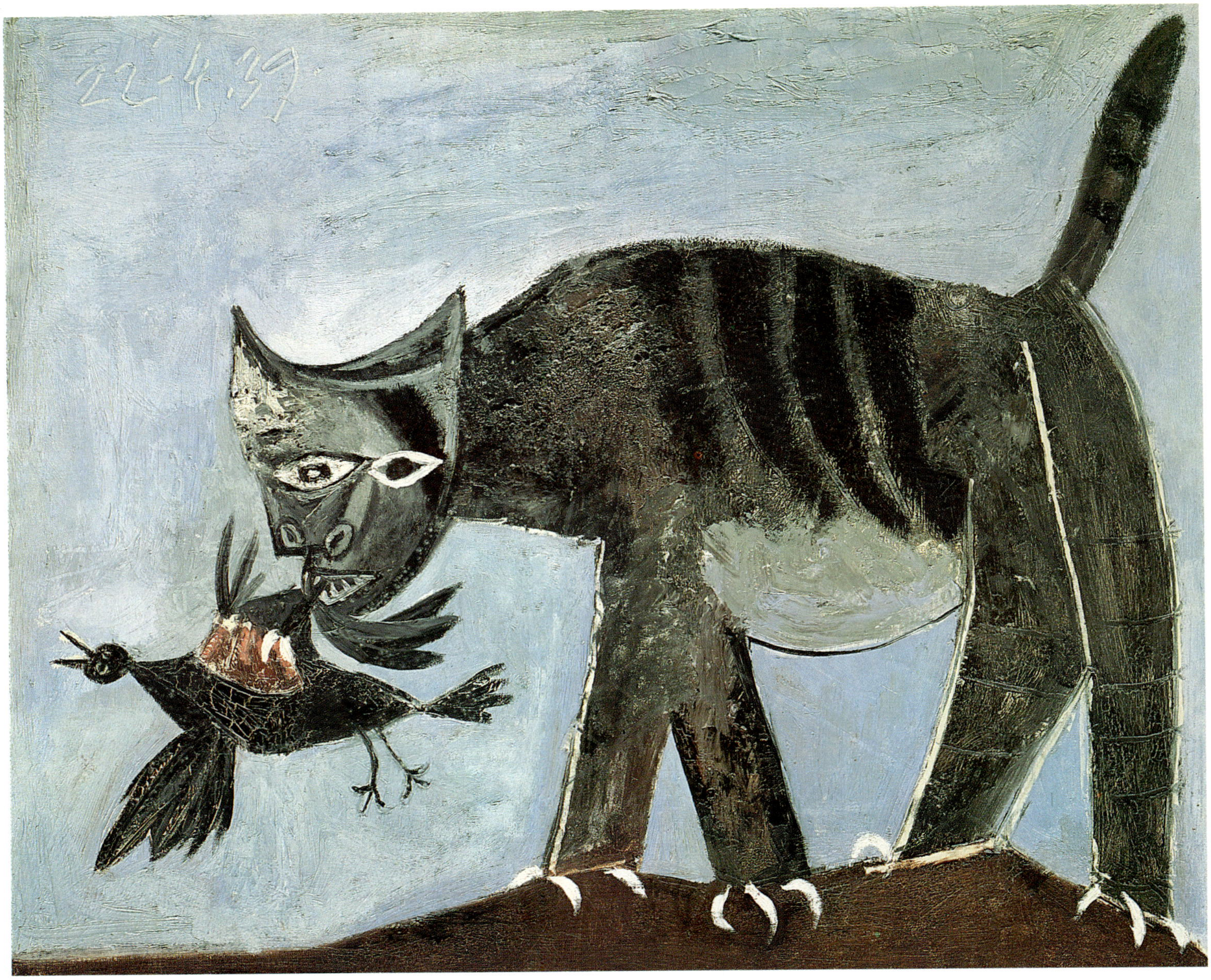

Katze, die einen Vogel packt, 1939
Leinwand. 81 x 100 cm
Paris, Musée Picasso

Obwohl Picasso Katzen sehr liebte, hat er sie relativ selten gemalt. Auch hat er sie nicht immer gut getroffen – nicht einmal Jacquelines rabenschwarze Katze, die er in keinem der vielen Porträts von Jacqueline aus dem Jahr 1964 festhielt. Hier hält das Tier einen blutenden, flatternden Vogel zwischen den Zähnen. In jenen Unglücksjahren des Spanischen Bürgerkriegs, den Picasso als sehr schmerzhaft empfand, überrascht es nicht, daß er die Katze zum Sinnbild der Gewalt, der Grausamkeit und der Lust an Unterdrückung macht. „Das Thema hat mich verfolgt, ich weiß nicht, warum", soll Picasso einmal gesagt haben. Er hat eine weitere Version des Bildes (heute in New York, Sammlung Victor W. Ganz) geschaffen. Man fühlt des Künstlers Abneigung. Das Tier, eine gestreifte Katze mit langen Krallen, steht vor uns in seiner erschreckenden Realität. P. R.

BALTHUS

Paris, 1908

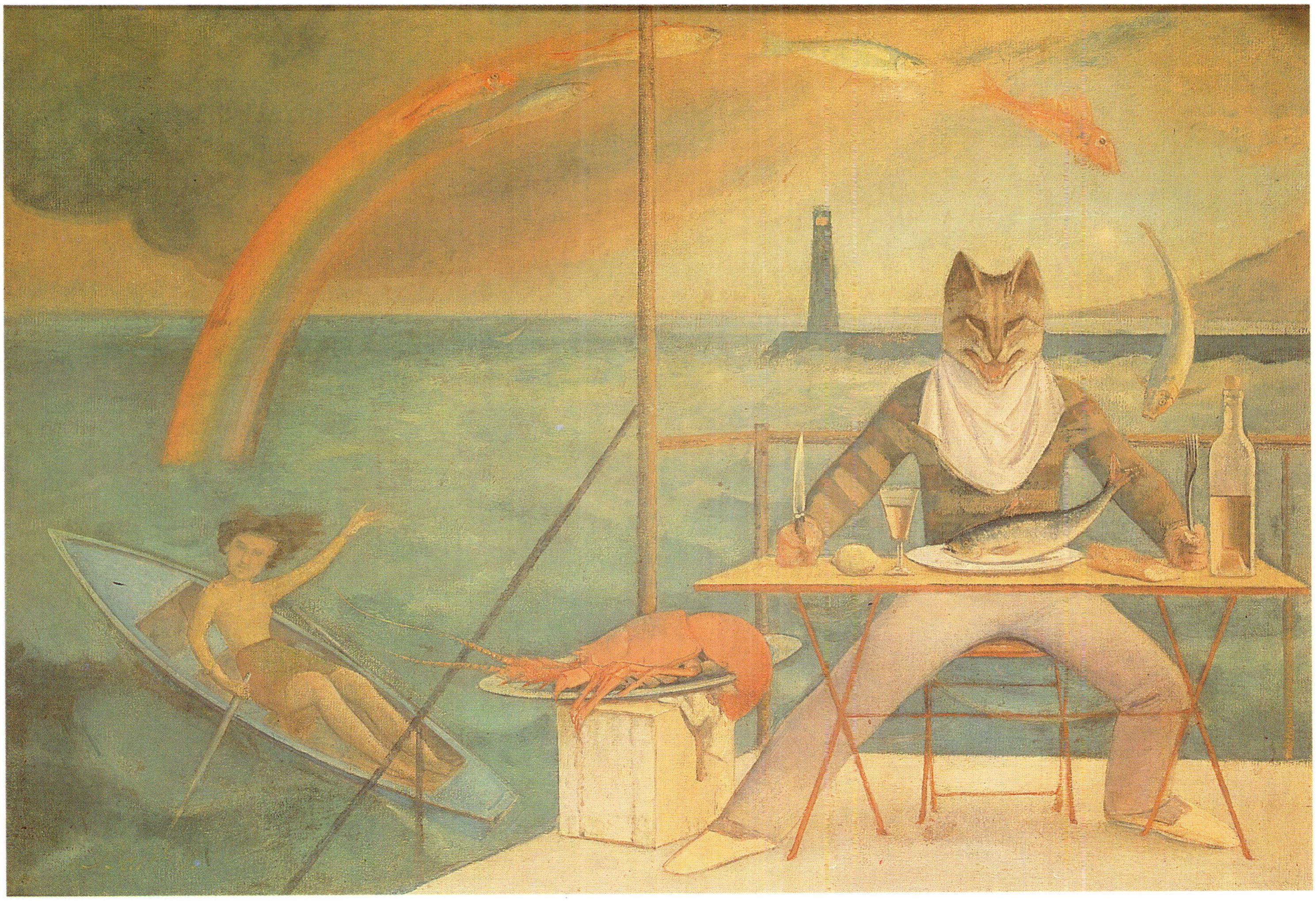

Die Katze des Méditerranée, 1949
Leinwand. 127 x 185 cm
Privatsammlung

Bei Balthus sind Katzen nie harmlos. Seit seiner frühen Jugend hat er sie häufig dargestellt (*Mitsou, vierzig Ansichten,* von 1921). Sie sind ihm Metapher für eine geladene, unruhige, mit der ihm eigenen Erotik geschwängerte Atmosphäre. Katzen sind diese Gestalten auch oft nur dem Schein nach, in Wirklichkeit grausame oder heimtückische Menschen. Anders hier: *Die Katze des Méditerranée* – ein berühmtes Fischrestaurant an der Place de l'Odeon in Paris, für das Balthus das Namensschild machte und sich dergestalt in die lange Reihe der Künstler-Schildermaler einreihte – ist eine Ausnahme. Katzen mußten meist die Fische, die sie fressen wollten, stehlen. Nicht so hier: Sie gleiten in der Bahn eines prächtigen Regenbogens und landen direkt auf dem Teller der Katze, die sich – in Wirklichkeit ein „Komödiant mit grinsender Katzenmaske" – gierig über die Fische hermacht. P. R.

BILDQUELLEN

Zahlreiche Bildvorlagen wurden von den Autoren bereitgestellt; die Quellen konnten nicht immer ermittelt werden. Wir bitten zu entschuldigen, falls der eine oder andere Photograph nicht genannt sein sollte.

S. 45, Foto Eric Mitchell / The Philadelphia Museum of Art. S. 46–47, Foto Scala, Florenz. S. 48, Foto The National Gallery, London. S. 49, Foto John Webb, London. S. 50–51, Foto Vatikanische Museen. S. 52, Foto The Metropolitan Museum of Art, New York. Zur Verfügung gestellt von J. Pierpont Morgan. S. 53, Foto Joachim Blauel-Artothek, Planegg. S. 54, Foto The Philadelphia Museum of Art. S. 55, Photo Eric Mitchell / The Philadelphia Museum of Art. S. 56, Foto The Ashmolean Museum, Oxford. S. 57, Foto Bruce C. Jones, New York. S. 60, Foto Scala, Florenz. S. 61, Foto Alinari-Giraudon, Paris. S. 62–63, Foto Pedicini, Neapel. S. 64–65, Foto Fototecnica, Vicenza. S. 66–67, Foto Vatikanische Museen. S. 68, Foto Musées nationaux, Paris. S. 69, Foto Hubert Josse, Paris. S. 70–71, Foto Germanisches Nationalmuseum, Nürnberg. S. 72–73, Foto Jörg Anders / Staatliche Museen Preußischer Kulturbesitz, Berlin (West). S. 74, Foto Musées nationaux, Paris. S. 75, Foto Hubert Josse, Paris. S. 76–77, Foto Museum Boymans-van Beuningen, Rotterdam. S. 78–79, Foto Photobusiness, Wien. S. 80–81, Foto Photobusiness, Wien. S. 83, Foto Hubert Josse, Paris. S. 84–85, Foto Rijksmuseum, Amsterdam. S. 89, Foto Finarte. S. 91, Foto The Metropolitan Museum, New York. S. 94–95, Foto Prado, Madrid. S. 96–97, Foto Königspalast, Amsterdam. S. 98, Foto Kunsthistorisches Museum, Wien. S. 99, Foto Photobusiness, Wien. S. 100, Foto Musées nationaux, Paris. S. 101, Foto Hubert Josse, Paris. S. 102, Foto Studio Cardon, Dünkirchen. S. 103, Foto Staatliche Kunstsammlungen, Kassel. S. 105, Foto Edeltraut / Akademie der Bildenden Künste, Wien. S. 106, Foto Musées nationaux, Paris. S. 107, Foto Hubert Josse, Paris. S. 108–109, Foto Museum voor Schone Kunsten, Gent. S. 110–111, Foto Patrick Delatouche, Orléans. S. 113, Foto Hubert Josse, Paris. S. 114, Foto Lucarelli, Nizza. S. 115, Foto Bayerische Staatssammlungen, München. S. 116–117, Foto Alfred Schiller / Museum der Schönen Künste, Budapest. S. 119, Foto The Cleveland Museum of Art. S. 120, Foto Öffentliche Kunstsammlungen, Basel. S. 121, Foto Hinz, Basel. S. 122, Foto Anne Gold / Suermondt-Museum, Aachen. S. 123, Foto Staatliche Kunsthalle, Karlsruhe. S. 124–125, Foto Rijksmuseum, Amsterdam. S. 126–127, Foto The National Gallery, London. S. 128–129, Foto The Fitzwilliam Museum, Cambridge. S. 130, Foto Musées nationaux, Paris. S. 132–133, Foto National Museum, Stockholm. S. 135, Foto Hubert Josse, Paris. S. 136–137, Foto The Norton Simon Museum of Art, Pasadena. S. 138, Foto Agraci, Paris. S. 139, Foto The J.-Paul Getty Museum, Malibu. S. 140–141, Foto The Frick Collection, New York. S. 142, Foto The National Gallery of Scotland. S. 143, Foto Mula und Haramati, Tel Aviv. S. 145, Foto Musées nationaux, Paris. S. 146, Foto Giraudon, Paris. S. 147, Foto Lauros-Giraudon, Paris. S. 149, Foto Visual Studio, Neapel. S. 150, Foto Studio C. N. B., Bologna. S. 151, Foto Prudence Cuming and Associates, London. S. 152–153, Foto The Nelson-Atkins Museum of Fine Arts, Kansas City. S. 154, Foto Prado, Madrid. S. 156, Foto The Metropolitan Museum of Art, New York. S. 157, Foto The Metropolitan Museum of Art, New York. S. 158, Foto The Tate Gallery, London. S. 159, Foto The Tate Gallery, London. S. 160, Foto The Metropolitan Museum of Art, New York. S. 161, Foto The Metropolitan Museum of Art, New York. S. 162, Foto Musées nationaux, Paris. S. 163, Foto Hubert Josse, Paris. S. 164, Foto The Greater London Council, the Iveagh Bequest, Kenwood, London. S. 165, Foto Claude Muzzin, Grasse. S. 167, Foto Patrice Delatouche, Orléans. S. 168, Foto Hubert Josse, Paris. S. 170–171, Foto Ellebé, Rouen. S. 172–173, Foto Jörg Anders / Staatliche Museen Preußischer Kulturbesitz, Berlin (West). S. 174, Foto Musée Jean de La Fontaine, Château-Thierry. S. 175, Foto The Minneapolis Institute of Arts. S. 176–177, Foto Hutin, Compiègne. S. 178 unten, Foto Musées nationaux, Paris. S. 179, Foto Giraudon, Paris. S. 180–181, Foto The Nelson-Atkins Museum of Fine Arts, Kansas City. S. 182–183, Foto The City Art Galleries, Manchester. S. 184–185, Foto The Tate Gallery, London. S. 186, Foto Musées nationaux, Paris. S. 187, Foto Hubert Josse, Paris. S. 188, Foto The Metropolitan Museum of Art, New York. S. 189, Foto Hubert Josse, Paris. S. 190, Foto The Museum of Fine Arts, Boston. S. 191, Foto Lemadec, Paris. S. 192, Foto The National Gallery of Art, Washington. S. 195, Foto Geoffrey Clements / The Whitney Museum of Arts, New York. S. 196, Foto Piet Ysabie / Museum voor Schone Kunsten, Gent. S. 198–199, Foto The Museum of Fine Arts, Boston. S. 200, Foto Agraci, Paris. S. 201, Foto Musée du Petit Palais, Genf. S. 203, Foto Musées royaux des Beaux-Arts de Belgique, Brüssel. S. 204, Foto Musée cantonal des Beaux-Arts, Lausanne. S. 205, Foto M.N.A.M., Centre Georges Pompidou, Paris. S. 206, Foto Staatsgalerie, Stuttgart. S. 207, Foto Ralph Kleinhempel / Kunsthalle, Hamburg. S. 208, Foto Capi-Lux / Museum Kröller-Müller, Otterloo. S. 210, Foto Joachim Blauel-Artothek, Planegg. S. 212, Foto Kunsthaus, Zürich. S. 216, Foto The Philadelphia Museum of Art. S. 217, Foto The Museum of Modern Art, New York. S. 218, Foto Musées nationaux, Paris. S. 219, Foto Peter Willi, Paris / Arch. Éditions d'art Albert Skira, Genf.

NAMENREGISTER DER MALER

Fettgedruckte Ziffern verweisen auf Bildseiten.

INHALTSVERZEICHNIS

Seite

DANK

Unser Dank gilt den Katzenliebhabern und allen anderen, die uns geholfen haben, vor allem auch unseren Freunden in der Gemäldeabteilung des Louvre. Sie sind zu zahlreich, als daß wir sie hier namentlich aufführen könnten: Einige von ihnen haben uns auf besonders seltene oder außergewöhnliche Katzendarstellungen hingewiesen, was wir sehr zu schätzen wissen. Für vielfältige Unterstützung danken wir Henri Baderou, Katharine Baetjer, Yves Beauvalot, Juan de Beistegui, Mària van Berge-Gerbaud, Maître Blache, Miklos Boskovits, Roland Bossard, Jean-Claude Boyer, Françoise Cachin, Jean-Pierre Camard, Marco Chiarini, Margie Christian, Maurice und Pierre Chuzeville, Philip Conisbee, Anthony Dallas, Henri Defoer, Gemma die Domenico Cortese, Dominique Denis, Jean-Denis Devauges, Claire Dossier, Marie-Anne Dupuy, Raoul Ergmann, Andrea Emiliani, Jean Feray, Bruno Foucart, David Fraser Jenkins, Sydney Freedberg, Marc Fumaroli, Axelle de Gaigneron, Nicole Garnier, Gisela Goldberg, Pontus Grate, E. G. Grimme, Amy Guichard (gest.), Marguerite Guillaume, Jean Habert, John Hayer, Carlos van Hasselt, Claudette Joannis, Derek Johns, William R. Johnston, Michael Kitson, Balthazar Klossowski de Rola, Geneviève Knupfer, Hans Kraan, Jacques Kuhnmunch, Geneviève Lacambre, Valérie Lavergne, Patrick Le Chanu, Thierry Lefrançois, Pierre Lemoine, Juan José Luna, Patrick Matthiesen, Marc Maurie, Hilaire Metsers, Jennifer Montagu, Josette Meyssard, Philippe Morel, J.W. Niemeijer, G. M. Nock, David Ojalvo, Anna Ottani Cavina, Vicenzo Pacelli, André Pelle, Ann Percy, Bruno Pfäffli, Jean-Michel Pianelli, Edmund P. Pillsbury, Édouard Pommier, Casimiro Porro, Colette Prieur, Wolfgang Prohaska, Juliette Rabbe, Jean Rivière, Anne Roquebert, Gertrude Rosenberg, Robert Rosenblum, Bethsabée de Rothschild, Renato Ruottolo, Jean-Pierre Samoyault, Erich Schleier, Werner Schmidt, C.J.F. van Schooten, David Scrase, Seymour Slive, Nicola Spinosea, Antoine Terrasse, Eric Turquin, Georges Vindry, Henri Wallenberg, Jayne Wrightsman, Pietro Zampetti, Federico Zeri, Henry V. Zimet. Mit besonderem Dank sei an dieser Stelle Françoise Bonnefoy bedacht; sie hat die Herausgabe dieses Buches von Anfang an maßgeblich begleitet.